Helmut Tschiderer

Schnitzen mit der Motorsäge

Grundlagen – Werkstücke – Sicherheit

stv

Helmut Tschiderer

SCHNITZEN mit der Motorsäge

Grundlagen – Werkstücke – Sicherheit

Leopold Stocker Verlag
Graz – Stuttgart

Umschlaggestaltung: Werbeagentur Rypka GmbH, A-8143 Dobl-Zwaring, www.rypka.at

Bildnachweis:
Alle Abbildungen im Buch sowie auf der Covervorder- und -rückseite stammen von Georg Trenker, www.trenkerfilm.at.

Bibliographische Information der Deutschen Nationalbibliothek
Die Deutsche Nationalbibliothek verzeichnet diese Publikation in der Deutschen Nationalbibliographie; detaillierte bibliographische Daten sind im Internet über http://dnb.d-nb.de abrufbar.

Hinweis:
Dieses Buch wurde auf chlorfrei gebleichtem Papier gedruckt. Die zum Schutz vor Verschmutzung verwendete Einschweißfolie ist aus Polyethylen chlor- und schwefelfrei hergestellt. Diese umweltfreundliche Folie verhält sich grundwasserneutral, ist voll recyclingfähig und verbrennt in Müllverbrennungsanlagen völlig ungiftig.

Auf Wunsch senden wir Ihnen gerne kostenlos unser Verlagsverzeichnis zu:
Leopold Stocker Verlag GmbH
Hofgasse 5 / Postfach 438
A-8011 Graz
Tel.: +43 (0)316/82 16 36
Fax: +43 (0)316/83 56 12
E-Mail: stocker-verlag@stocker-verlag.com
www.stocker-verlag.com

ISBN 978-3-7020-1818-4

Layout: Werbeagentur Rypka GmbH, A-8143-Dobl-Zwaring, www.rypka.at

INHALT

DER AUTOR

Aus Tirol stammend, lebe ich jetzt in Graubünden in der Schweiz, nahe am Dreiländereck zwischen Österreich, Italien und der Schweiz (ganz nahe an meiner alten Heimat).

Nach dem Erlernen eines Brotberufes bin ich der Leidenschaft zur Bildhauerei gefolgt. Nach etlichen Jahren als Autodidakt stand der Beschluss fest, im zweiten Bildungsweg eine Lehre zum Bildhauer zu machen, um meiner Passion ein Fundament zu geben.

Im Laufe der Ausbildung habe ich die Motorsäge für mich entdeckt. Nach erfolgreichem Abschluss der Lehre durfte ich auch gleich als Kursleiter für Motorsäge mein Wissen weitergeben und meine Erfahrungen mit diesem doch so vielseitigen Werkzeug erweitern und vertiefen.

Nach einigen Jahren als Kursleiter für Motorsäge möchte ich gerne einige meiner Erfahrungen in diesem Buch weitergeben, praktische Tipps vermitteln und auf häufige Fehler hinweisen, damit der Spaß am Arbeiten mit der Motorsäge nicht zu kurz kommt und mit geringem Aufwand ein respektables Ergebnis erzielt wird.

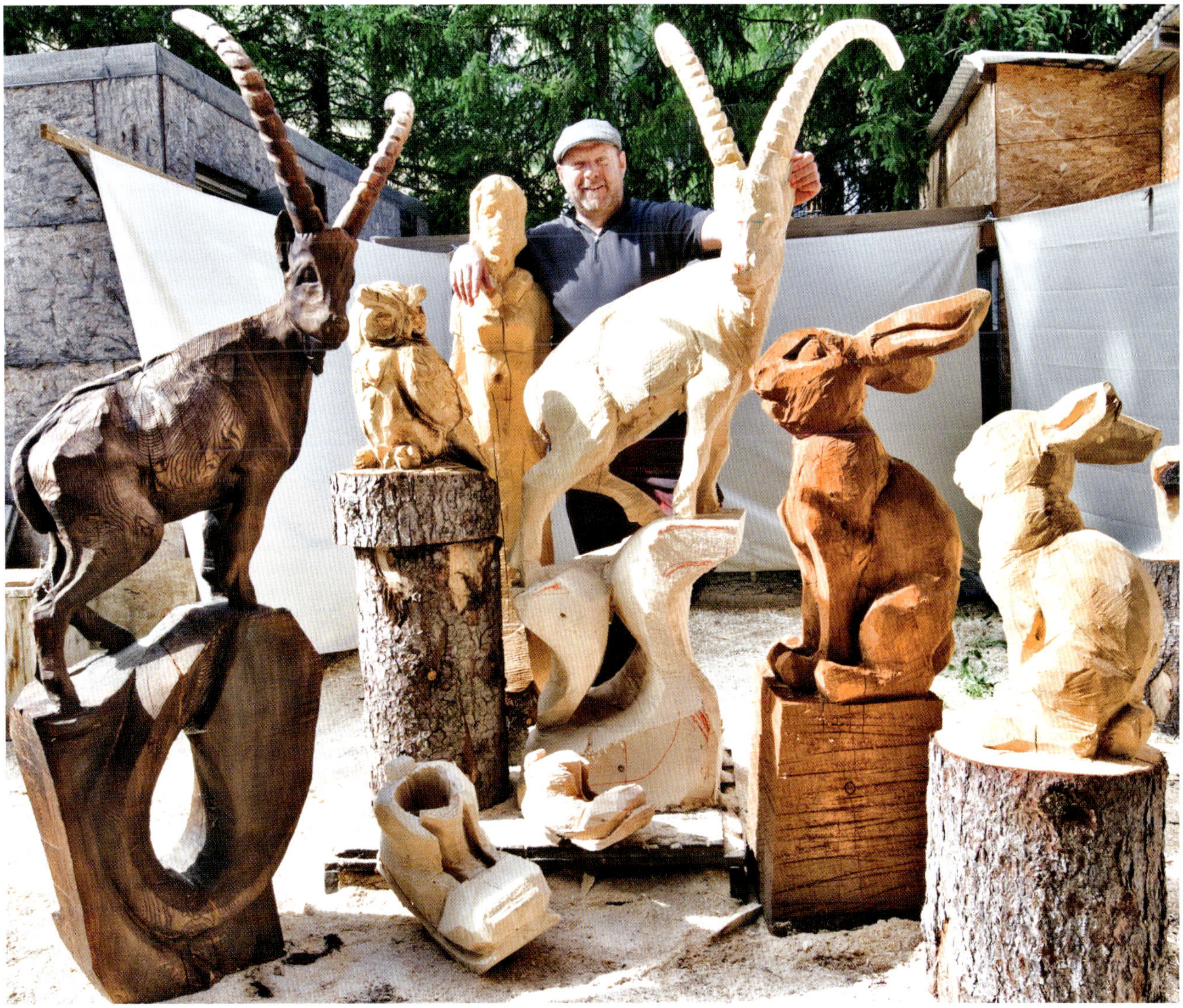

EINFÜHRUNG

GESCHICHTE DES MOTORSÄGEN-SCHNITZENS

Gerne hätte ich dieses Buch mit etwas „Geschichte" über das Schnitzen mit der Motorsäge begonnen, es ist mir aber leider nicht gelungen, herauszufinden, woher diese faszinierende Art zu Bildhauern ursprünglich wirklich stammt. Vermutlich haben die Holzfäller in Kanada damit begonnen, Skulpturen aus Baumstämmen zu sägen.

Die dort so beliebten Timbersports zum Beispiel stammen ursprünglich aus Tasmanien und wurden in den 1980er-Jahren über Deutschland nach Kanada gebracht und von dort aus verbreitet. Fest steht, dass sich das so genannte „chainsaw carving" weltweit immer größerer Beliebtheit erfreut und die Familie der Motorsägenschnitzer täglich wächst.

Egal wo es herkommt oder wer es erfunden hat, der Spaß im Umgang mit der Motorsäge und das gefühlvolle Arbeiten an einer Skulptur mit diesem doch so aggressiven und bei unsachgemäßem Umgang auch gefährlichen Werkzeug kennt keine Grenzen.

Schon lange ist das Motorsägenschnitzen nicht nur eine reine Männersache, sondern immer mehr Frauen stehen bei dieser manchmal recht sportlichen Tätigkeit ebenso „ihren Mann".

Bewegung, Anstrengung, sich mal richtig im Sägemehl wälzen, das Glücksgefühl beim Fertigstellen einer Skulptur haben Suchtpotential.

WAS IST ZU BEACHTEN?

Schritt für Schritt werden wir uns jetzt gemeinsam einem Projekt nähern.

WELCHE MOTORSÄGE PASST AM BESTEN?

Für die Einsteiger unter uns oder diejenigen, die sich neues Equipment besorgen möchten, ist zu beachten: Wo wohne ich? In einem dicht bebauten Wohngebiet werden die Nachbarn sicher nicht erfreut sein, wenn ich den ganzen Tag mit der Benzinmotorsäge am Werken bin. Deshalb würde ich mich aus diesem Grund für eine Elektrosäge entscheiden. In meinen Kursen arbeite ich wegen der Lärmbelastung ausschließlich mit Elektrosägen und natürlich sind auch die Abgase nicht außer Acht zu lassen. Für den Anfang reicht eine Elektrosäge mit einer hohen Wattzahl und mit der Möglichkeit, auf ein Carving-Schwert umzubauen.

Der Hersteller spielt im Grunde auch keine Rolle, da jede Motorsäge ihre Vor- und Nachteile hat. Wenn man sich erstmal an „sein" System gewöhnt hat, ist es sowieso meistens das Beste.

Sinnvoll ist es, die Ausrüstung bei einem Fachhändler in der Nähe zu kaufen, da es nichts Besseres gibt als eine fachkundige Beratung und ein kompetentes Service. Der Händler meines Vertrauens kann mir auch bei Schwierigkeiten mit der Säge schnell weiterhelfen, außerdem können bei späteren Reparaturen Zeit und Geld gespart werden.

Sollte es mit der Nachbarschaft keine Probleme geben, empfehle ich für die ersten Zuschnitte und für die großen Flächen eine Benzinmotorsäge, da damit durch das höhere Drehmoment die Vorarbeiten zügig abgeschlossen werden können. Mit der Zeit wird man sein Werkzeug sowieso ergänzen und aufstocken, sodass meistens beide Sägearten Einzug finden. So verwende ich für das Finish eine Elektrosäge mit Carving-Schwert (Schiene), weil die Gefahr, sich zu verschneiden, damit minimiert wird.

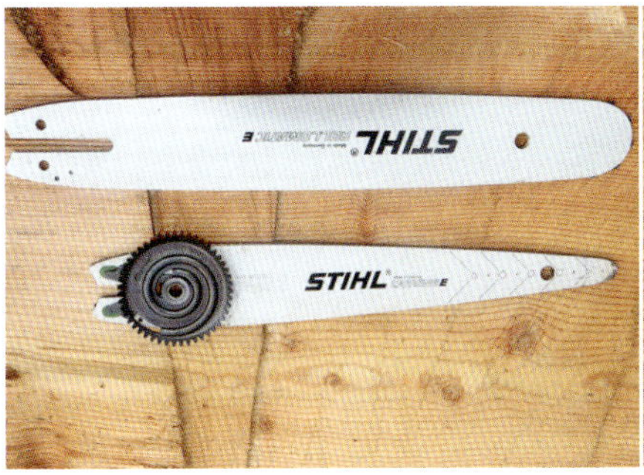

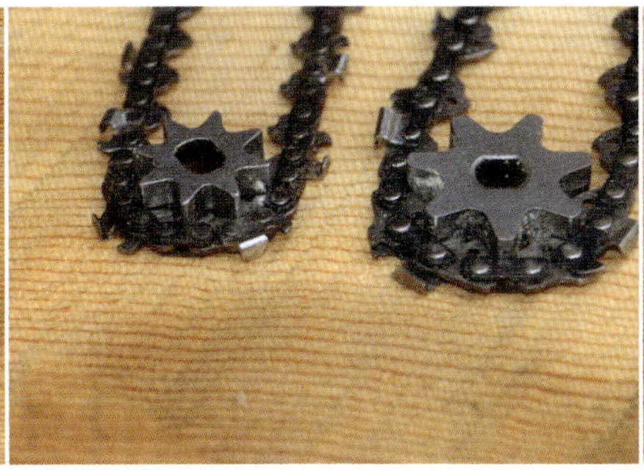

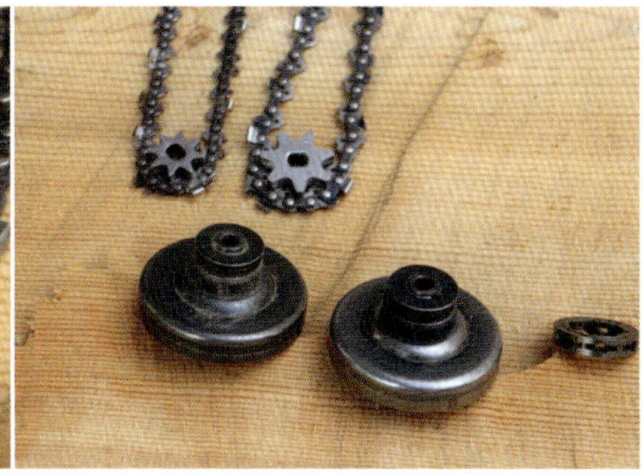

CARVING-SCHIENE

Dieses vorne schmal zulaufende Schnitzzubehör ermöglicht ein leichteres Arbeiten an Details, es minimiert das Gewicht, außerdem reduziert es die Gefahr eines so genannten Kickbacks, eines Rückschlags, worauf wir beim Thema Sicherheit später noch näher eingehen werden.

Beim Kauf einer Carving-Schiene muss ich beachten, dass es mit dem System meiner Säge kompatibel sein muss. Auch würde ich empfehlen, beim Kauf dieses Werkzeugs nicht zu sparen, damit man lange Freude daran hat (Verbiegen, schnelle Abnützung usw.).

Bedingt durch den kleineren Radius in der Spitze dieses Werkzeugs brauche ich auch eine zum System passende Kette und ein anderes Ritzel, das mit den Treibgliedern meiner Sägekette zusammenpasst.

Jeder Hersteller hat da natürlich ein eigenes System, über das der Händler Ihres Vertrauens Sie sicher gut beraten kann.

DIE SÄGEKETTE

Jetzt wird's technisch: Folgende interessante Daten sollten über die Sägekette bekannt sein:
Grundsätzlich wird bei der Kette unterschieden:

- 3/8-Zoll-Teilung
- .325-Zoll-Teilung
- ¼-Zoll-Teilung

Für unsere Zwecke sind hauptsächlich ¼ Zoll und 3/8 Zoll relevant. Die Kettenteilung wird in Zoll angegeben und ist die Distanz, gemessen zwischen drei beliebigen Nieten und geteilt durch zwei (1 engl. Zoll sind 25,40 mm).

BEISPIEL: 12,70 MM : 2 = 6,35 MM = 1/4"

ALS FAUSTREGEL GILT:

Der Abstand von etwas mehr als 9 mm = 3/8", von etwas mehr als 8 mm = .325" und etwas mehr als 6 mm = ¼".

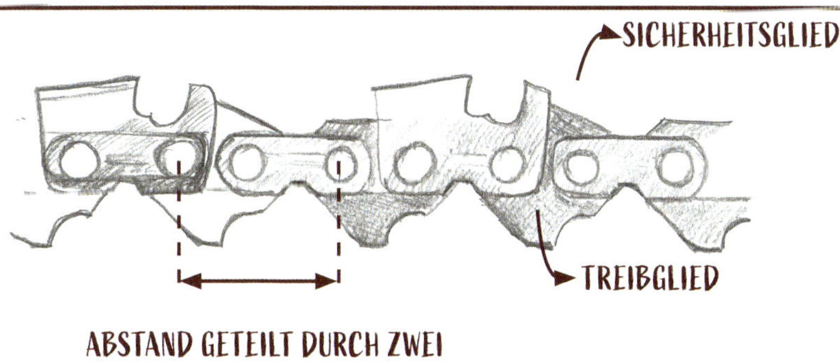

AUFBAU EINER MOTORSÄGENKETTE

Treibglied, rechter Schneidezahn (Meißel), Verbindungsglied mit Nieten, linker Schneidezahn mit tiefem Begrenzer, Verbindungsglied ohne Nieten, Sicherheitstreibglied.

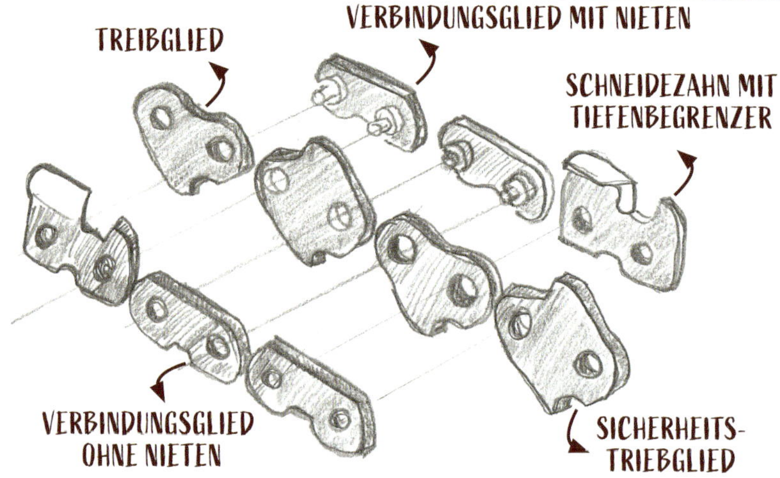

Die gebräuchlichsten Zahnformen sind:

- Vollmeißelzahn: eckiger Übergang von der Seitenplatte zum Zahndach
- Halbmeißelzahn: abgerundeter Übergang von der Seitenplatte zum Zahndach

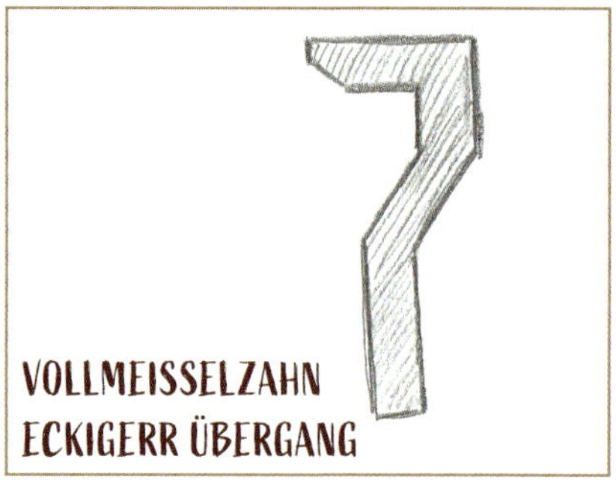

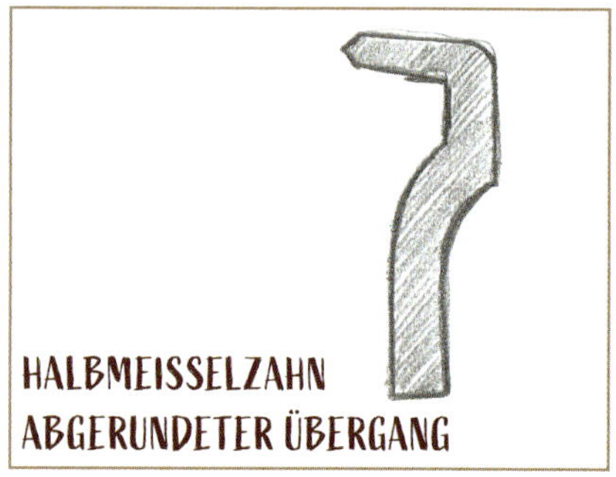

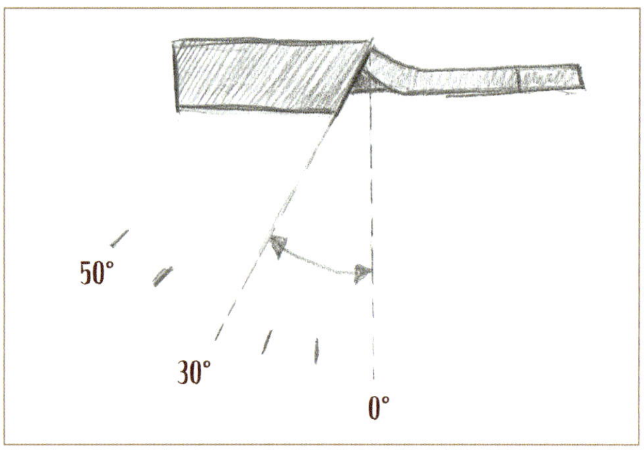

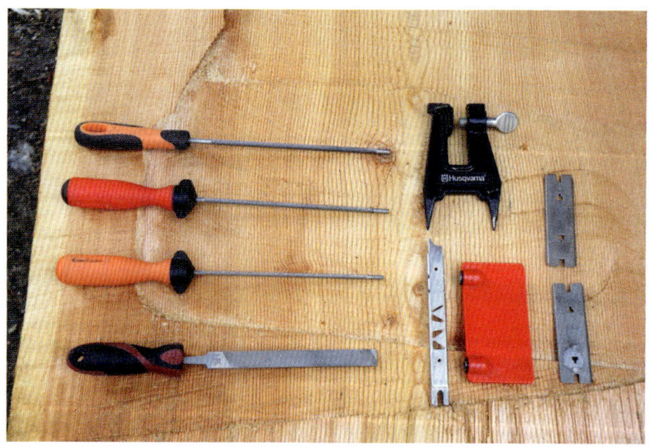

RUNDFEILEN MIT VERSCHIEDENEN DURCHMESSERN, FLACHFEILE, KLAMMER ZUM FIXIEREN DER SCHIENE, VERSCHIEDENE HILFSMITTEL FÜR DEN SCHÄRFWINKEL UND ZUM KÜRZEN DES TIEFENBEGRENZERS

PFLEGE UND WARTUNG

Zu Pflege und Wartung der Kette gibt es viel zu beachten. Am besten ist es, wenn man sich das Schärfen des Meißelzahns von einem Forstarbeiter zeigen lässt. Um eine Kette richtig zu feilen, braucht es Übung, doch jeder sollte es selbst mal versuchen.

Wenn man sich intensiv mit dem Motorsägenschnitzen beschäftigen möchte, ist es sicher sinnvoll, das Schärfen der Kette zu üben. Kann ich das Hobby aber aus Zeitgründen nur an ein oder zwei Wochenenden im Monat ausüben, ist es ideal, die Kette beim Fachhändler abzugeben und sie dort maschinell schleifen zu lassen. Der Vorteil dabei ist, dass ich immer perfekt gewartete und sichere Ketten habe und die gewonnene Zeit zum Schnitzen nutzen kann.

Wichtig ist das richtige Werkzeug zum Schärfen mit dem passenden Durchmesser: die Rundfeile.

Im Handel gibt es mittlerweile sehr viel Zubehör, das das Schärfen sehr erleichtert.

Zu beachten ist auch der Schärfwinkel, der eingehalten werden sollte. Ich empfehle einen Winkel von 30°, ein Winkel darüber oder darunter verringert die Schnittleistung und setzt die Kette übermäßiger Beanspruchung aus. Außerdem wird auch die Schiene übermäßig abgenützt.

Das Gleiche gilt auch für die richtige Höhe des Tiefenbegrenzers. Der Tiefenbegrenzer reguliert, wie aggressiv der Meißel ins Holz schneidet. Ist er richtig eingestellt, läuft die Kette ruhig, feile ich den Räumer, wie er auch genannt wird, zu stark zurück, hakt die Kette zu sehr ein, was ich natürlich am eigenen Kraftaufwand am Körper (Arme und Rücken) spüre. Außerdem wird der Motor überlastet und im schlimmsten Fall kann es zu einem Riss der Kette führen, was sehr gefährlich ist.

Am besten benützt man eine Feillehre. Sollte man das Schärfen tatsächlich manuell selbst machen, empfehle ich, den Tiefenbegrenzer auf etwa 0,50 mm bis 0,75 mm einzustellen.

Mittlerweile gibt es diese Ketten mit verkürztem und nach hinten abgeschrägtem Zahndach schon im Fachhandel. Damit habe ich beim Arbeiten mit der Spitze eine bedeutend höhere Schneidleistung.

TIPP: Für das Carving-Schwert empfiehlt es sich, eine Kette mit einem modifizierten Zahndach zu benutzen.

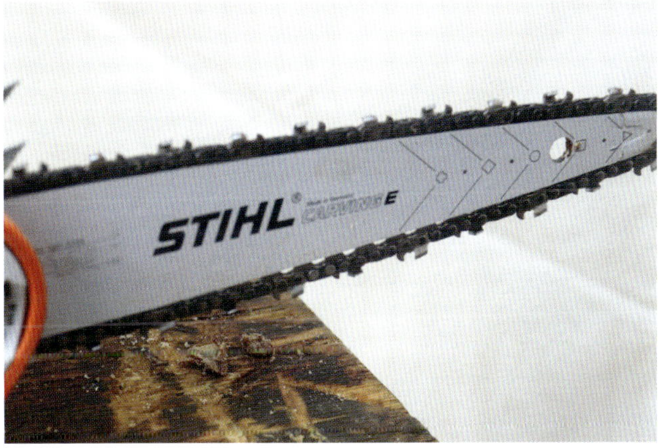

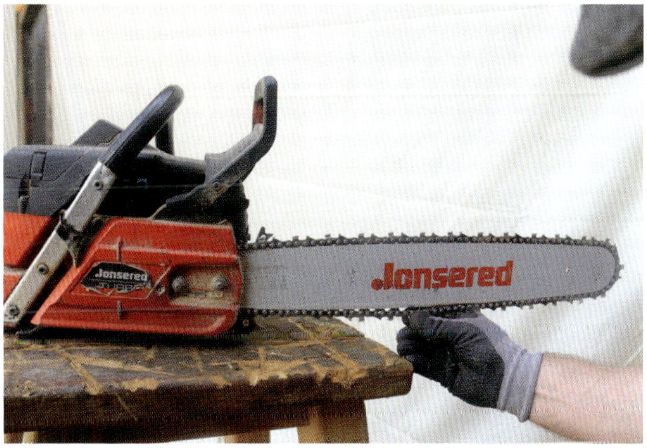

KAUF UND MONTAGE EINER NEUEN SÄGEKETTE

Es lohnt sich, wenn die Sägekette immer gut gepflegt und gewartet wird. Abgenutzte oder gar beschädigte Ketten sind unbedingt auszutauschen. Mit der Zeit wird die Kette dennoch durch eine neue ersetzt werden müssen.

Beim Kauf einer neuen Kette ist es wichtig, dass bekannt ist, wie viele Treibglieder die alte Kette hat, da die Anzahl der Treibglieder die Länge der Kette bestimmt. In der Regel steht auf dem Schwert oder auf der alten Verpackung alles Wichtige drauf, das der Händler wissen muss.

BEI DER „NORMALEN" SCHIENE IST DIE KETTE RICHTIG GESPANNT, WENN SIE AN DER UNTEREN SEITE NICHT DURCHHÄNGT UND DOCH MIT ZWEI FINGERN WEGGEZOGEN WERDEN KANN.

Ich selbst habe ein Notizbuch in meinem Atelier, wo ich die Anzahl der Treibglieder für jede Schiene notiert habe.

Bei der Montage der Sägekette sollte immer beachtet werden, dass das richtige Ritzel eingesetzt worden ist, die Laufrichtung und natürlich auch die Kettenspannung stimmen. Bei dem Carving-Schwert, das keine Umlenkrolle hat, darf die Kette etwas durchhängen, um an der Spitze die Reibung zu minimieren – aber nur so viel, dass sie nicht rausgedrückt werden kann.

Bei einer Benzinsäge ist es eigentlich selbstverständlich, dass man nicht vergessen sollte, Öl nachzufüllen, sehr wohl ist es aber auch bei einer Elektrosäge sehr wichtig, dass man den Ölstand immer kontrolliert, damit Schiene und Kette immer gut geschmiert werden. Das Ritzel ist wegen der geringeren Kettenspannung bei der Carving-Garnitur höheren Belastungen ausgesetzt. Das Motorsägenöl sollte hell sein, damit die Ölspritzer, die unweigerlich aufs Holz treffen, nicht ganz so stören, ansonsten wird Sie Ihr Händler sicher gerne richtig beraten.

TIPP: Während der Arbeit immer wieder die optimale Spannung kontrollieren, um sicher und gesund durch den Tag zu kommen.

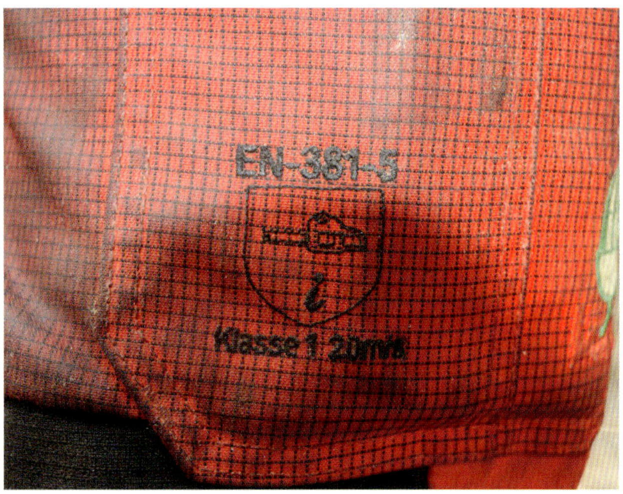

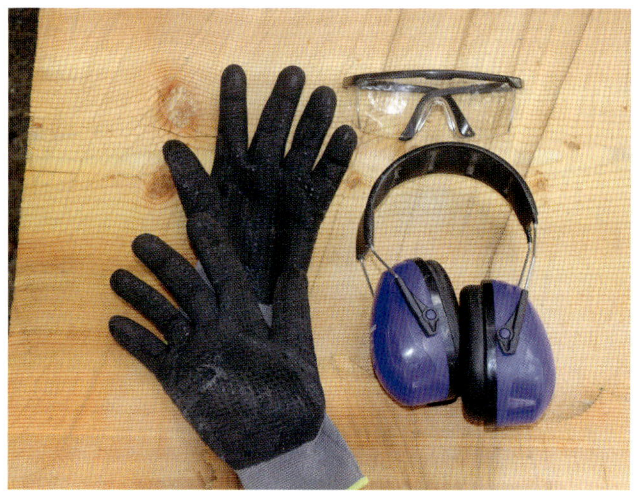

AUSRÜSTUNG

- Schnittschutzhose: Absolute Pflicht ist das Tragen einer Schnittschutzhose. Sie soll gut passen und bequem sein und mit der Klasse 1 deklariert sein.
- Feste hohe Schuhe: sind für einen sicheren Stand wichtig, damit ich nicht auf herumliegenden Holzabschnitten umknicken kann. Idealerweise sind sie auch mit einem Schnittschutz oder einer Stahlkappe ausgerüstet.
- Handschuhe: gibt es auch mit Geleinlage, um die Vibrationen zu dämpfen.
- Schutzbrille
- Gehörschutz
- Verbandskasten: gut sortiert, in meinem sind diverse Verbände, Pflaster, Desinfektionsmittel, Brandsalbe (für Verbrennungen, die man sich am Auspuff zuziehen kann), Spülmittel zum Augenauswaschen, Schere und Pinzetten. Die Notfallnummer eines Arztes sollte natürlich auf dem Verbandskasten notiert und im Handy gespeichert sein.

SICHERHEIT AM ARBEITSPLATZ

Um sicher arbeiten zu können, muss ich mir erst mal meinen Arbeitsplatz einrichten. Er sollte idealerweise hell und gut durchlüftet sein und genug Platz zum Bewegen bieten, da für Zuschauer ein Sicherheitsabstand von mindestens 2 m gilt.

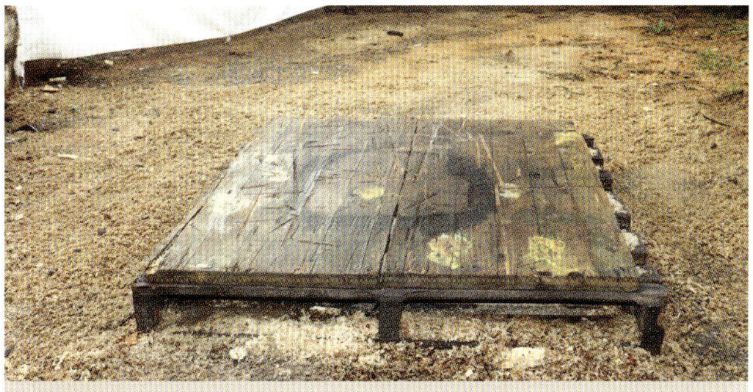

Ich verwende eine Holzpalette als Unterbau, auf der der Holzstamm gut stehen kann. Gegebenenfalls kann ich den Stamm auf ihr auch gut fixieren und meine Füße sind außer Reichweite. Die Kabel sollten im Trockenen liegen, beschädigte Kabel sind unbedingt auszutauschen. Vor dem Beginn kontrolliere ich meine Säge, ob alle Schrauben fest sitzen und ob Kette und Kettenspannung in Ordnung sind.

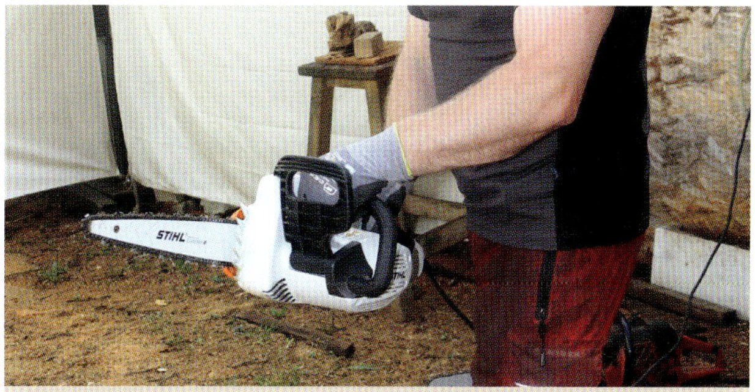

Beim Arbeiten achte ich darauf, dass ich die Maschine richtig und fest halte, dabei aber nicht verkrampfe. Außerdem achte ich auch auf einen guten Stand. Am besten ist ein Ausfallschritt, damit ich nicht so leicht aus dem Gleichgewicht gebracht werde.

Außerdem achte ich auch auf einen guten Stand. Am besten ist ein Ausfallschritt, damit ich nicht so leicht aus dem Gleichgewicht gebracht werde.

An dieser Stelle möchte ich auch nochmal auf den Rückschlag vom Schwert zu sprechen kommen, weil er einen schon sehr aus dem Gleichgewicht bringen kann. Der so genannte Kickback entsteht, wenn ich mit dem oberen Drittel des Schwertes zuerst auf das Holz treffe, was schnell mal passiert ist.

TIPP:
Das richtige Feilen des Tiefenbegrenzers kann den Kickback auch minimieren.

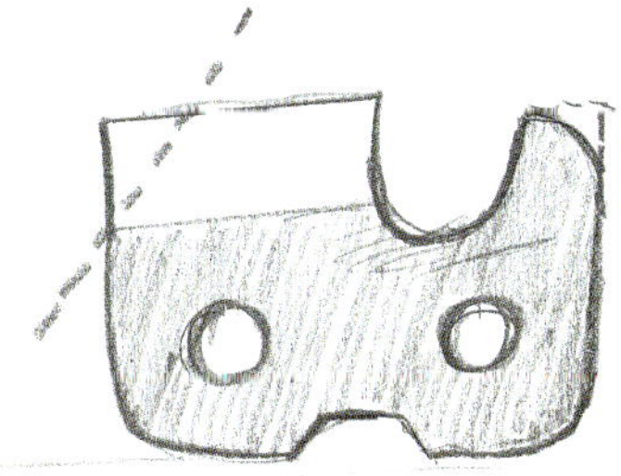

BEIM KÜRZEN DES TIEFENBEGRENZERS DEN VORDEREN TEIL ABRUNDEN.

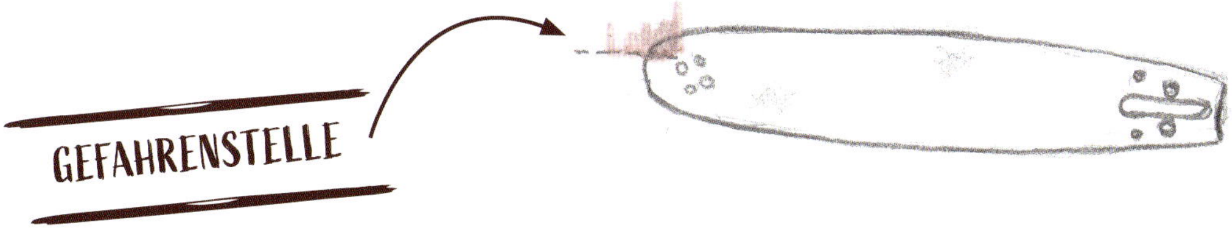

Grobe Holzabschnitte räume ich zwischendurch immer wieder weg, damit ich nicht darüber stolpere oder mir daran den Knöchel verstauche. Das feinere Sägemehl kann ich tagsüber liegen lassen, da es, je nach Untergrund, wie eine Isolationsschicht wirkt und das von der Säge verbreitete Kettenöl absorbiert.

TIPP: Mit viel Eigenverantwortung und Hausverstand arbeiten!

Zum Arbeitsschutz gehört auch das richtige Heben. Je nach Größe des Projekts können da schon einige Kilo an Gewicht zusammenkommen. Wenn jemand in der Nähe ist, hilft er sicher gerne, den Baumstamm aufzustellen, dabei gilt aber:

TIPP: Niemals aus dem Rücken heben, sondern in die Knie gehen und aus den Unterschenkeln hochdrücken, der Rücken wird es Ihnen danken!

Ideal ist es, wenn man das Holz (Baumstamm) von einem Fahrzeug mit einer Hebeeinrichtung aufstellen lassen kann. So schont man seinen Rücken und kann das Holz so platzieren, wie man es braucht.

TIPP: Größe ist nicht alles. Manchmal schaut eine etwas kleiner gehaltene Motorsägenskulptur für den Betrachter interessanter oder gar unglaublicher aus als eine große.

WELCHES HOLZ SOLL ICH VERWENDEN?

Ob Fichte, Lärche, Kiefer oder Eiche – grundsätzlich eignet sich jeder Holzstamm oder jede Holzart zum Arbeiten mit der Motorsäge.

Sinnvoll und nachhaltig ist es, Holz aus der Region zu verarbeiten. Der eine oder andere Landwirt oder Gemeindearbeiter ist sicher gerne bereit, ein Stück Holz abzugeben, wenn man ihn darum bittet. Da lohnt es sich, wenn man die Augen offenhält.

In Ihrem Wohnort gibt es meistens auch einen Förster, der sicher auch den Rohstoff zum Verwirklichen Ihrer Projekte anbieten kann.

Das Holz sollte nicht faul oder morsch sein. Der eine oder andere braune Fleck stört nicht, solange die Konsistenz noch fest ist. Äste stören nicht, meiner Erfahrung nach sind die Risse eher kleiner als bei astfreiem Holz, ich muss nur aufpassen, dass ich keinen Ast in einem Detail habe, wie z. B. dem Gesicht.

Der Durchmesser meines Stammes richtet sich nach dem Projekt, das ich verwirklichen möchte. Prinzipiell lässt sich aus jeder Stärke etwas Schönes machen.

Zu beachten ist, dass ich beim Arbeiten aufpasse, dass nirgends Wasser stehenbleibt, das heißt, das Wasser soll abfließen können, um die Haltbarkeit der Skulptur zu verlängern. An der Standfläche soll nach Möglichkeit auch keine Flüssigkeit ins Holz ziehen, ideal ist also ein Untergrund, wo das Wasser abfließen kann, wie Kies. Oder die Skulptur wird so aufgestellt, dass sie gar nicht mit dem Boden in Berührung kommt, ein oder zwei Zentimeter reichen da vollkommen aus.

Pflegen muss oder soll ich die Skulptur je nach Standort. Stark harzhaltige Hölzer, wie Lärche oder auch die Zirbelkiefer, sind witterungsbeständiger als zum Beispiel die Weißtanne oder die Fichte. Gut gepflegt habe ich lange Freude an meinen Werken.

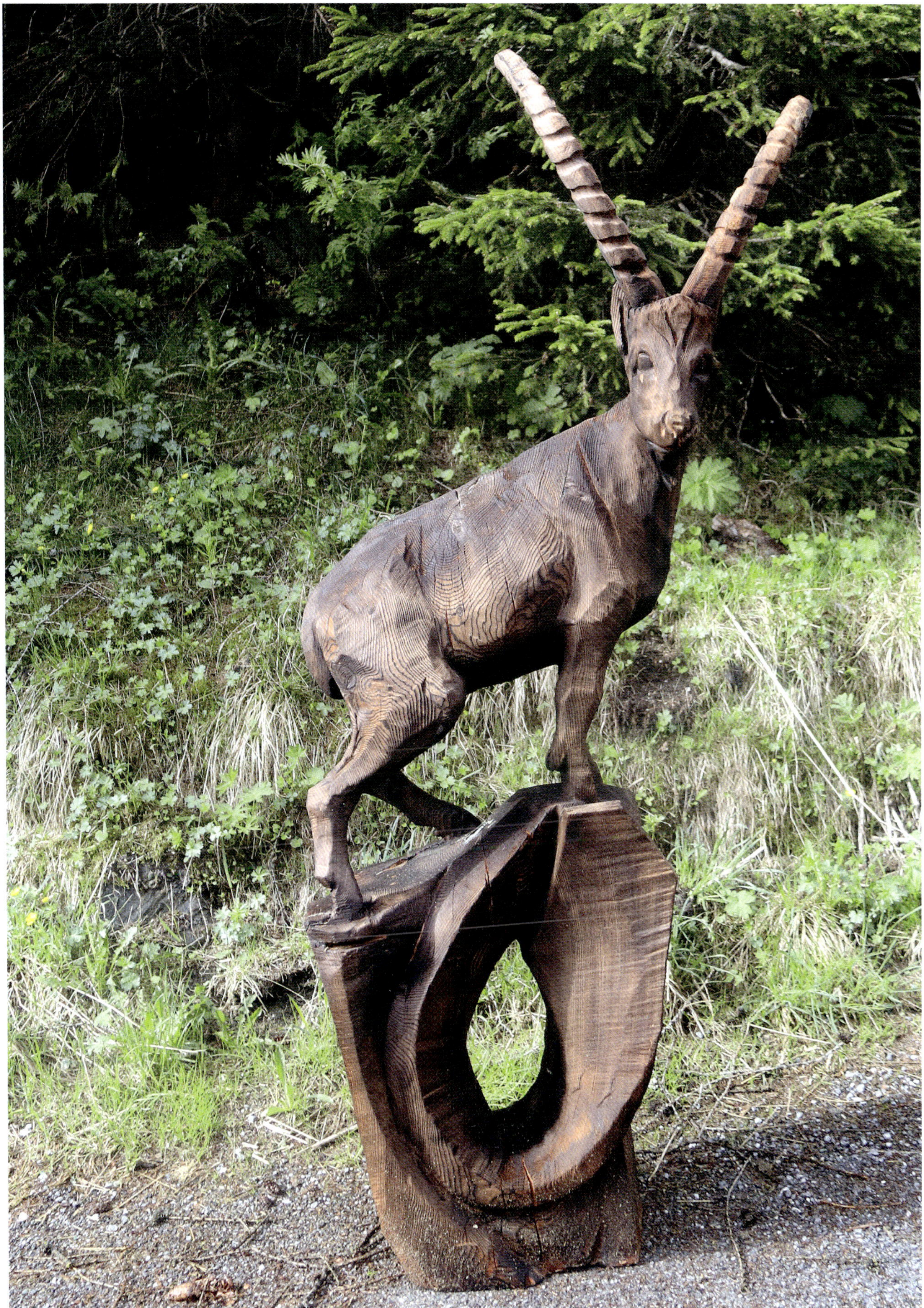

PROJEKT 1

SCHUH

Bevor wir so richtig loslegen, möchte ich anhand des ersten Werkstücks noch einige Schnitttechniken vorführen. Als Erstes werden wir einen Schuh gemeinsam schnitzen.

Dieses Modell eignet sich sehr gut für die ersten Übungen im Umgang mit der Säge, da alle Schnitttechniken vorkommen und man sich ein wenig an das Handling mit dem Werkzeug gewöhnen kann. Je rustikaler das Ergebnis ausschaut, umso mehr Charakter hat der Schuh.

Grundsätzlich arbeite ich immer mit einem Modell in Form einer dreidimensionalen Vorlage, von der ich die Maße übernehmen kann. Das verringert die Gefahr, mich mit den Proportionen zu verzetteln. Es ist damit auch einfacher, die Konturen des Modells auf das Holz zu übertragen, sodass ich danach zügig loslegen kann.

Um ein Modell, das man mit der Kettensäge schnitzen möchte, zu finden, braucht sich der Hobbyschnitzer nur im Spielwaren- oder Souvenirgeschäft umzuschauen. Heute bietet auch das Internet alle Möglichkeiten, um eine Schnitzvorlage zu erwerben.

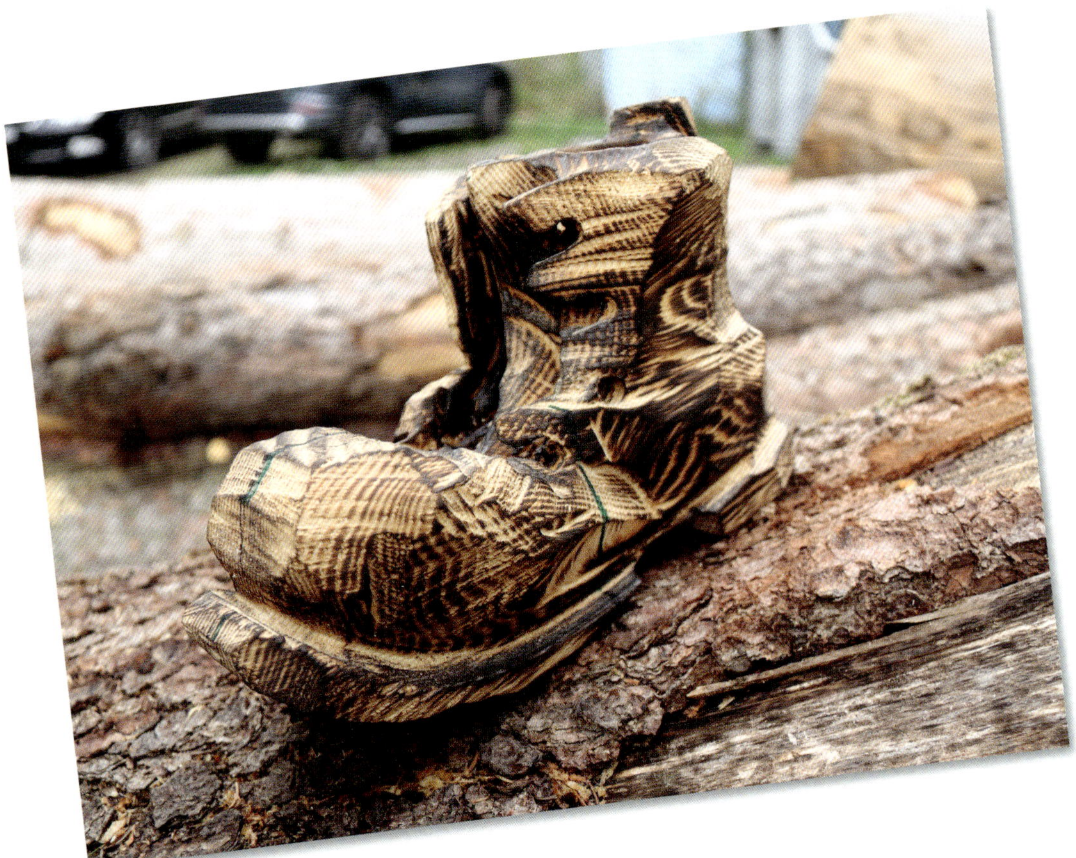

ZEICHNUNG UND MODELL

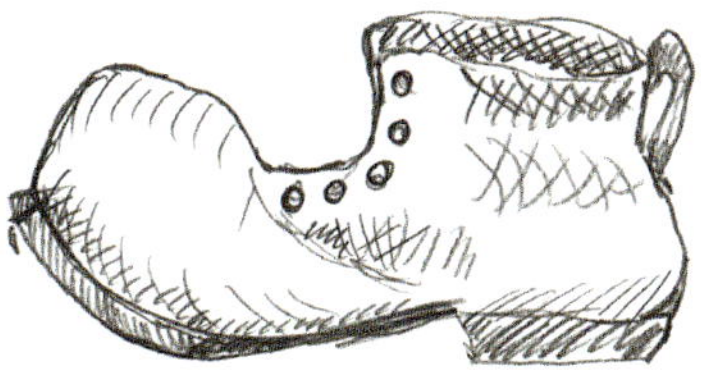

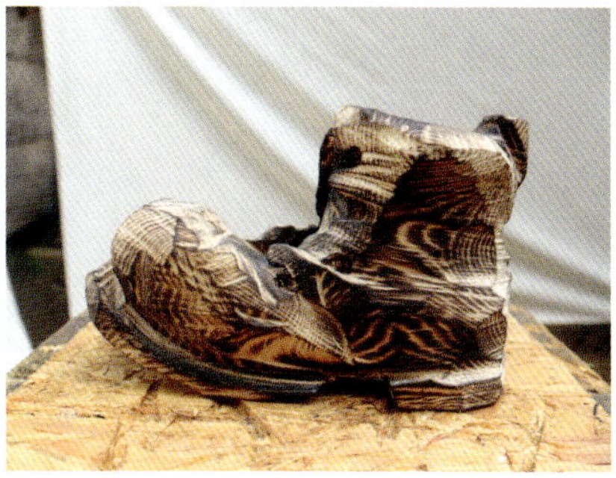

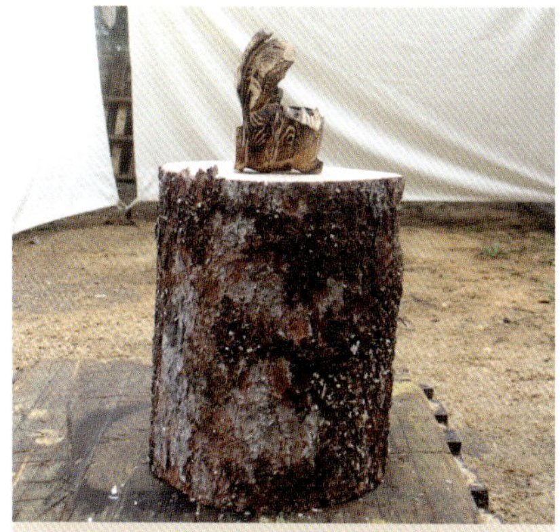

1 Als Erstes mache ich mir eine Zeichnung, wobei das kein Meisterwerk sein muss, sondern eine gute Werkskizze, nach der ich arbeiten kann. Anhand dieser Skizze fertige ich ein Modell aus Plastilin oder Ton oder schnitze es aus Holz.

2 Die Länge meines Modelles beträgt 26 cm, die Höhe 15 cm und die Tiefe 12 cm. Wir werden die Größe des Modells verdoppeln, also Faktor zwei verwenden. Als Erstes länge ich mir das Holz ab, die Maserung sollte dabei längs sein, damit keine Schwachstellen entstehen, wenn durch den Trocknungsprozess Schwundrisse auftreten, die immer vom Kern ausgehen.

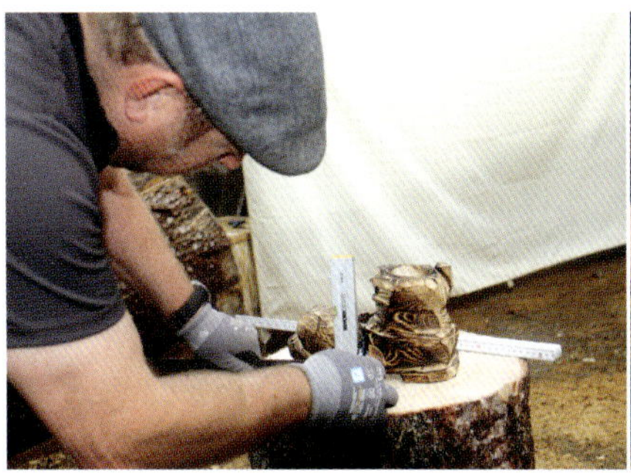

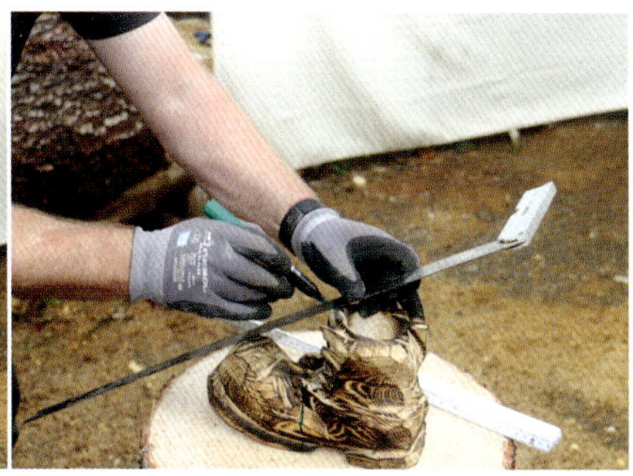

3 Ich zeichne mir eine Referenzlinie (Mittellinie) auf mein Modell, von der aus ich meine Längen und Tiefen messen kann.

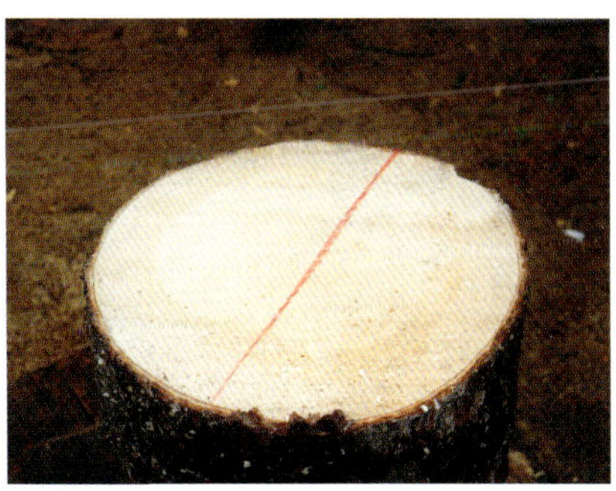

4 Auf meinen Holzstamm übertragen, …

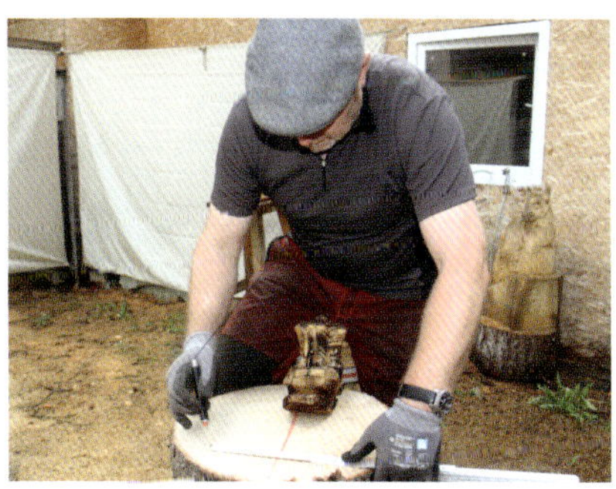

5 … verdopple ich jetzt die Breite und die Tiefe …

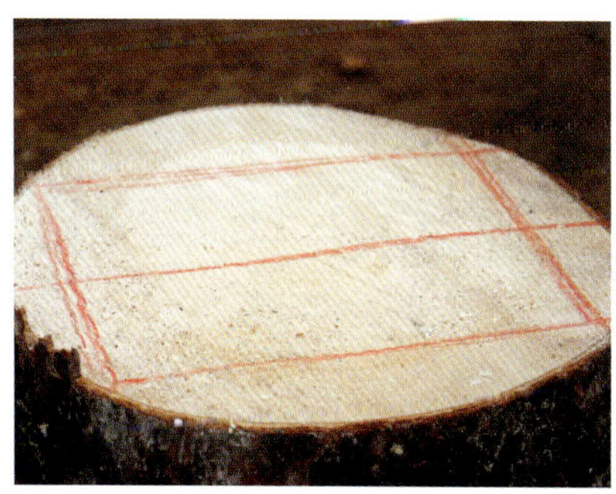

6 … und zeichne sozusagen die Schuhschachtel auf.

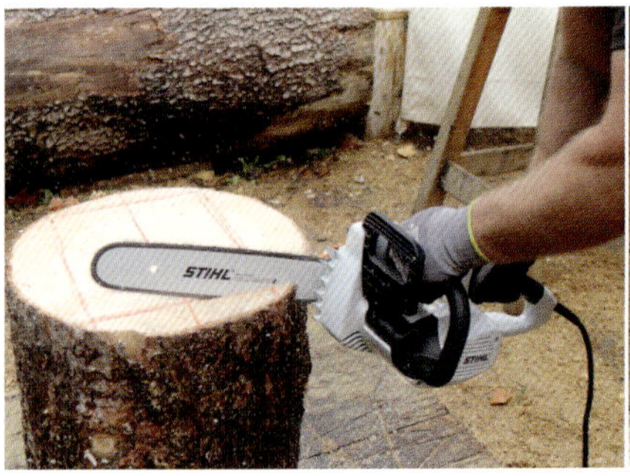

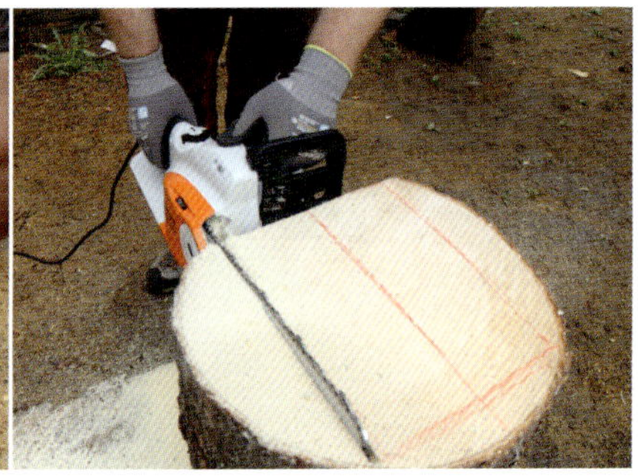

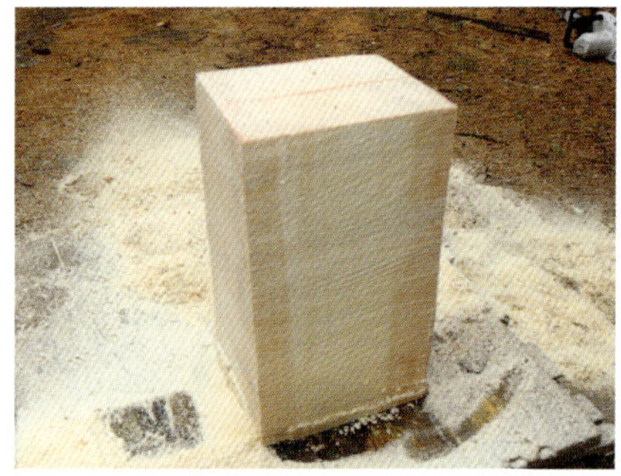

7 Die erste Arbeit ist nun, diese Schachtel auszuschneiden, wobei ich darauf achte, dass ich nicht in die Form schneide.

8 Fläche für Fläche ...

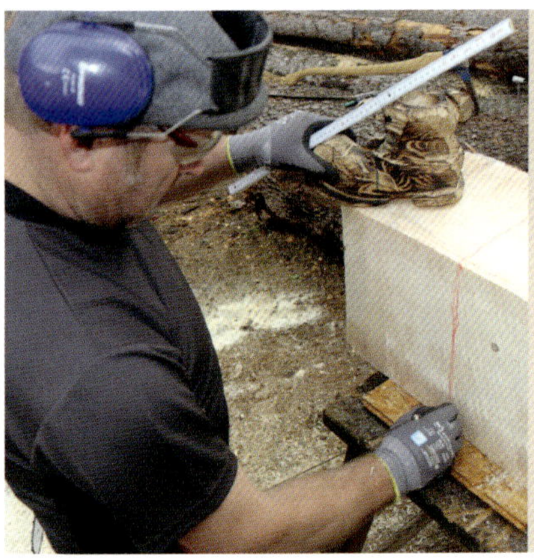

9 Jetzt beginne ich damit, die Konturen des Schuhs von der Seite aufzuzeichnen. Der erste Schritt ist wieder das Einzeichnen der Mittellinie, die ich gleich im rechten Winkel oben quer über den Holzblock verlängere.

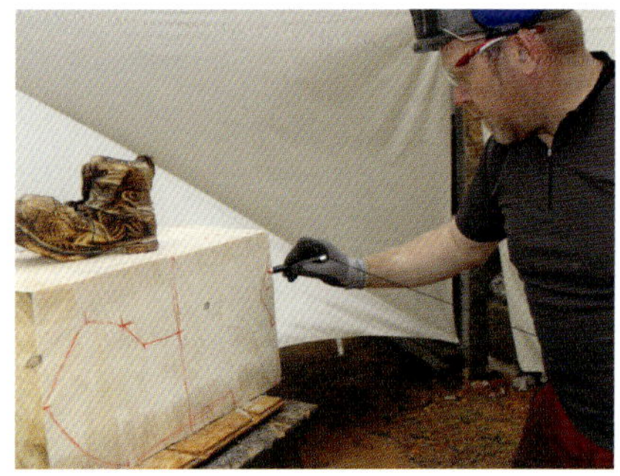

10 Wenn ich damit fertig bin, sollte das ungefähr so aussehen.

ERSTE ZUSCHNITTE

TIPP: Für die ersten Zuschnitte verwende ich die Original-Schiene (mit der 3/8-Zoll-Kette), da am Anfang hauptsächlich gerade Schnitte gesetzt werden, sodass ich mein Carving-Equipment (das in der Regel teurer ist) schonen kann.

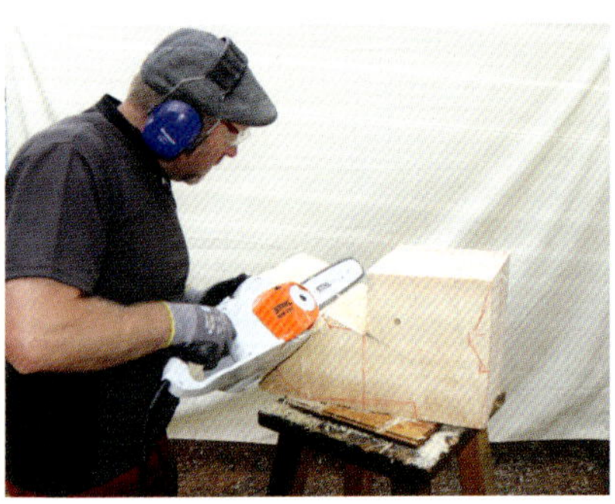

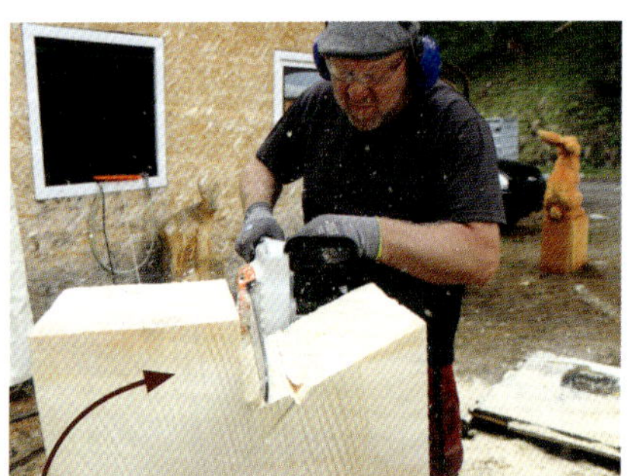

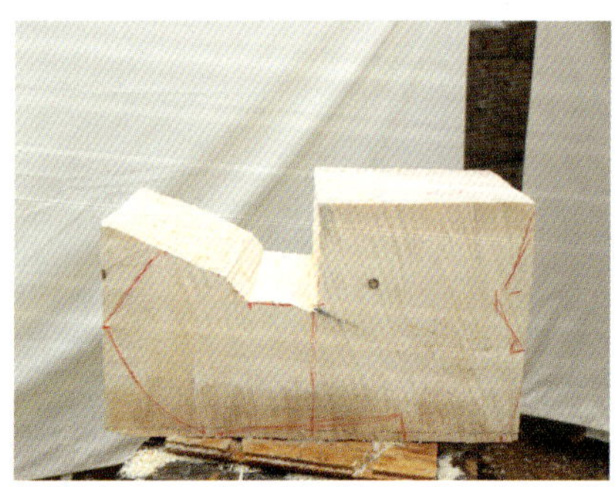

11 Nun beginne ich im rechten Winkel zu der Fläche, auf der ich die Kontur aufgezeichnet habe, die selbige auszuschneiden. Dazu kann ich meinen Holzblock aufstellen oder hinlegen.

12 DIE KERBE AM RIST PUTZE ICH MIT KLEINEN SCHNITTEN AUS, ...

13 ... bis ich eine schöne Fläche habe.

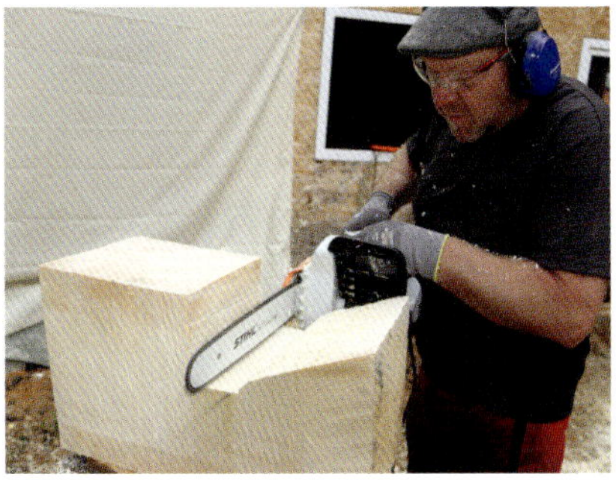

14 Hier kann ich das Wischen mit der Meißeloberfläche üben und das Material an der schwer zugänglichen oder engen Stelle abhobeln.

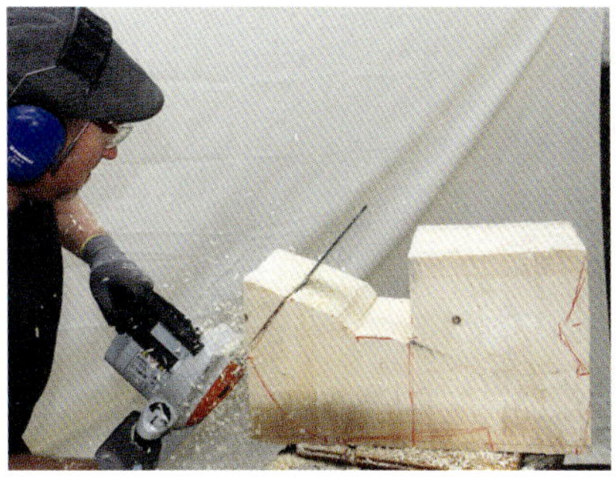

15 Weiter geht's mit Schwung, alles im rechten Winkel auszuschneiden.

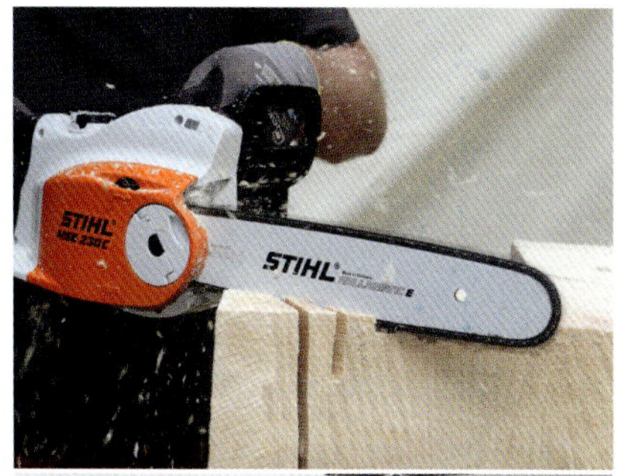

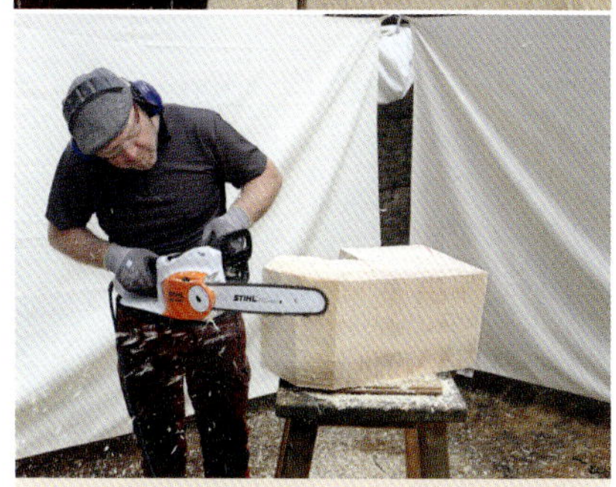

16 Bei Rundungen, wie der Sohle zum Beispiel, setze ich drei oder vier Mal an, um einen schönen Bogen zu schneiden. Wieder putze ich den Schnitt sofort nach, damit die Rundung schön zum Vorschein kommt.

ANSCHNEIDEN UND BEISCHNEIDEN

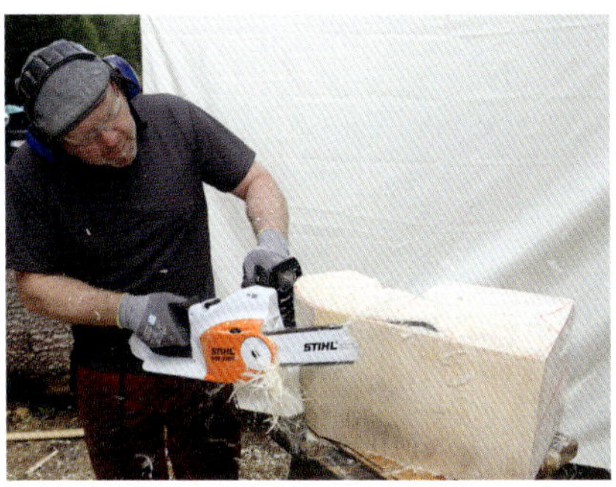

17 Um den Stöckel abzusetzen, muss ich jetzt das erste Mal „anschneiden und beischneiden". Beim Anschneiden setze ich die Säge so tief im Holz an, wie meine Kerbe sein soll. Dabei achte ich darauf, dass es mich nicht zu sehr in die Form zieht und mein Schnitt nicht zu tief ins Holz geht.

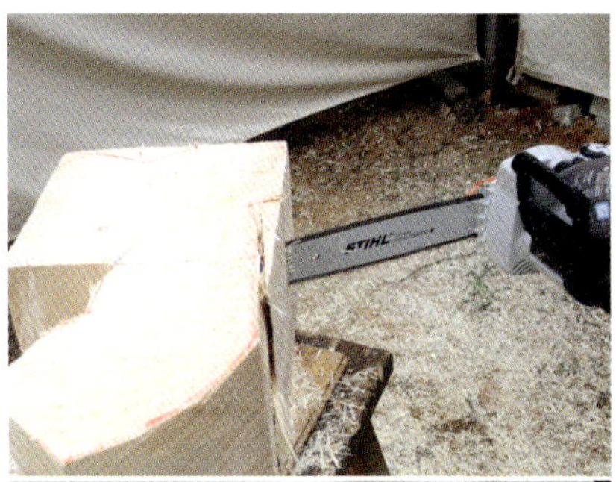

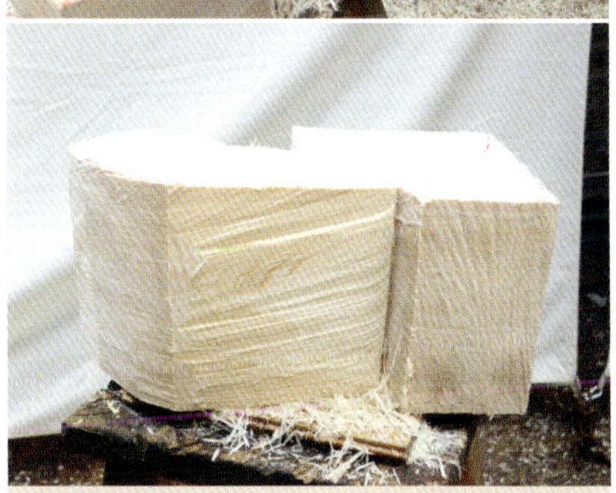

18 Beim Beischneiden muss ich auf dasselbe achten, wobei ich mit der Zeit und der Erfahrung am Zug der Säge spüre, ob ich schon tief genug schneide. Es ist sinnvoll, es unter mehreren Schritten zu schneiden.

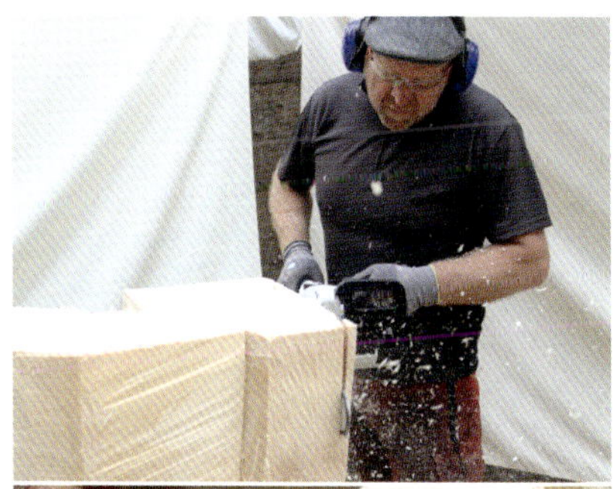

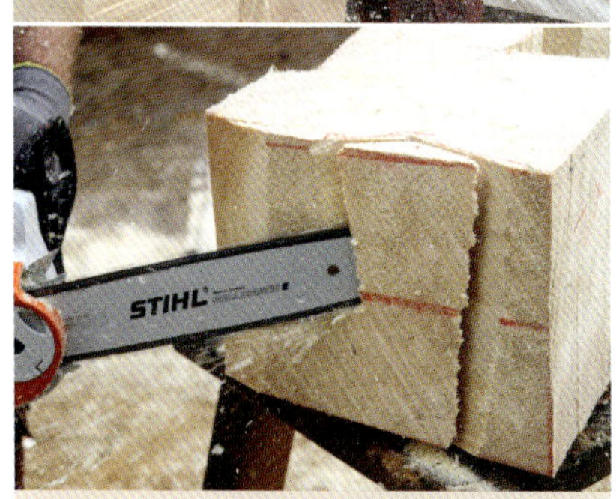

19 Bei der Ferse kann ich diese Technik gleich nochmal üben.

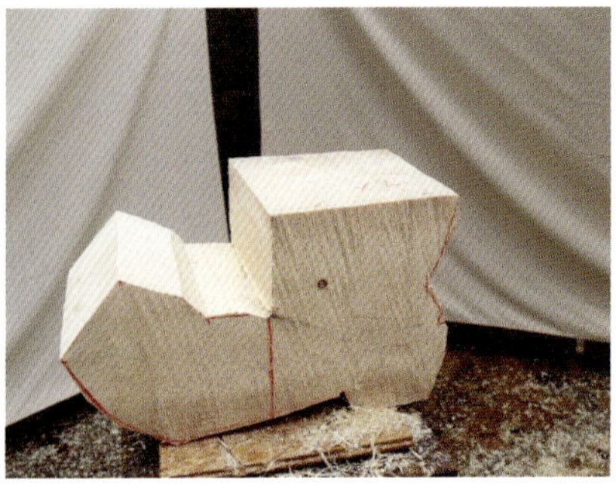

20 Jetzt sind die ersten groben Schnitte von der seitlichen Kontur schon gemacht.

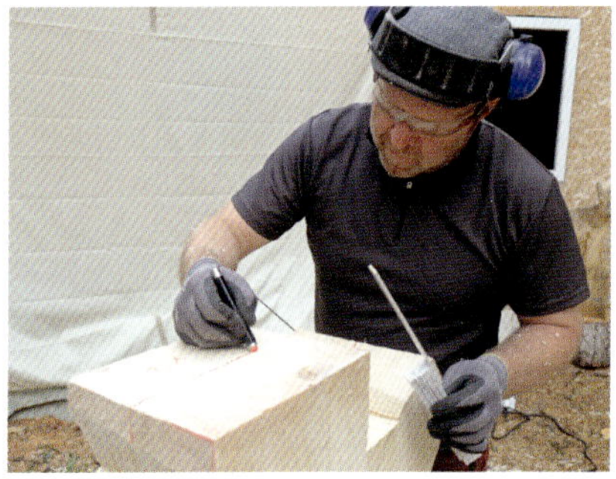

21 Um jetzt dem Objekt von oben noch Form zu geben, zeichnen wir die Mittellinie längs auf unser Werkstück auf.

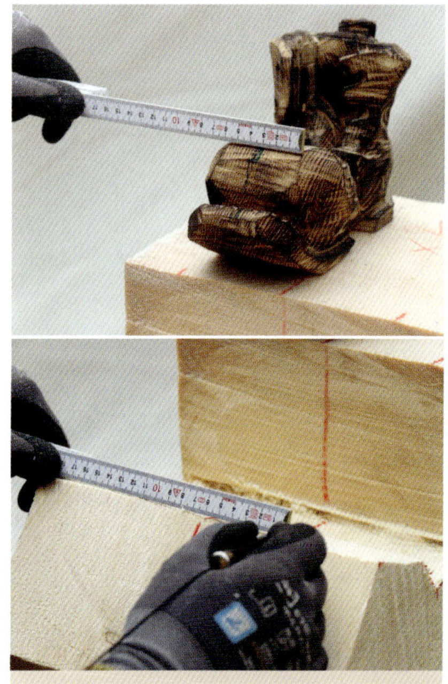

22 Nun übertragen wir wieder die markantesten Punkte aufs Holz.

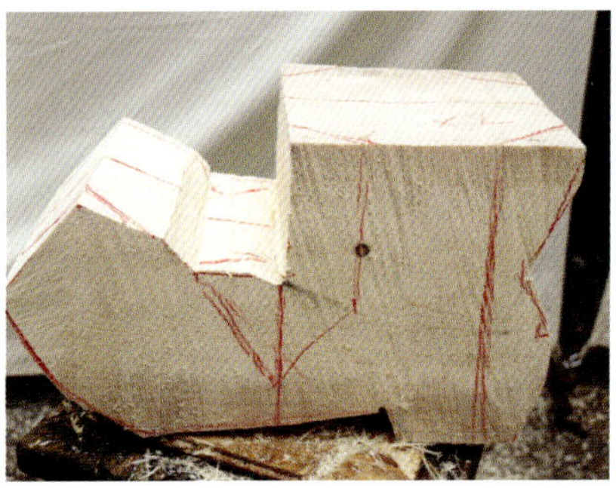

23

NATÜRLICH MESSEN WIR VON DER MITTELLINIE AUS.

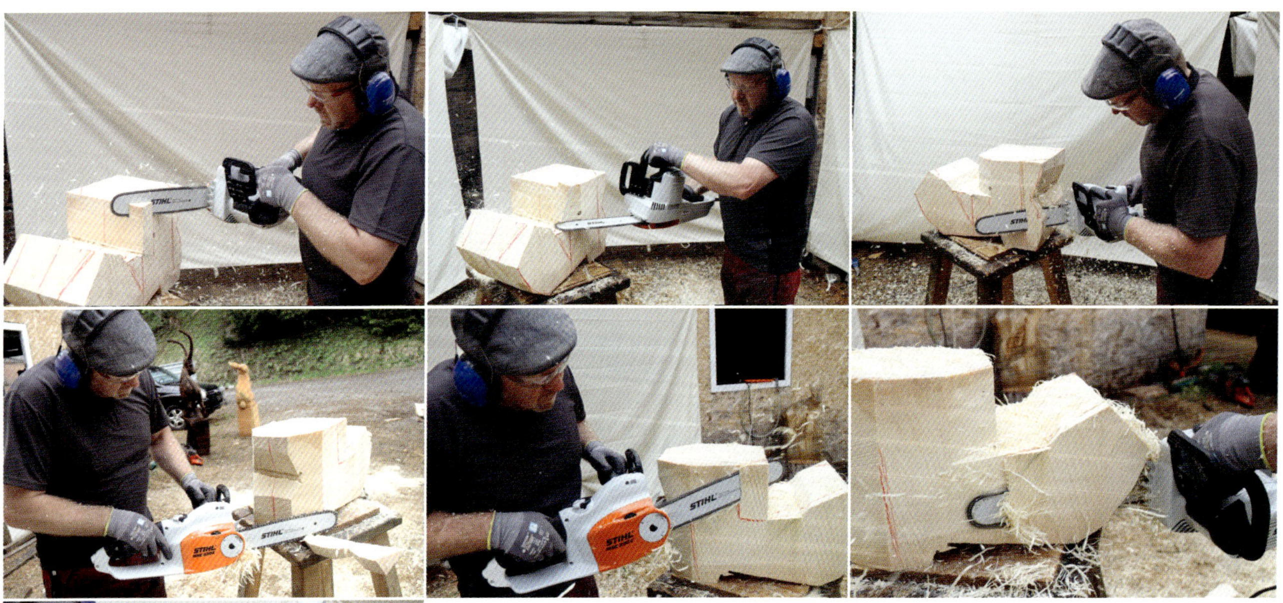

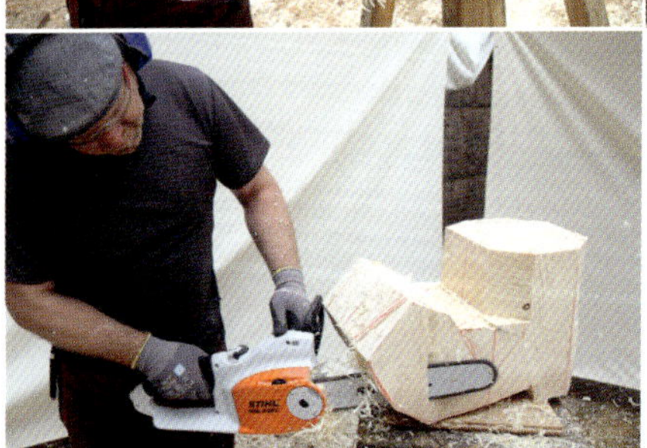

24

JETZT ARBEITEN WIR UNS VON OBEN NACH UNTEN UND SCHNEIDEN RUNDHERUM ALLE ANGEZEICHNETEN ECKEN WEG.

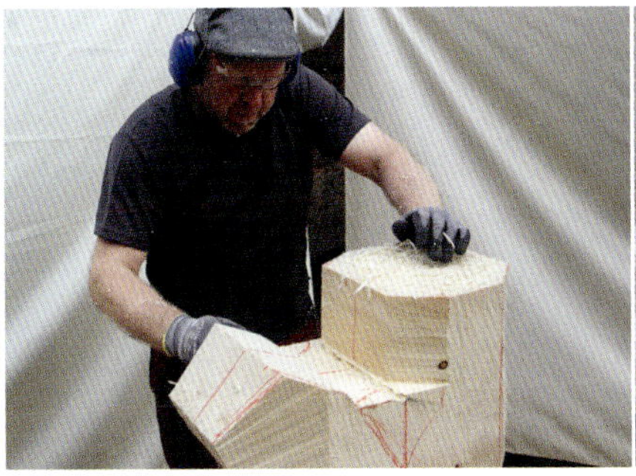

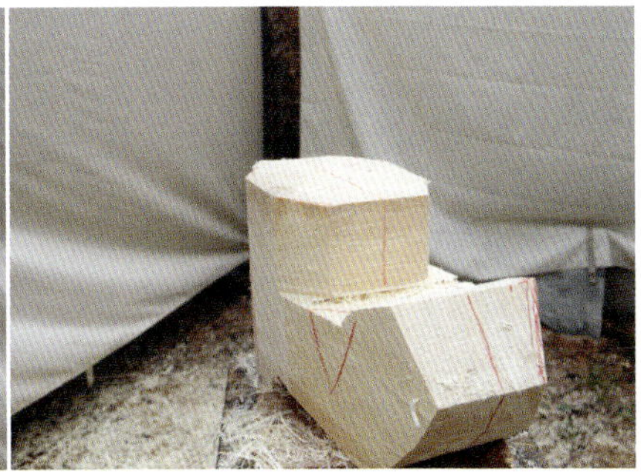

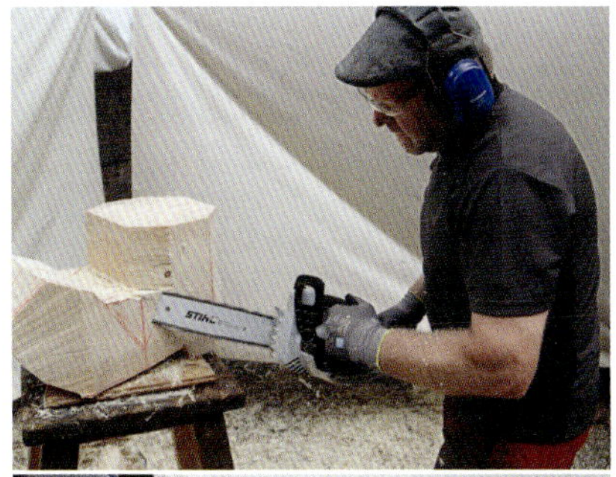

25 Als Nächstes zeichnen wir die Kerbe an, die hinter der Fläche liegt, die wir jetzt geschnitten haben.

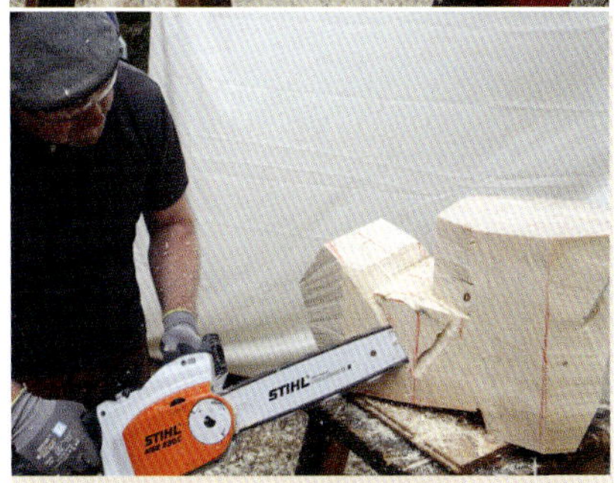

26 Bei den Kerben ist wieder Anschneiden und Beischneiden angesagt, wobei wir in diesem Fall die Säge schräg ansetzen, um die spätere Sohle nicht anzuschneiden.

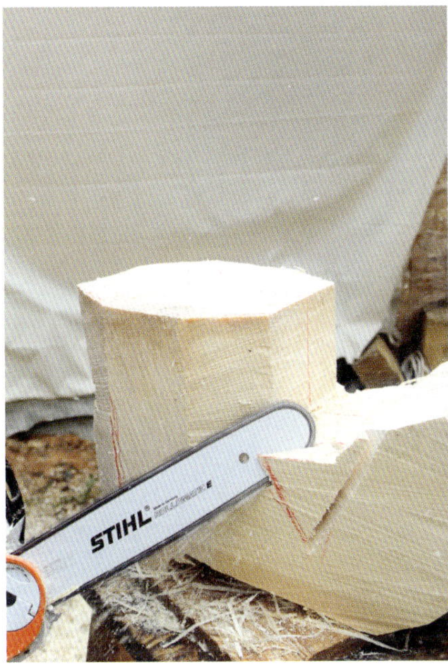

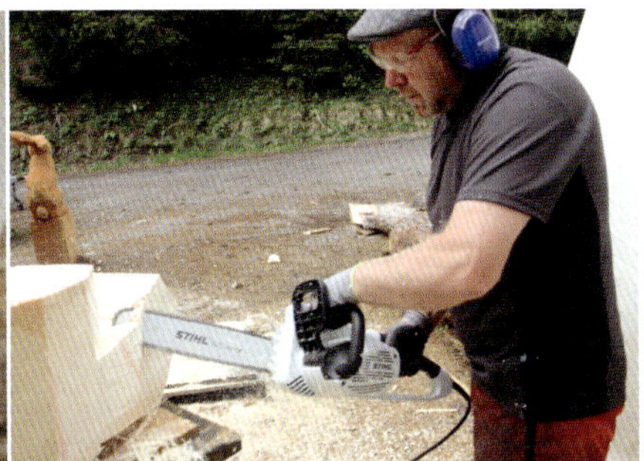

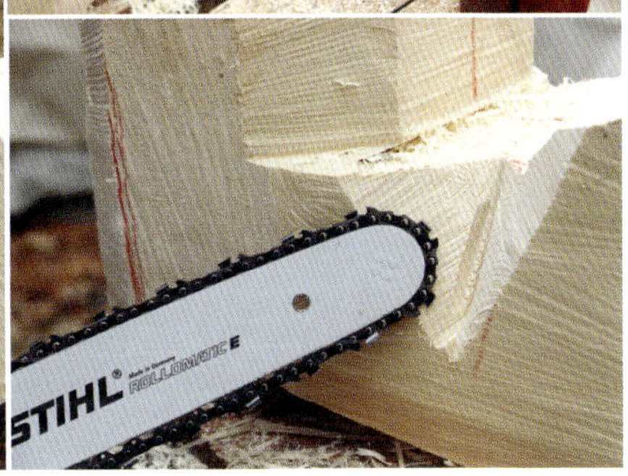

27 Somit sind die groben Vorarbeiten abgeschlossen, die Proportionen passen und jetzt kann ich meinen Meterstab/Zollstock einstecken und dem Schuh meine persönliche Note verleihen.

FEINSCHLIFF

28 Dazu wechsle ich jetzt zur Carving-Schiene und arbeite mich wieder von oben nach unten und von außen nach innen vor. Das heißt, ich bearbeite zuerst die äußere Form, um zu vermeiden, dass im Falle einer Nachbesserung die Form zu dünn wird.

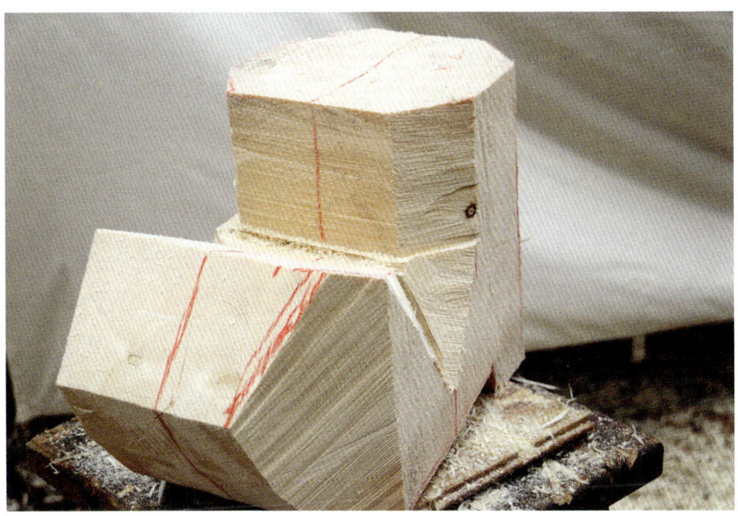

KONVEXE UND KONKAVE SCHNITTE

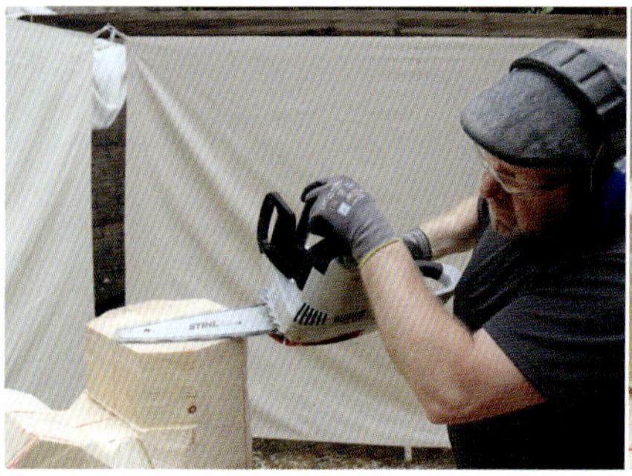

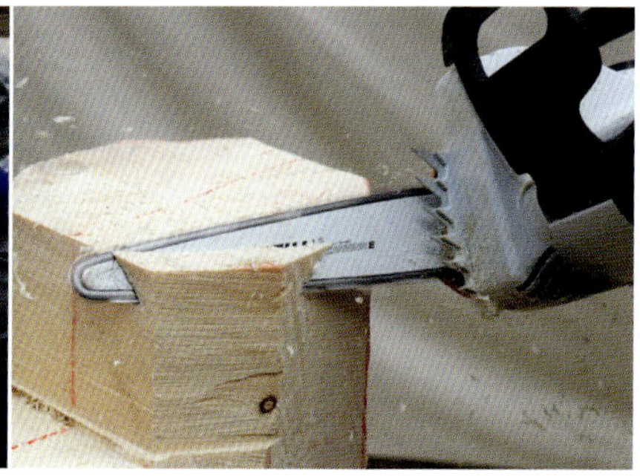

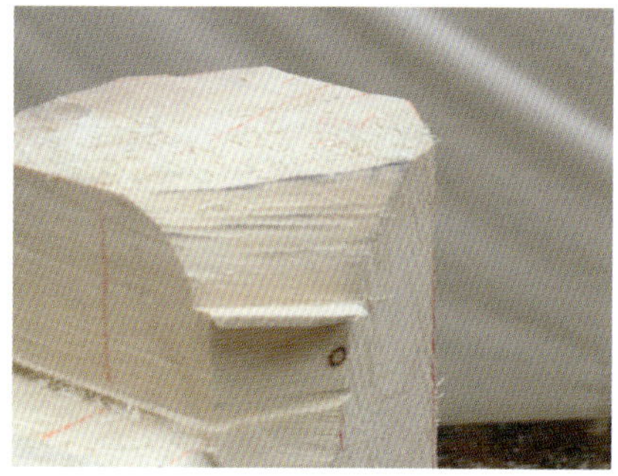

29 Wir üben am Anfang die konvexen und konkaven Schnitte. Dazu setzen wir die Schiene ziemlich flach an und stellen das Schwert im Laufe des Schnittes immer steiler.

30 Die entstandene Fläche sollte schön nach außen gewölbt sein.

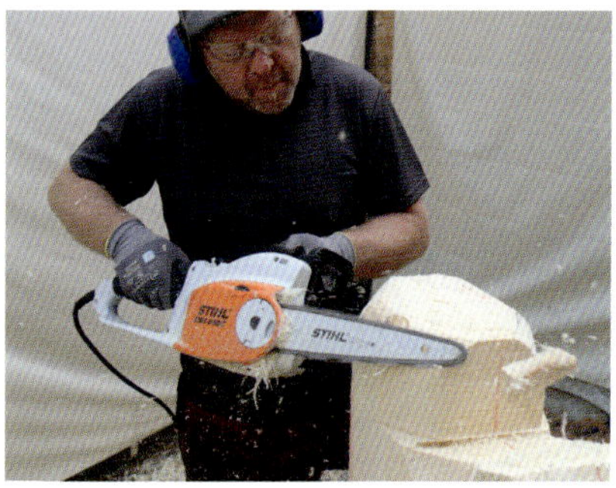

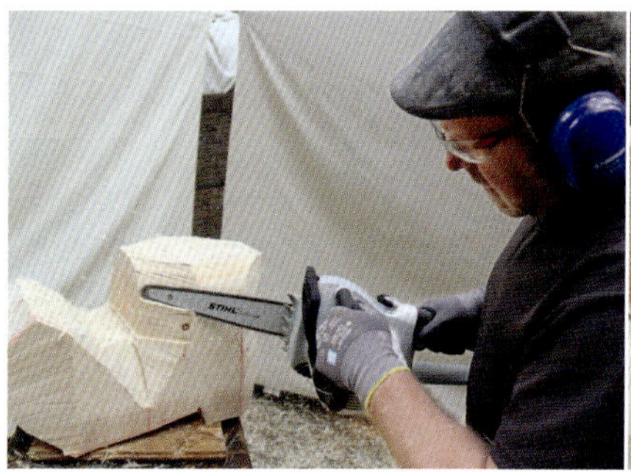

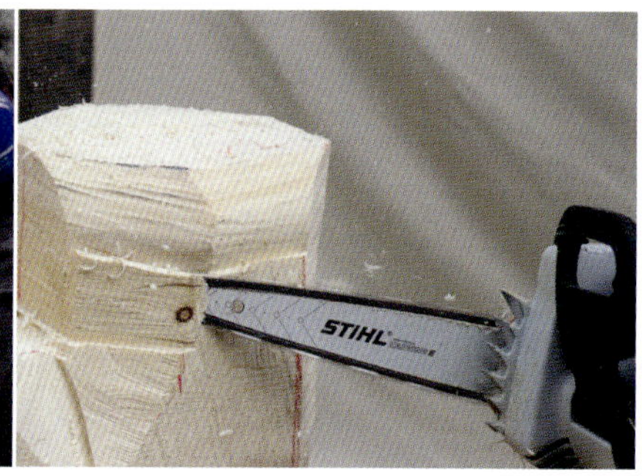

31 Natürlich muss das nicht beim ersten Versuch gelingen. Auf diese Art runde ich den ganzen Schaft ab.

32 Für den konkaven Schnitt schneide ich leicht schräg ins Holz und biege das Carving-Schwert während des Schneidevorgangs nach außen. Dazu ist eventuell zu beachten, dass ich mit der oberen Seite der Säge natürlich auch schneide.

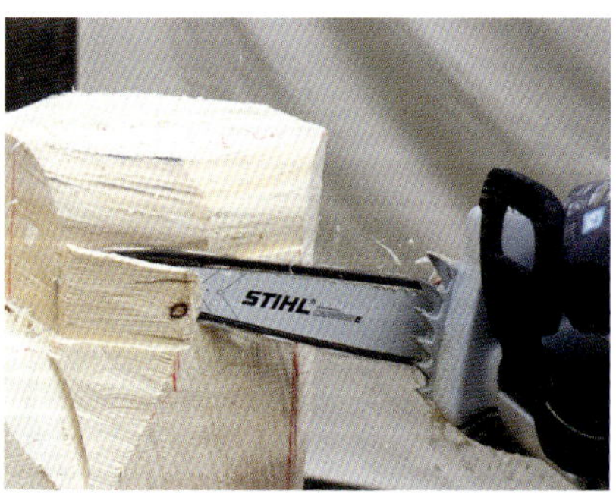

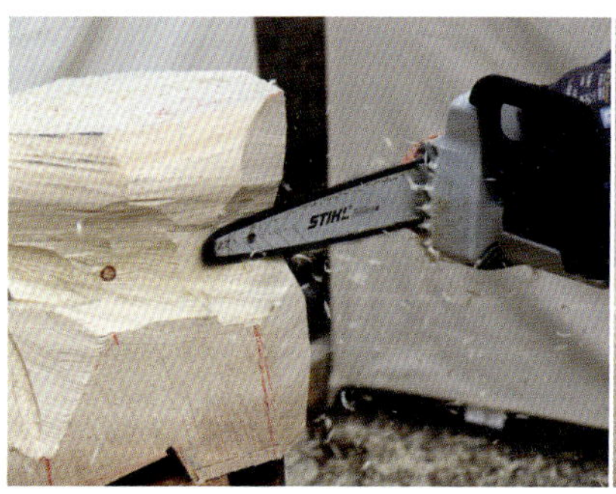

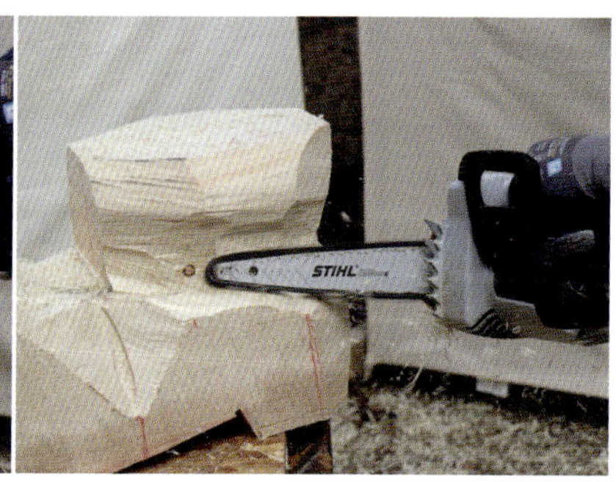

33 So taste ich mich auch da wieder Schritt für Schritt an die Form heran.

34 Rundherum, das ist nicht schwer, dabei gebe ich darauf Acht, dass ich eine schöne Vertiefung ins Holz schneide – ruhig mit mehreren Schnitten.

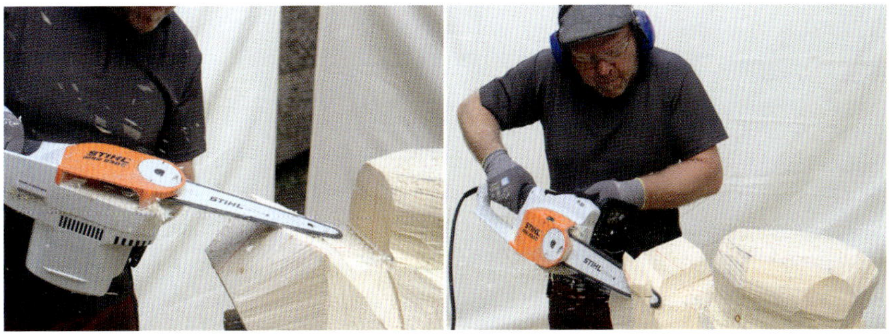

35 Dasselbe mache ich jetzt auch an der Schuhspitze.

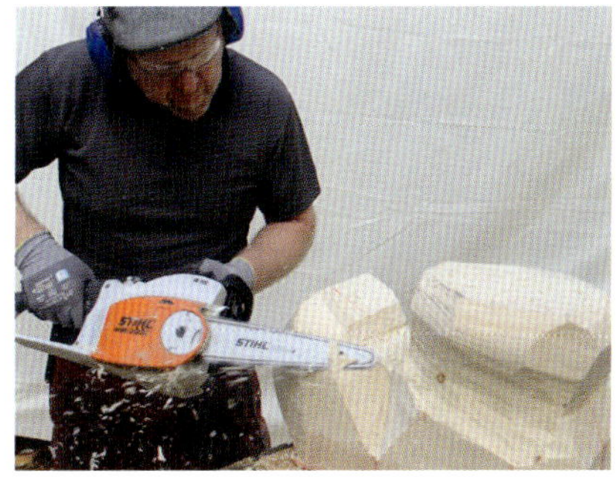

36 Mit Gefühl runde ich alles ab.

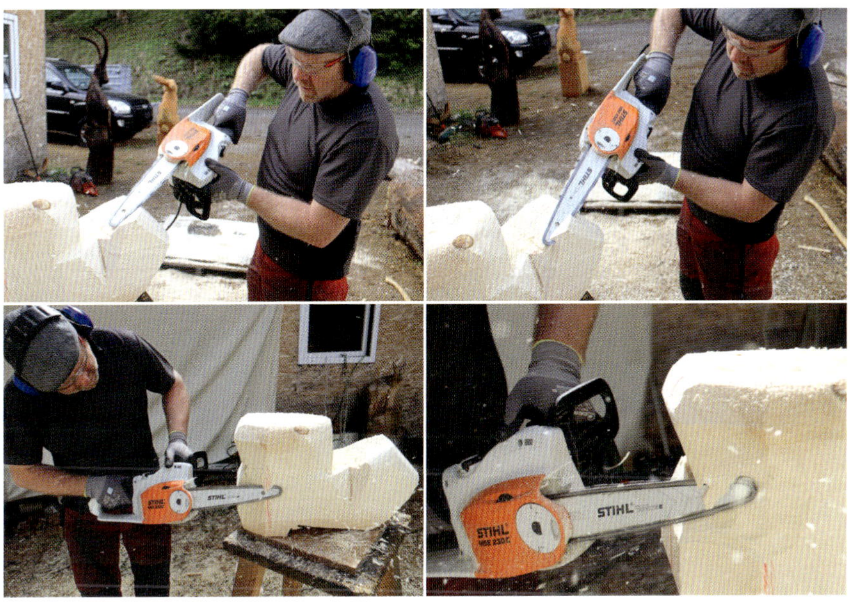

37 Natürlich kann ich auch mit der Oberseite der Schiene arbeiten oder die Kettensäge um die Achse drehen, was in manchen Situationen sicherlich erforderlich sein wird, um die eine oder andere Stelle zu erreichen.

> **TIPP:**
> Alles ist erlaubt, solange es nicht gefährlich ist!

DETAILS

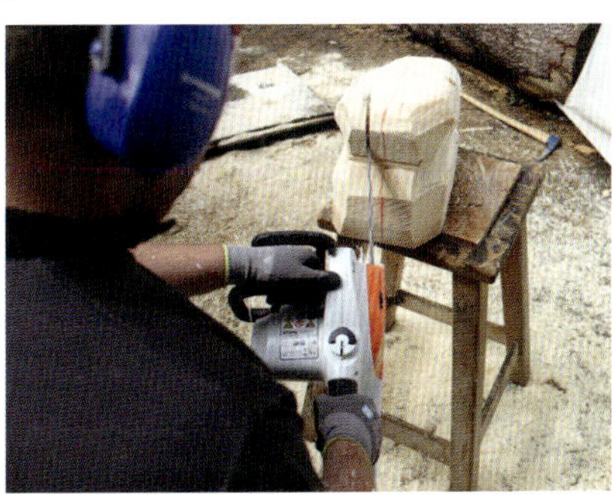

38 Jetzt statten wir unseren Schuh noch mit einigen (verspielten) Details aus, was ihn lebendiger wirken lässt. Zuerst schneiden wir ihm eine Lasche an den Schaft.

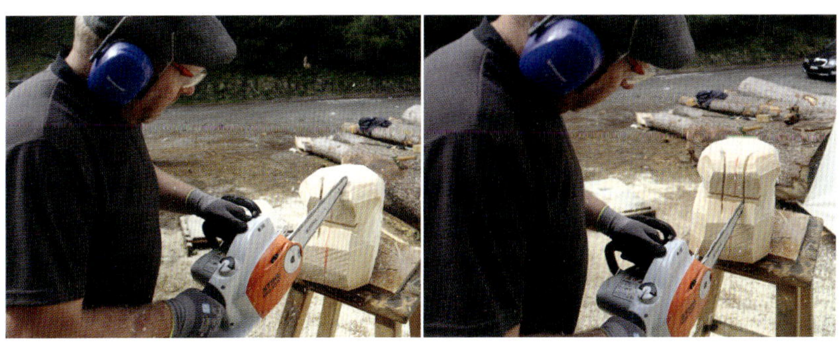

39 Wie man hier gut sehen kann, schneide ich bei den Details nicht im rechten Winkel, sondern von der Form leicht (schräg) weg. Dadurch wirken die Übergänge weicher und es gibt mir die Möglichkeit, im Bedarfsfall nachzubessern. Als Erstes lege ich fest, wie groß meine Lasche sein soll. Dabei unterstützt mich die Mittellinie, die ich immer wieder nachziehe, sobald ich sie weggeschnitten habe.

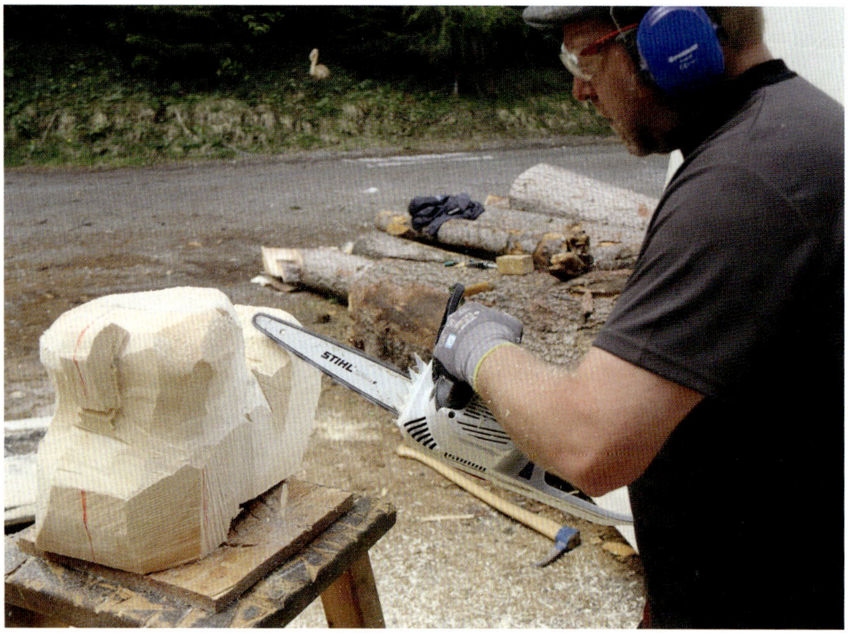

40

WIEDERUM BEISCHNEIDEN, DABEI SETZE ICH DEN SCHAFT ETWAS TIEFER, ...

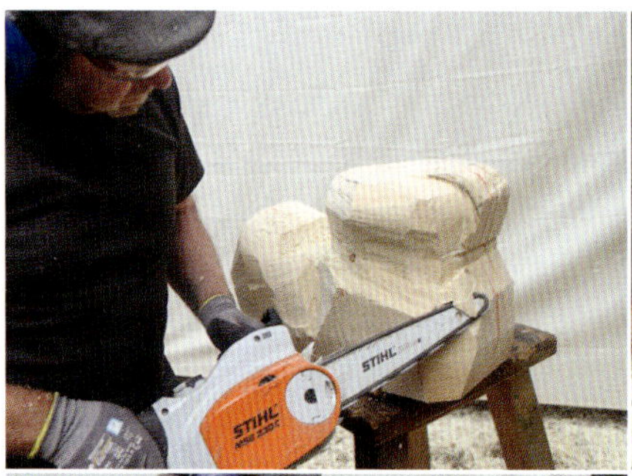

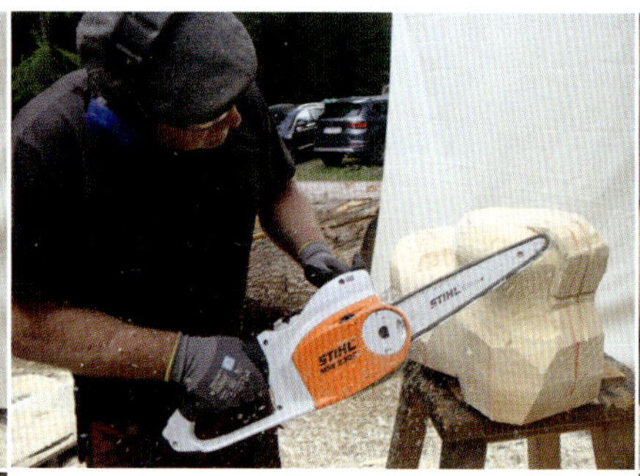

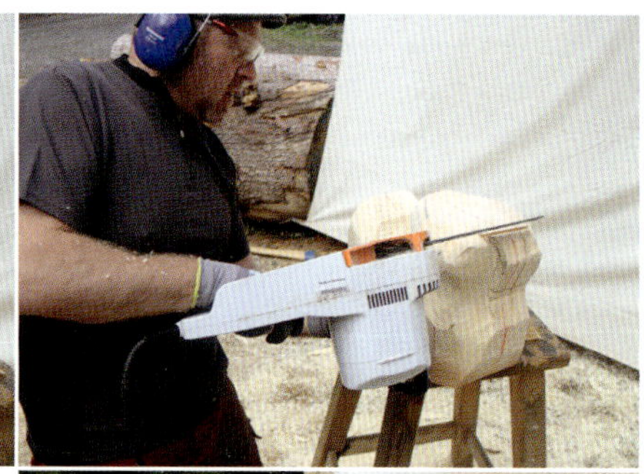

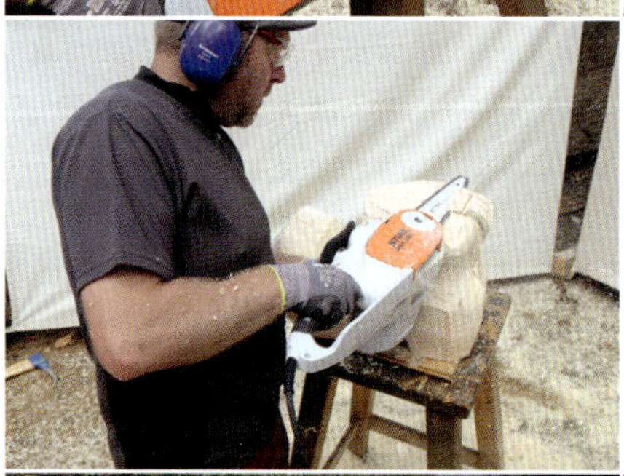

41

... UND LEGE DIE LASCHE RUNDHERUM FREI, BIS MIR DIE FORM GEFÄLLT.

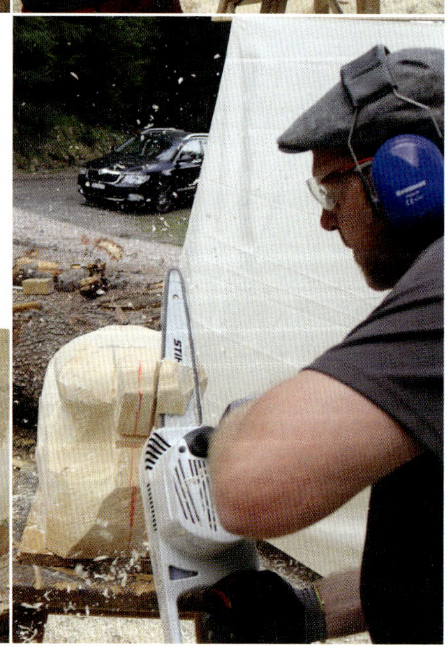

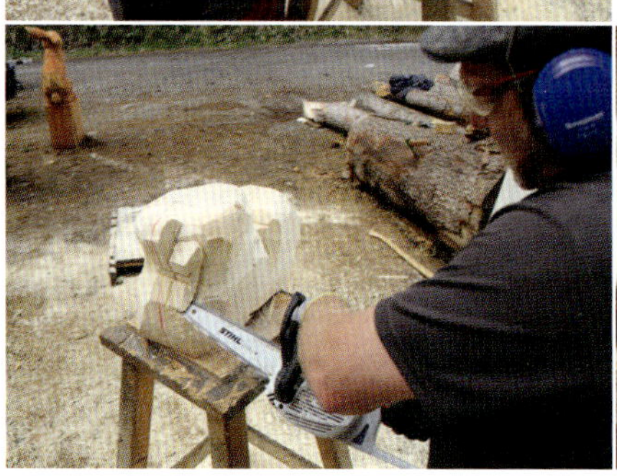

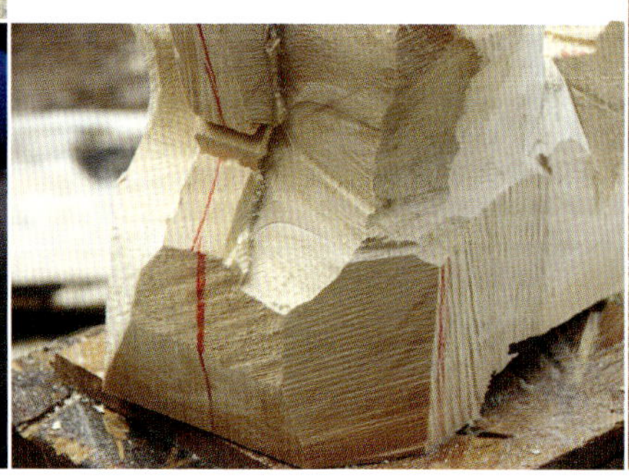

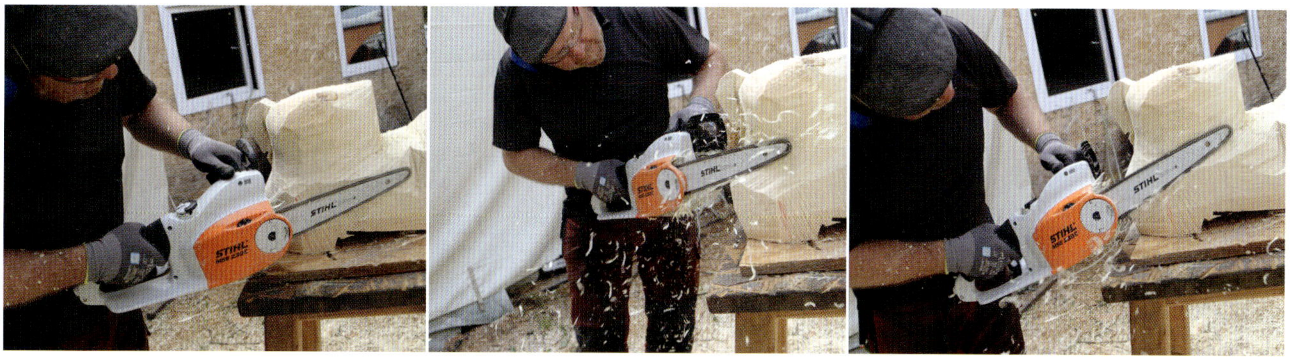

42 Im Anschluss mache ich alles noch etwas runder, die eine oder andere Falte darf er auch noch vertragen. Dabei wische oder schrubbe ich mit der Seite meiner Kette über das Holz, vergleichbar wie mit einem Buttermesser, und glätte so leicht die Oberfläche, je nach Verlauf der Maserung mit der unteren oder der oberen Kante.

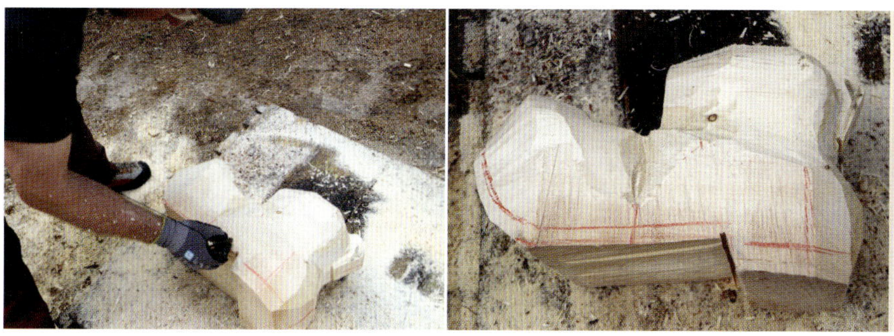

43 Als nächstes Detail nehmen wir uns die Sohle vor, für die ich mir als Erstes die Stärke anzeichne.

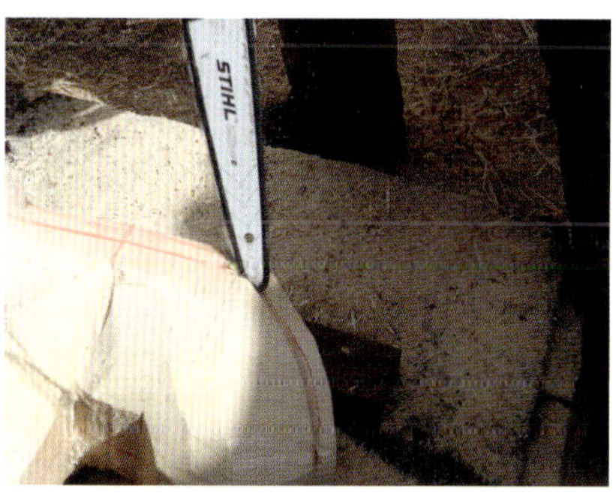

44 Der nächste Schritt ist wiederum Anschneiden, zuerst grenze ich mir mit einem schrägen Schnitt die Sohle ab, …

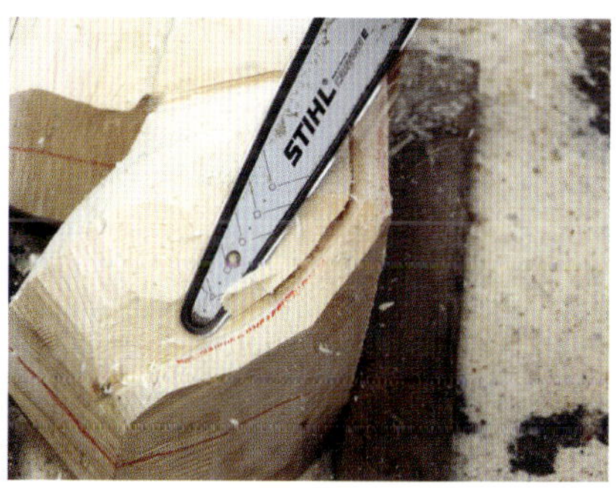

45 … danach schneide ich bei und versuche, gleich wieder abzurunden.

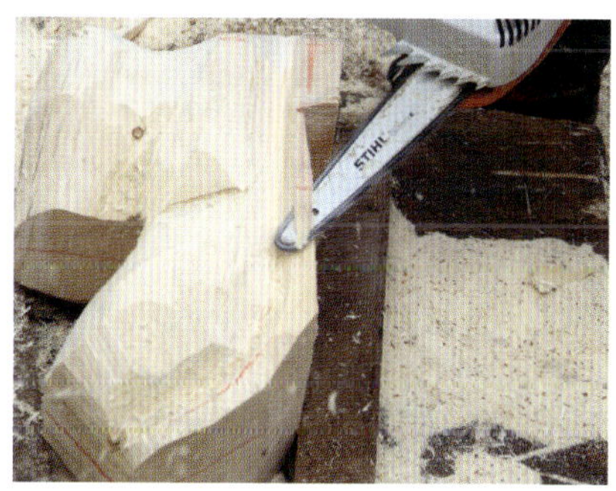

46 Wie Euch sicher aufgefallen ist, habe ich das Werkstück zwischen zwei angeschraubten Kanthölzern eingeklemmt, um ein Verrutschen zu verhindern. Die Sohle noch etwas zurückschneiden, damit das „Leder" etwas übersteht.

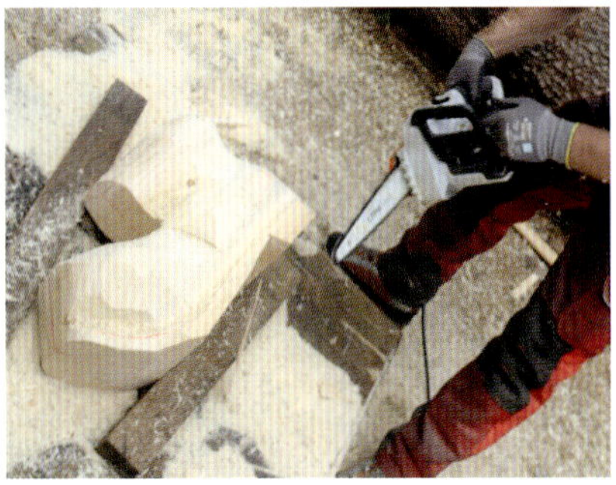

47 Dasselbe natürlich auch auf der anderen Seite machen.

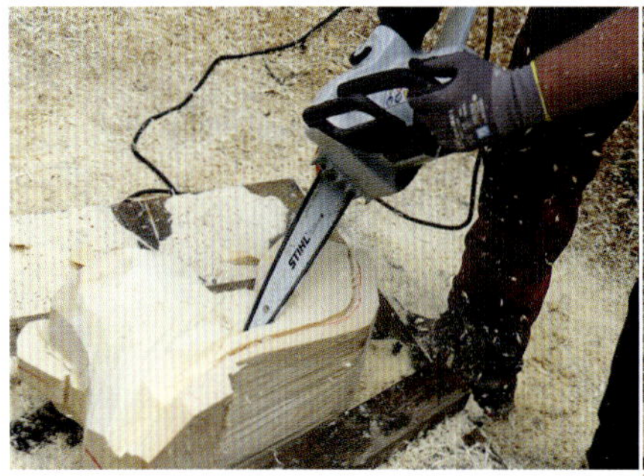

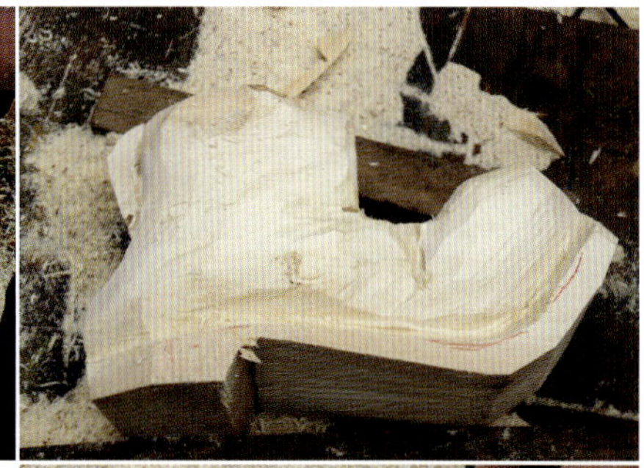

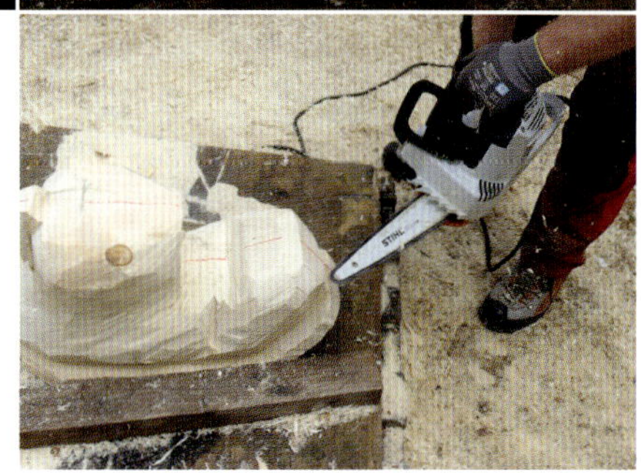

48

WIEDER SCHÖN BEISCHNEIDEN.

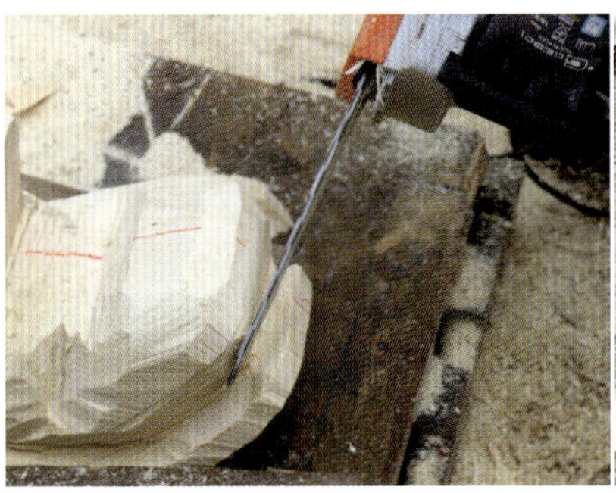

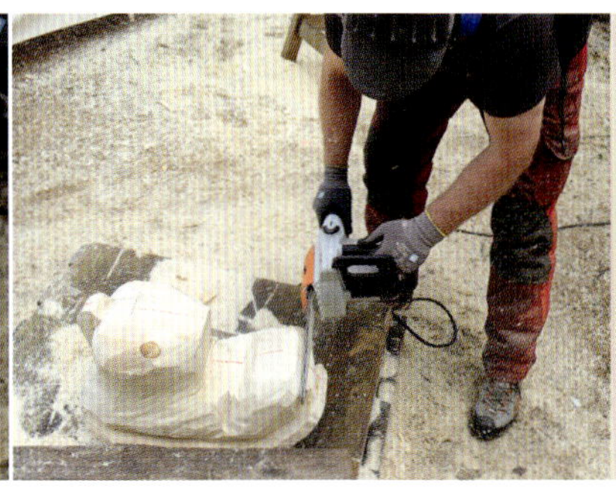

49 Auch an der Schuhspitze wieder von der Form (also der Sohle) weg- und von der stärkeren Seite her beischneiden.

50 Jetzt widmen wir uns der Lasche (oder Zunge). Dazu richten wir uns zuerst die Fläche, …

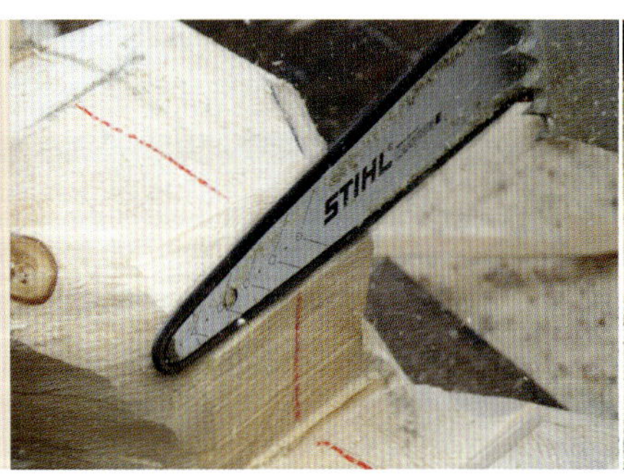

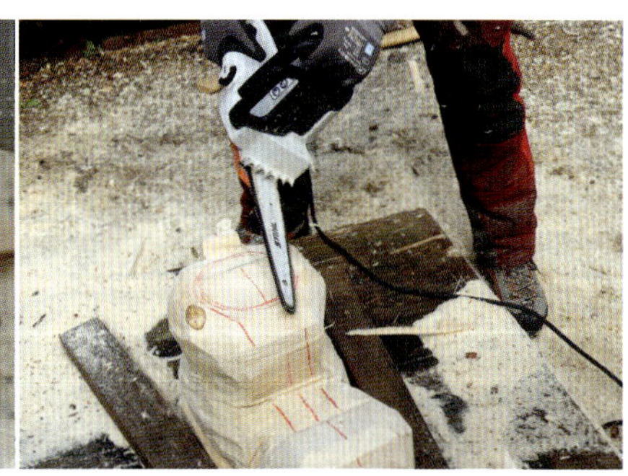

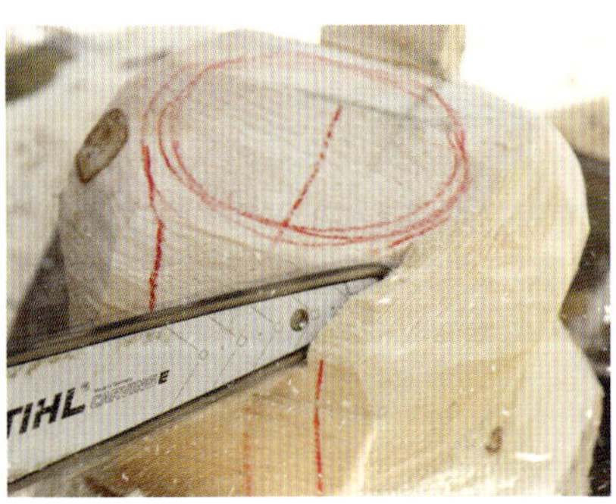

51

… DANACH SCHNEIDE ICH MIT DEM LEICHT ANGEWINKELTEN SCHWERT CA. 5 CM INS HOLZ …

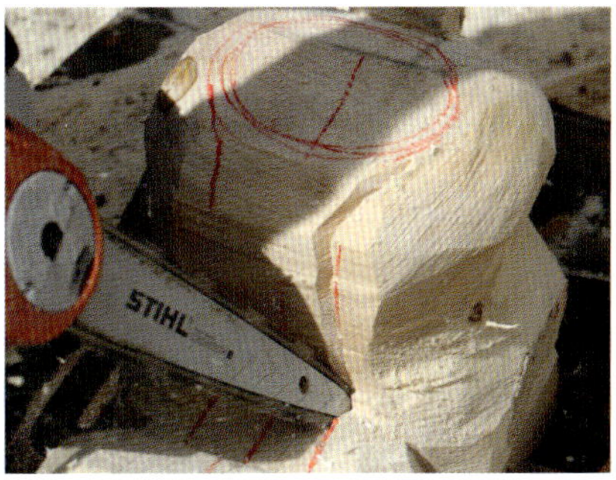

52 … und ziehe den Schnitt bis zur Wölbung durch.

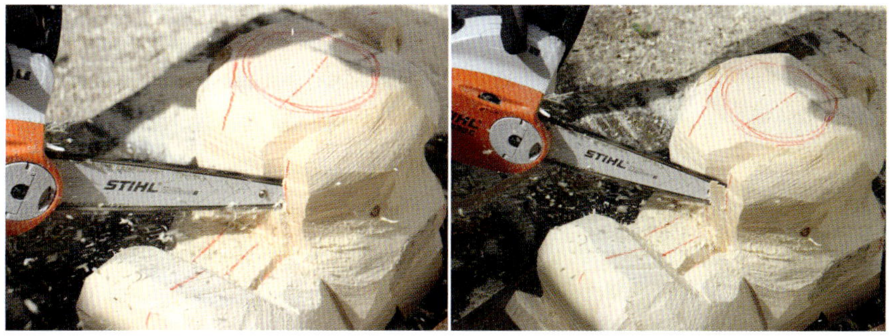

53 Jetzt setze ich noch einmal nach und verbreitere zur Mittellinie hin die Kerbe.

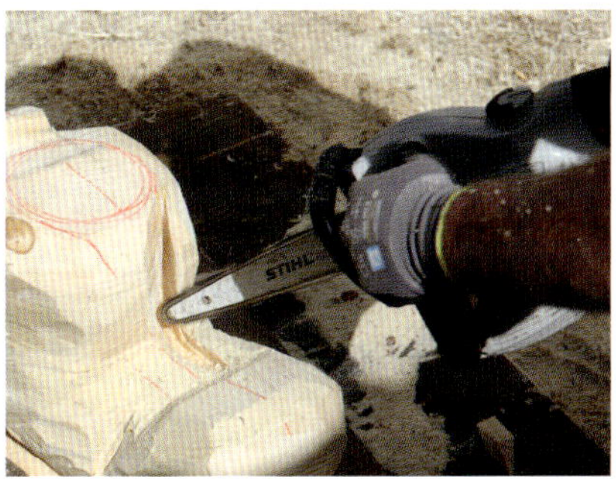

54 Die entstandene Kante abrunden.

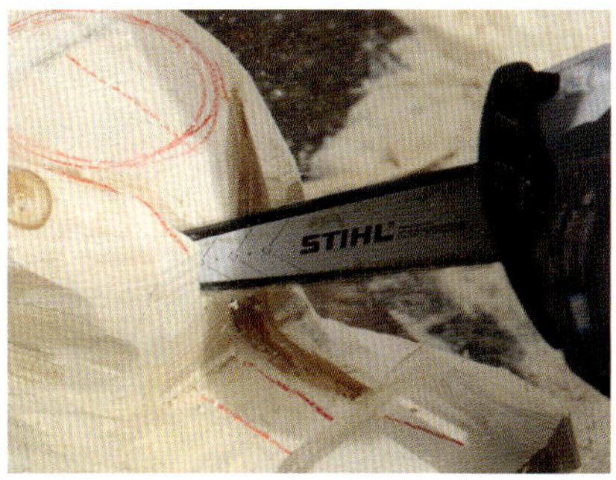

55 Dasselbe auf der gegenüberliegenden Seite machen.

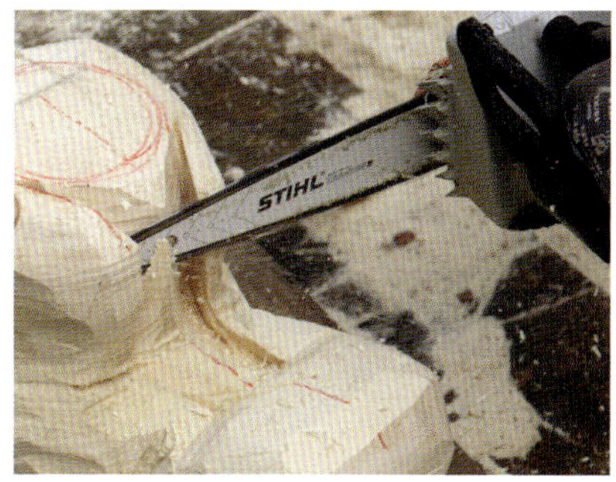

56 Die Zunge etwas zurückschneiden.

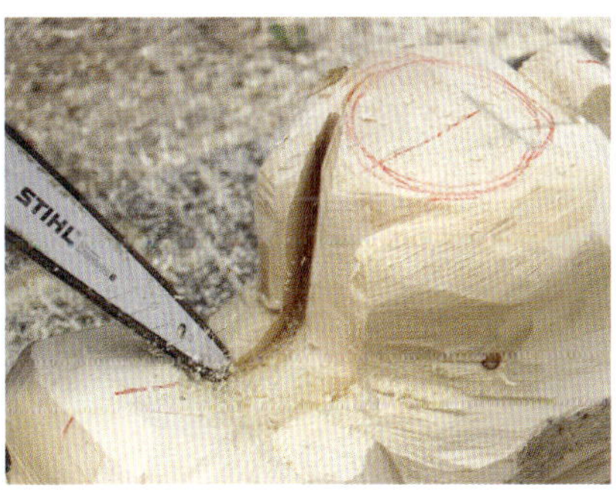

57 Das Ganze wiederum abrunden.

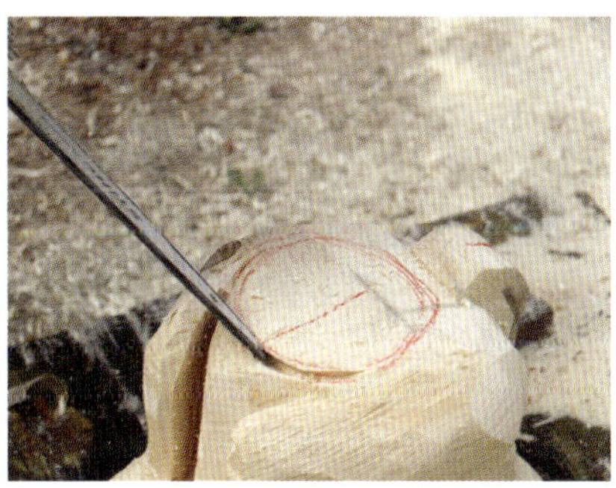

58 Die Lasche abgrenzen.

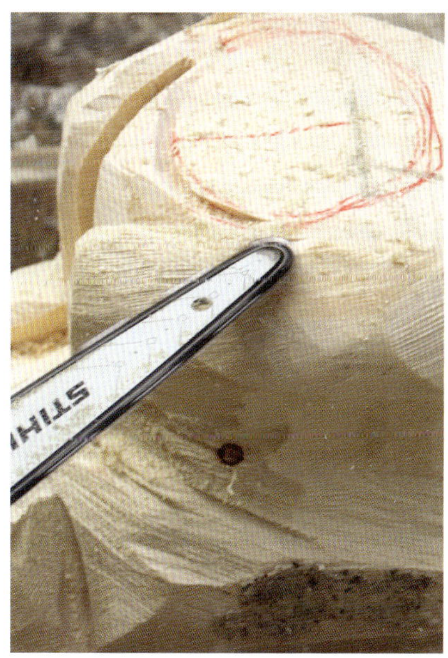

59

NOCH ETWAS KOSMETIK.

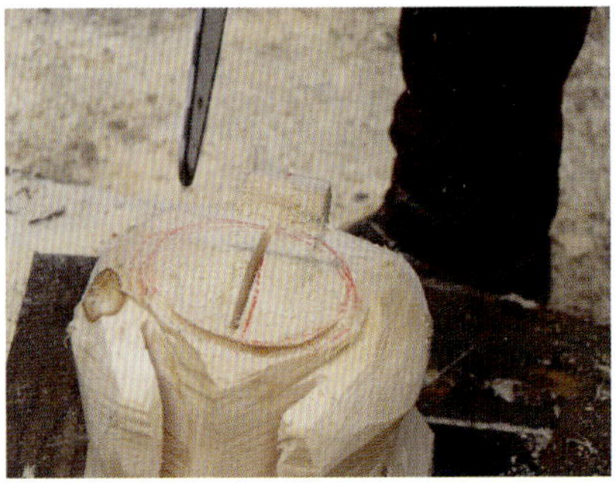

60 Anschließend werden wir den Schaft ein wenig aushöhlen, damit man, wenn man möchte, einen Topf mit Blumen reinstellen kann. Dazu schneide ich zuerst einen Schlitz ins Holz.

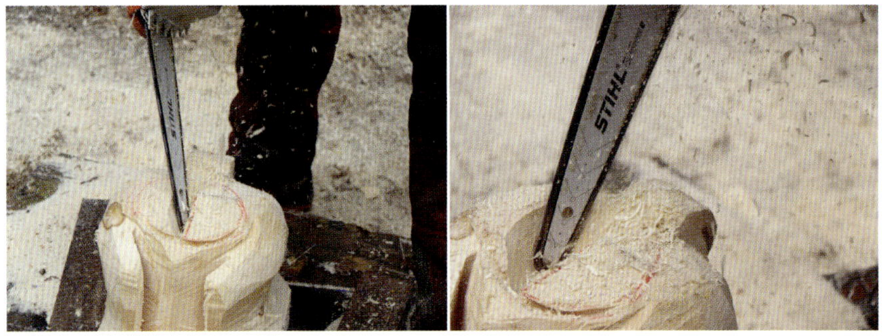

61 Zur Abwechslung wieder mal beischneiden, dazu setze ich die Spitze der Carving-Schiene in der Mitte an und erweitere kreisförmig den Radius.

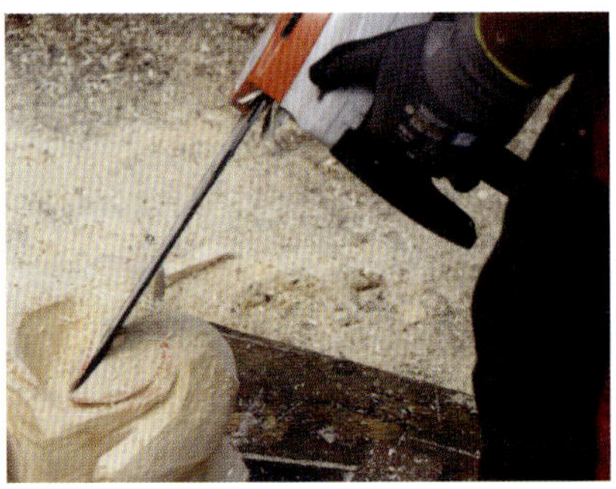

62 Dasselbe wiederhole ich von der anderen Seite her.

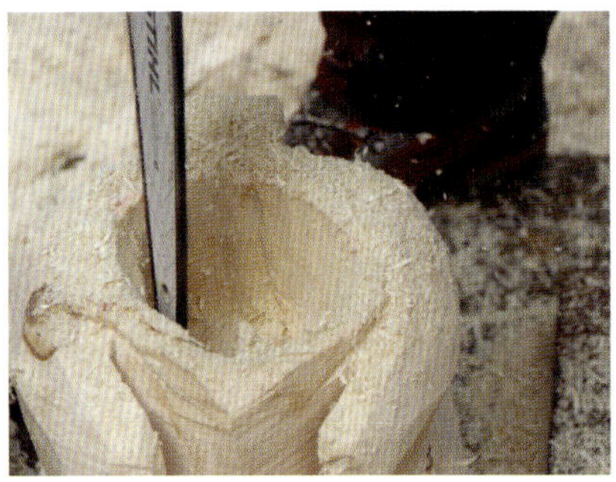

63 Solange wiederholen, bis ich mit der Tiefe der Aushöhlung zufrieden bin.

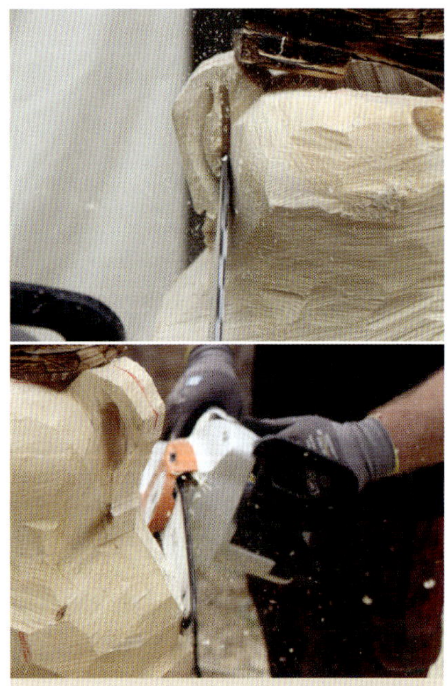

64 Zum Abschluss hie und da noch ein wenig nacharbeiten.

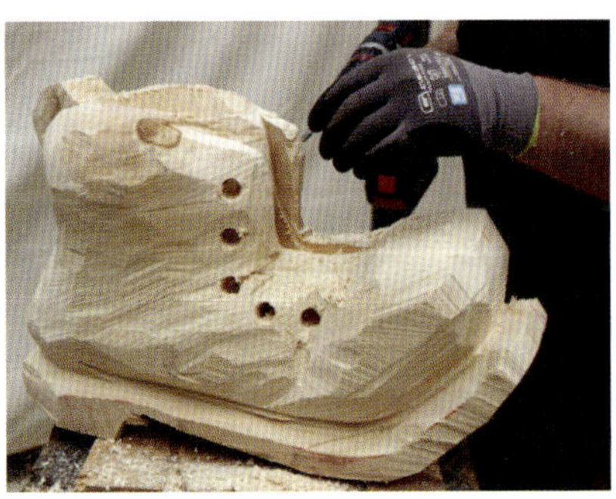

65 Zuletzt Löcher für ein Schuhband bohren …

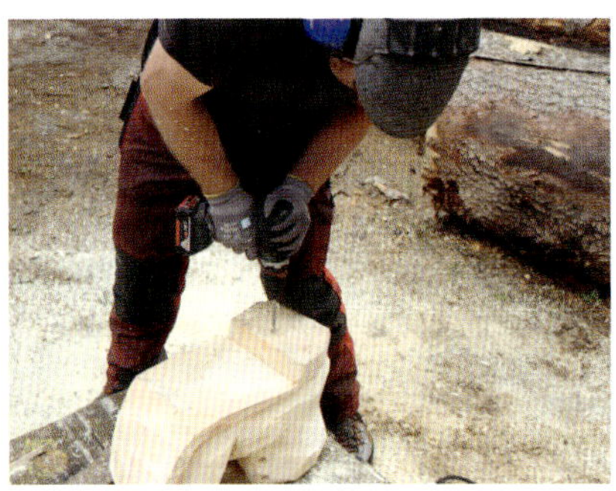

66 … und in den Schaft ein Loch bohren, damit das Wasser abfließen kann.

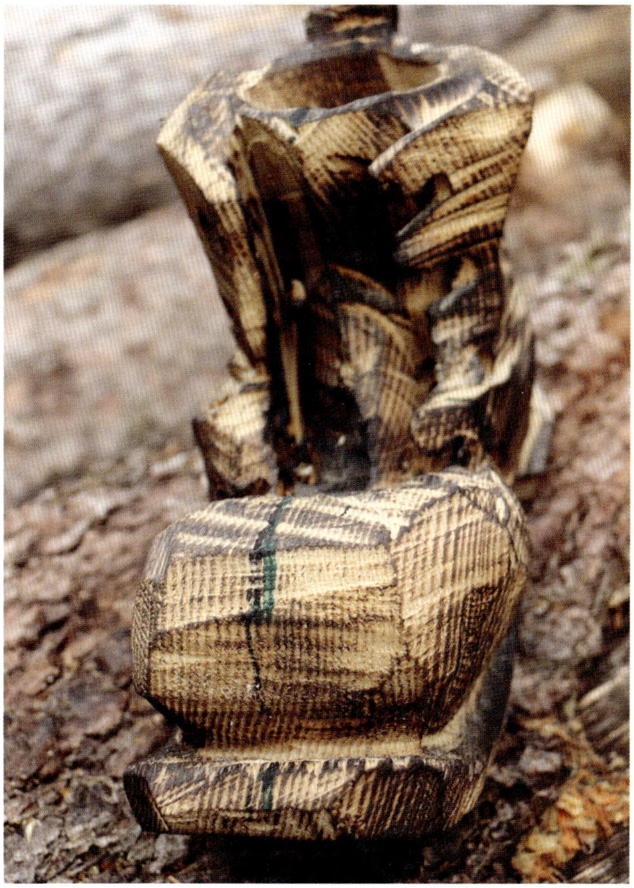

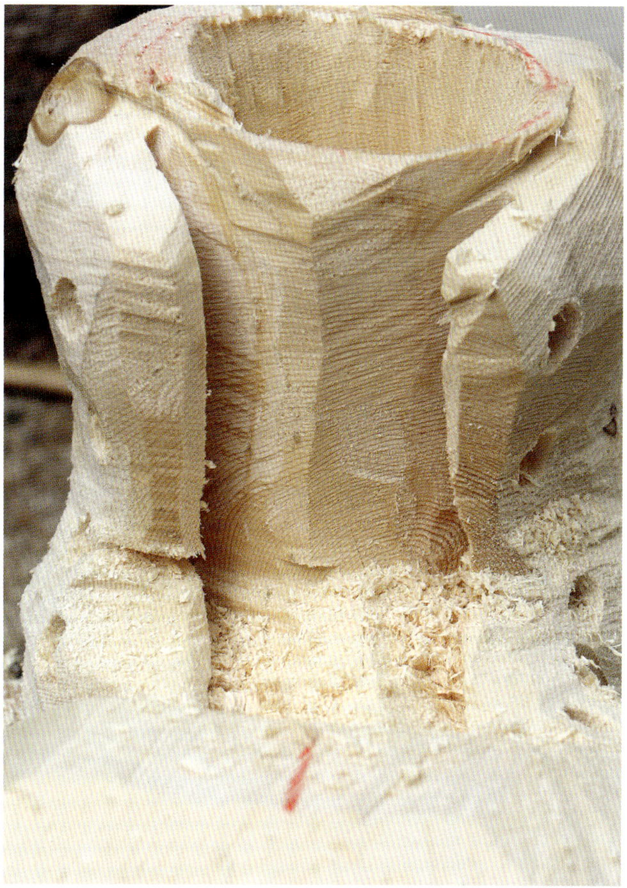

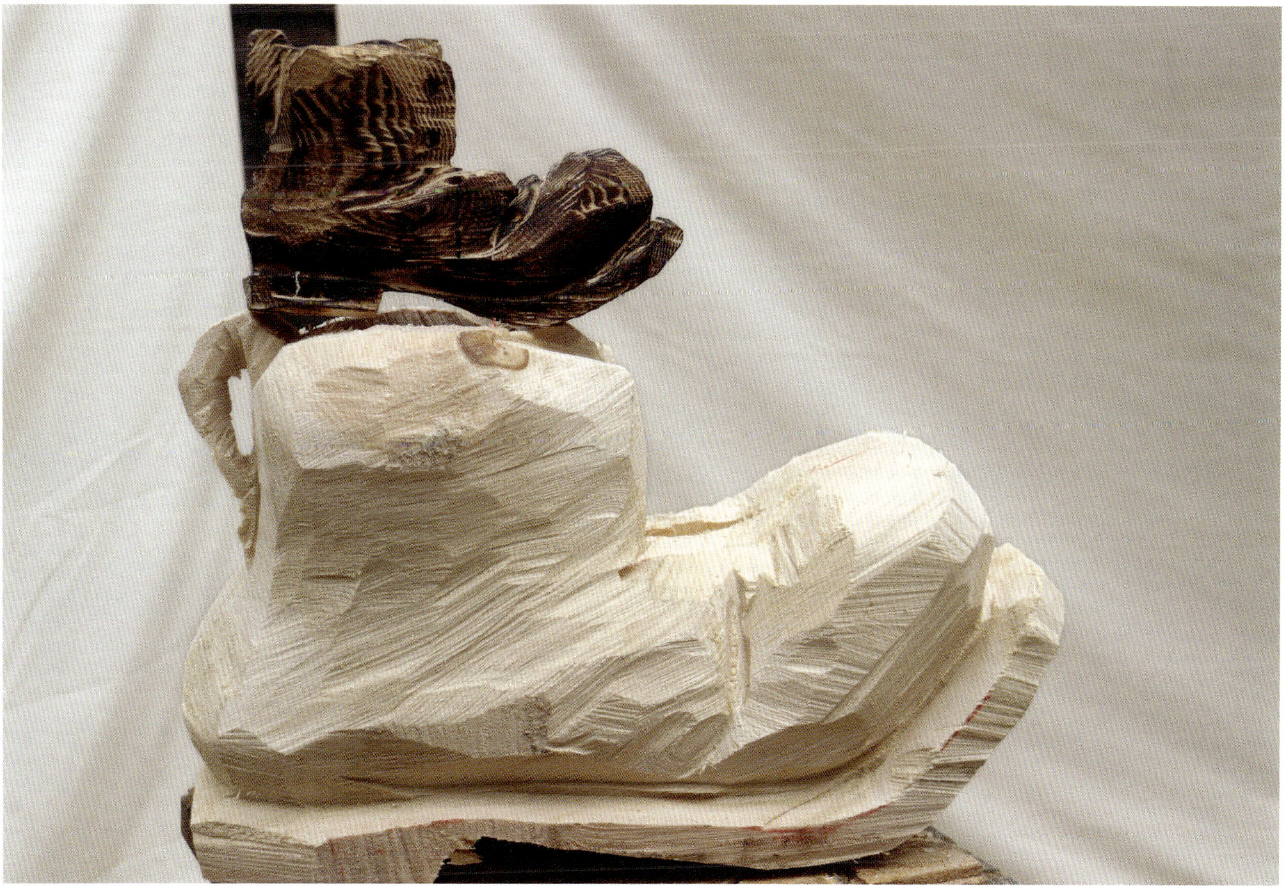

PROJEKT 2

HASE

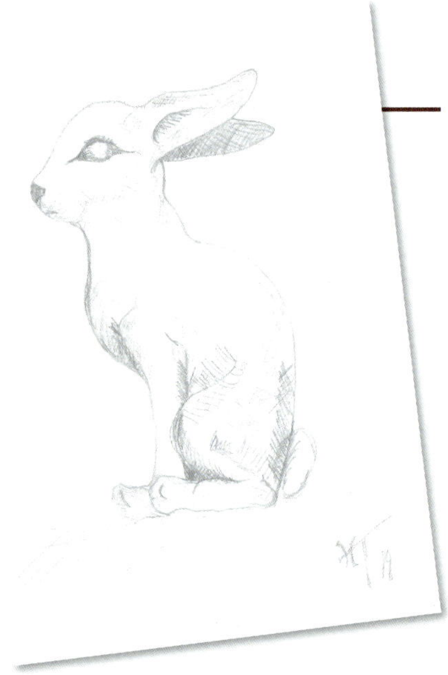

Auch Tiere werden sehr gerne mit der Motorsäge geschnitzt, egal ob Adler, Eule, Steinbock, Eichhörnchen oder ein Hase.

ERSTE SCHRITTE

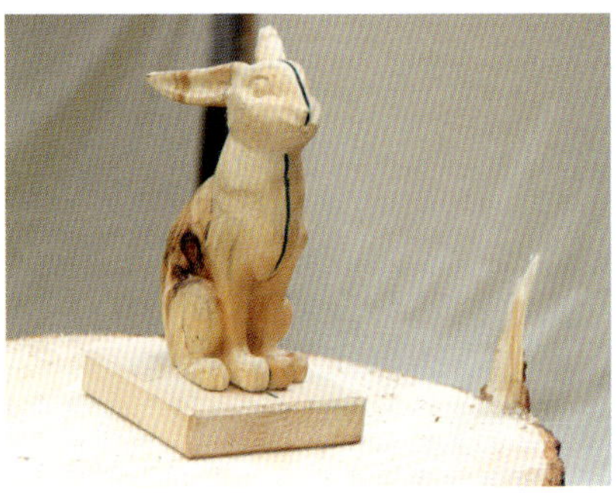

1 Um die Technik ein wenig zu vertiefen und zu üben, werden wir als Nächstes einen Hasen schnitzen. Dieses Objekt eignet sich sehr gut, weil man jede Körperpartie in eine eigene Form unterteilen kann.

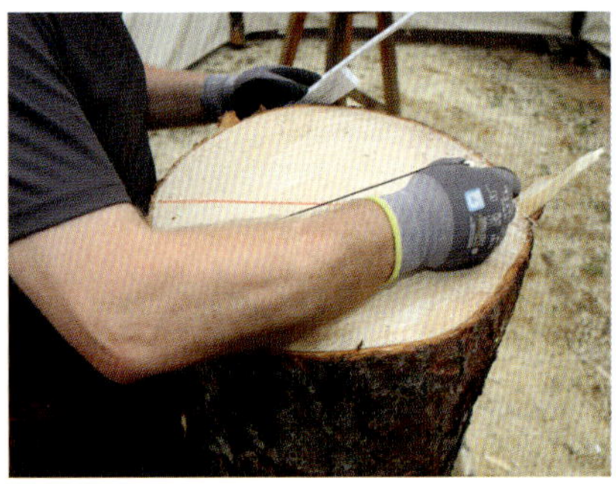

2 Nachdem ich mir einen Holzstamm mit der passenden Größe, das heißt mit dem passenden Durchmesser und der richtigen Länge, vorbereitet habe, beginne ich wieder mit dem Anzeichnen der Mittellinie.

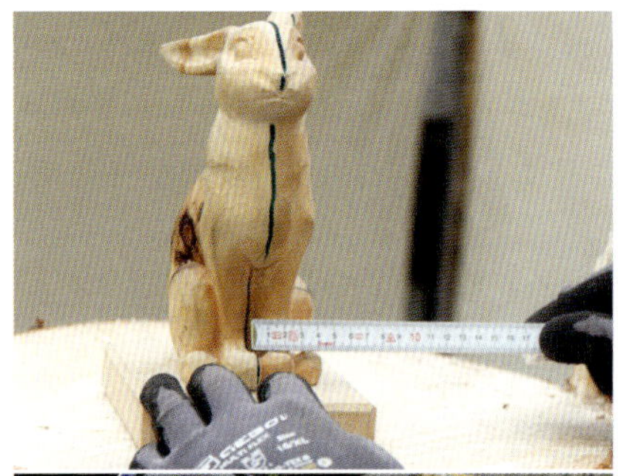

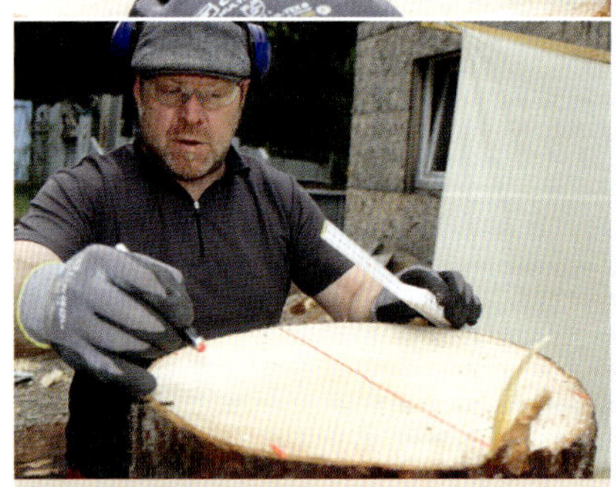

3 Am Modell messe ich wieder von der Mitte aus die breitesten Stellen und übertrage diese dann auf den Holzblock.

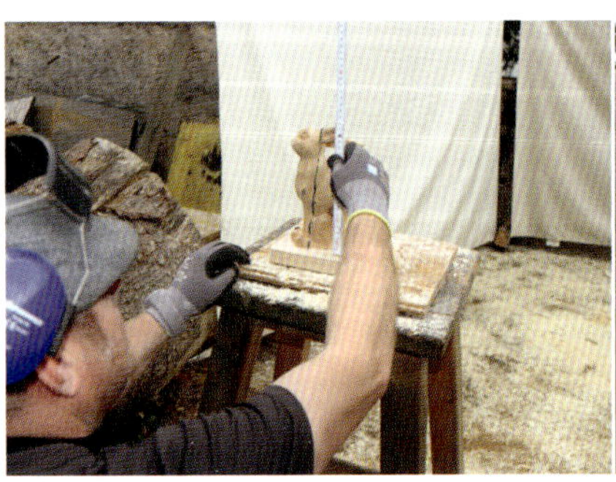

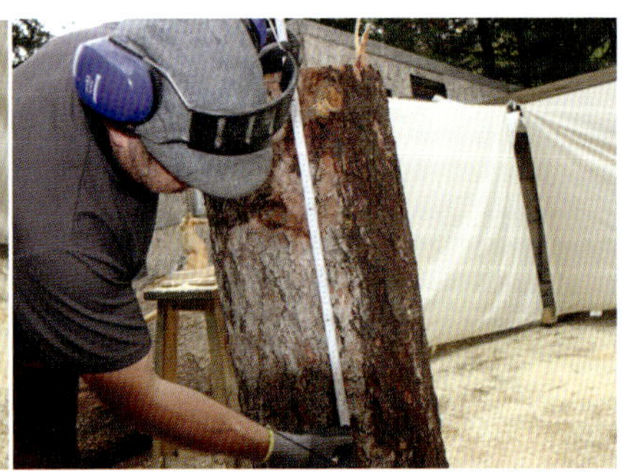

4 Nun ermittle ich die Höhe und übertrage sie auf meinen Holzstamm. Damit der Hase auf einem Sockel sitzen kann, habe ich den Stamm etwas länger berechnet, weshalb ich die Höhe, die ich für das putzige Kerlchen benötige, von oben nach unten messe und markiere, wie weit runter ich die Fläche schneiden darf.

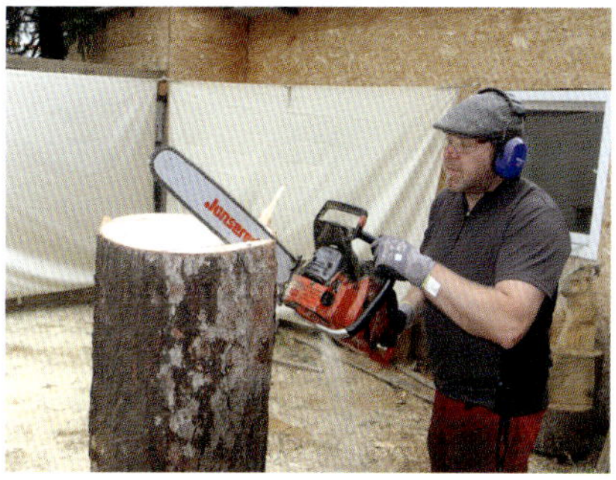

5 Nachdem ich mir die ersten Schritte angezeichnet habe, beginne ich gleich mit dem Schneiden.

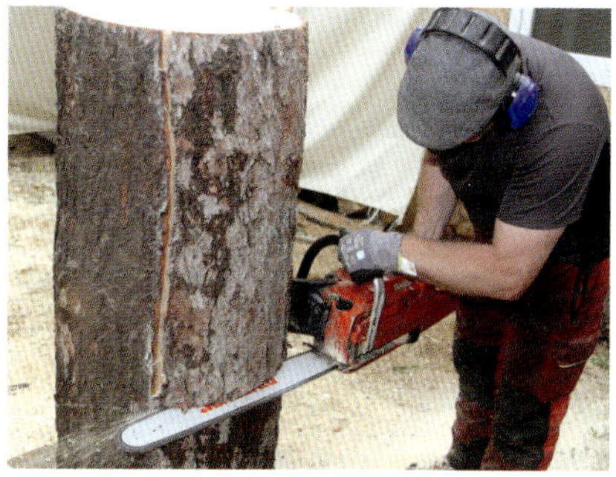

6 Auf Höhe des späteren Sockels ablängen.

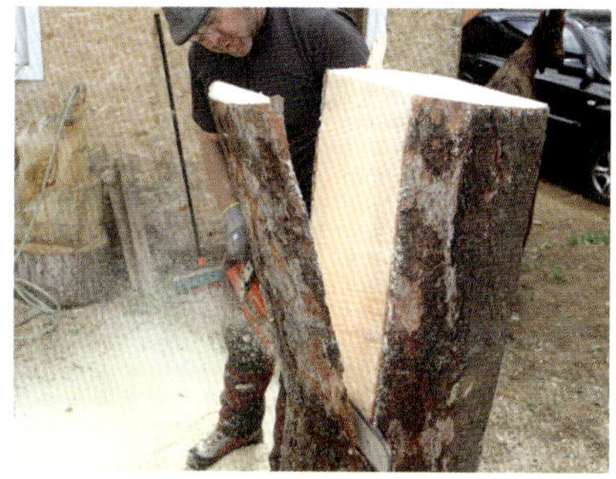

7 Dasselbe auch auf der gegenüberliegenden Seite machen.

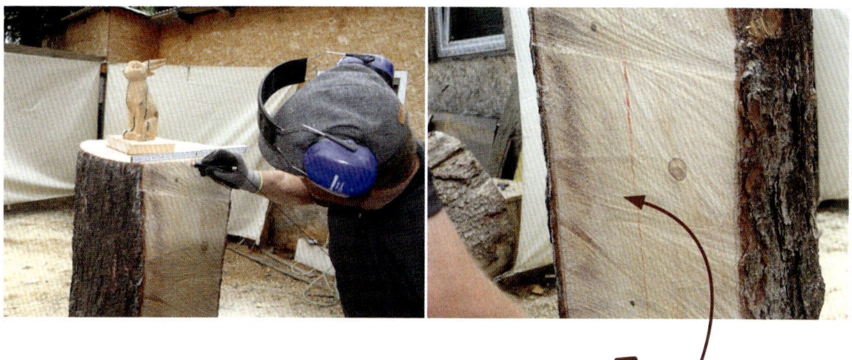

8

UM DIE MASSE WIEDERUM GUT ÜBERTRAGEN ZU KÖNNEN, ZEICHNE ICH ALS ERSTES WIEDER DIE MITTELLINIE AUF.

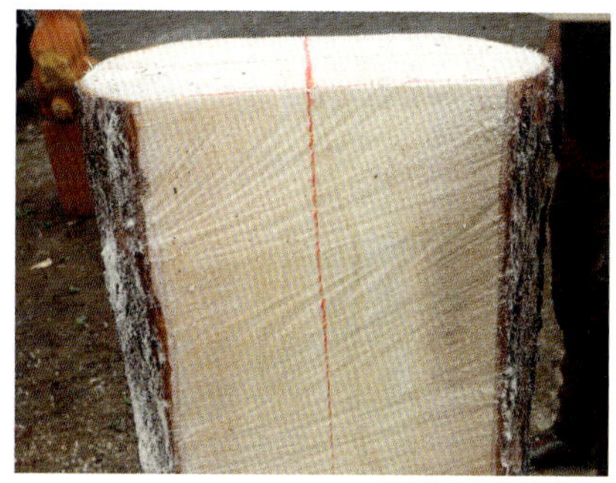

9 Um die Linie später immer wieder zu finden, verlängere ich sie über den Sockel hinaus und ziehe sie im rechten Winkel auch noch oben drüber.

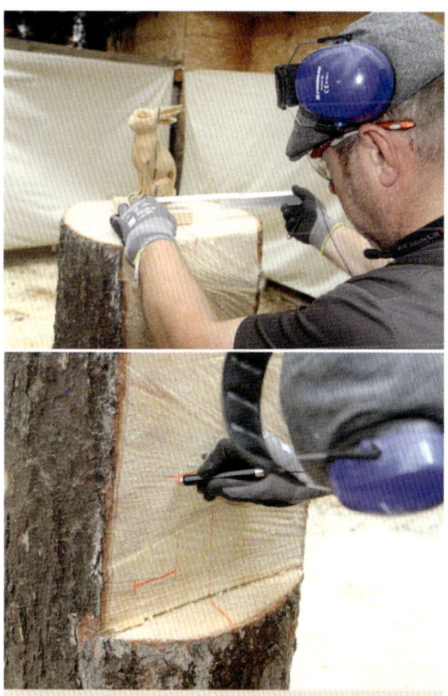

10 Jetzt beginne ich mit dem Übertragen der Konturen vom Hasenmodell auf das Holz.

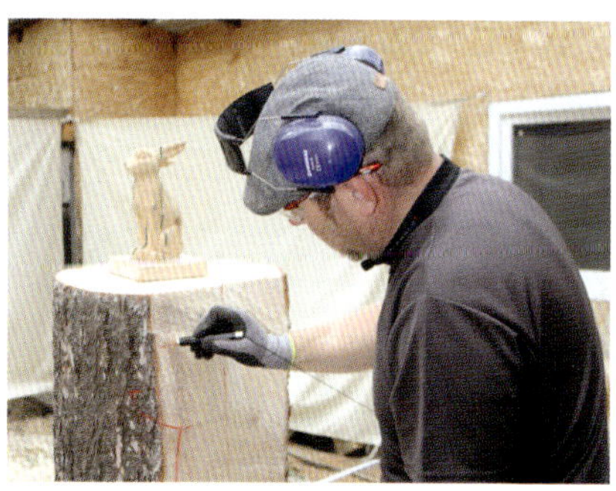

11 Nicht vergessen, von der Standfläche und der Mittellinie aus zu messen!!! Hier zahlt sich etwas Geduld und Genauigkeit für die nächsten Schritte aus. So übertragen wir Punkt für Punkt die Umrisse.

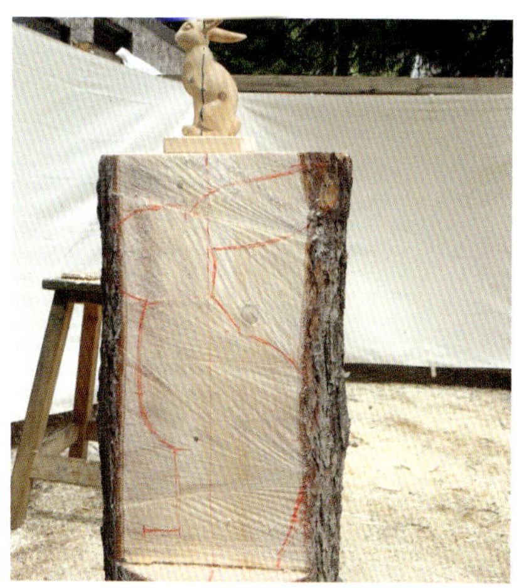

12 Das Ergebnis sollte so aussehen.

AUSSCHNEIDEN DER KONTUREN

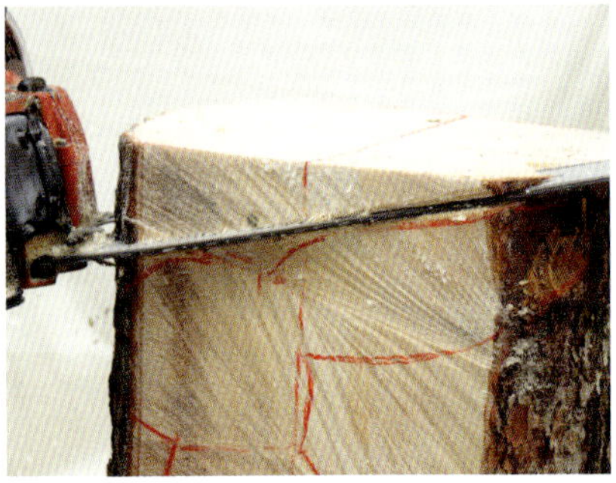

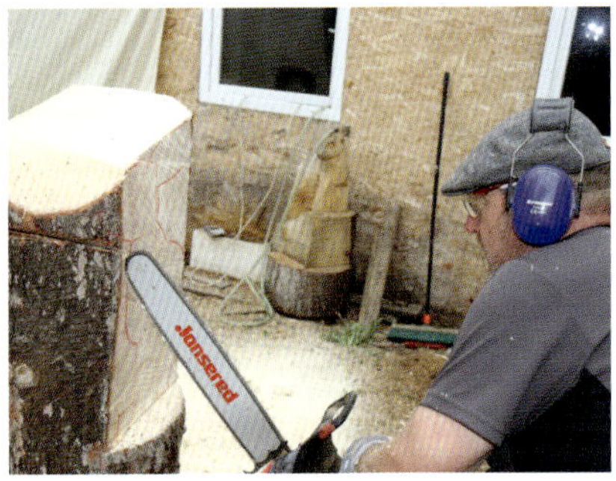

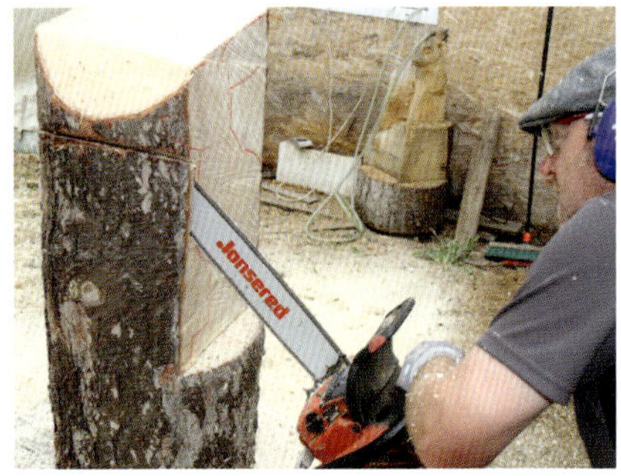

13 Wenn ich mit meiner Zeichnung zufrieden bin, beginne ich mit dem Ausschneiden der Konturen.

14 Um einen Kickback zu vermeiden, setze ich, wie hier abgebildet, die Säge zuerst mit der unteren Seite der Rundung der Schiene auf das Holz auf, …

15 … schneide einige Zentimeter in die Tiefe …

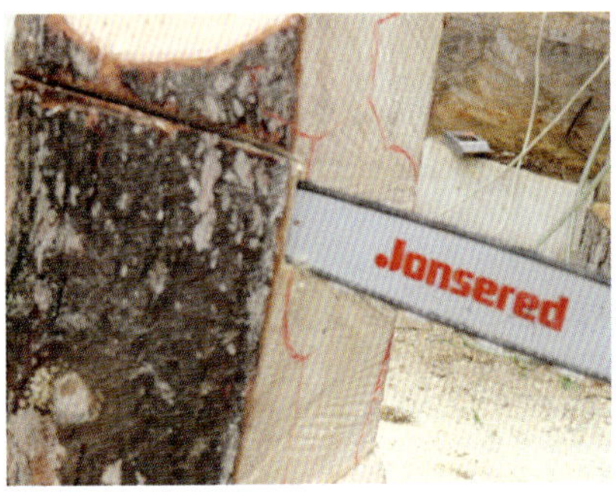

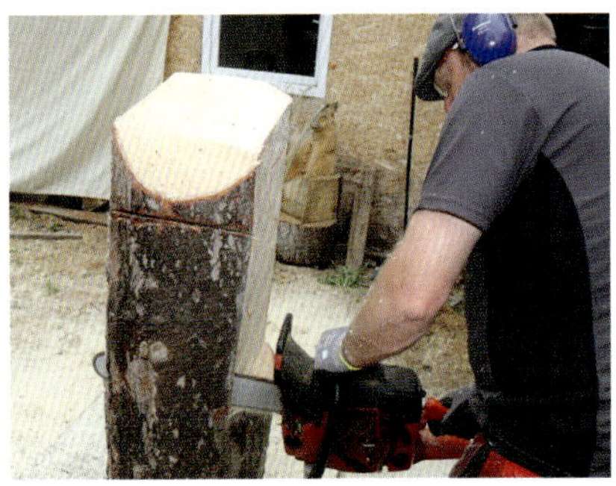

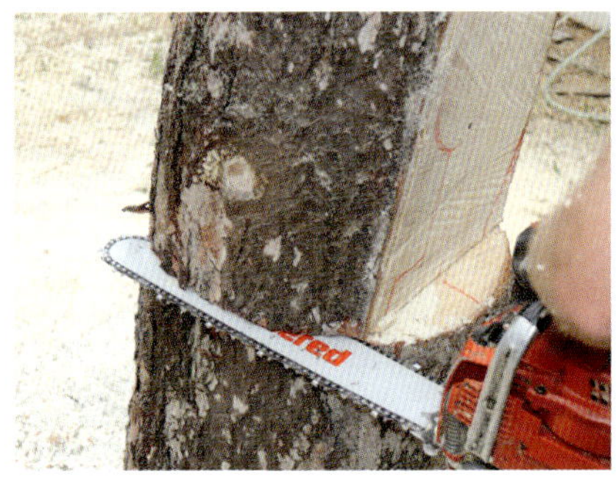

16 … und stelle dann das Schwert waagrecht.

17 Jetzt sollte nichts mehr passieren können. Solche Schnitte (Stechen) sind immer mit großer Vorsicht und voller Konzentration zu machen. Wiederum schneide ich bis zur Standfläche.

18 Beischneiden.

19 WIRKT SCHON LEICHTER, …

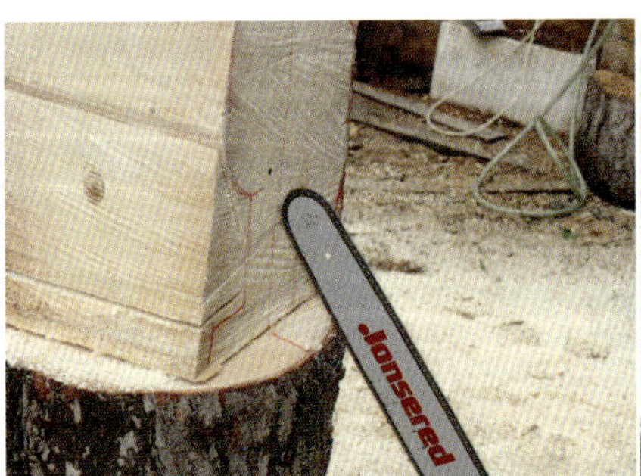

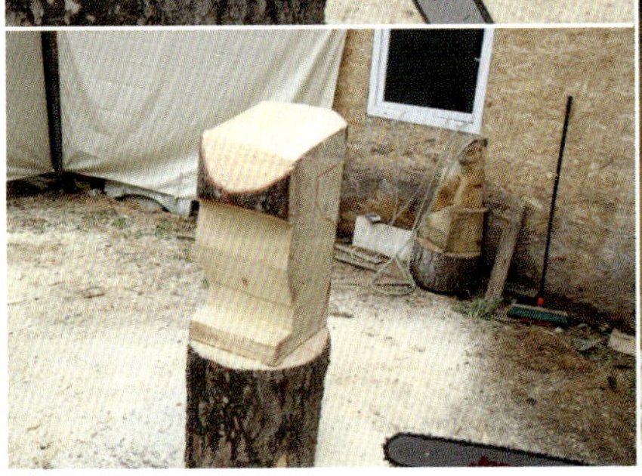

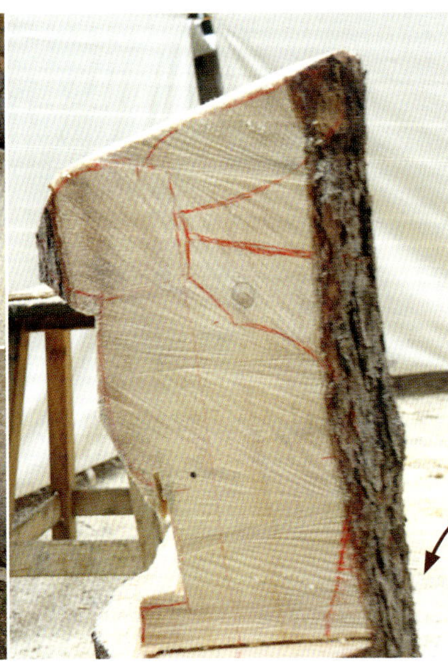

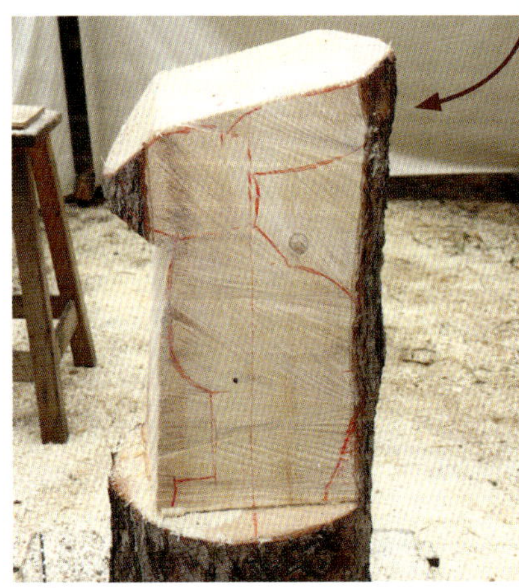

20 … GEHT ABER NOCH ETWAS GENAUER.

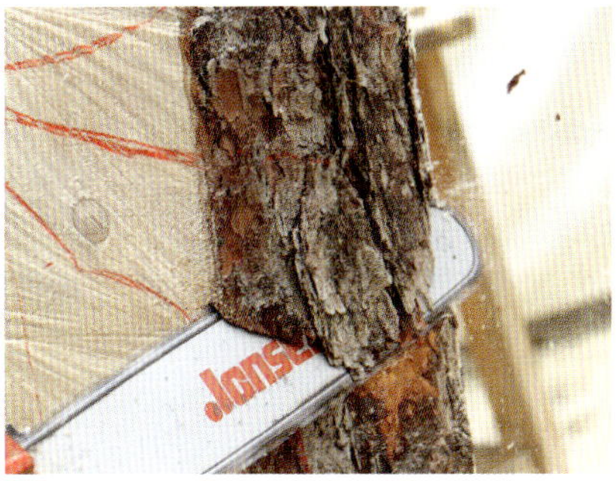

21 Mit der Brustpartie bin ich jetzt zufrieden, deshalb schneide ich jetzt den Rücken. Mit einem kleinen Einschnitt markiere ich die obere Rundung des Körpers.

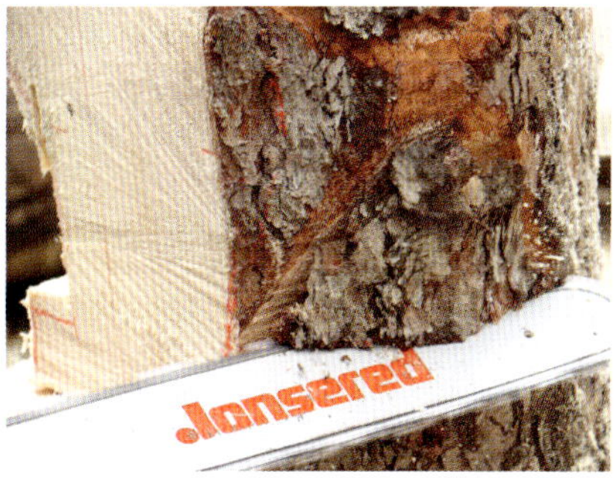

22 Ich entferne den Keil bis zum Bürzel.

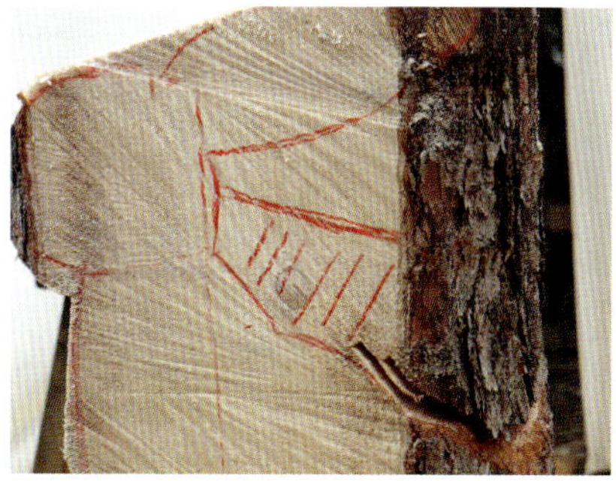

23 Um noch Korrekturen vornehmen zu können und natürlich auch aus Stabilitätsgründen, lasse ich die Partie unter den Lauschern noch stehen (nicht hinterschneiden).

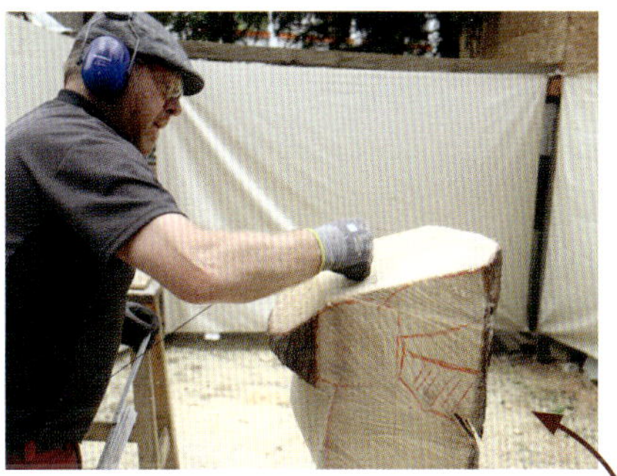

24

NUN ARBEITEN WIR UNS VON VORNE NACH HINTEN, ZUERST WIEDER DIE MITTELLINIE AUFZEICHNEN.

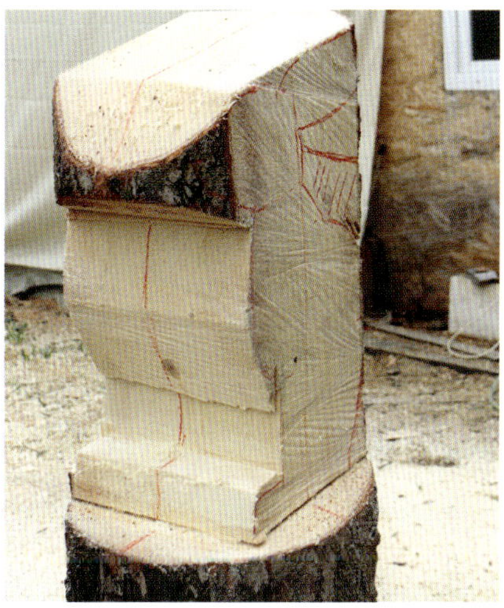

25 Gleich wie vorhin auf der Seite.

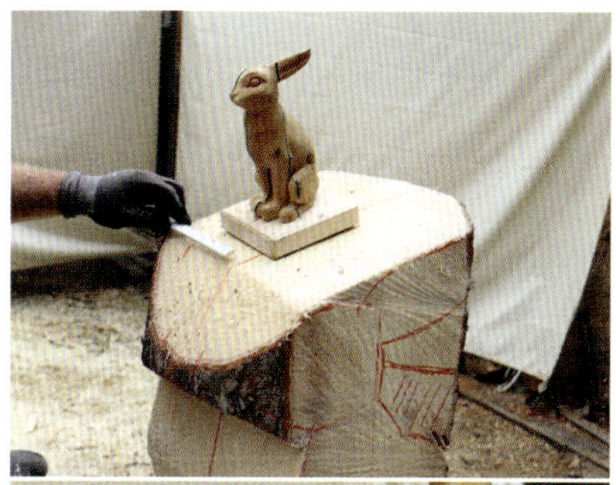

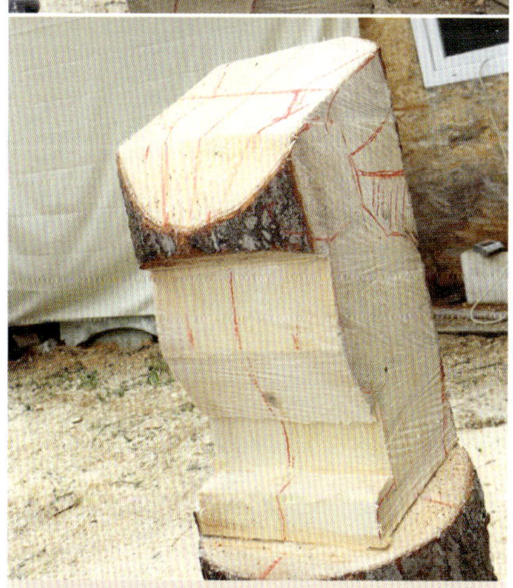

26 Wieder übertrage ich mittels Messen die äußersten Punkte meines Modells.

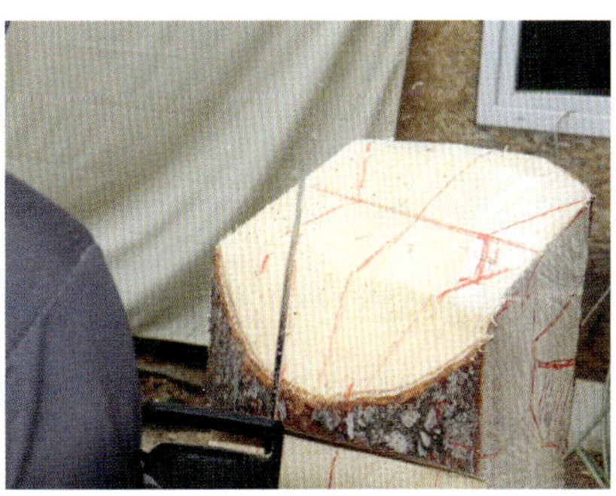

27 Nun arbeiten wir uns von oben nach unten vor. Dabei schneiden wir zuerst die Schräge vom Kopf …

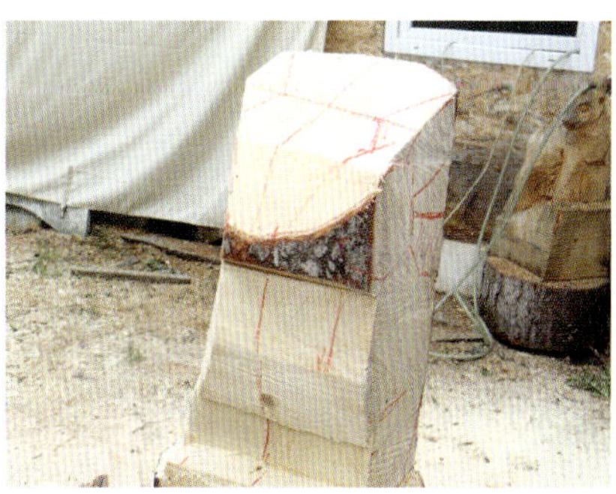

28 … und ziehen den Schnitt gleich runter bis zu den Beinen.

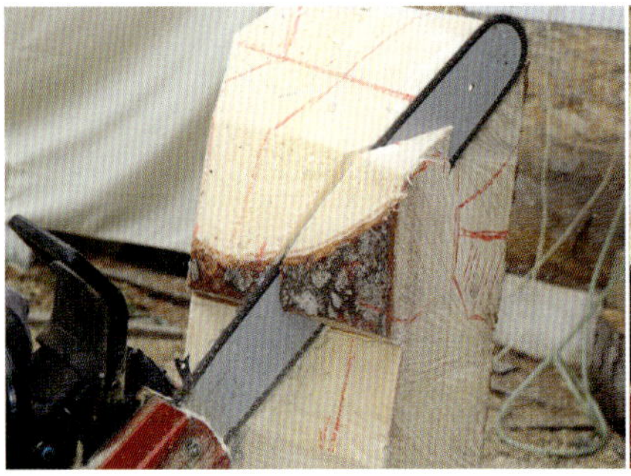
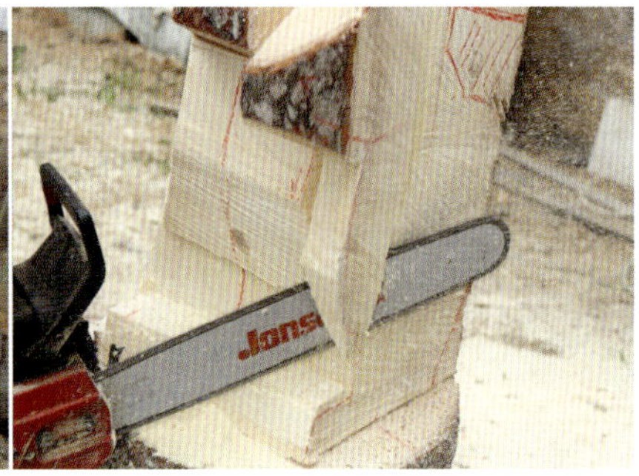

29 Natürlich auf beiden Seiten.

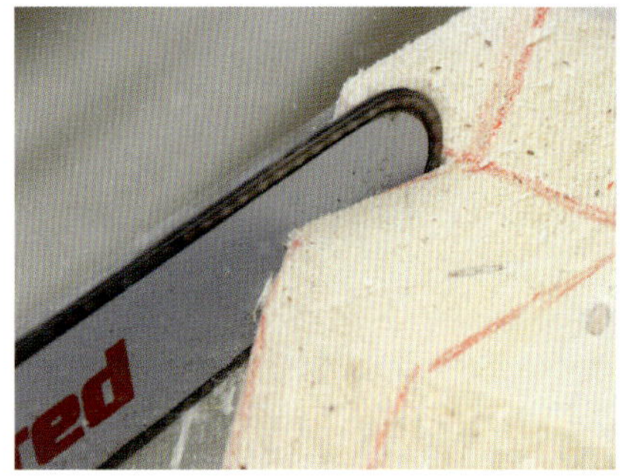

30 Zu den Lauschern hin anschneiden, …

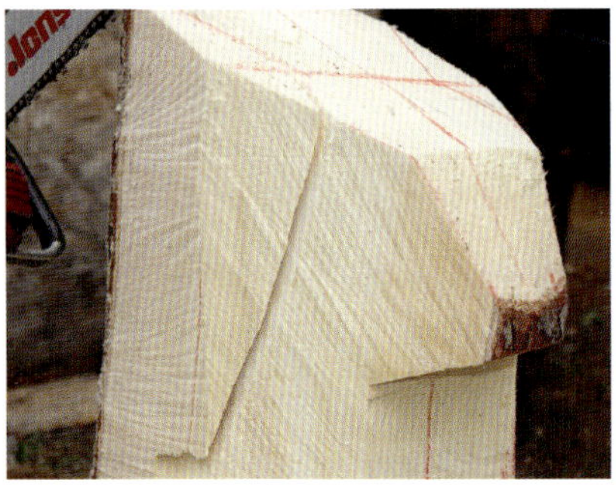

31 … dabei darauf achten, dass man nicht in den Körper hineinschneidet.

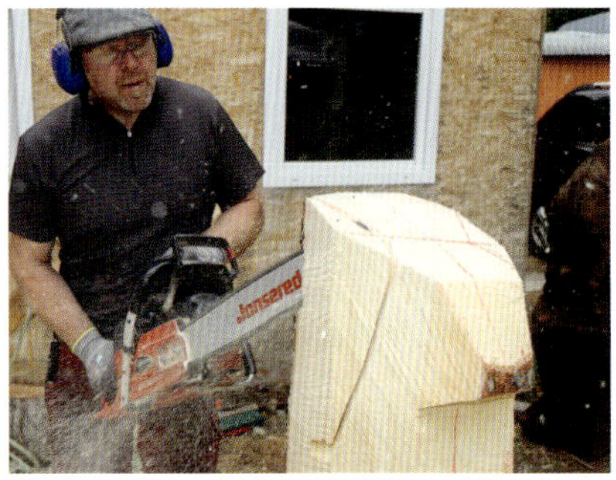

32 Beischneiden.

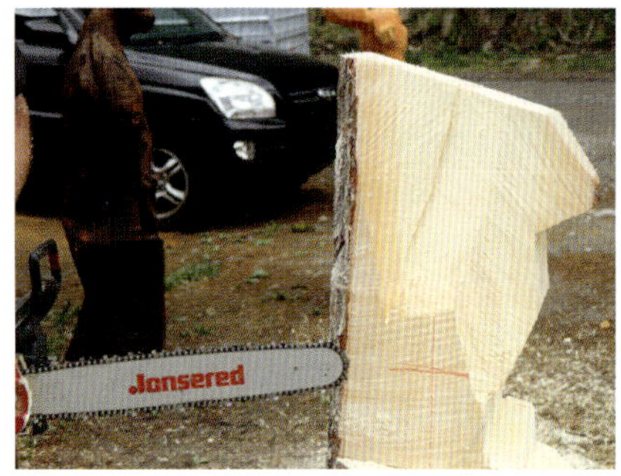

33 Dabei die Säge wieder so ansetzen, dass man den Rückschlag vermeidet! Das Ergebnis sollte ungefähr so aussehen.

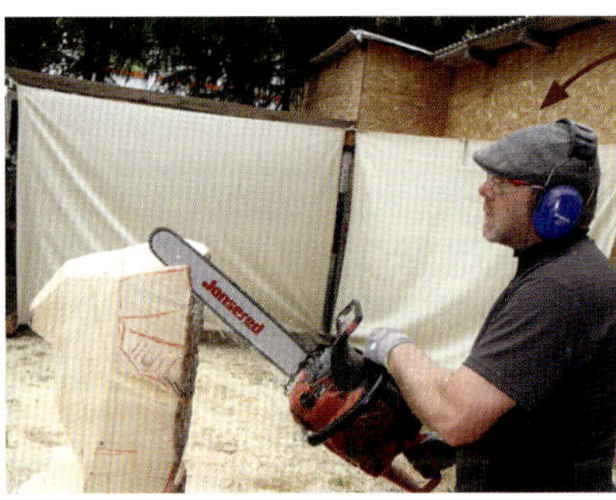

34

SELBSTVERSTÄNDLICH AUCH DIESEN ARBEITSSCHRITT SYNCHRON AUSFÜHREN.

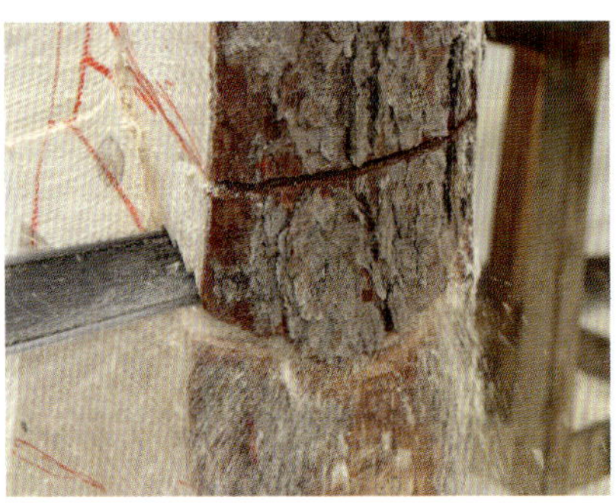

35 Um die Lauscher freizuschneiden, habe ich jetzt auf die Carving-Schiene gewechselt.

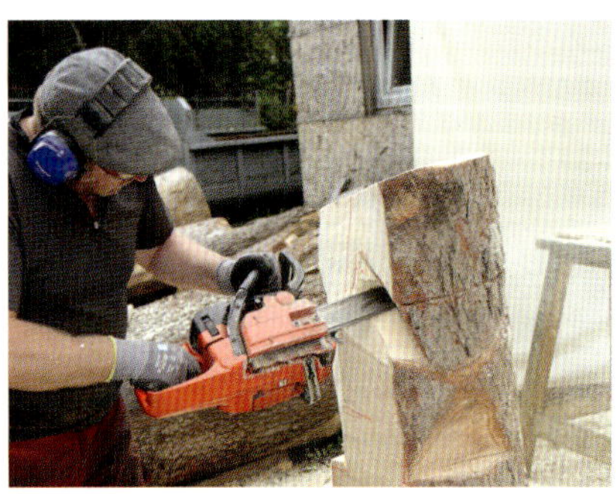

36 Auf den Hinterkopf aufpassen.

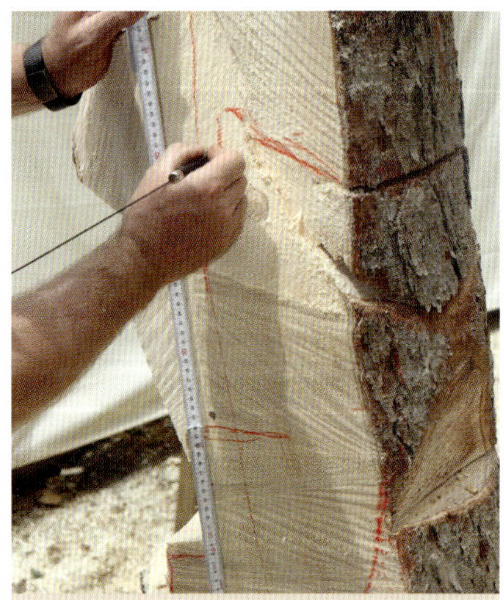

37 Immer wieder die Mittellinie nachtragen, anhand der ich die Zeichnung der Konturen, die ich weggeschnitten habe, wieder ergänzen kann.

38
LIEBER NOCHMAL NACHBESSERN.

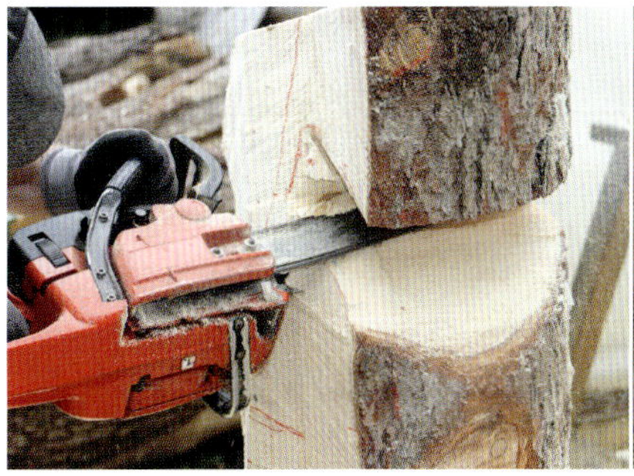

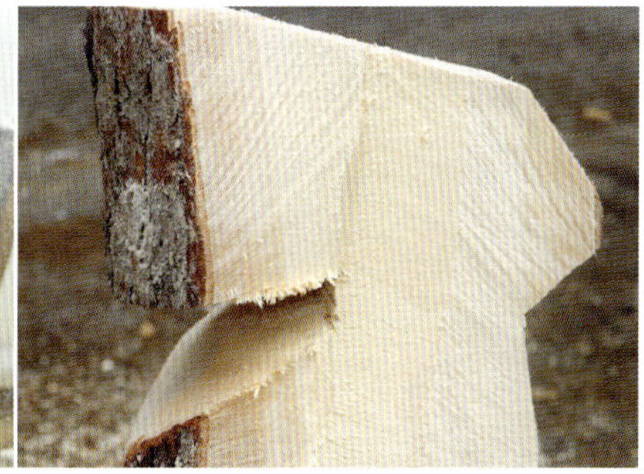

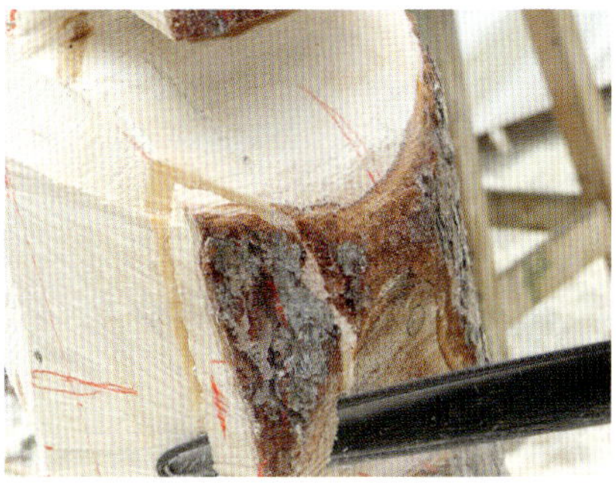

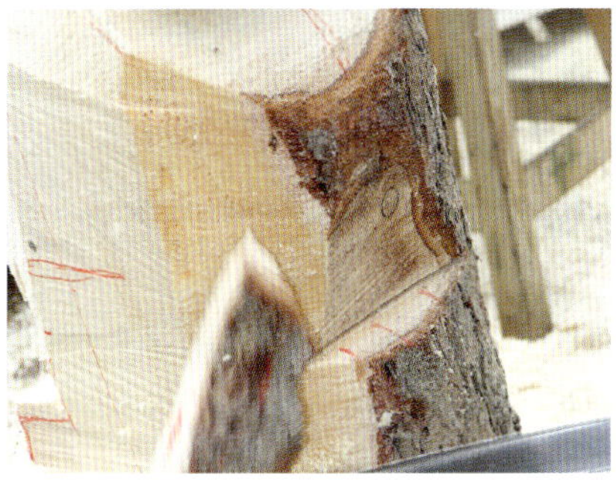

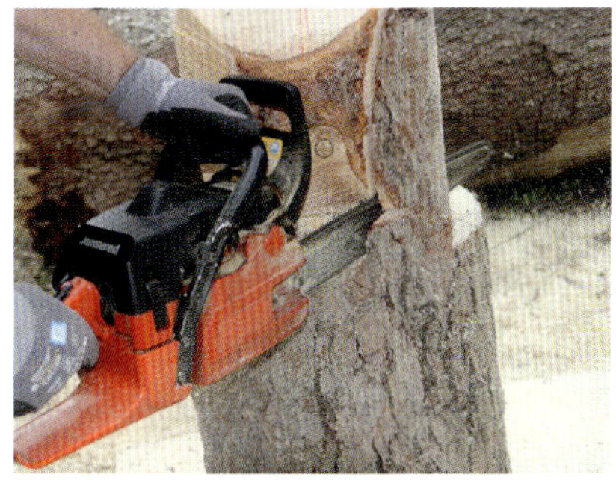

39 Die Breite des Bürzels festlegen.

40 Beischneiden.

41 Ebenso auch auf der gegenüberliegenden Seite.

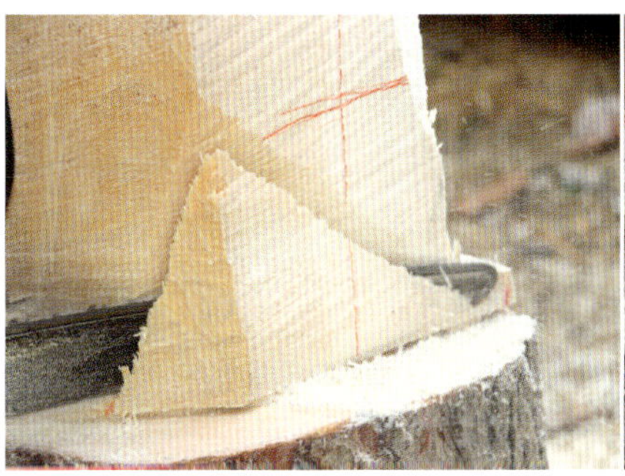

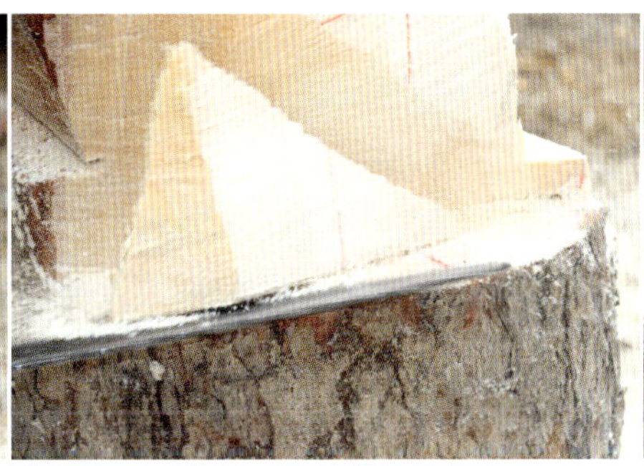

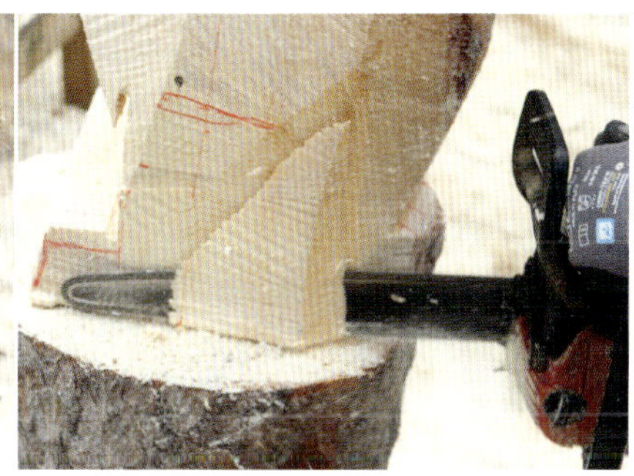

42 Damit später das Knie etwas vom Körper wegsteht und die Linie des Hinterlaufes keinen Knick hat, schneiden wir von ungefähr auf der Höhe des Schenkels zur Fußspitze und zum Bürzel hin einen Keil raus.

ERSTES ABRUNDEN

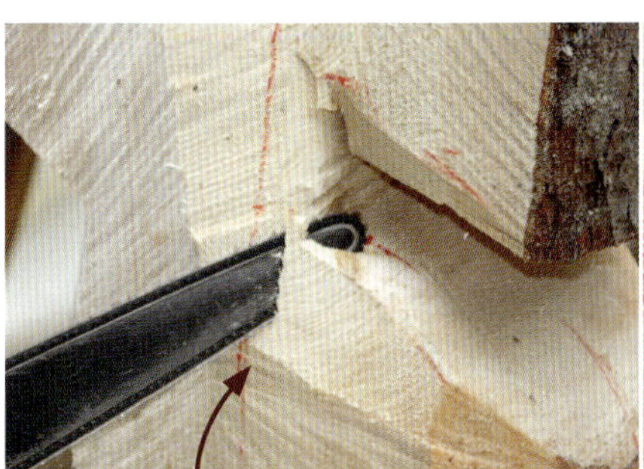

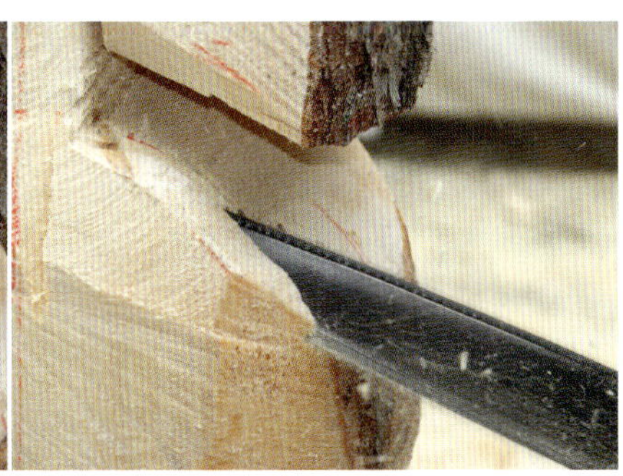

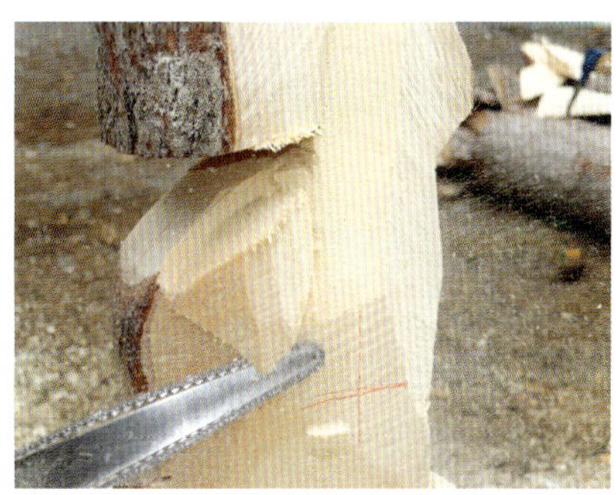

43
ALS NÄCHSTES BEGINNEN WIR JETZT MIT DEM ABRUNDEN.

44 Dabei orientiere ich mich beidseitig an der Mittellinie und am Modell.

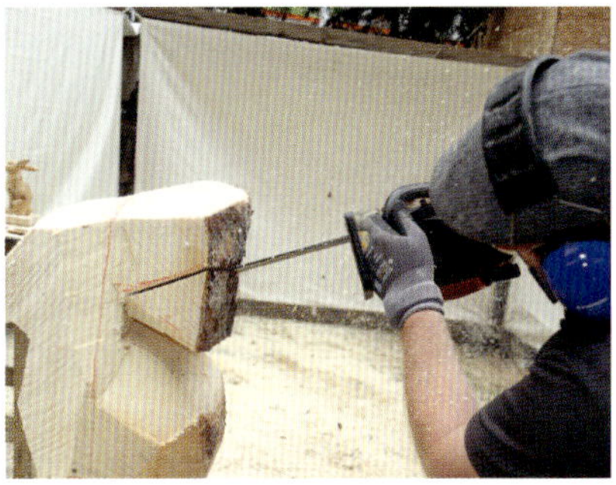

45 Um die Fläche am Rücken besser zu erreichen, stutzen wir unserem Freund mal die Ohren.

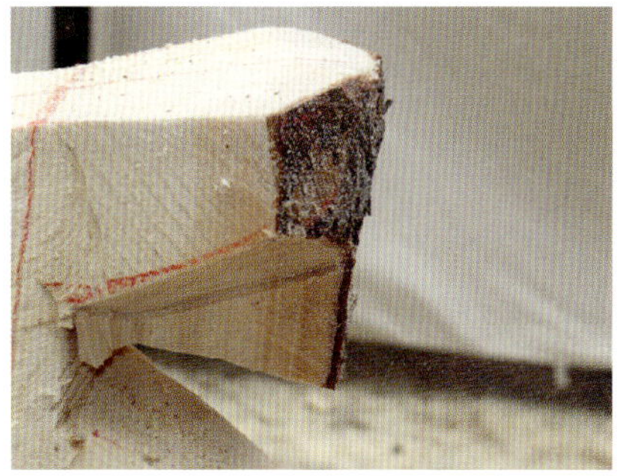

46 Dabei achten wir darauf, dass eines etwas hängt.

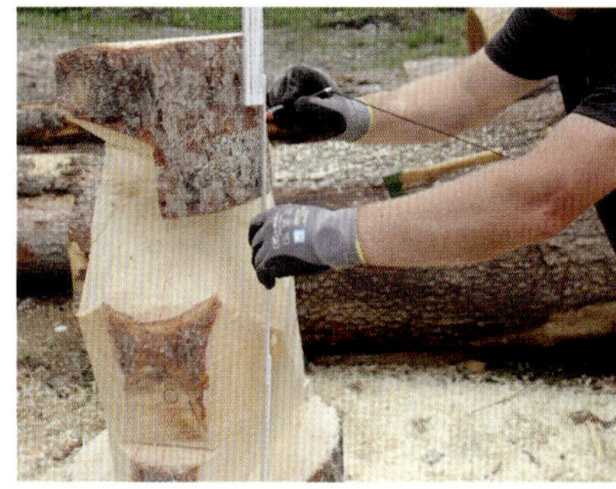

47 Damit das Ohr nicht zu dünn wird, messe ich nochmal von der Standfläche aus die Höhe der Ober- und der Unterkante des Lauschers …

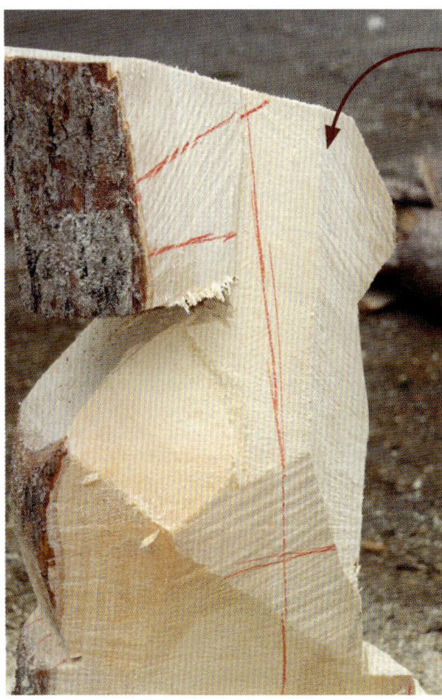

48 … UND TRAGE DIE ZEICHNUNG NOCHMAL NACH.

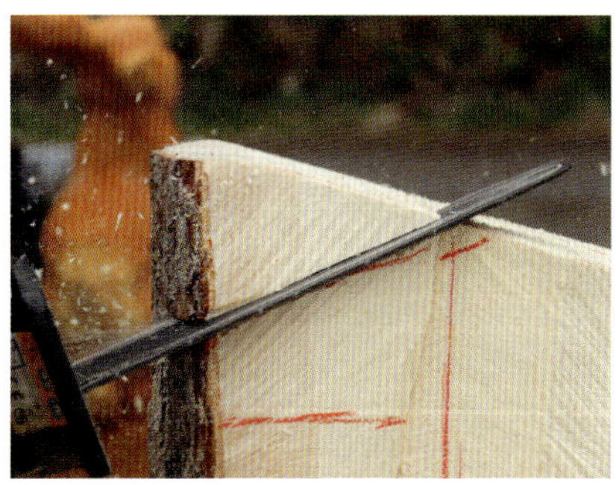

49 Mit einem Schnitt fixiere ich die Höhe …

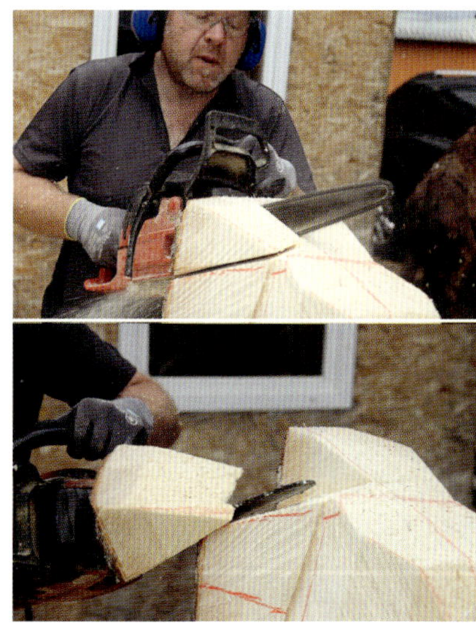

50 … und schneide wiederum bei.

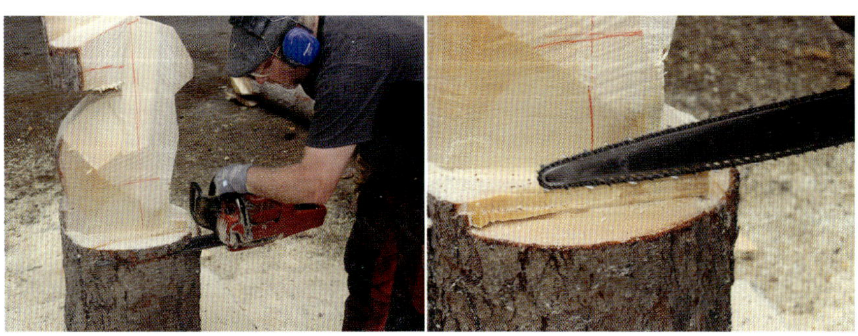

51 Bevor wir mit den Details beginnen, bessern wir die bisherigen Schnitte noch hier und da nach.

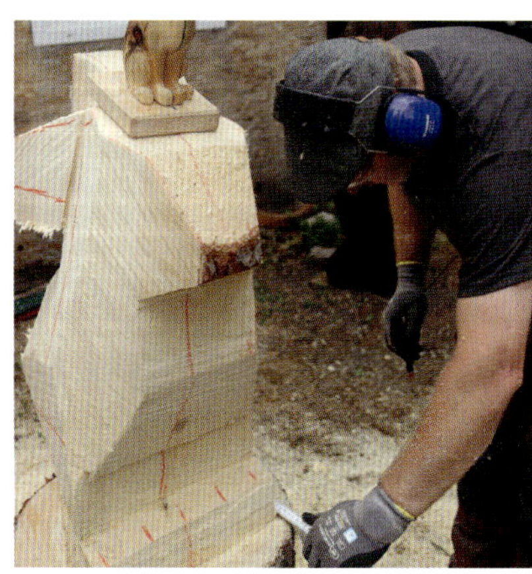

52 Nachdem ich die Stärke und die Länge der Vorder- und Hinterläufe ausgemessen habe, …

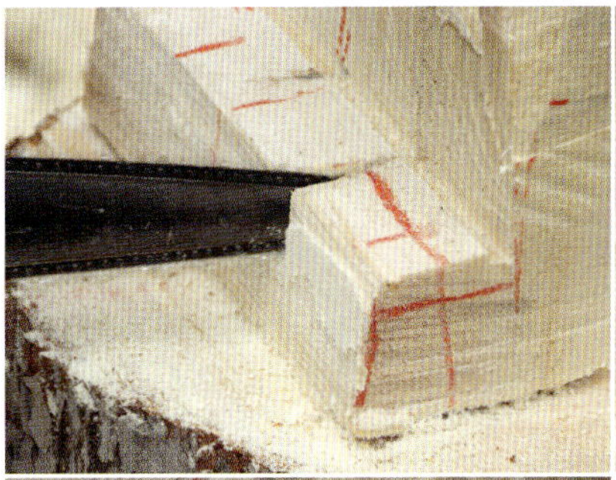
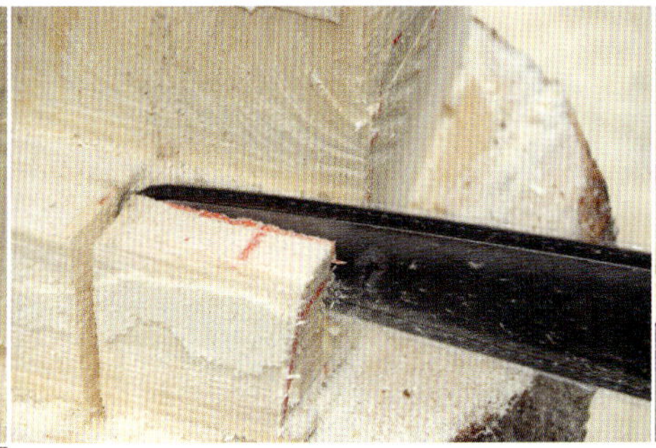
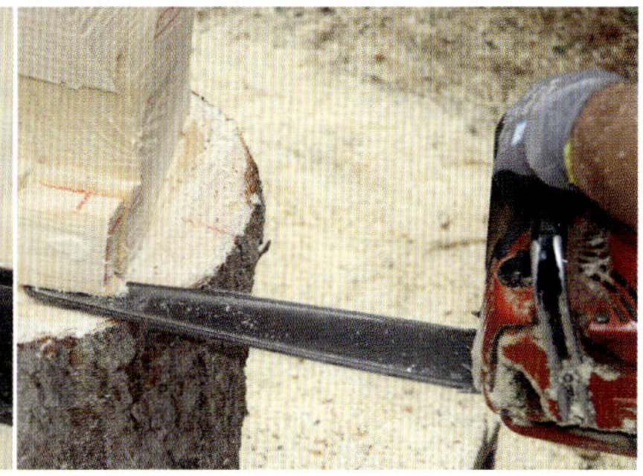
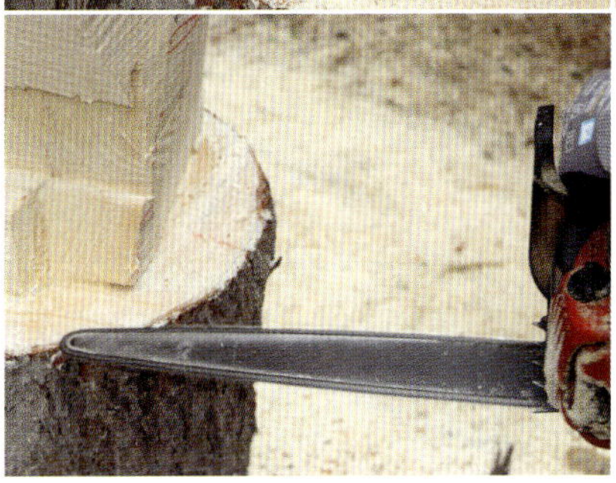

53

… SETZE ICH DIE SELBIGEN VONEINANDER AB …

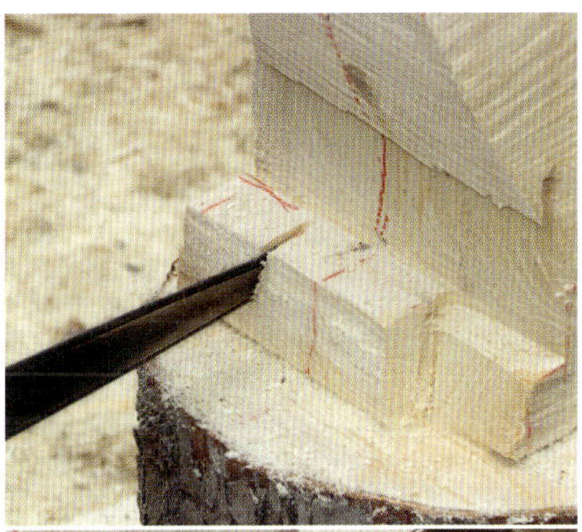
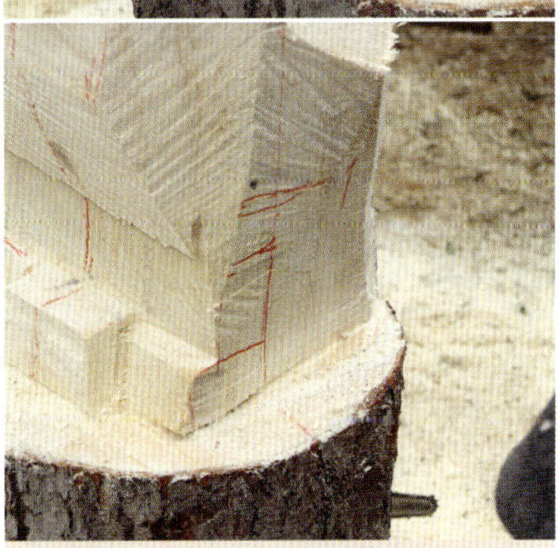

54 … und wiederhole den Vorgang wieder auf der anderen Seite.

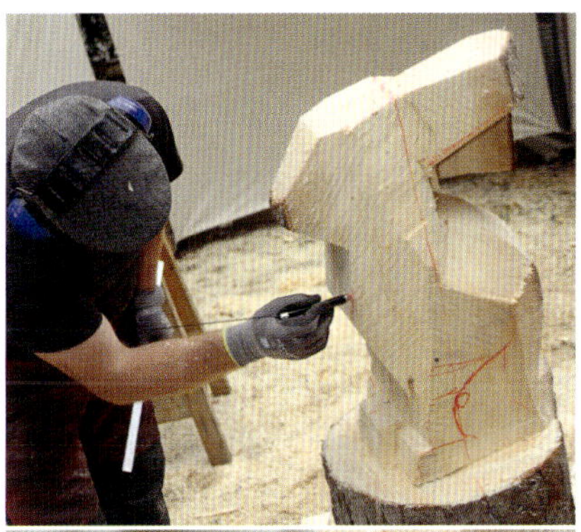
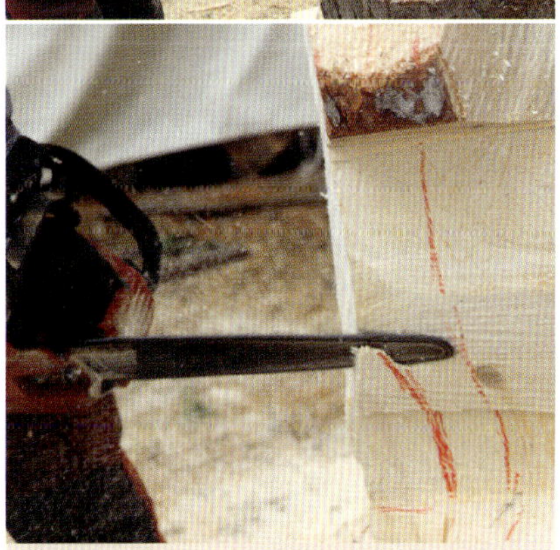

55 Jetzt zeichne ich mir die Linien von den vorderen Läufen an.

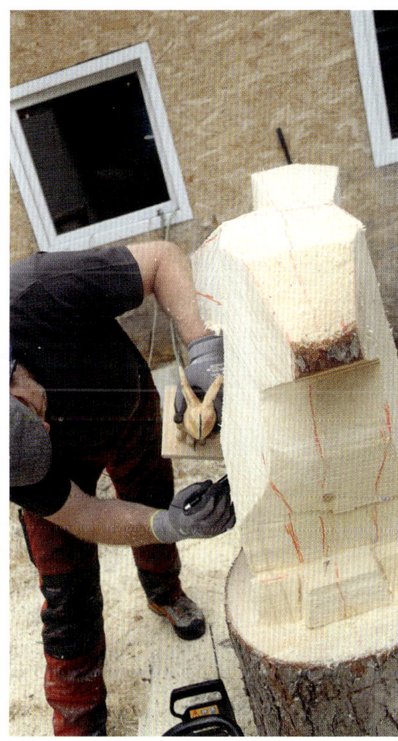

56 Auch die Wölbung von den Hinterbeinen lege ich fest. Dabei orientiere ich mich immer wieder am Modell.

ABGRENZUNG DER EINZELNEN PARTIEN

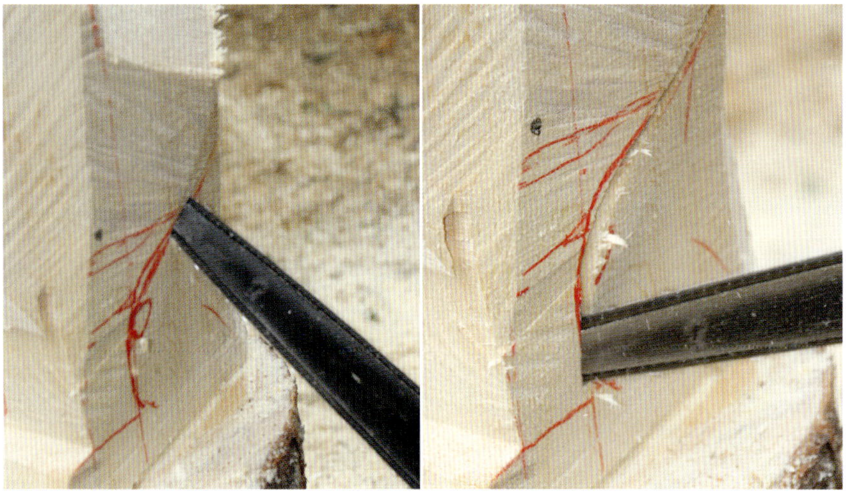

57 Jetzt beginne ich damit, die einzelnen Partien voneinander abzugrenzen.
Als Erstes lege ich die Form vom Hinterbein fest, dazu schneide ich entlang meiner aufgezeichneten Linie.

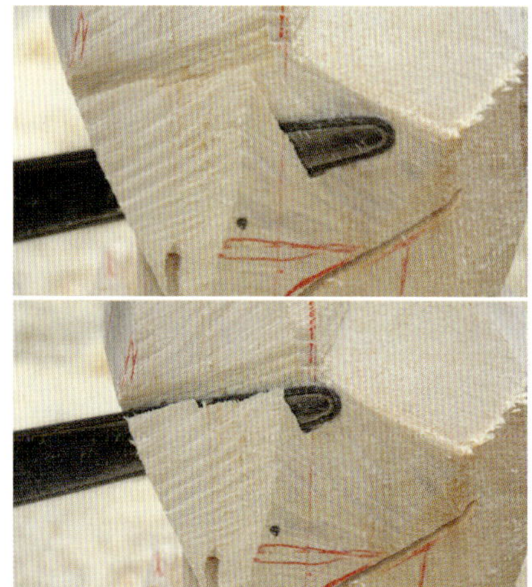

58 Beim Beischneiden orientiere ich mich an der Stärke der Vorderläufe.

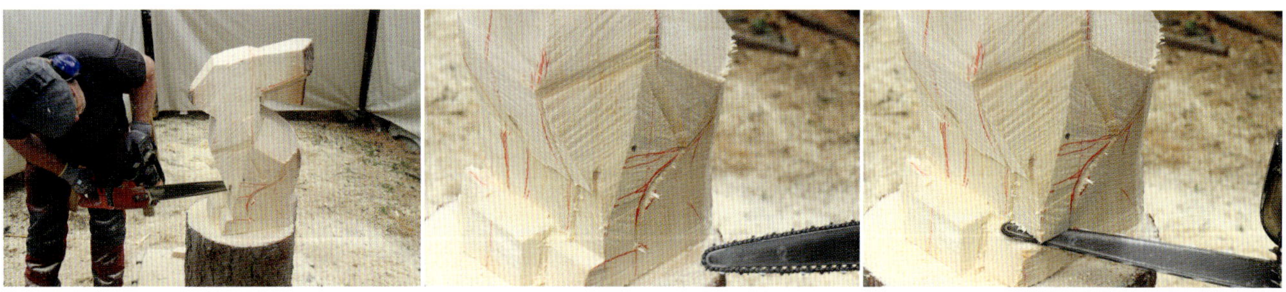

59 Vorsichtig, lieber langsam schneiden, schnell ist man zu tief.

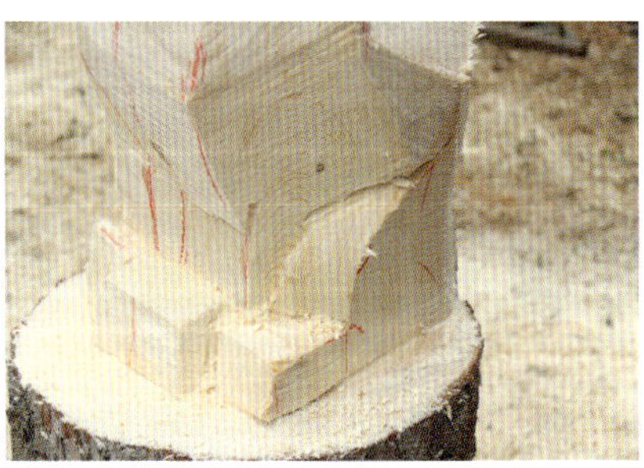

60 Die einzelnen Körperteile zeichnen sich schon ab.

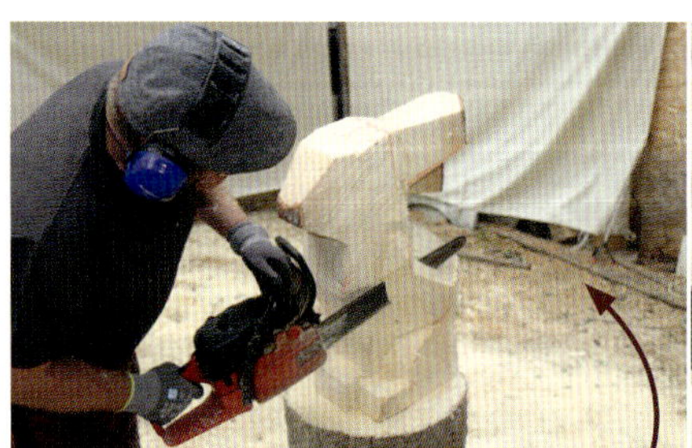

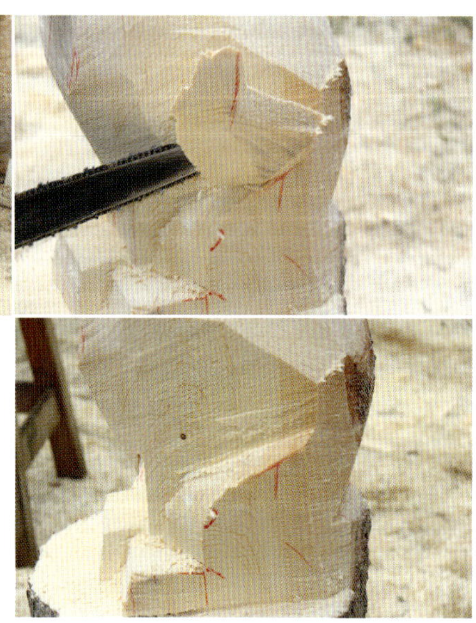

61

DEN SCHENKEL KÖNNEN WIR NOCH ETWAS KRÄFTIGER HERAUSARBEITEN UND NACH HINTEN ZIEHEN.

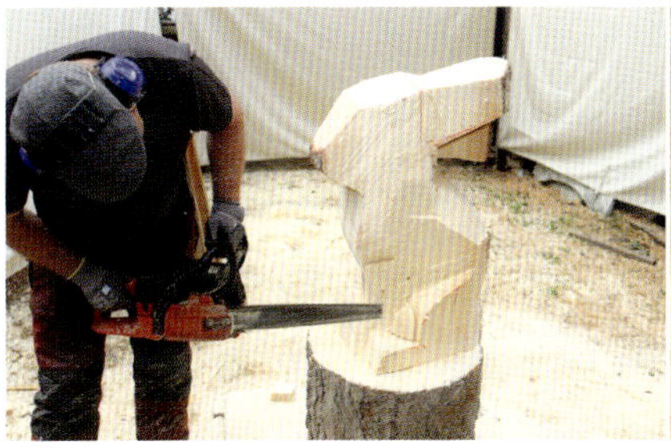

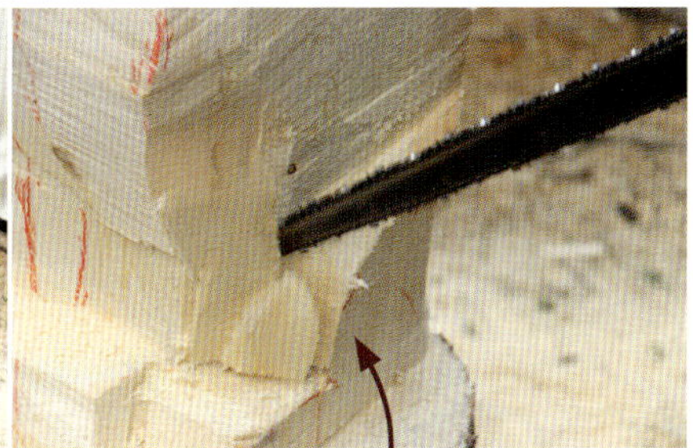

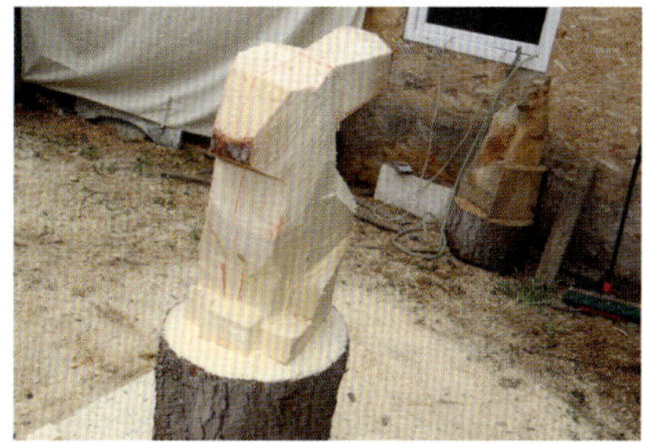

62
ALLES NACHPUTZEN.

63 Sieht schon etwas besser aus.

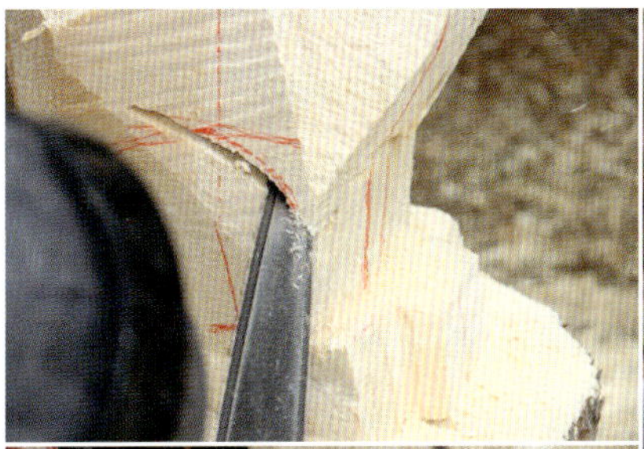

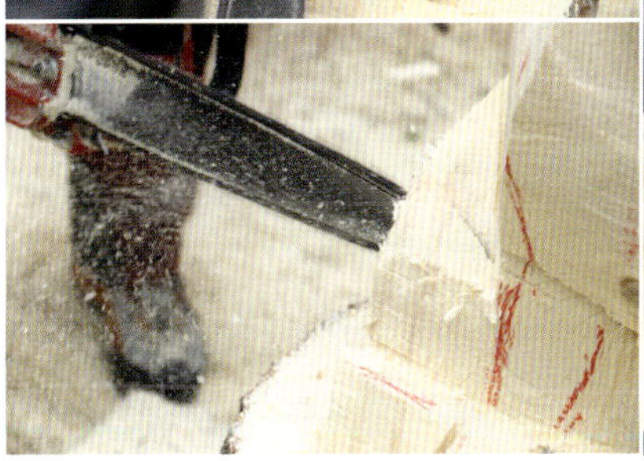

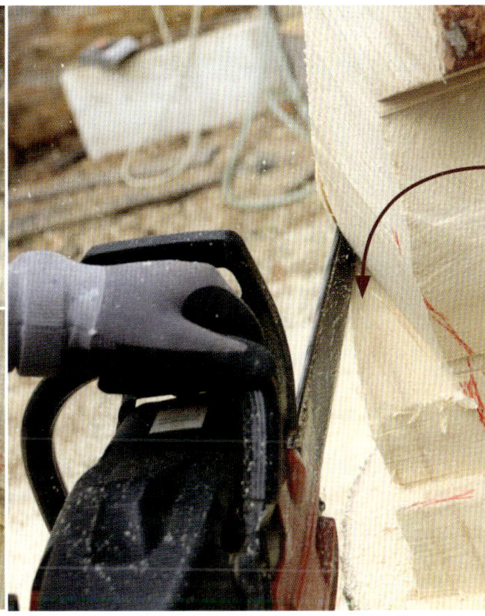

64
DIE GEGENÜBERLIEGENDE SEITE WIRD DERSELBEN PROZEDUR UNTERZOGEN.

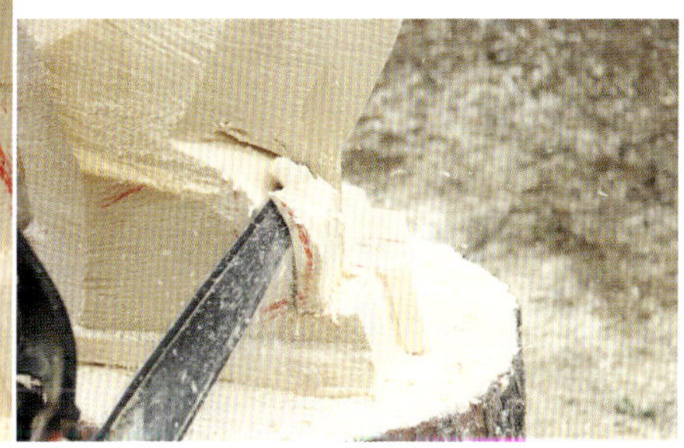

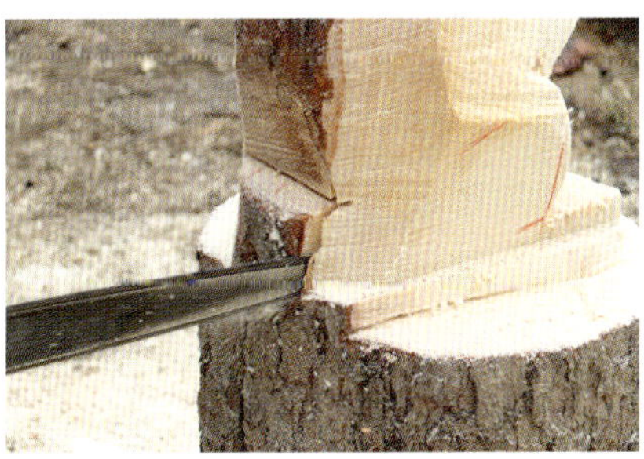

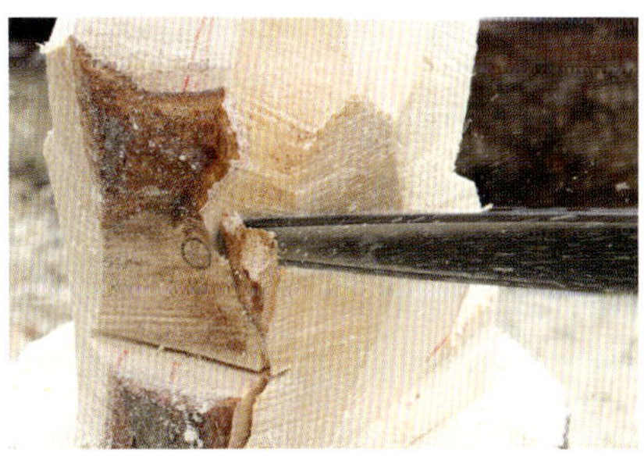

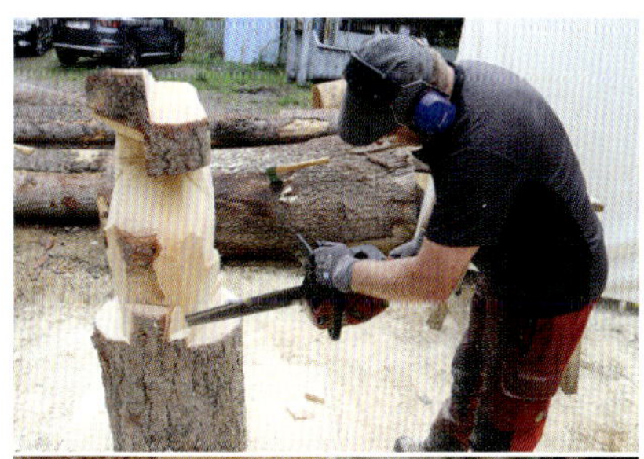

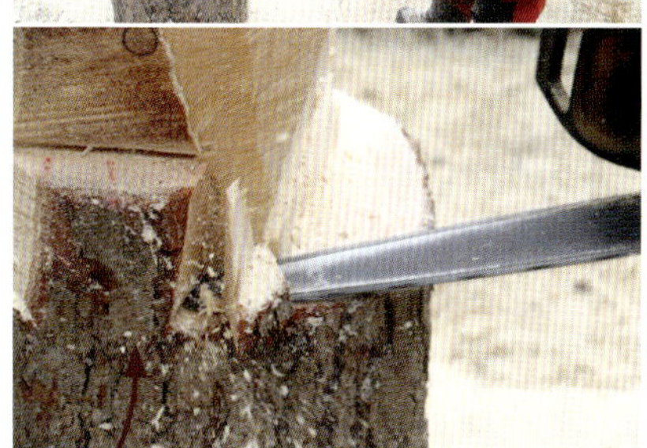

65 Vorne bin ich mit meinem Ergebnis zufrieden, somit kann ich hinten die Länge des Beins bestimmen. Zuerst grenze ich den Bürzel ab.

66 Vom Rücken her alles etwas abrunden.

67
IN EINEM ZUG DIE LINIE BIS ZUR STANDFLÄCHE DURCHZIEHEN.

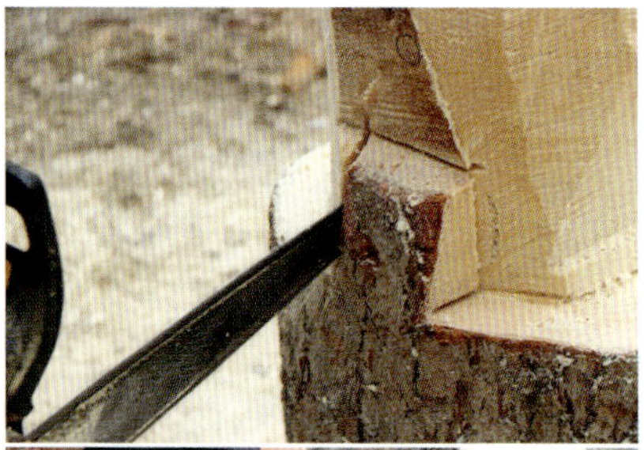

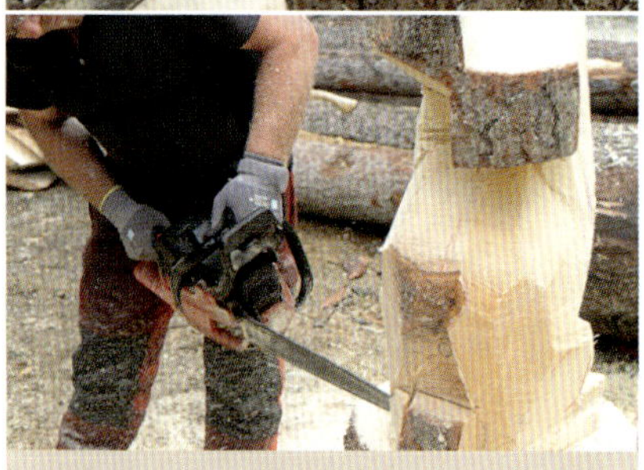

68 Dasselbe wieder auf der rechten Seite machen.

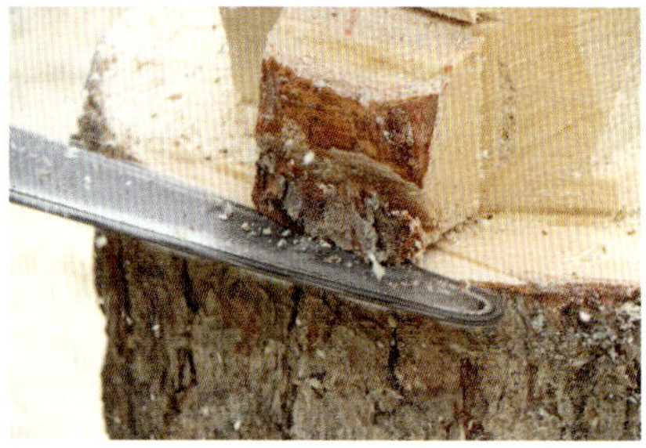

69 Das Schwänzli noch vom Boden lösen.

70

SOMIT HABEN WIR DIE DRITTE PHASE ABGESCHLOSSEN.

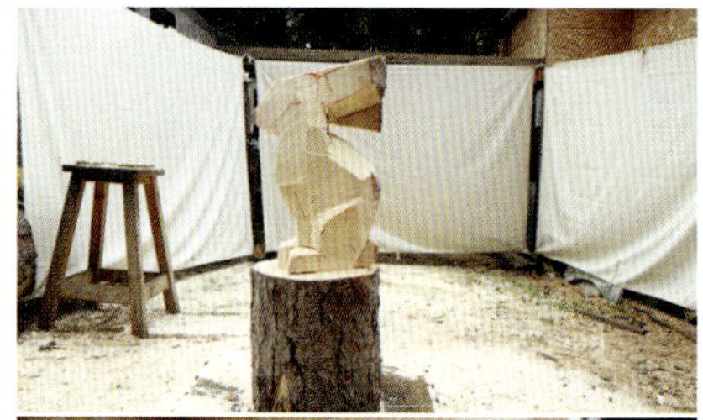

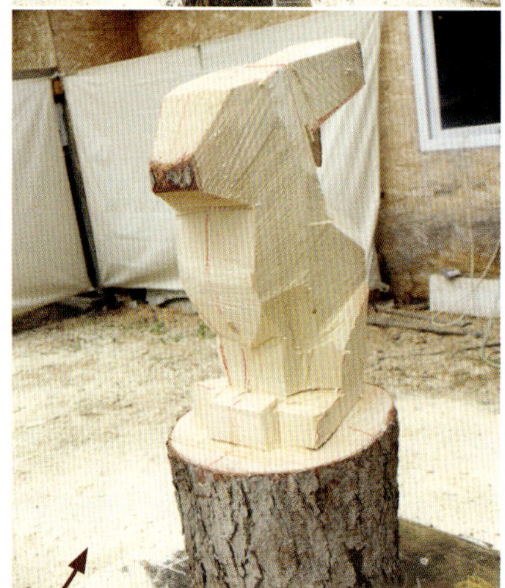

ZWEITES ABRUNDEN

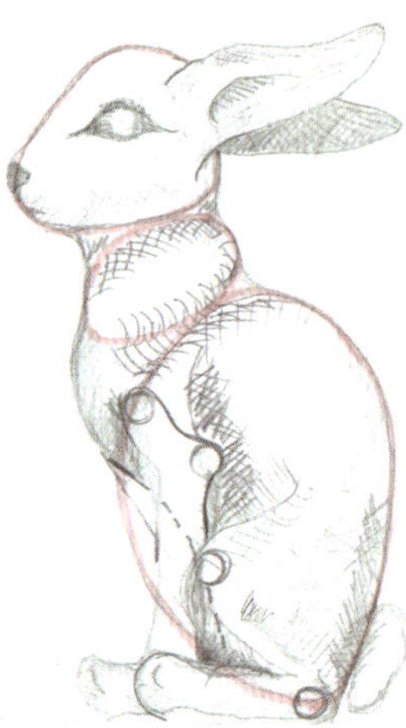

71 Für die nächsten Schritte wechsle ich zur Elektrosäge. Durch das geringere Drehmoment habe ich mehr Zeit, die Schnitte zu kontrollieren. Wir beginnen wieder oben und arbeiten uns nach unten vor, den Körper teile ich mir dafür in verschiedene Teile auf.

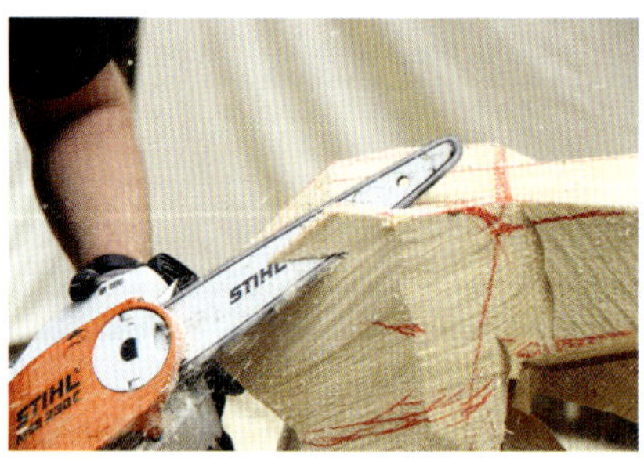

72 Wir beginnen, den Kopf abzurunden, …

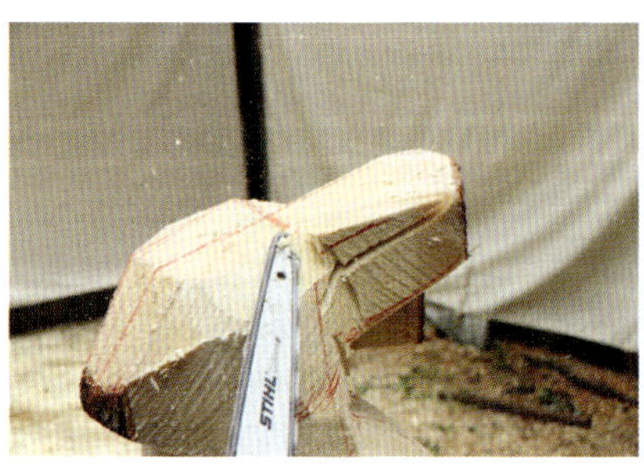

73 … und entfernen die Ecken, bis wir eine Ei-Form haben.

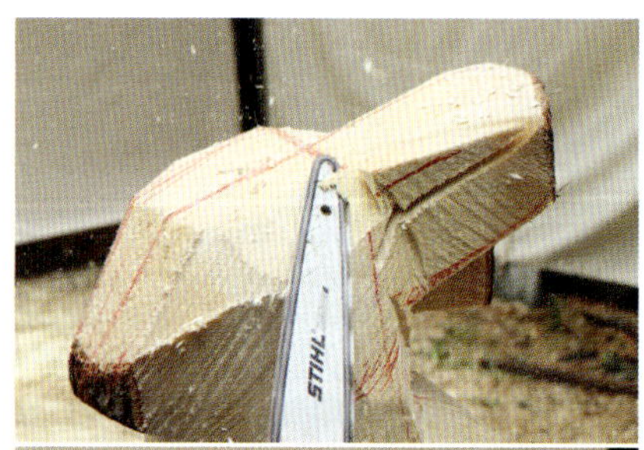

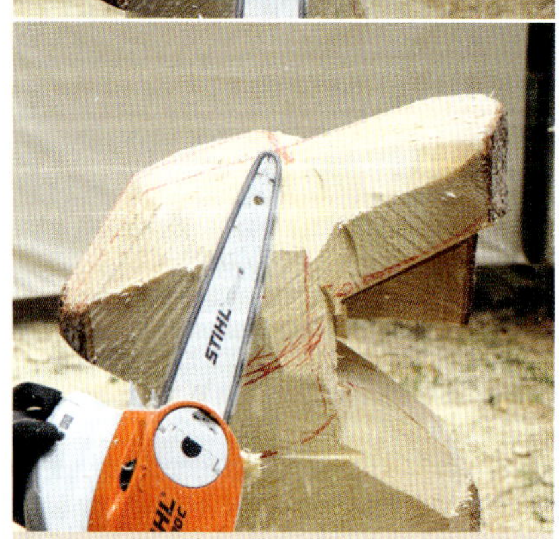

74 Das Ohr etwas anwinkeln.

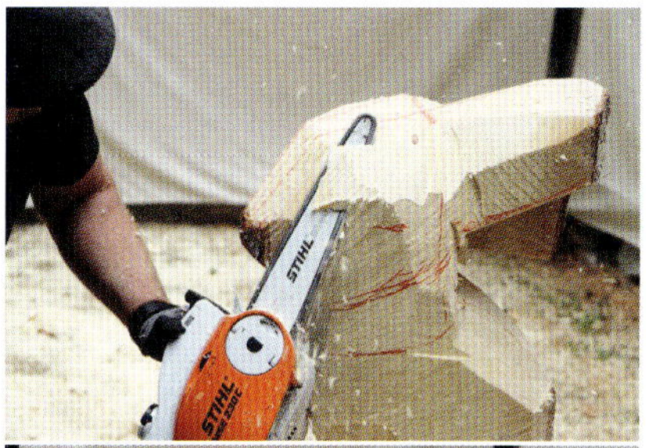

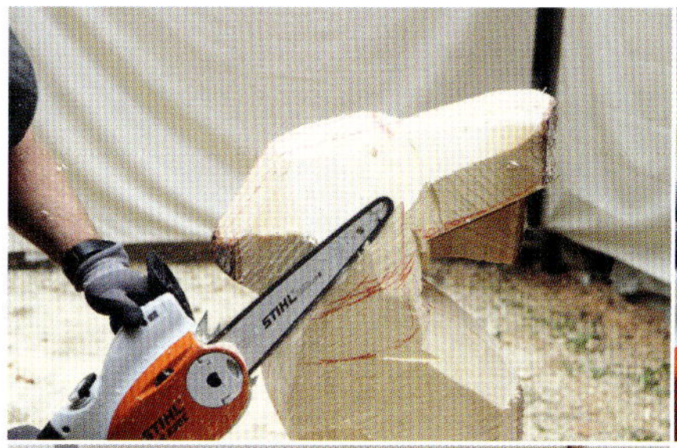

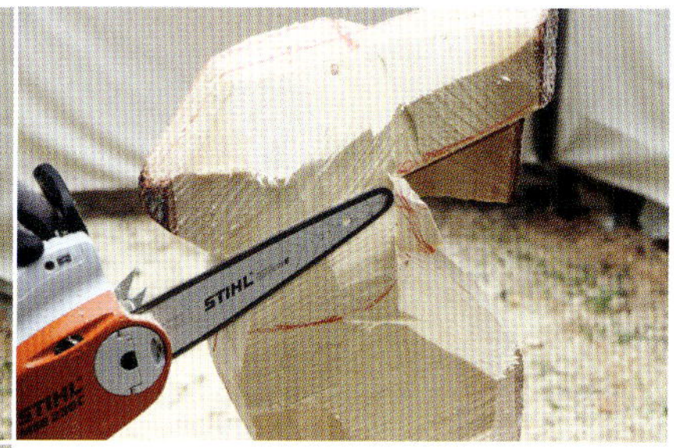

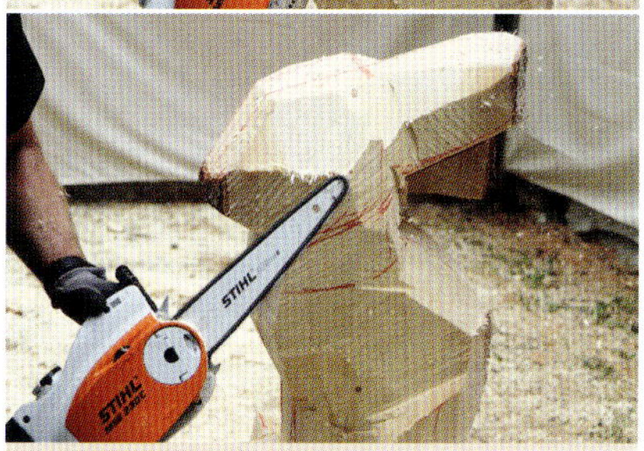

75 Zum Auge hinschneiden …

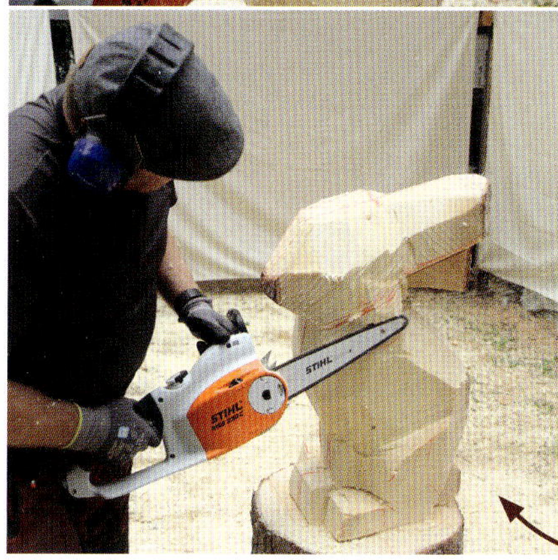

76 … UND DIE EI-FORM WEITER ABRUNDEN.

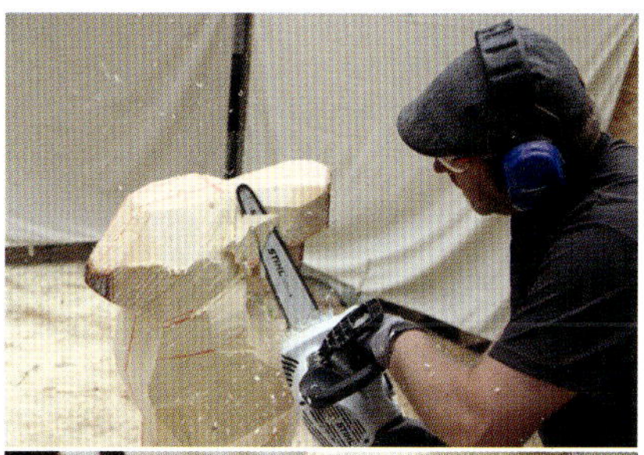

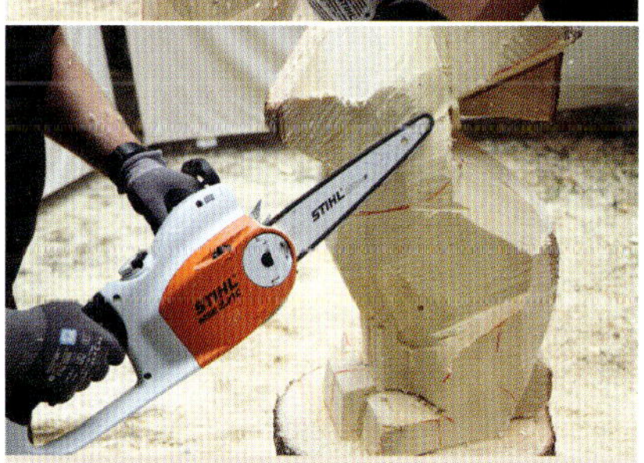

77 Mit ein wenig Gefühl langsam an die Form rantasten.

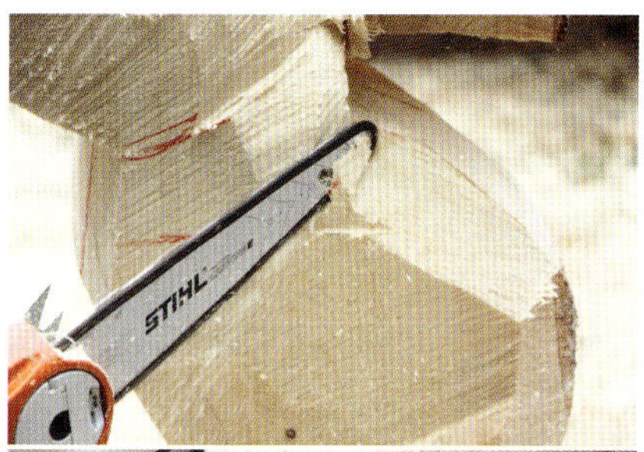

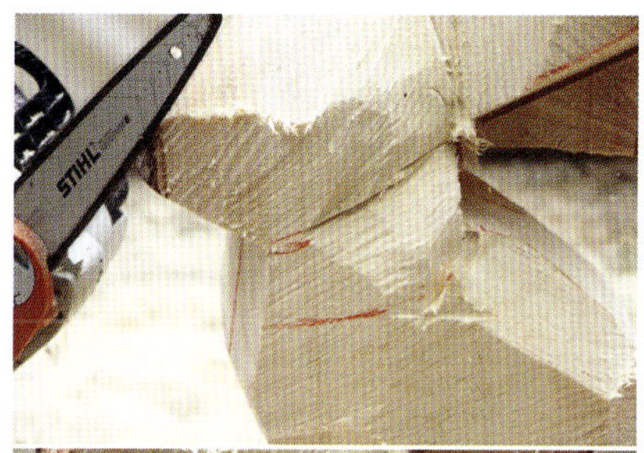

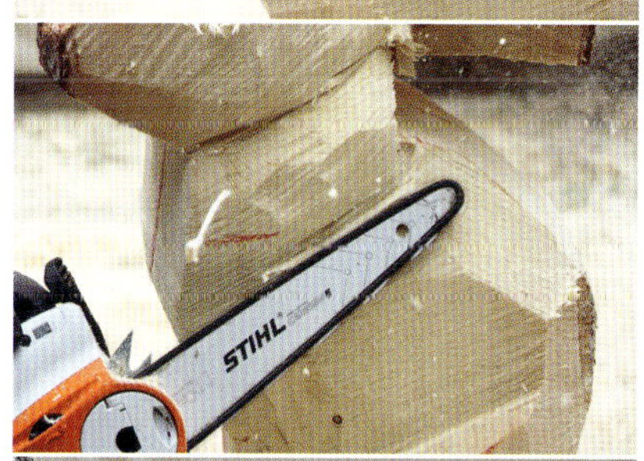

78 Auch die nächste Partie gleich mit einbeziehen.

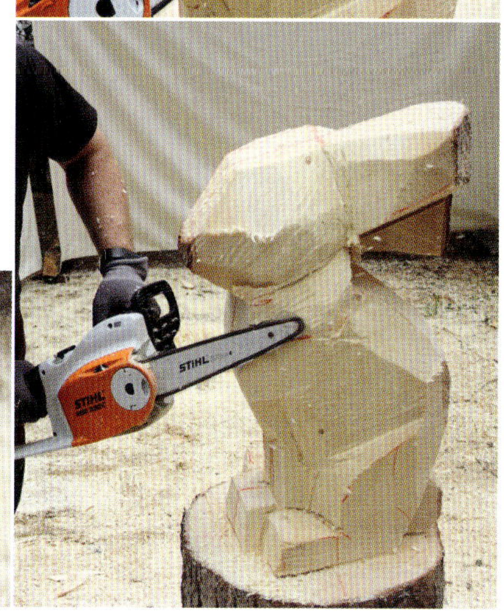

79 DAS MACHT SO RICHTIG SPASS!

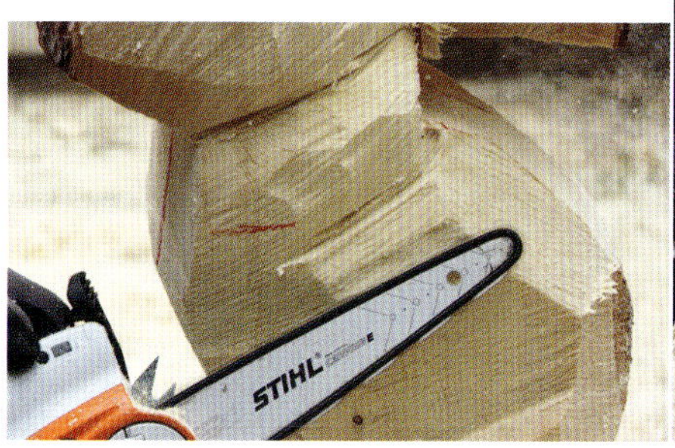

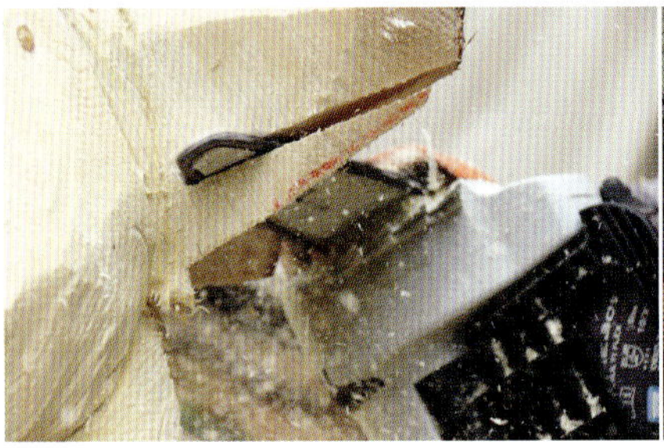

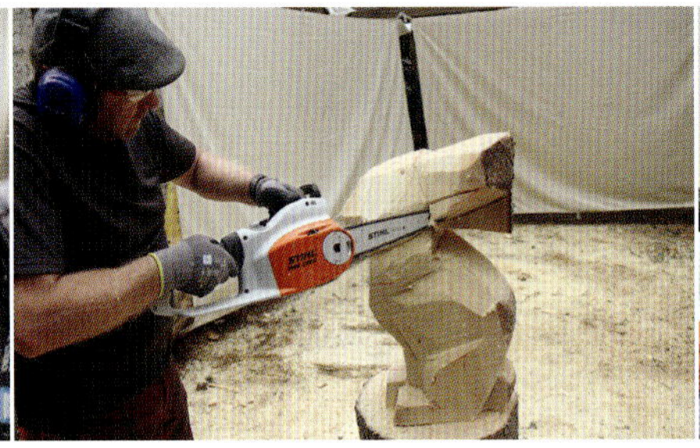

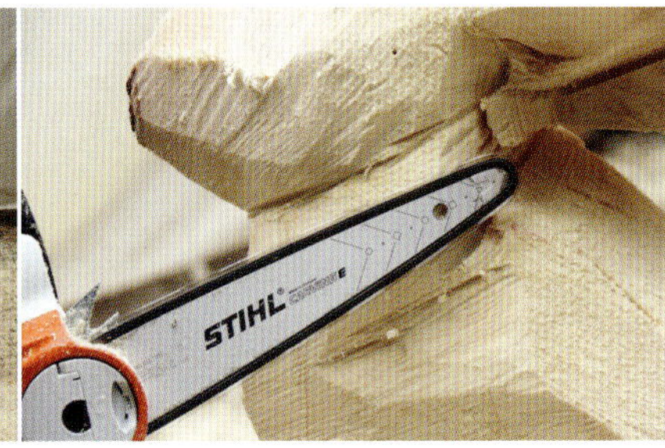

80 Gleich auch die nächste Ei-Form beginnen. Das Ohr etwas stutzen, damit wir den Hinterkopf besser ausarbeiten können.

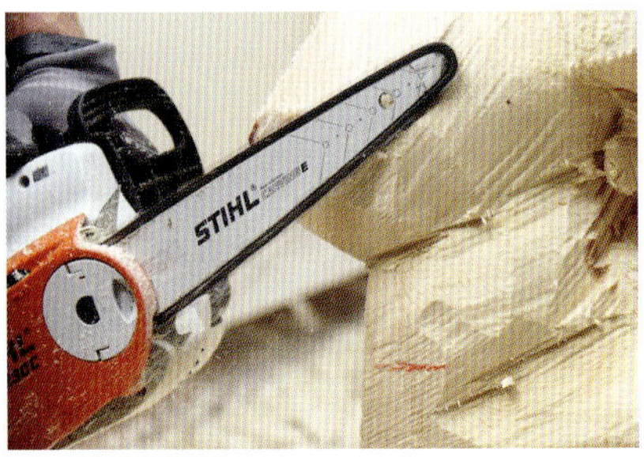

81 Ecke für Ecke abtragen.

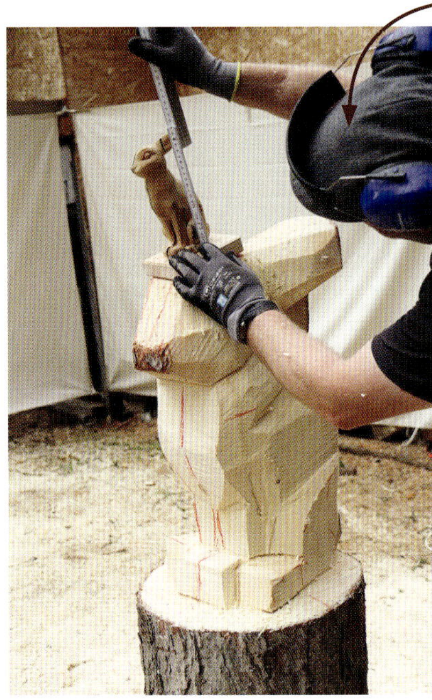

82

UM DIE BAUCH-FORM RICHTIG AUSZUARBEITEN, MESSEN WIR ZUERST DIE GELENKE VOM VORDERLAUF ....

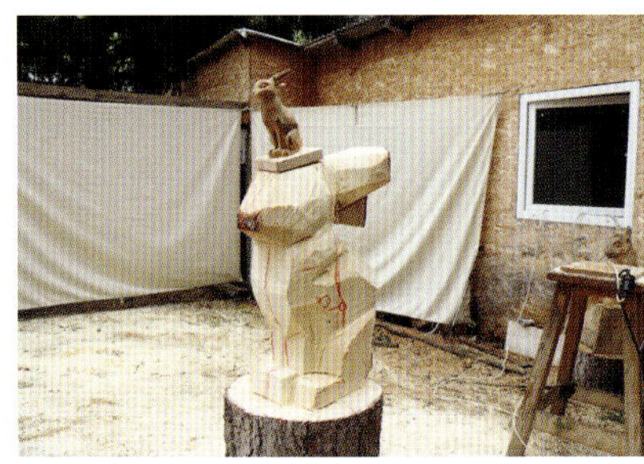

83 ... und übertragen die Punkte auf unser Werkstück.

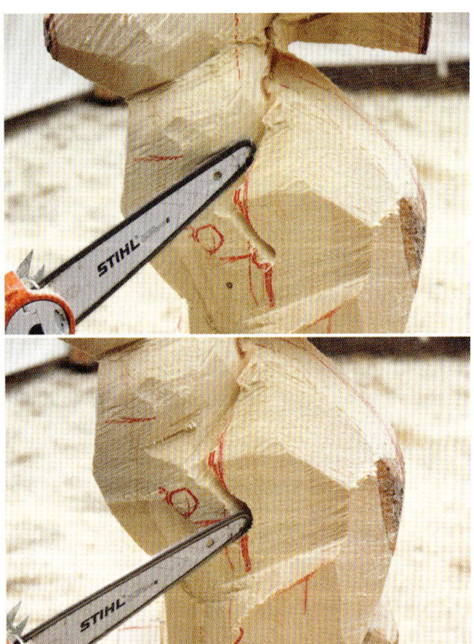

84 Jetzt können wir das Bein eingrenzen, indem wir flach von der Form wegschneiden.

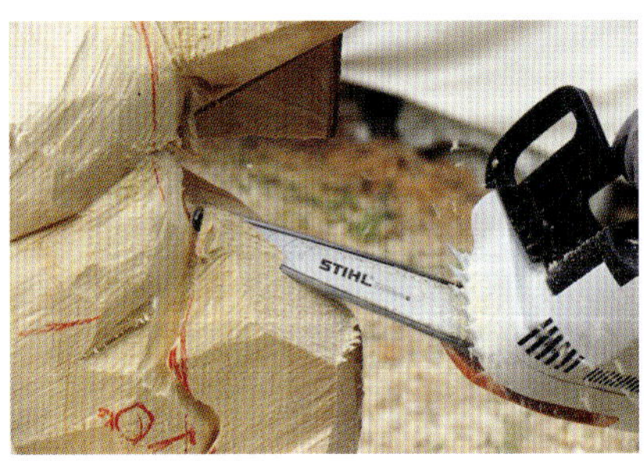

85 Flach beischneiden, ...

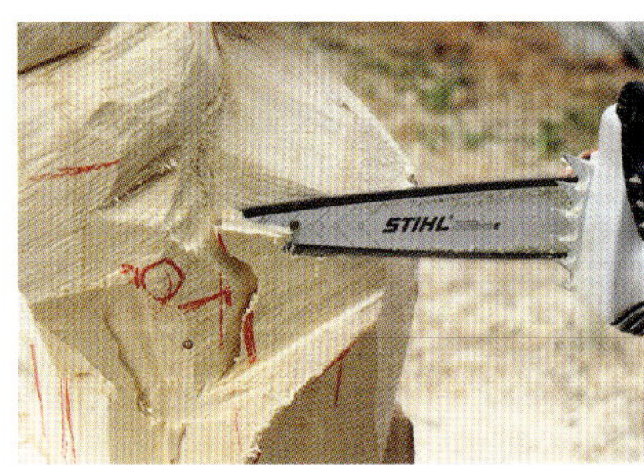

86 ... dabei die Säge konvex führen.

87

WEITER ABRUNDEN.

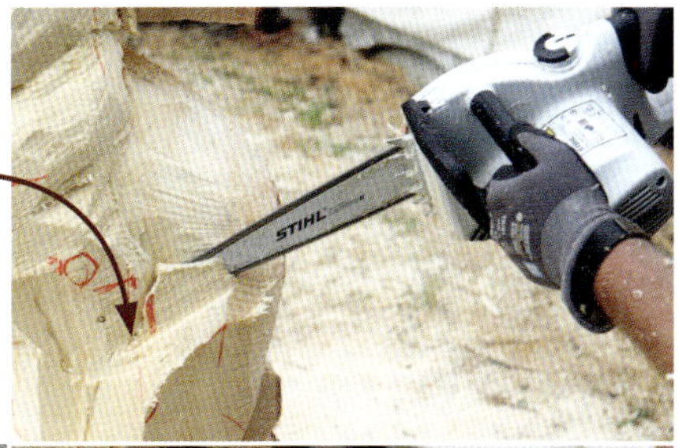

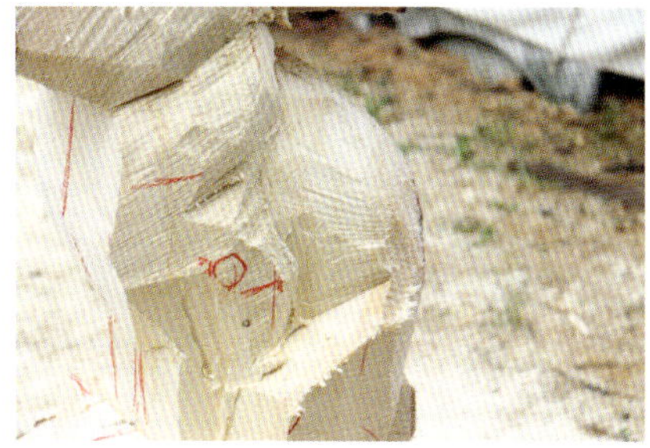

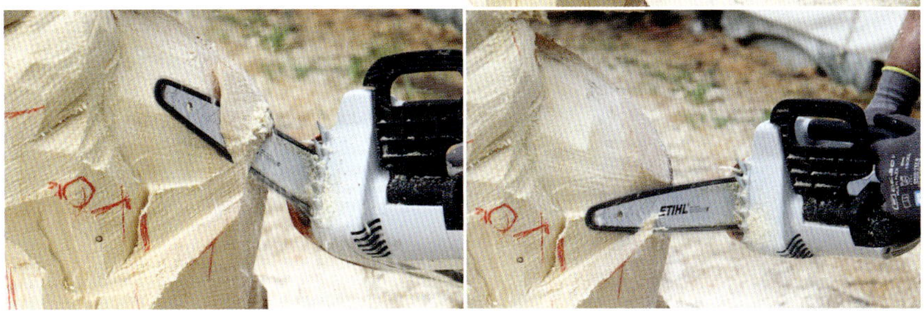

88 Das vordere Bein löst sich schön heraus.

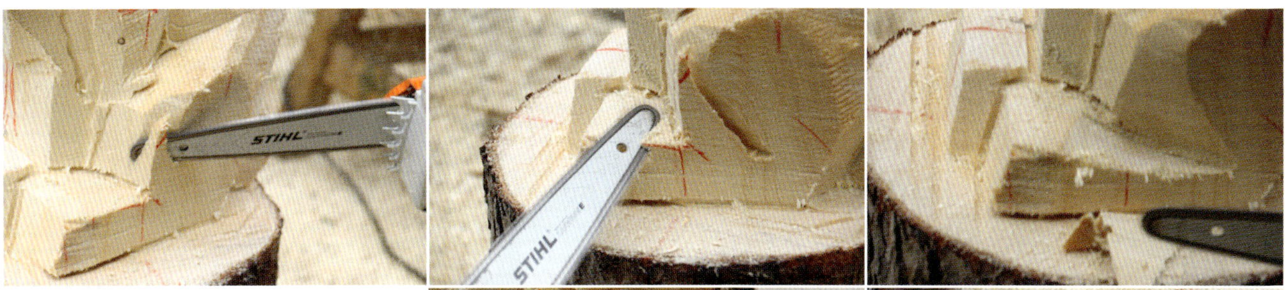

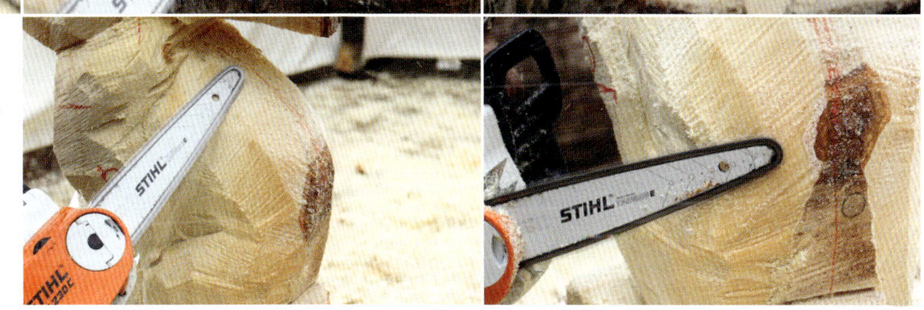

89 Die Fläche vom Bauch schiebt sich schön hinter den Lauf. Weiter geht's mit Abrunden.

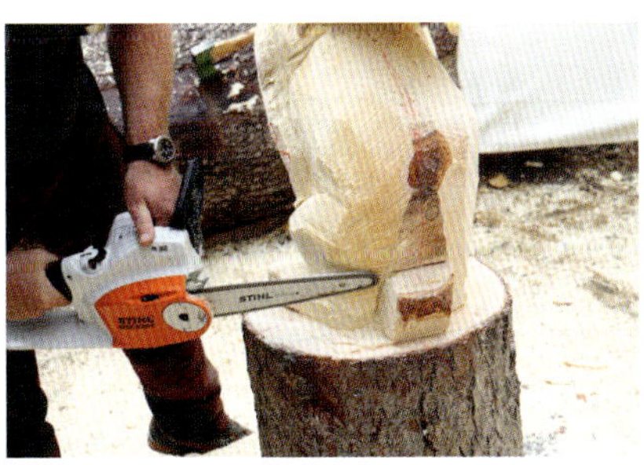

90 Dabei immer die einzelnen Partien des Körpers nachzeichnen.

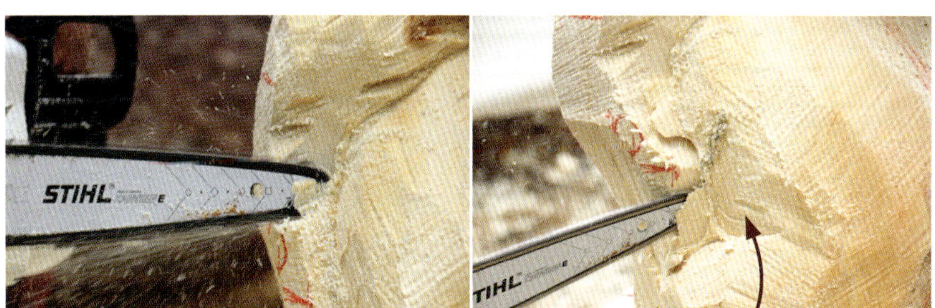

91

BEI DEN GELENKEN NACHBESSERN.

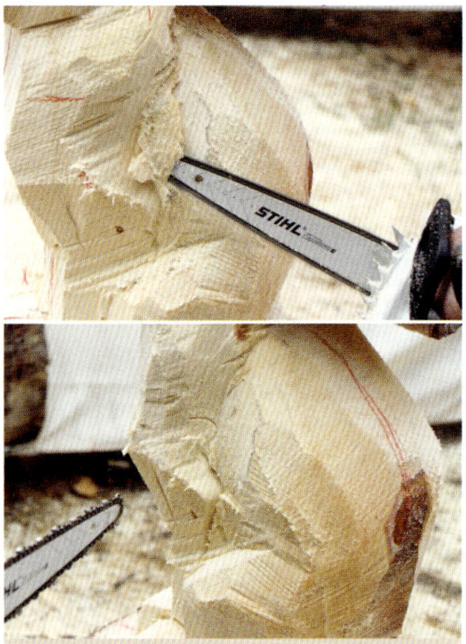

92 Das Schulterblatt eingrenzen.

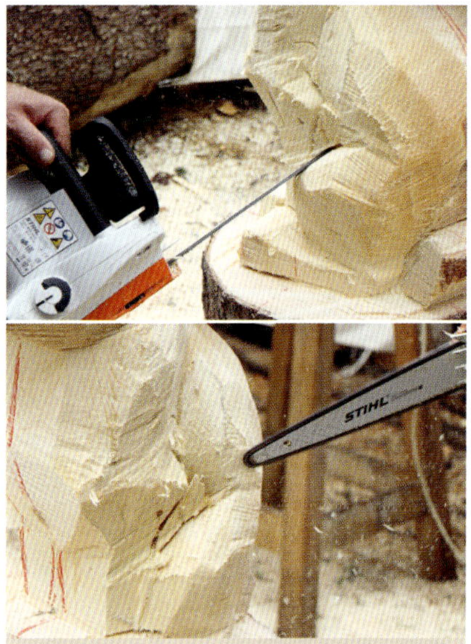

93 Der Brustkorb darf gerne noch etwas runder sein.

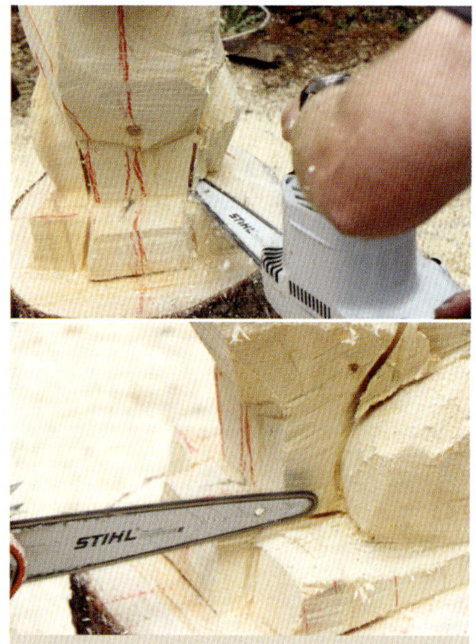

94 Wiederum alles nachbessern.

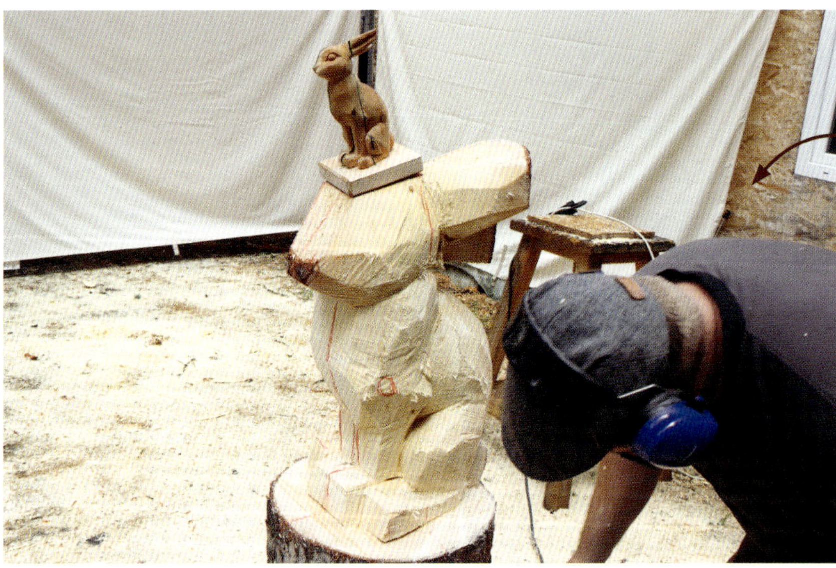

95 LANGSAM ENTWICKELT SICH DER HASE.

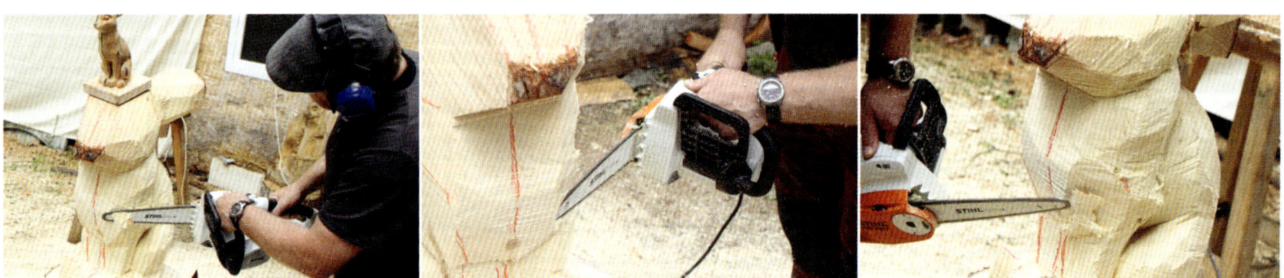

96 NUN ARBEITEN WIR AM BRUSTKORB WEITER.

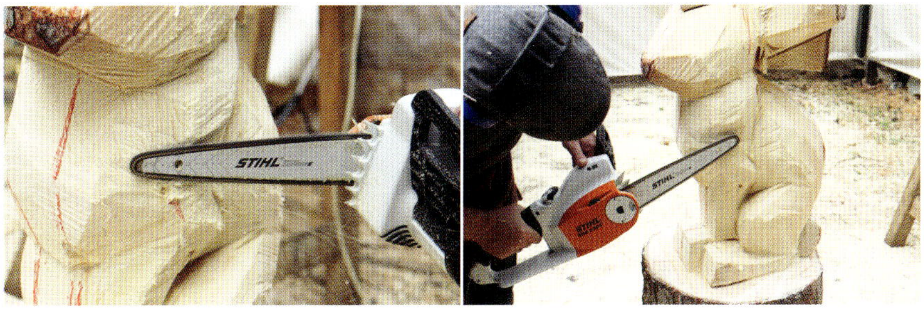

97 Das Carving-Schwert immer schön flach zum Körper halten, dadurch vermeiden wir, zu tiefe Kerben ins Holz zu schneiden.

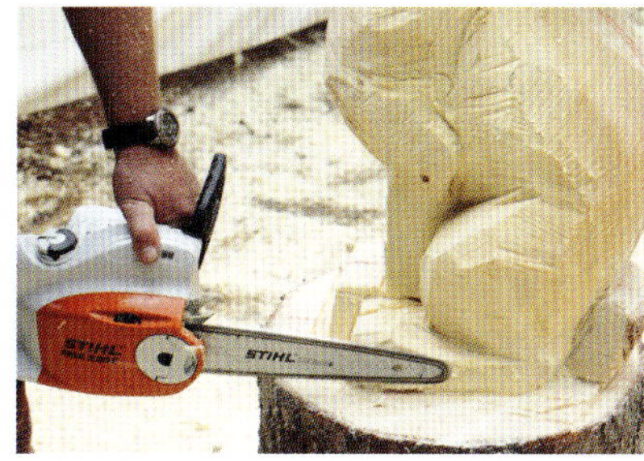

98 Zwischendurch widmen wir uns wieder den Beinen.

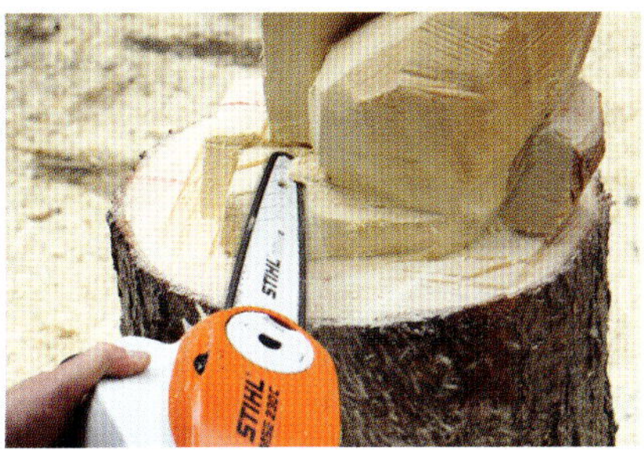

99 Den Unterschenkel hinter den Krallen etwas tiefer schneiden.

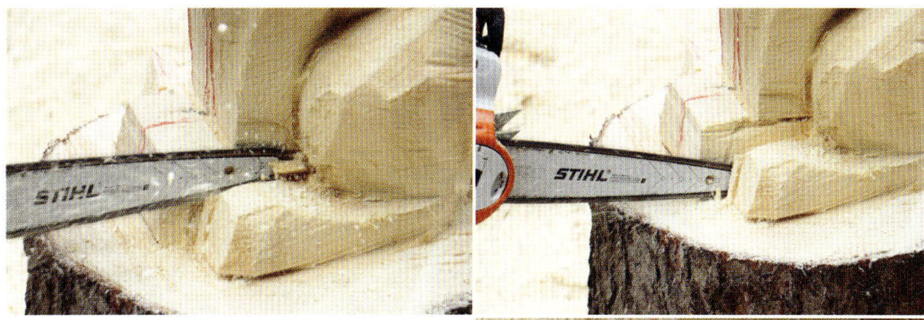

100

ZUM KÖRPER HIN ABGRENZEN.

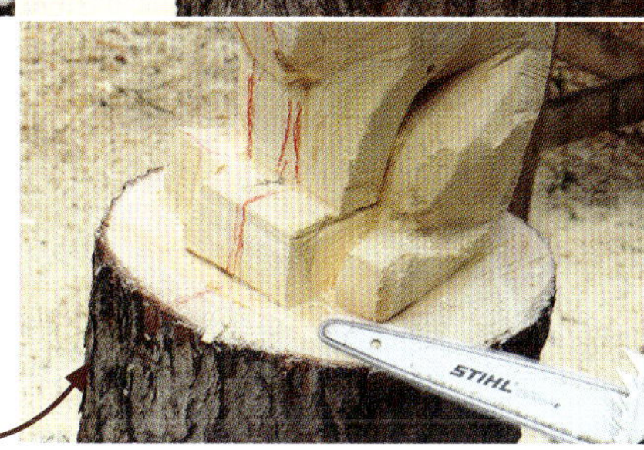

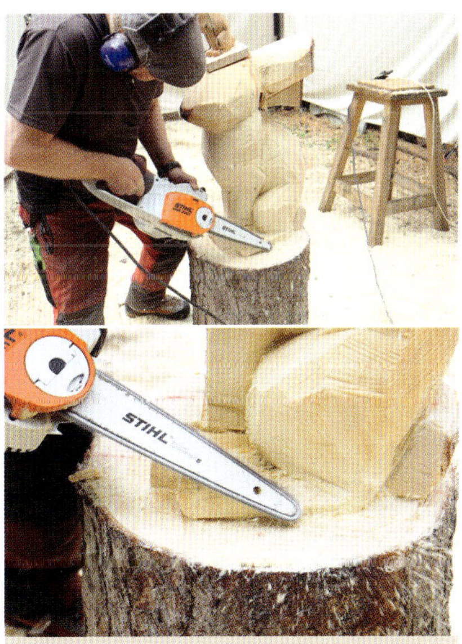

101 Und abrunden.

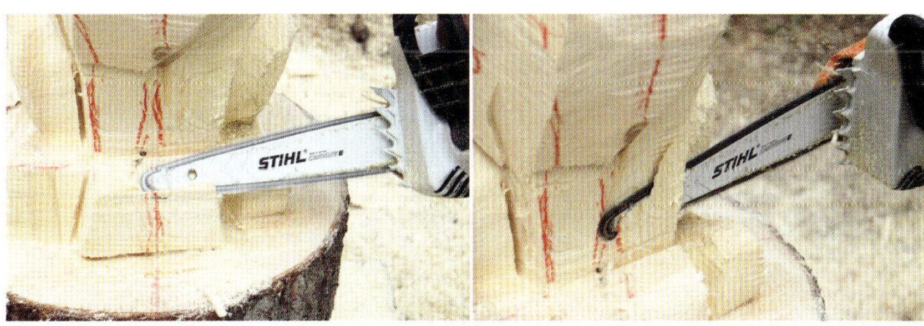

102 Ebenso verfahren wir jetzt mit dem Vorderbein.

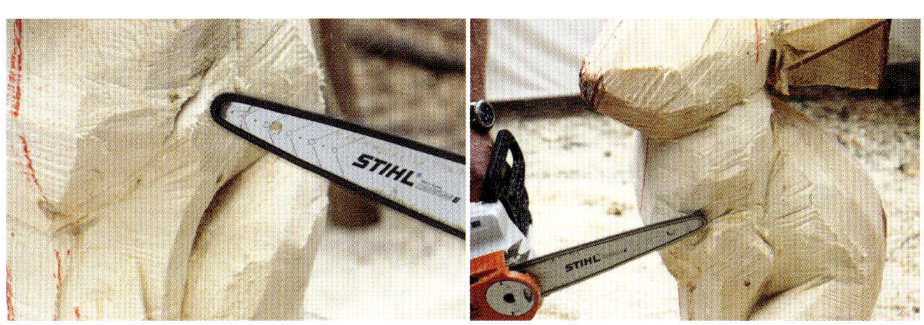

103 Das Gelenk vom Schulterblatt besser herausarbeiten.

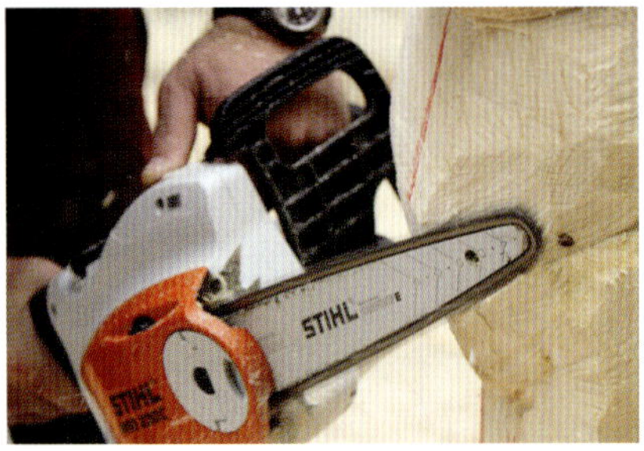

104 Zum Brustbein hin etwas schmäler schneiden.

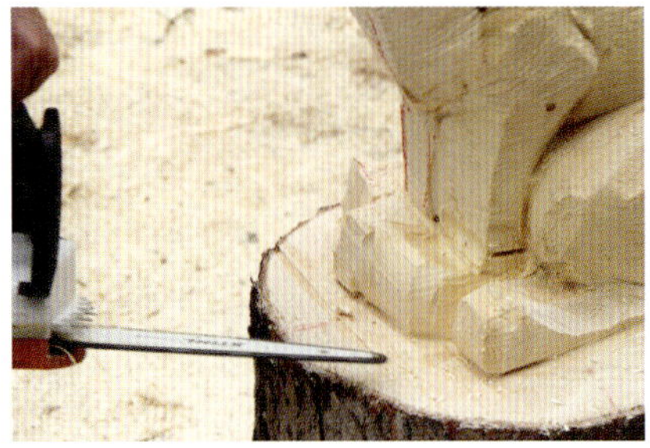

105 Indem wir mit der Spitze des Schwertes einige Male hin und her fahren, runden wir den Übergang zur Hasenpfote ab.

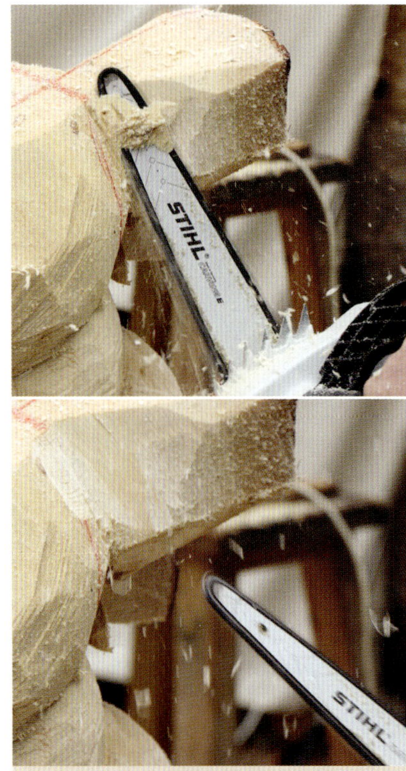

106 Der Übergang vom Kopf zum Ohr muss auch noch harmonischer werden.

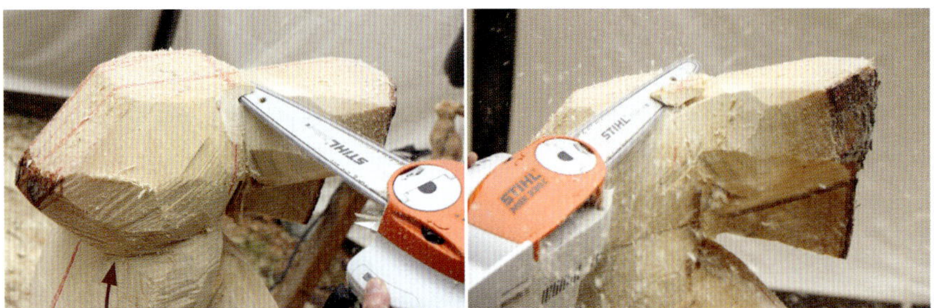

—107—

HIER DEUTEN WIR DEN HINTERKOPF AN, …

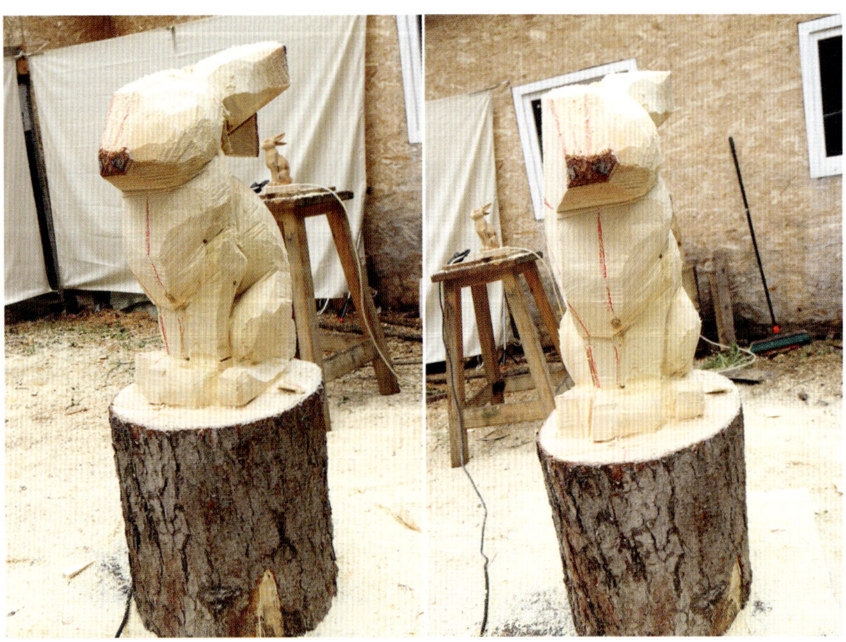

108 … während wir den Raum zwischen den Ohren später rausschneiden. Mit der linken Seite bin ich für den Moment zufrieden.

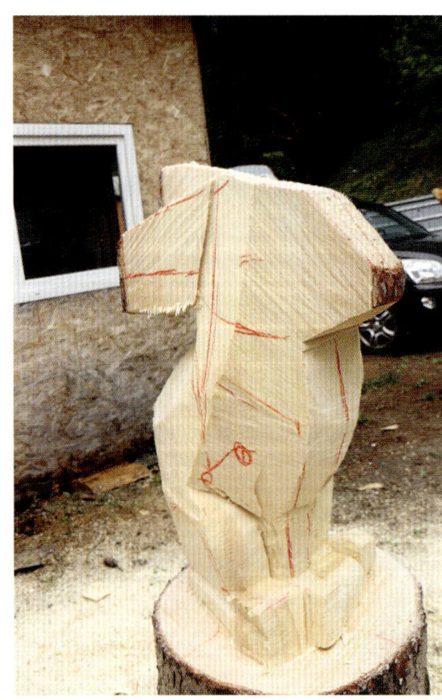

109 Die rechte Seite bearbeiten wir jetzt ebenso.

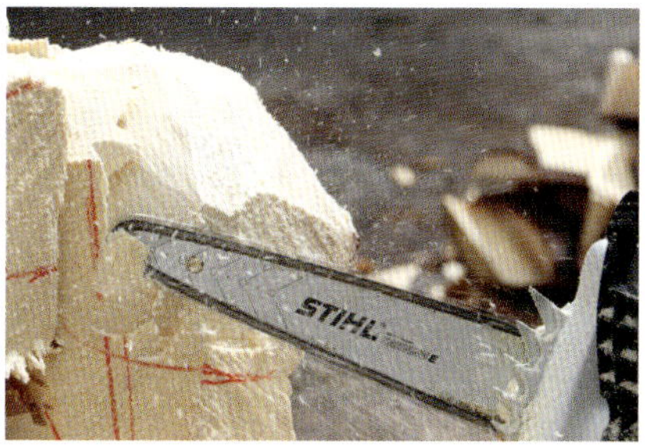

110 Zuerst wieder das Ei vom Kopf freilegen.

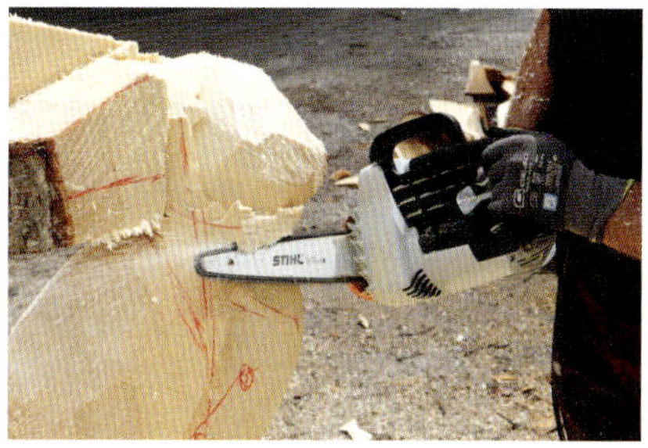

111 Vom Hals her wieder beischneiden, …

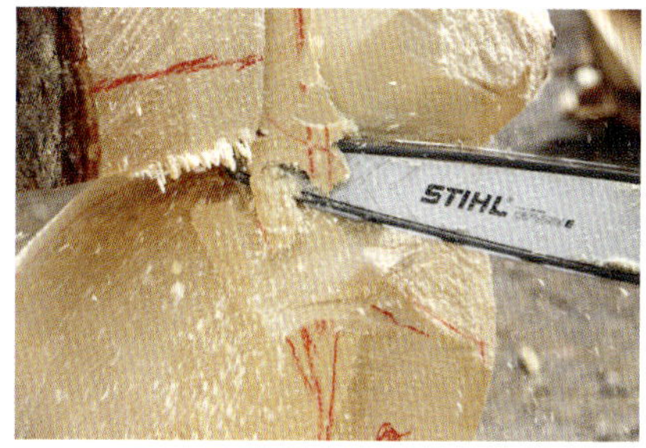

112 … dabei auf die ebenfalls runde Form des Halses achten.

113 DEN HINTERKOPF FREILEGEN.

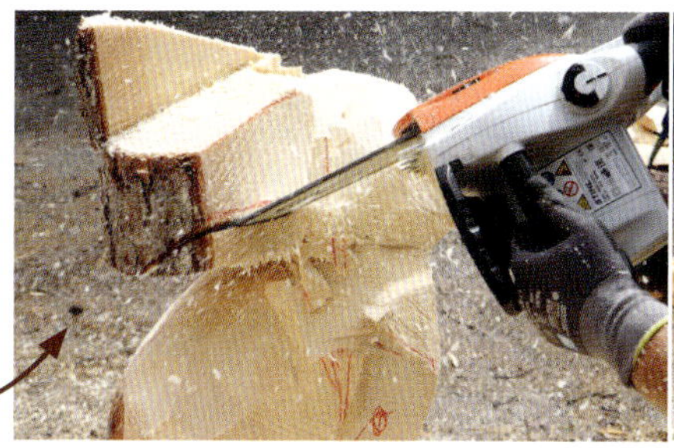

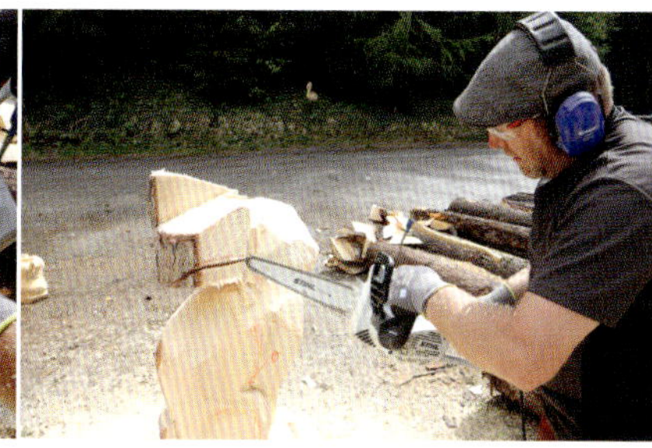

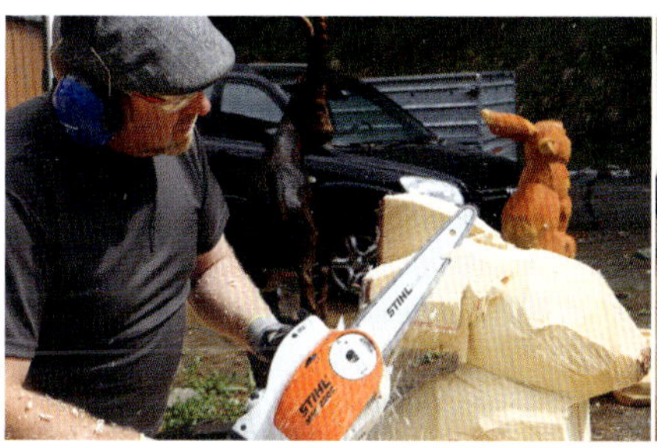

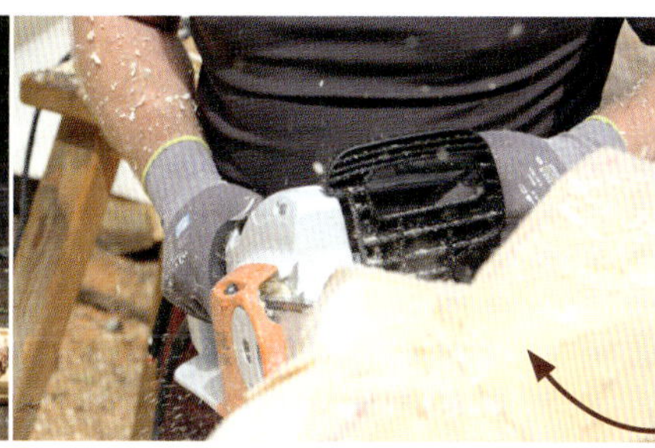

114 DEN ÜBERGANG VOM OHR ZUM KOPF HERSTELLEN.

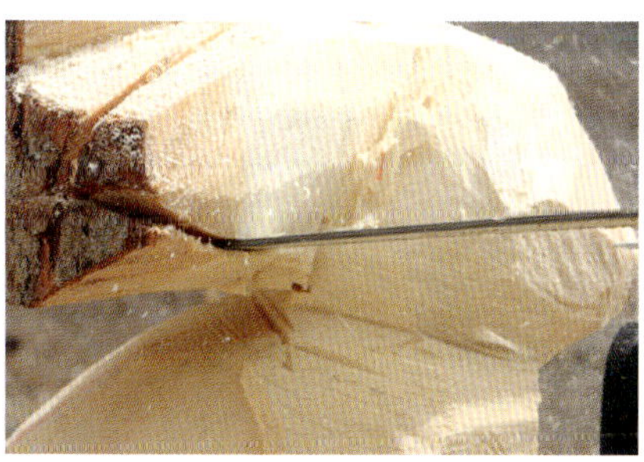

115 Die Stärke vom Löffel fixieren.

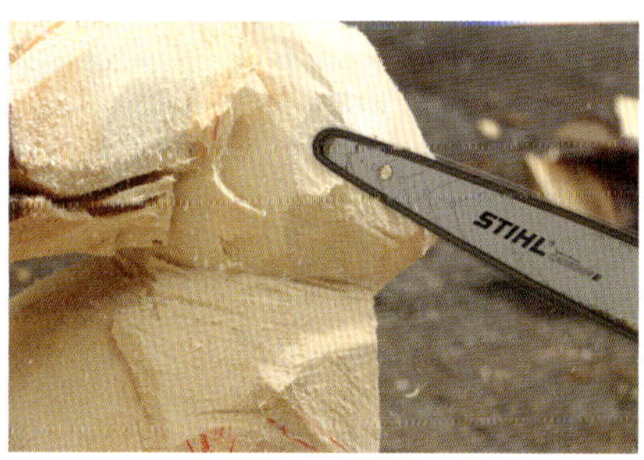

116 Immer wieder die Rundung korrigieren.

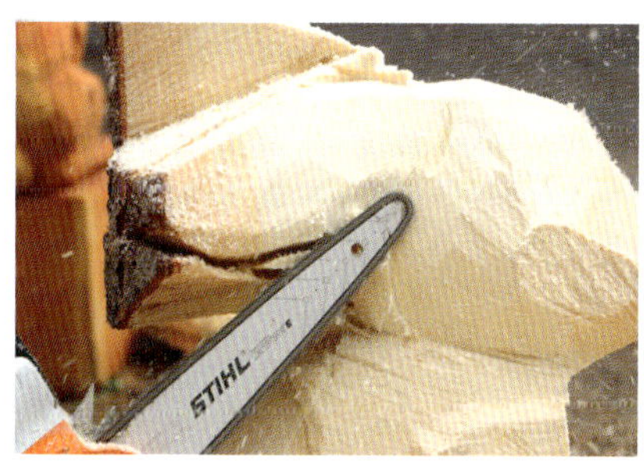

117 Den Übergang säubern.

118 SO BEARBEITE ICH JETZT DEN HALS.

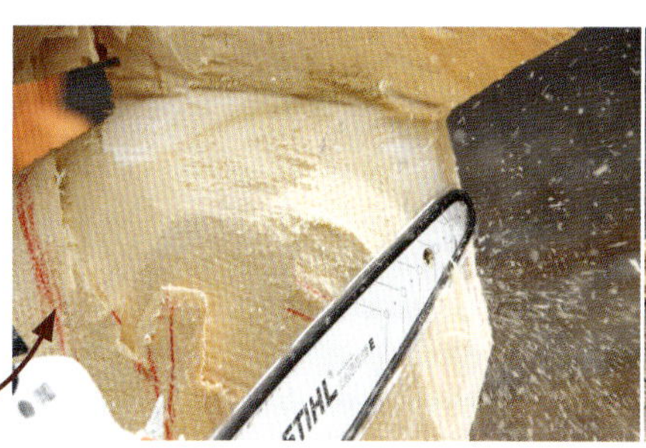

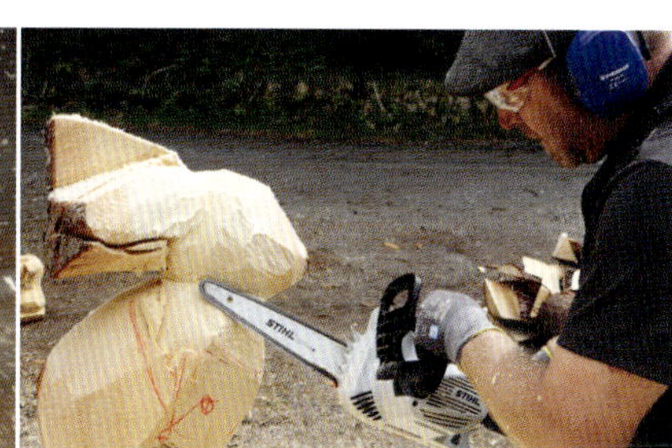

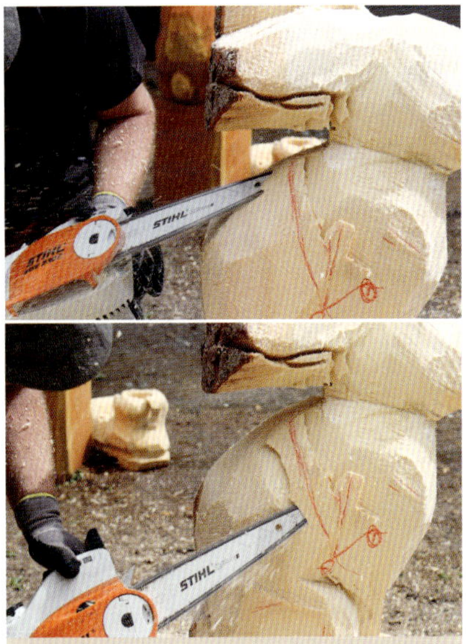

119 Von der Rückenpartie her beischneiden.

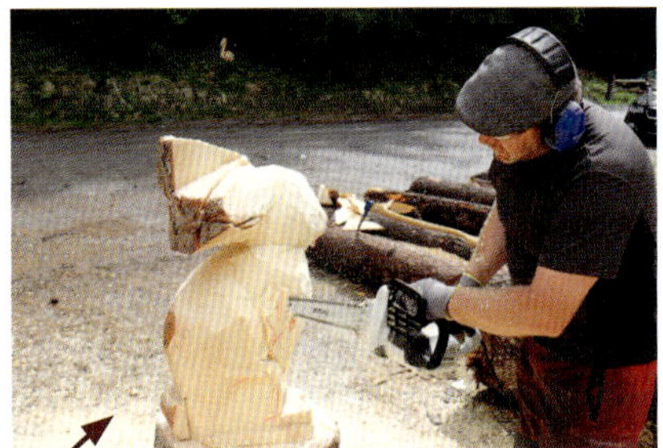

120

DER VORDERLAUF IST NOCH ZU BREIT.

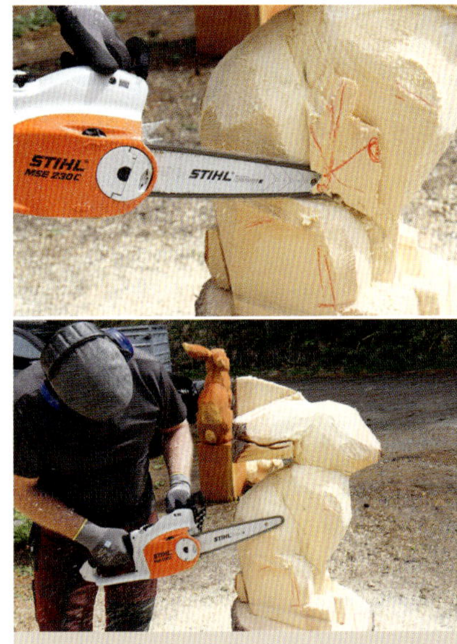

121 Der Bauch sollte sich wieder hinter das Bein ziehen.

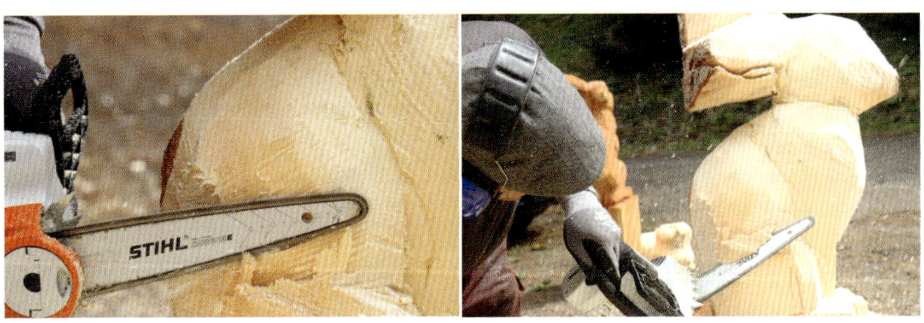

122 Das Hinterbein formen.

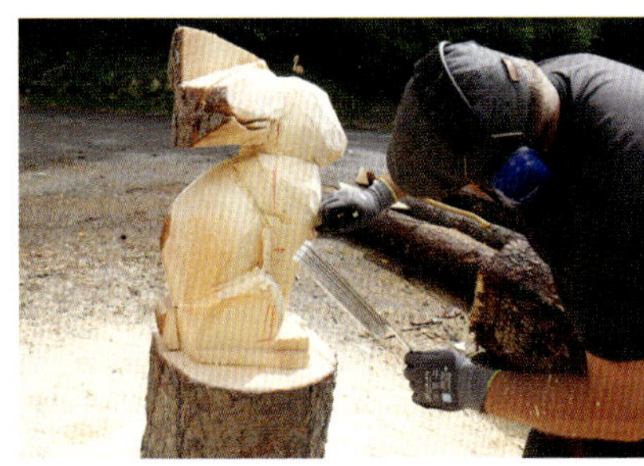

123 Nun messe ich die Gelenke des Vorderbeines aus, indem ich mich an der anderen Seite orientiere.

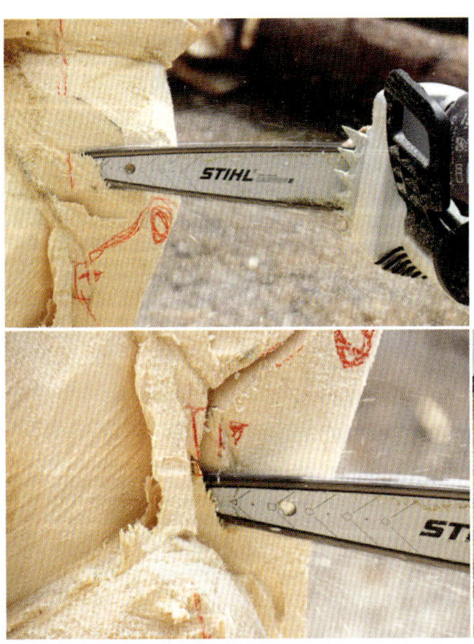

124

WIEDER FLACH ANSCHNEIDEN.

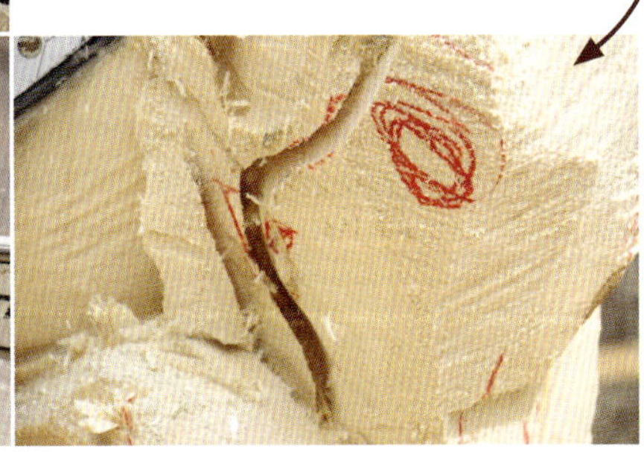

125 Flach beischneiden.

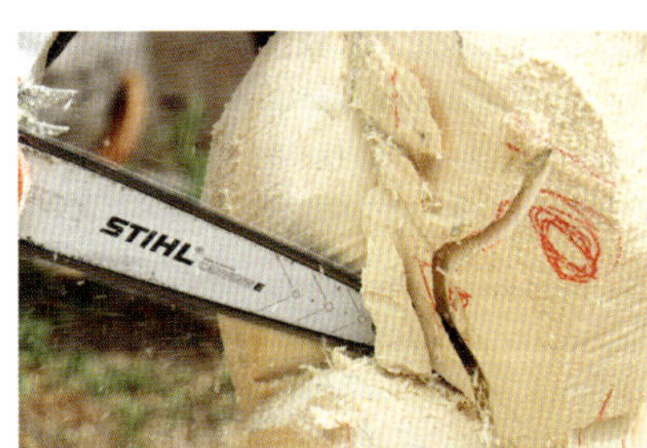

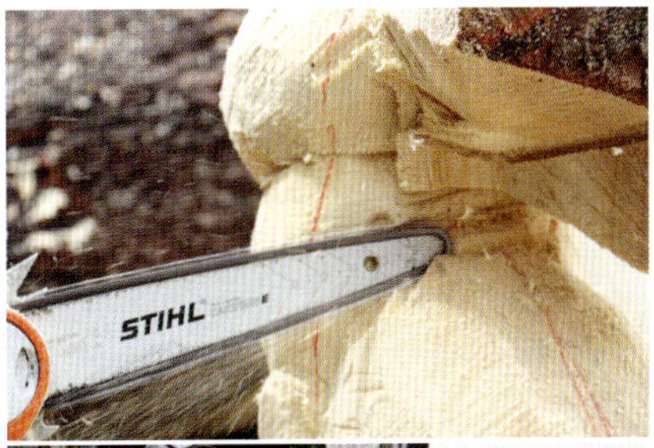

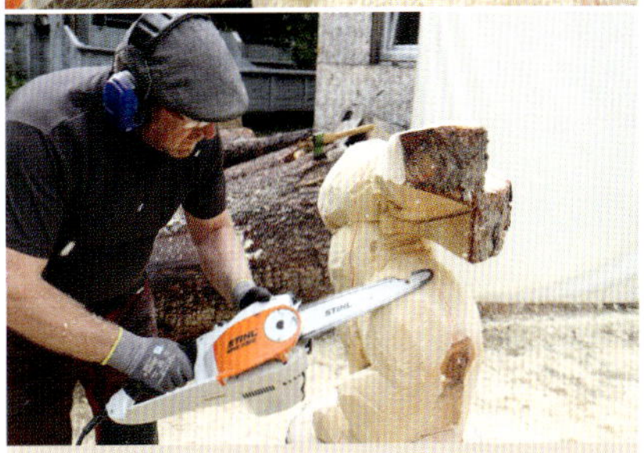

126 Damit der Hals länger wirkt, schneiden wir den Rücken noch etwas tiefer.

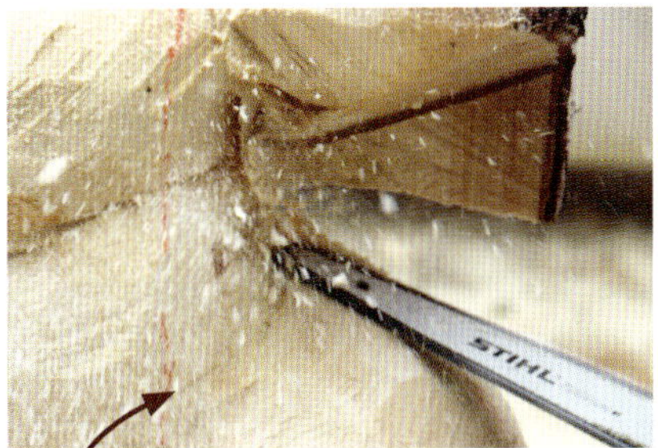

127 ABRUNDEN, ...

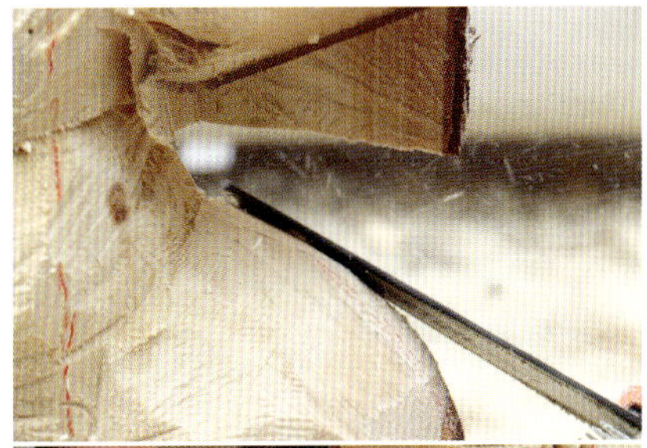

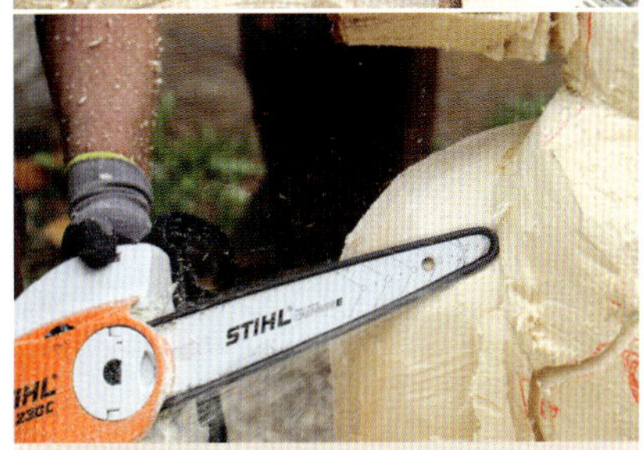

128 ... dabei den ganzen Rücken mit einbeziehen.

LETZTER FEINSCHLIFF

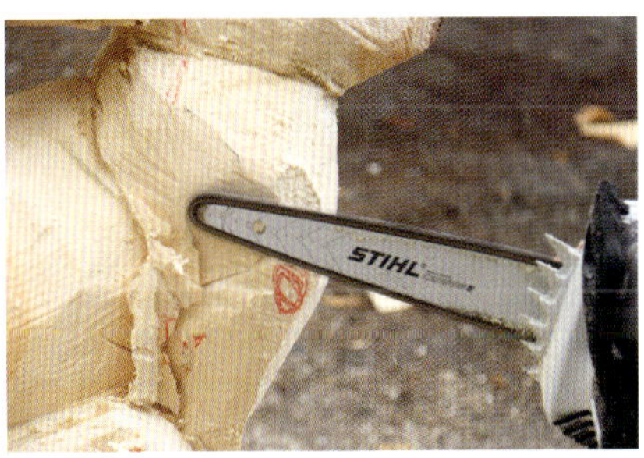

129 Widmen wir uns wieder der Beinpartie, als Erstes lassen wir die Flächen von Hals und Bauch zusammentreffen ...

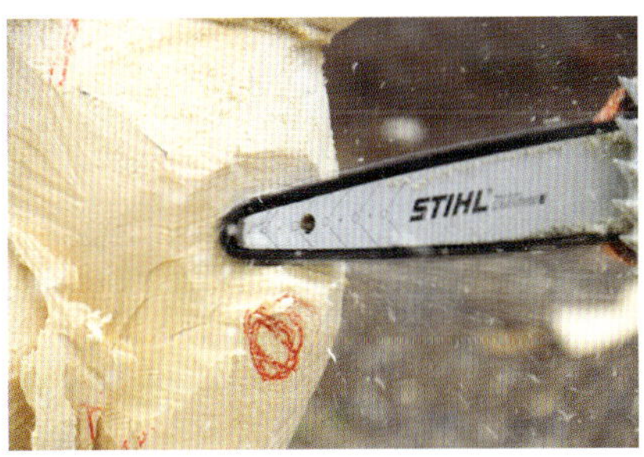

130 ... und heben das Gelenk vom Schulterblatt hervor.

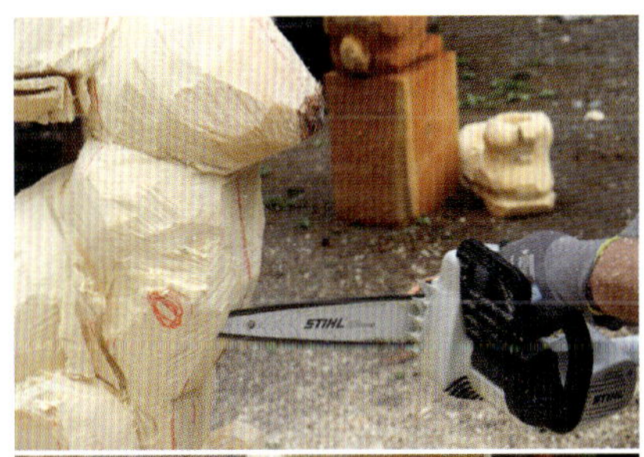

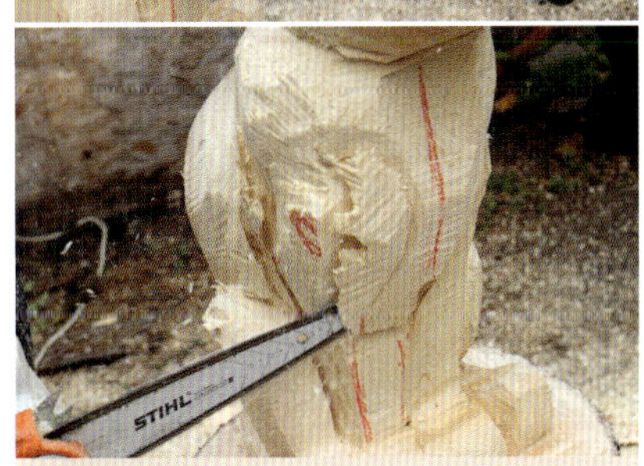

131 Danach die Brust schmäler schneiden.

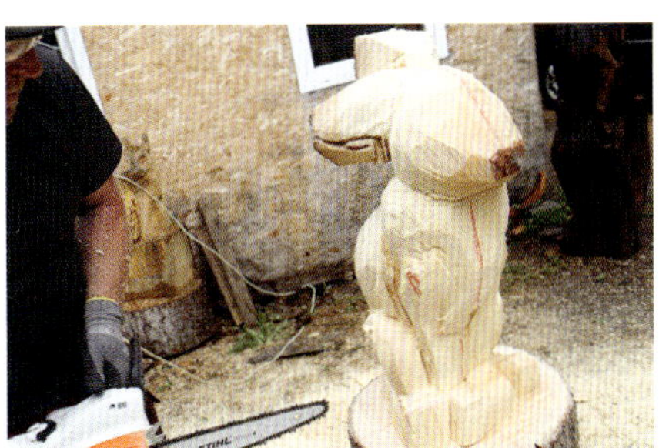

132 DER VORDERLAUF IST FREIGELEGT UND IST SOMIT EIN EIGENER KÖRPERTEIL.

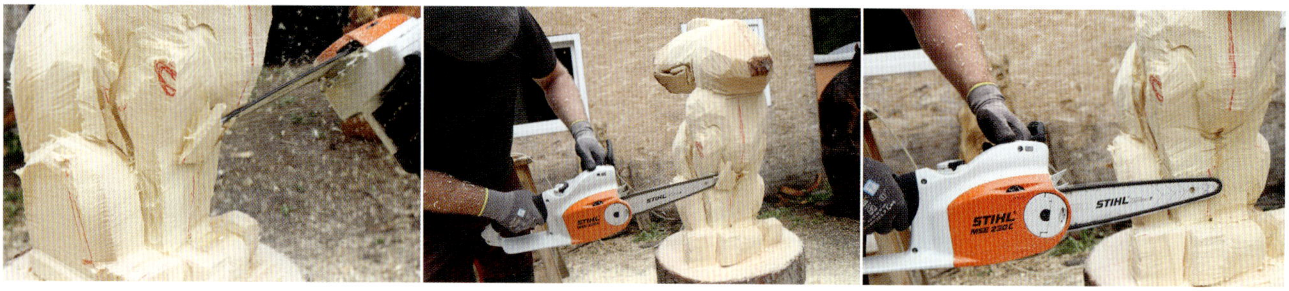

133 Jetzt noch die Brust korrigieren.

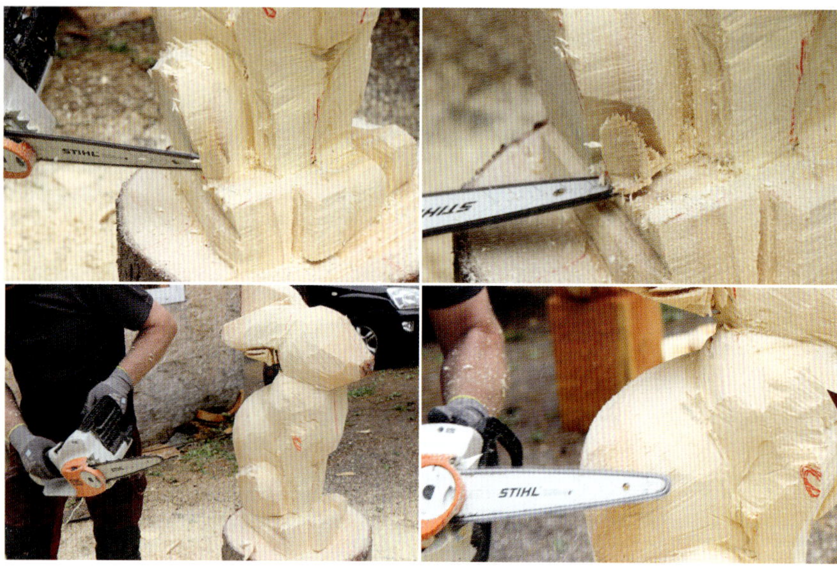

134
KOSMETIK BEI HINTERLAUF UND BAUCH.

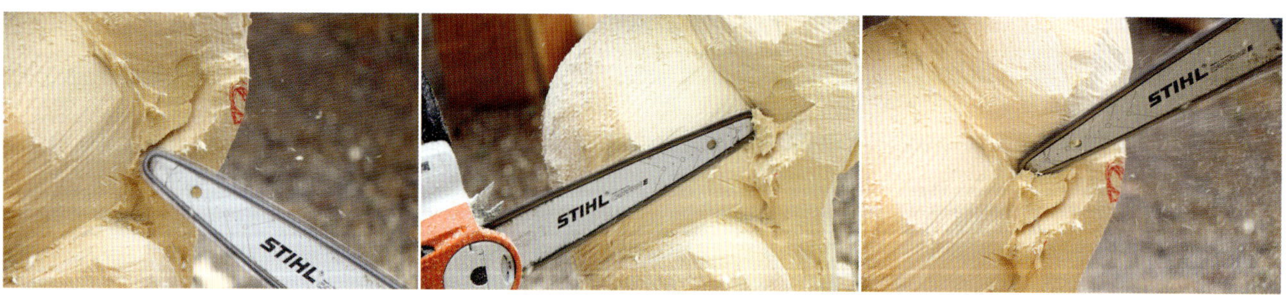

135 Die Gelenke konkretisieren.

136
DAS BEIN NOCH ETWAS ZUM KÖRPER DRÜCKEN.

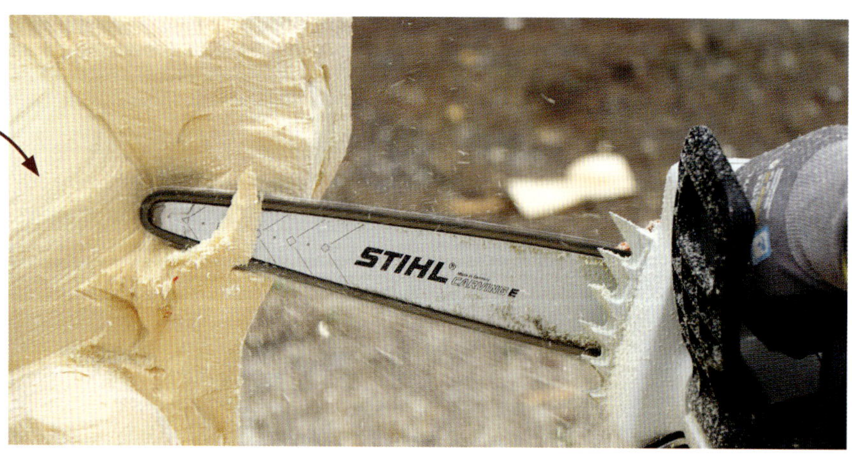

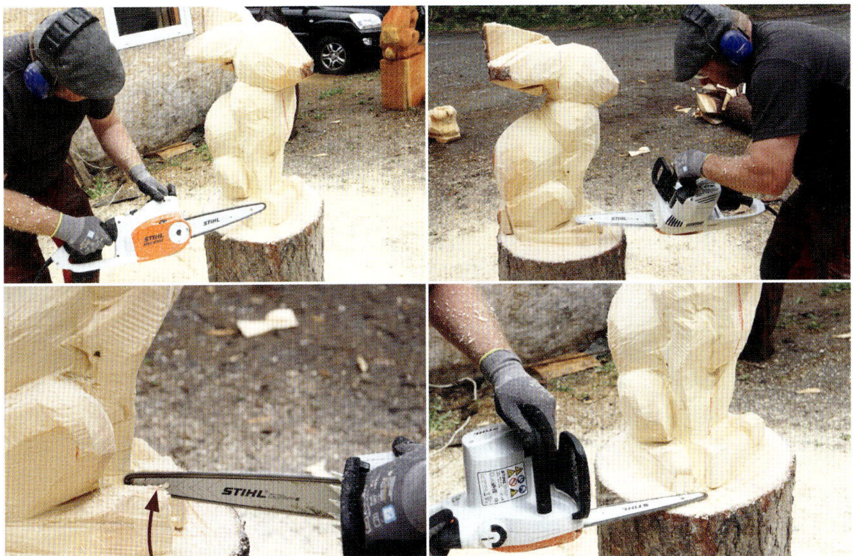

137

JETZT GEBEN WIR DEM HINTERLAUF NOCH DEN LETZTEN SCHLIFF.

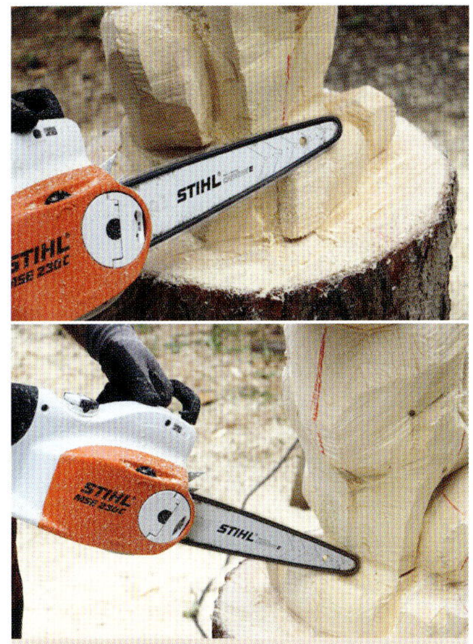

138 Ebenso dem Vorderlauf.

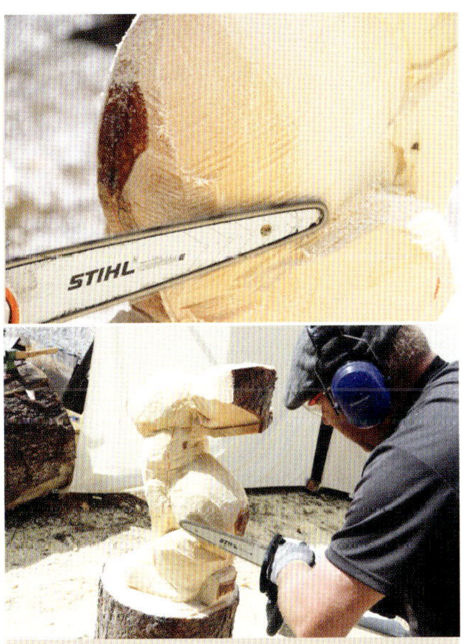

139 Rundherum kontrollieren, ob alles sitzt.

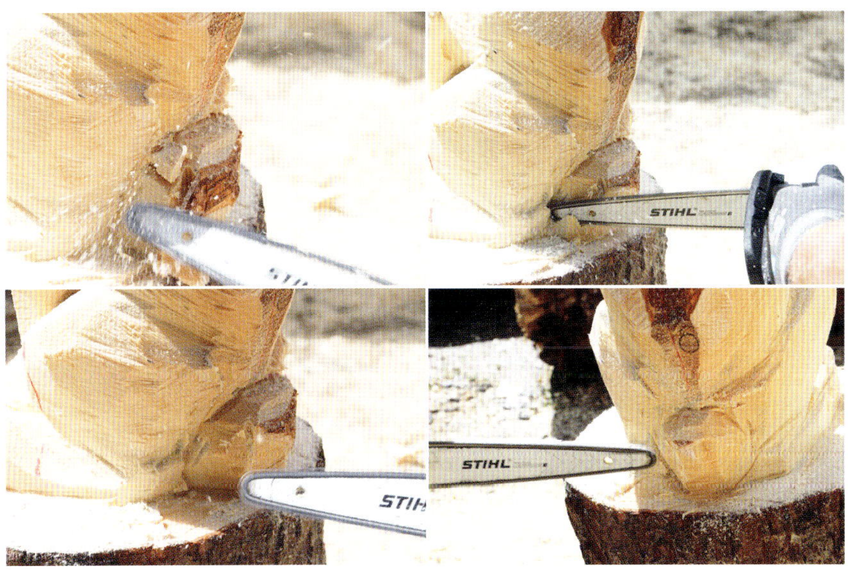

140 Dem Bürzel geben wir auch noch Form.

141

BEIM HINTERLAUF DEUTEN WIR NOCH EINEN OBERSCHENKEL AN, INDEM WIR EINE LEICHTE KERBE ANDEUTEN.

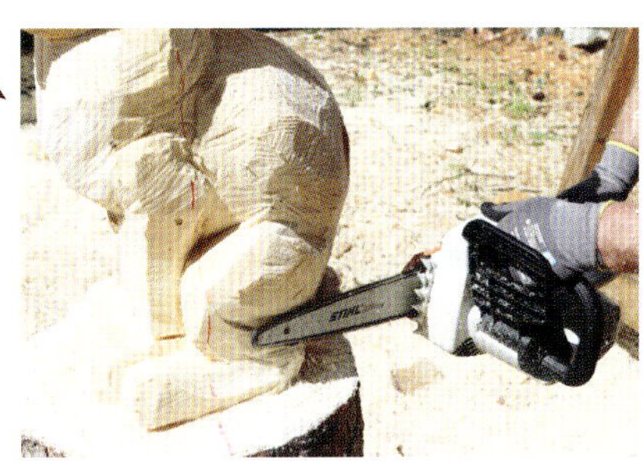

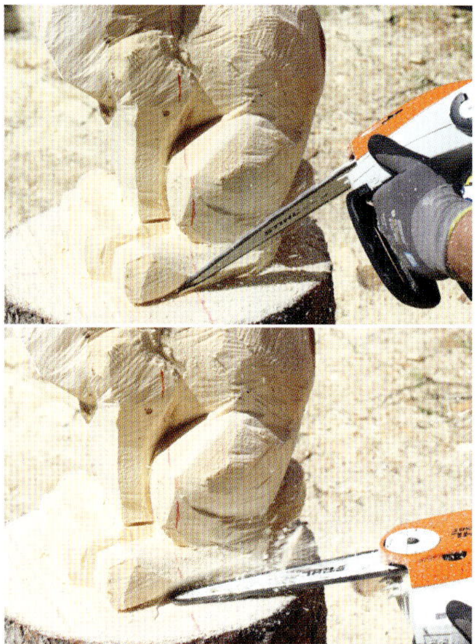

142 Von der Standfläche trennen, …

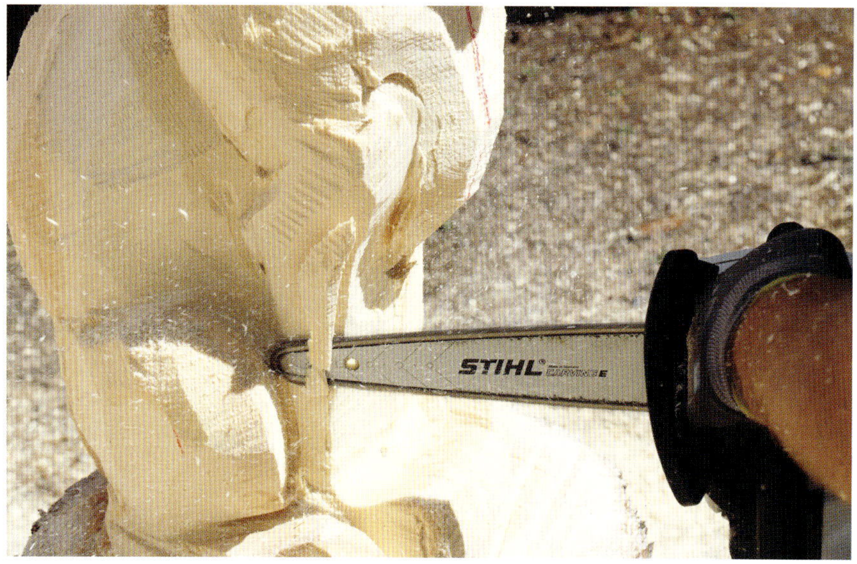

143 … dabei aber darauf achten, dass der Hase den Kontakt zum Sockel nicht verliert. Die Form vom Bein ist mir noch zu flach.

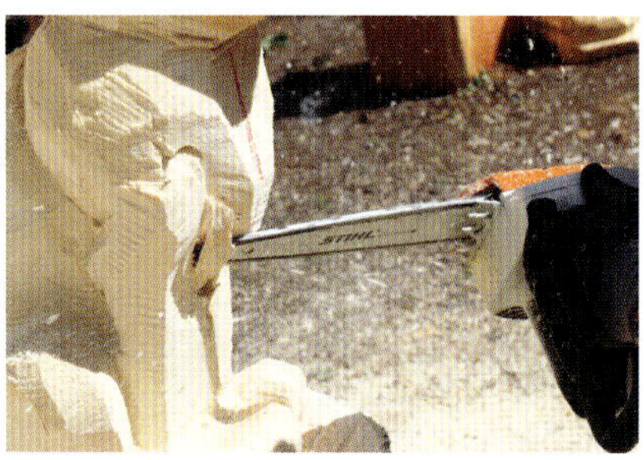

144 Schon besser.

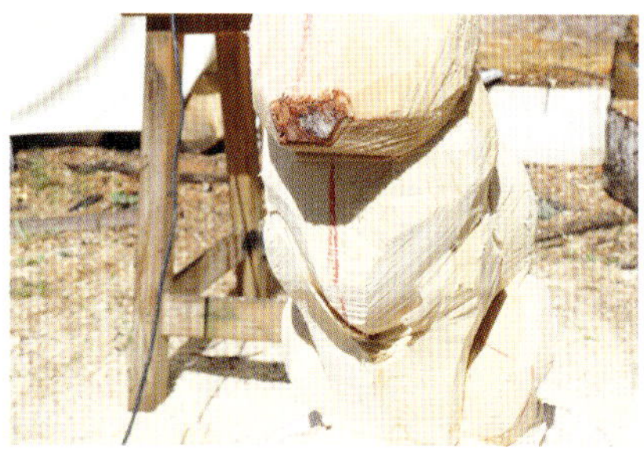

145 Die Brust und das Brustbein konkretisieren.

146

IM SELBEN ARBEITSSCHRITT KÖNNEN WIR AUCH GLEICH DIE BEINE VONEINANDER TRENNEN.

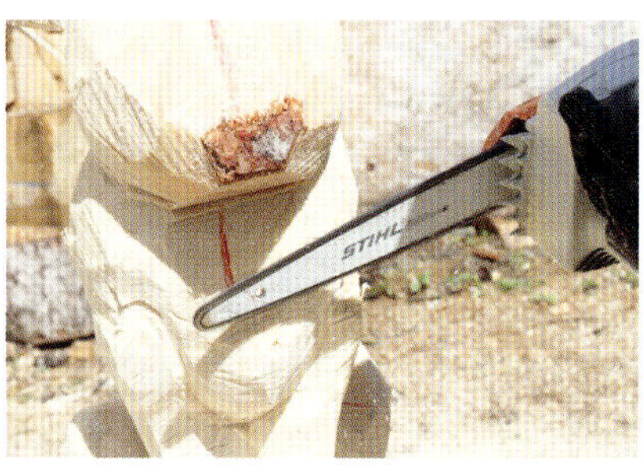

147 Noch etwas nacharbeiten und die schlimmsten Ecken und Kanten mit der Seite der Schneide etwas abrunden.

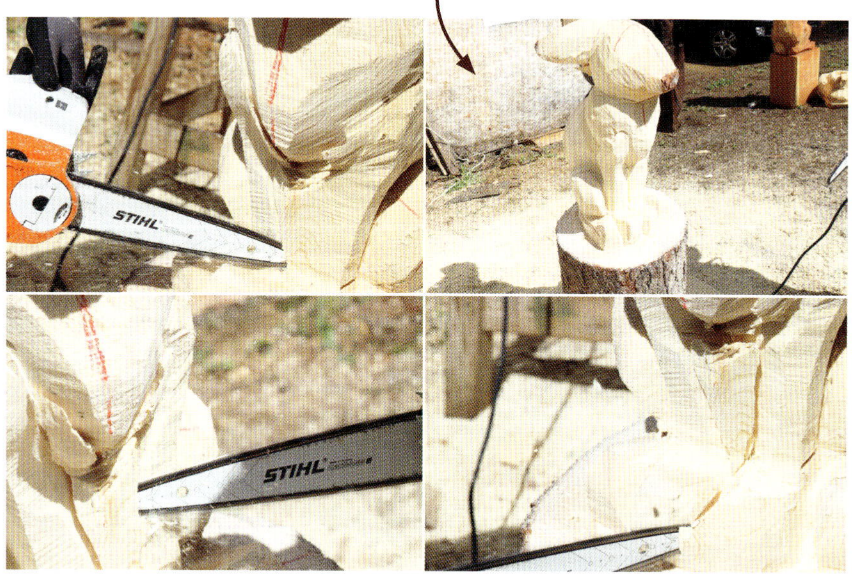

DAS GESICHT FORMEN

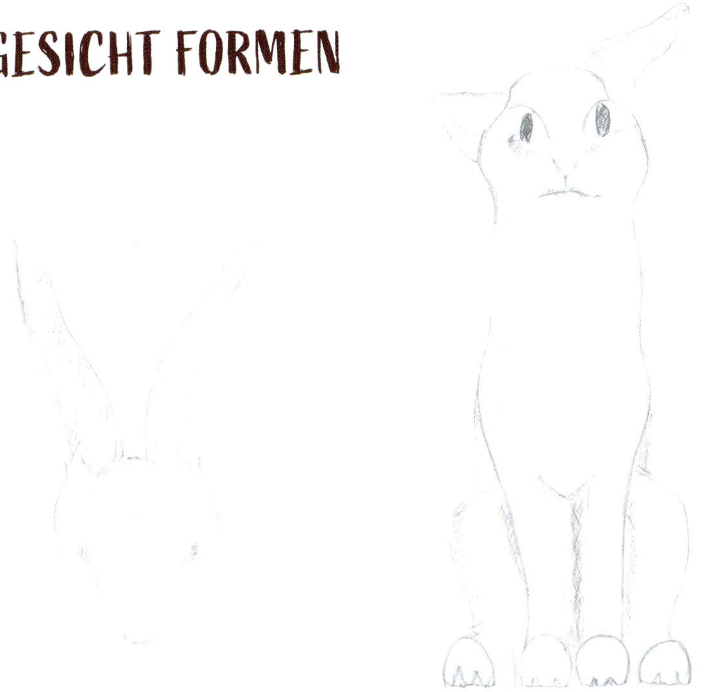

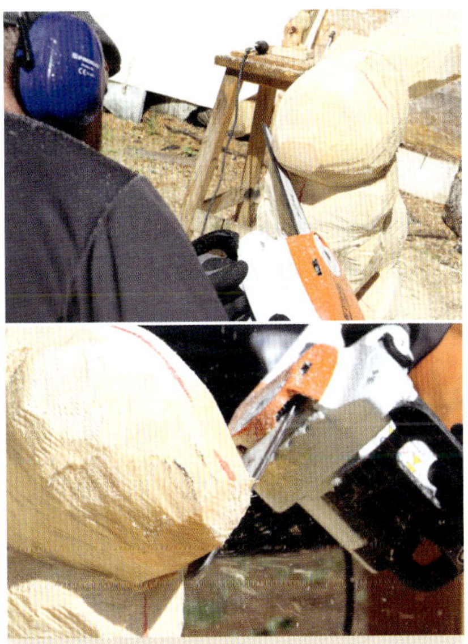

148 Jetzt wird es Zeit, dass wir unserem Freund ein Gesicht verpassen. Als Erstes ordnen wir die Form.

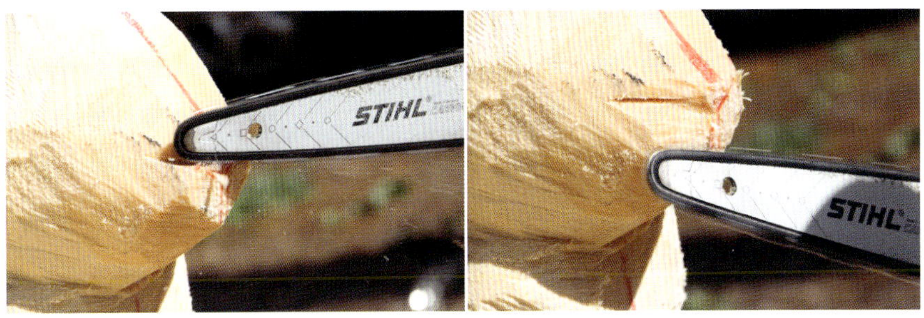

149 Wichtig ist, dass ich die Mittellinie wieder nachziehe, damit beide Seiten des Kopfs synchron zueinander überarbeitet werden können. Wir arbeiten uns von vorne nach hinten, dazu schneiden wir, um die Oberlippe zu markieren, einen kleinen Keil raus und lassen zum Mund hin einen Wulst (konvexe Form) entstehen.

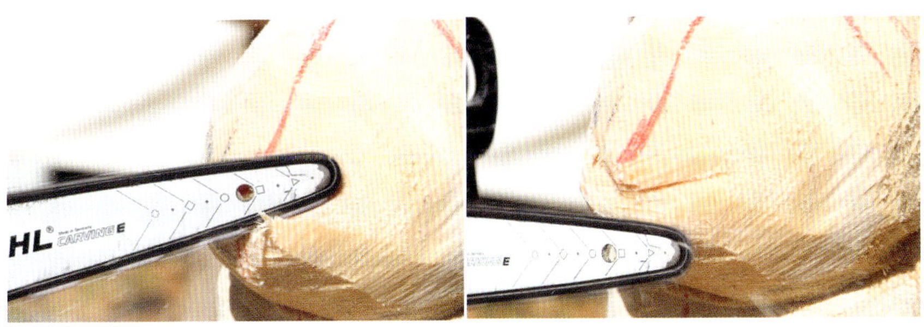

150 Natürlich wiederholen wir das Ganze wieder auf der gegenüberliegenden Seite.

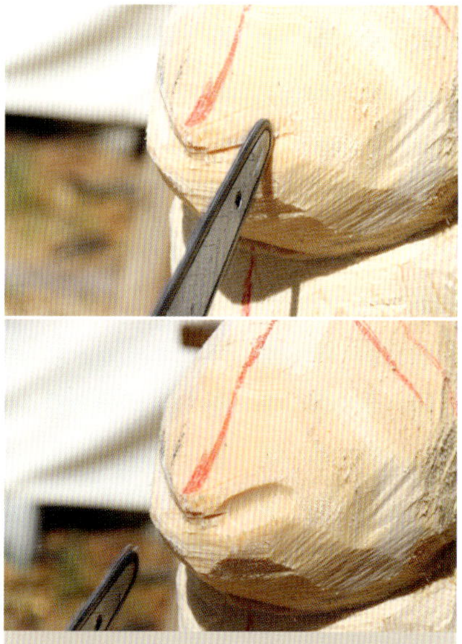

151 Das können wir mit der Spitze des Carving-Schwerts nachziehen.

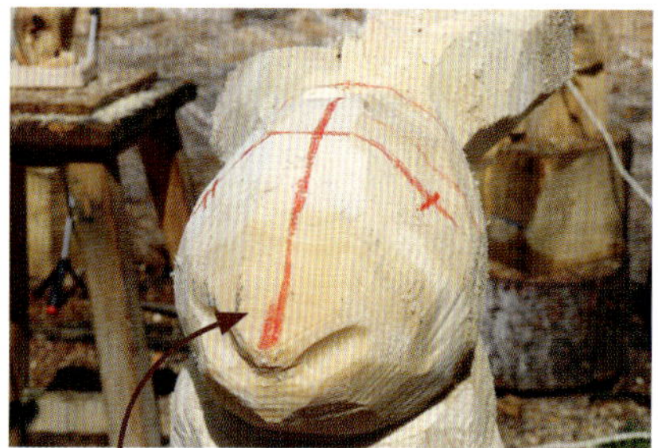

152 ZUM FESTLEGEN DER AUGEN MESSE ICH DEREN MITTELPUNKT EIN UND ZIEHE IM RECHTEN WINKEL ZUR MITTELLINIE EIN KREUZ QUER ÜBER DEN KOPF.

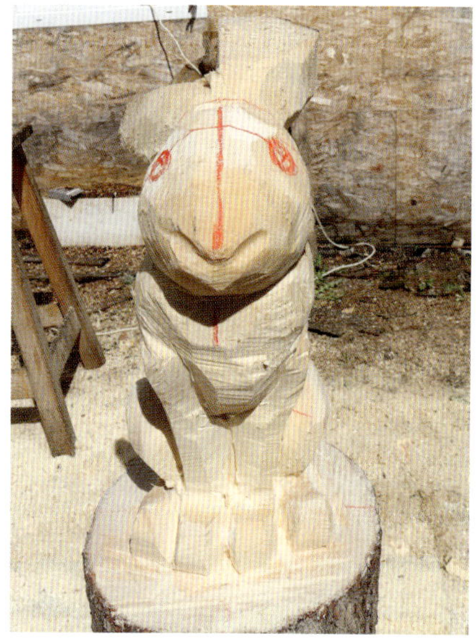

153 Dann zeichne ich die Augen ein, damit ich kontrollieren kann, ob sie beide auf der gleichen Höhe sind.

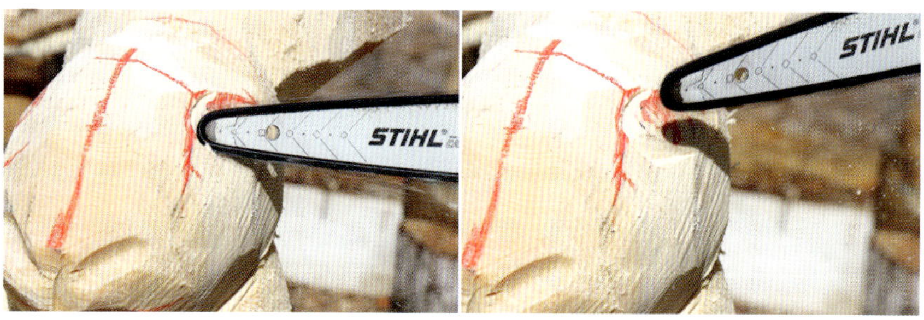

154 So jetzt geht's ans Eingemachte. Mit einem flach angesetzten Schnitt markiere ich das Auge.

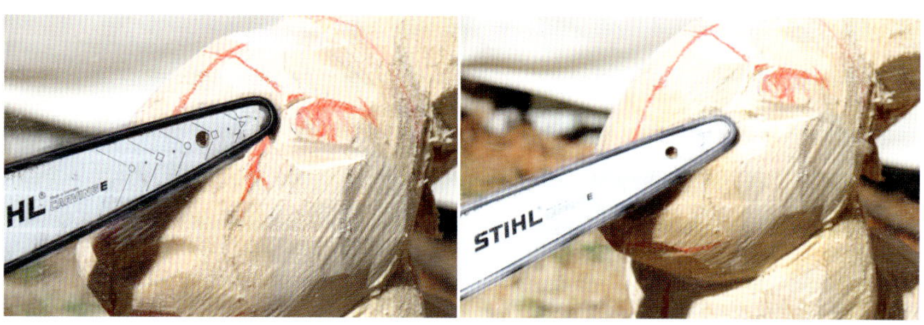

155 BEISCHNEIDEN.

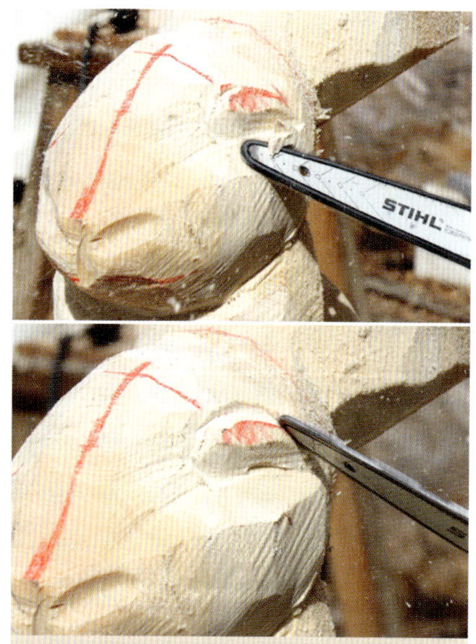

156 Im selben Arbeitsschritt wird auch die Stirn etwas schmäler. Die Kugel des Augapfels mit Gefühl herausarbeiten, dabei die Säge gut festhalten.

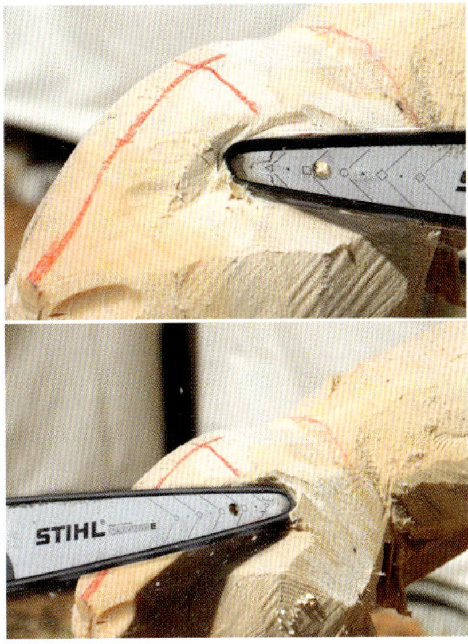

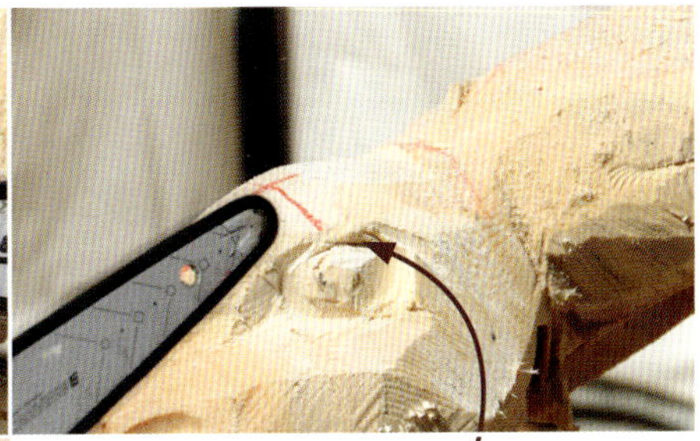

157 DAS JOCHBEIN VORNE UND HINTEN ETWAS TIEFER SCHNEIDEN.

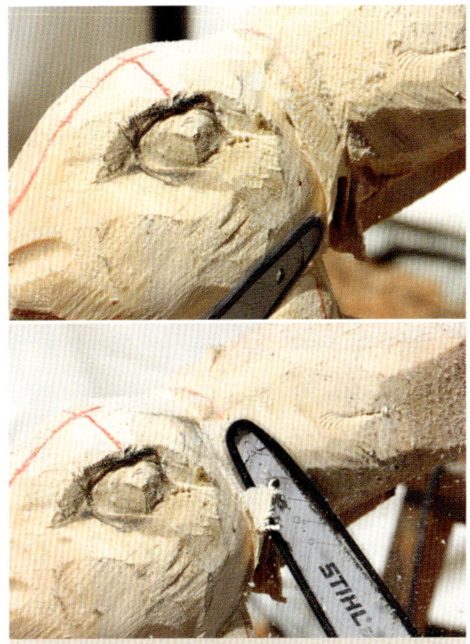

158 Die Umgebung ordnen.

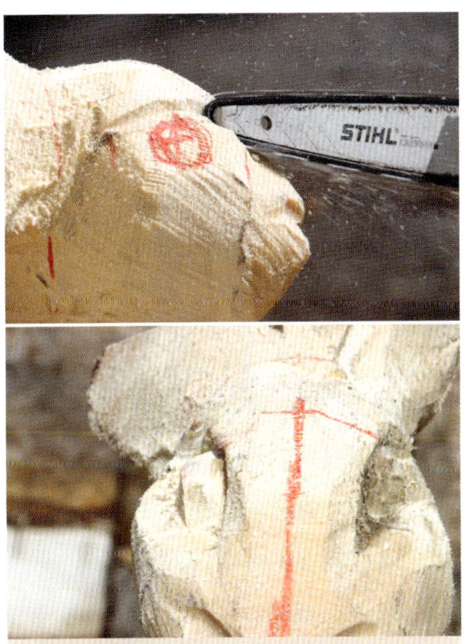

159 Auf die gegenüberliegende Seite übertragen, …

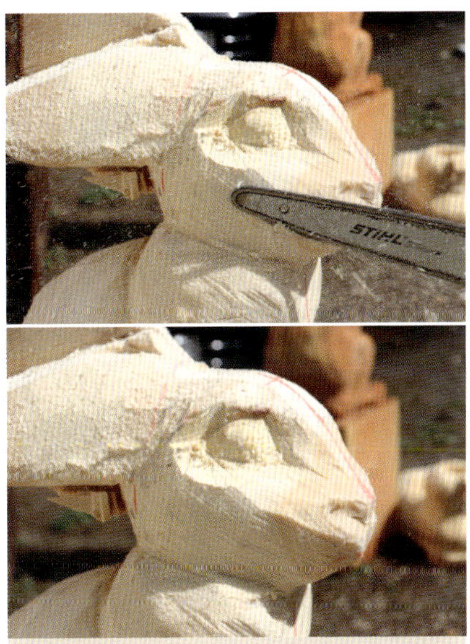

160 … auch hier das Gesicht etwas zuputzen.

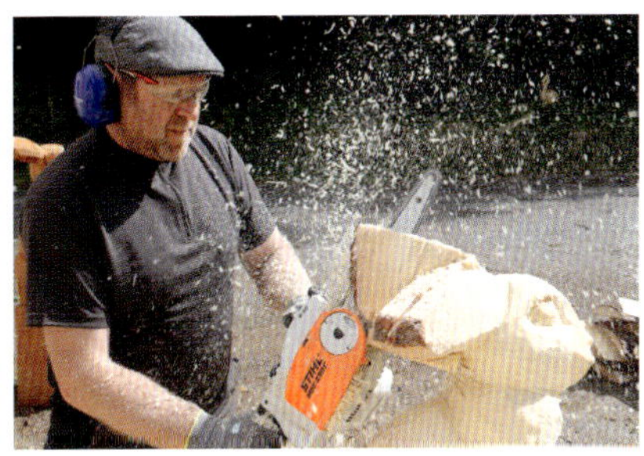

161 Jetzt noch die Ohren freilegen und in Form bringen.

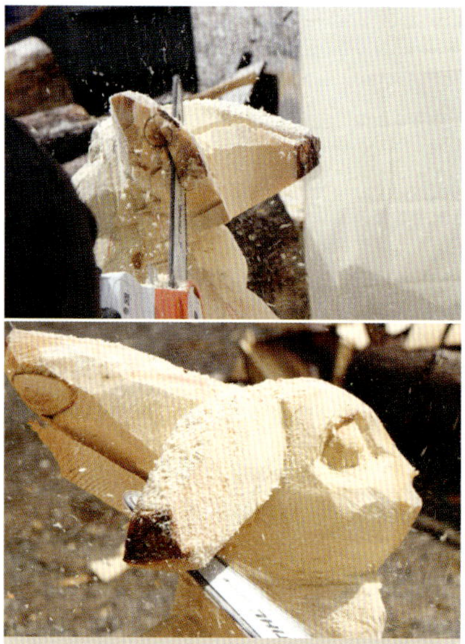

162 Stück für Stück die Masse zwischen den Ohren entfernen.

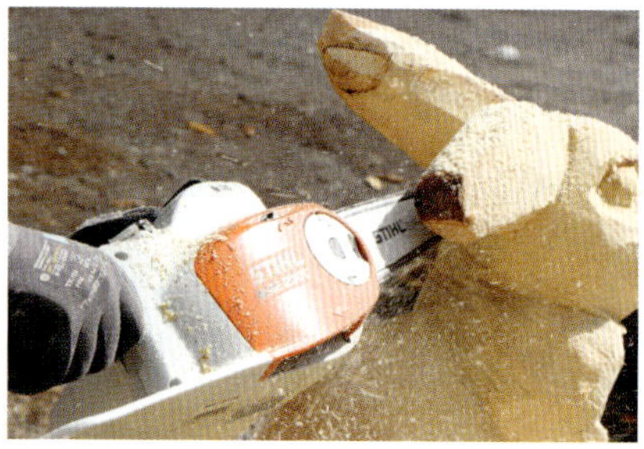

163 Abrunden.

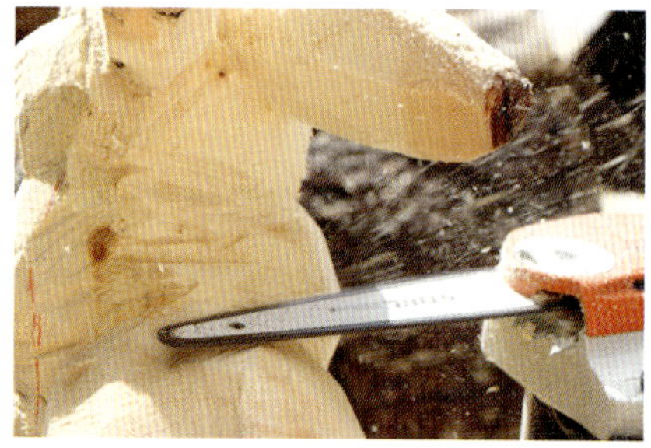

164 Den Wulst vom Hals noch etwas nachbessern.

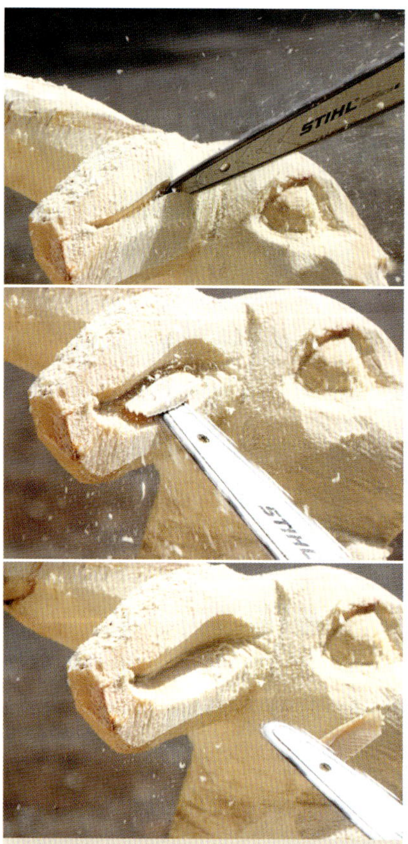

165 Finale Schnitte beim Ohr.

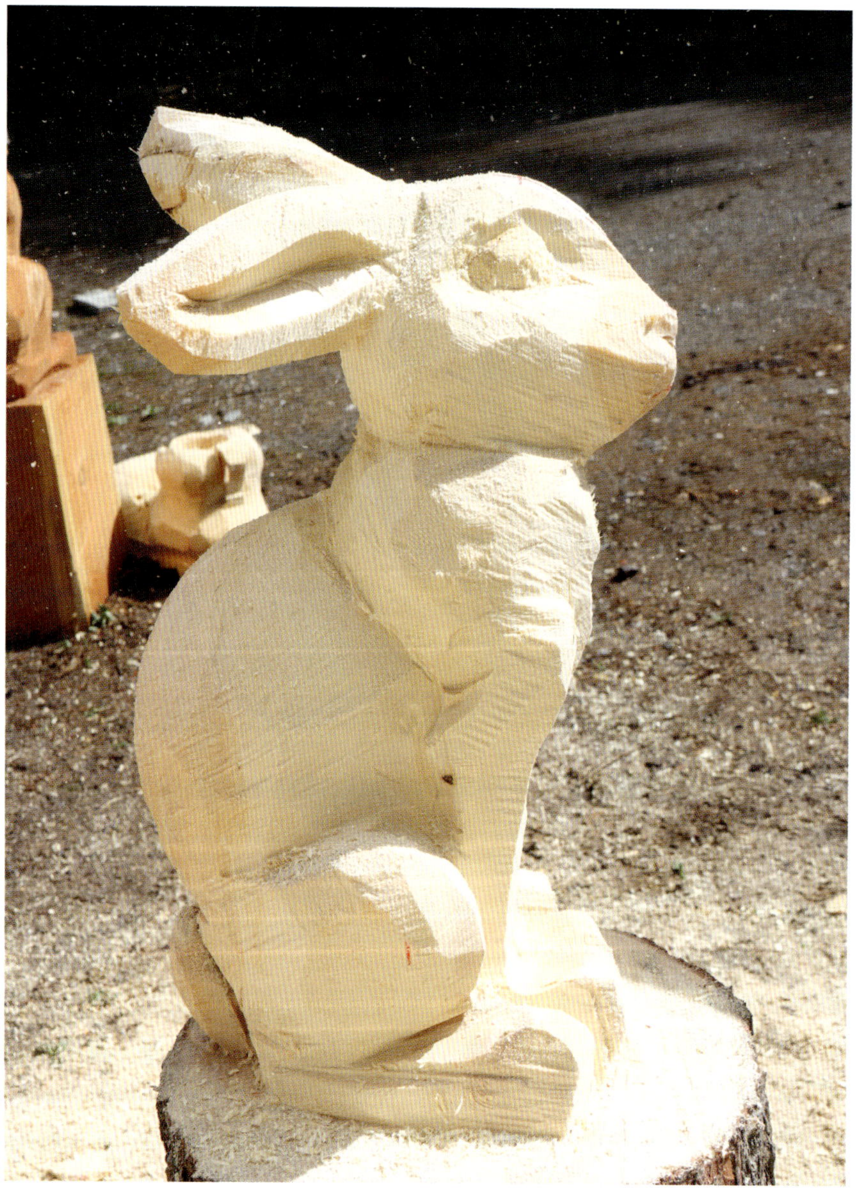

166 Ein schönes Spiel von Licht und Schatten.

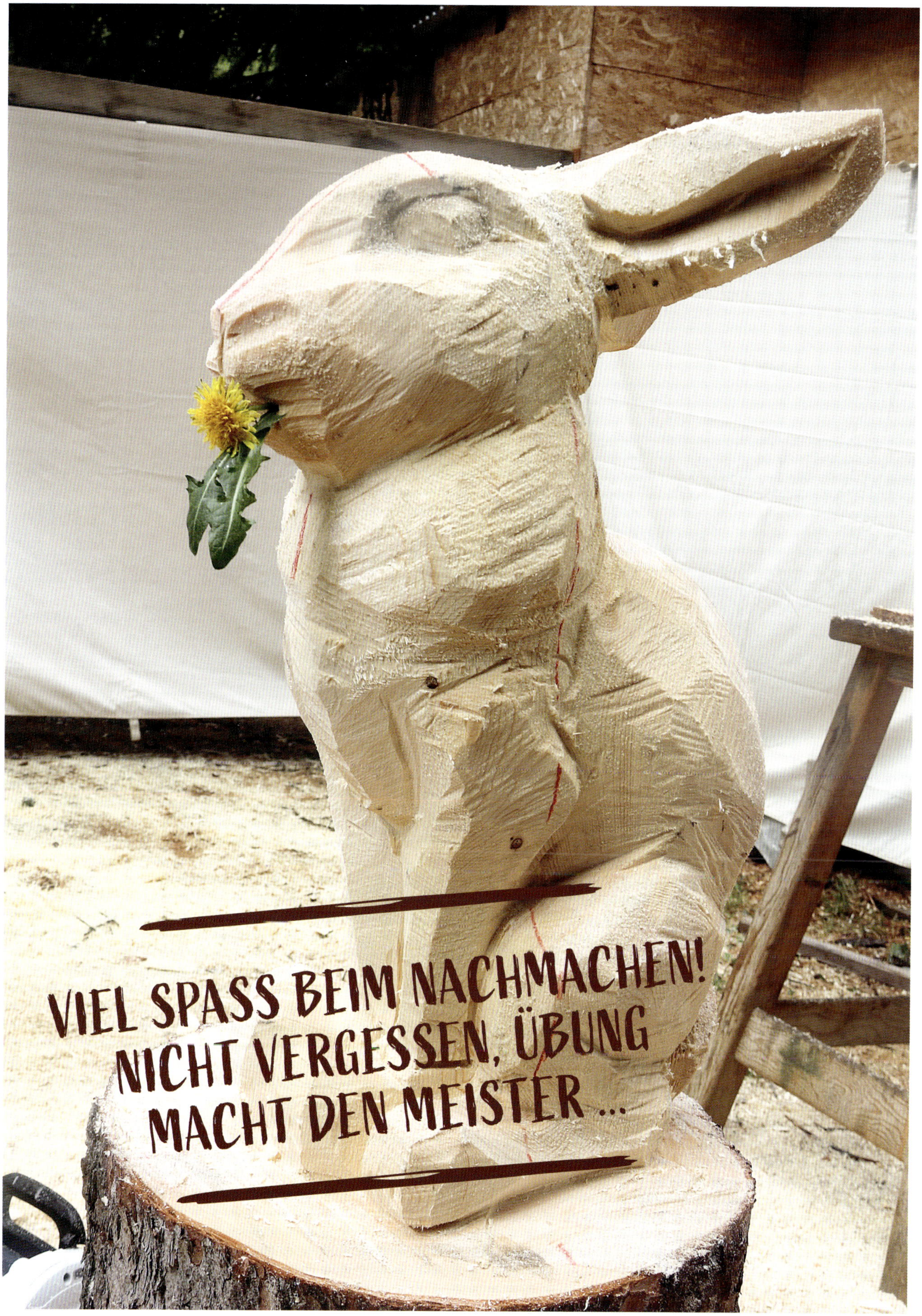
VIEL SPASS BEIM NACHMACHEN!
NICHT VERGESSEN, ÜBUNG
MACHT DEN MEISTER ...

PROJEKT 3

ELEGANTE DAME

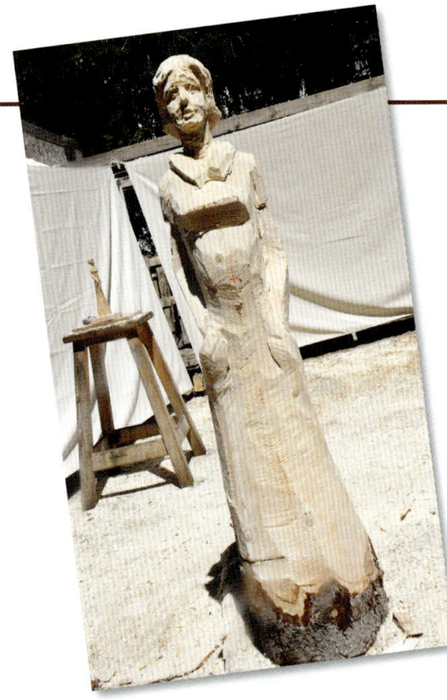

Unser nächstes Thema wird eine Dame sein. Wir werden einige Grundlagen vom Einteilen der Proportionen kennen lernen und zum Auflockern mal weniger messen und dafür mit mehr Gefühl arbeiten.

TIPPS ZUR EINTEILUNG DER PROPORTIONEN

Die Einteilung der Proportionen ist am einfachsten, wenn wir mit Kopfeinheiten arbeiten. Dazu ist es wichtig zu wissen, dass der Kopf acht Mal übereinander gestapelt in unseren Körper passt, wir arbeiten also mit einem Achtelmaß. Schon in der Antike arbeiteten die Künstler in Griechenland mit den Proportionsregeln des Kanon, in dem der Kopf als Maßeinheit gilt und der Körper in acht Teile unterteilt wird, wobei die Kopflänge die Größe bestimmt. Für bestimmte Details, zum Beispiel die Länge der Hände, der Abstand vom Kinn zur Halsgrube, die Fußlänge usw., arbeitet man auch mit dem Zehntelmaß (damit kann man sich sehr intensiv auseinandersetzen). Für den Motorsägenkünstler reicht es am Anfang, wenn wir mit dem Achtelmaß arbeiten.

Am Beginn steht wieder eine Skizze. Auf der Skizze habe ich den Sockel mit dem Kleid verschmolzen, damit die Skulptur, etwas in die Länge gezogen, eleganter wirkt. Ausschlaggebend ist der Durchmesser meines Holzstammes. Wir nehmen an, dass die Schulterbreite bei der Frau ca. zwei Kopflängen beträgt, so kann ich ganz leicht die Größe der Dame festlegen.

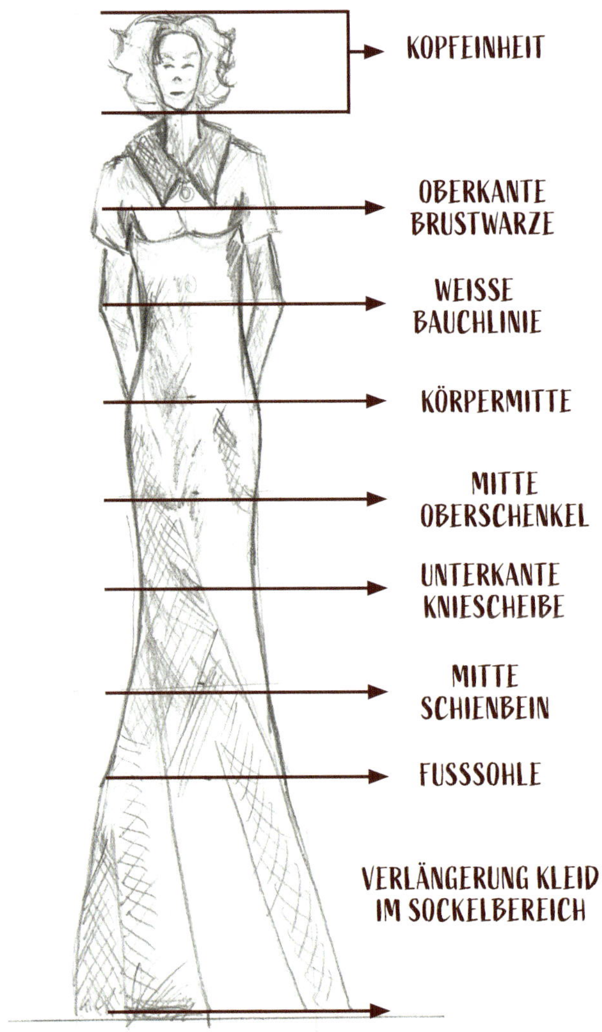

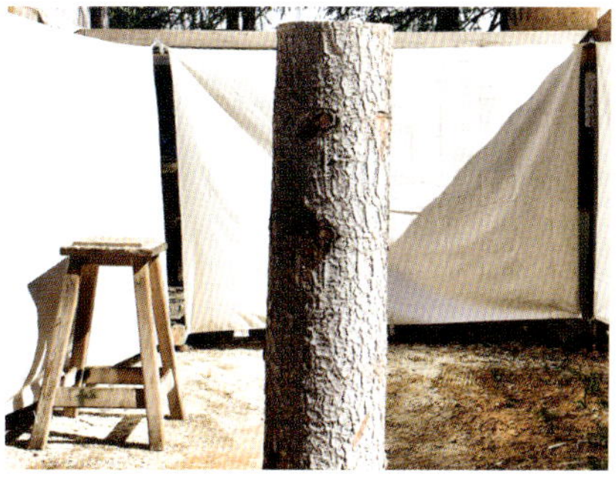

1 Wenn ich die Länge meines Stammes festgelegt und …

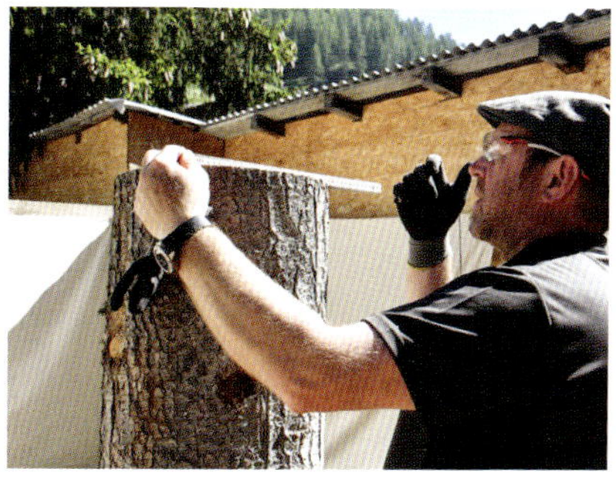

2 … die Breite der Schultern ermittelt habe, …

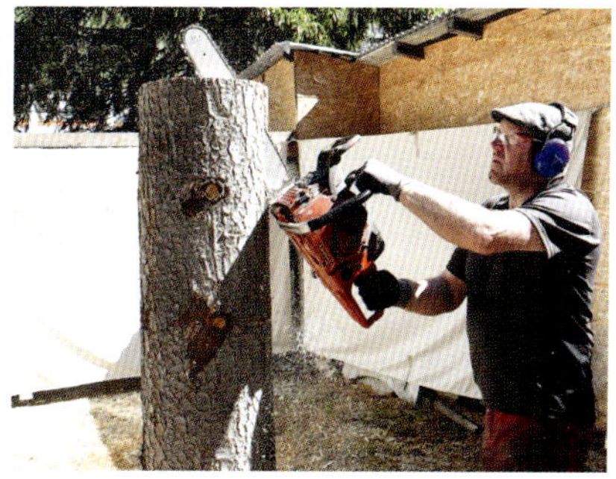

3 ... beginne ich, eine Fläche zu schneiden, auf der ich dann zeichnen kann.

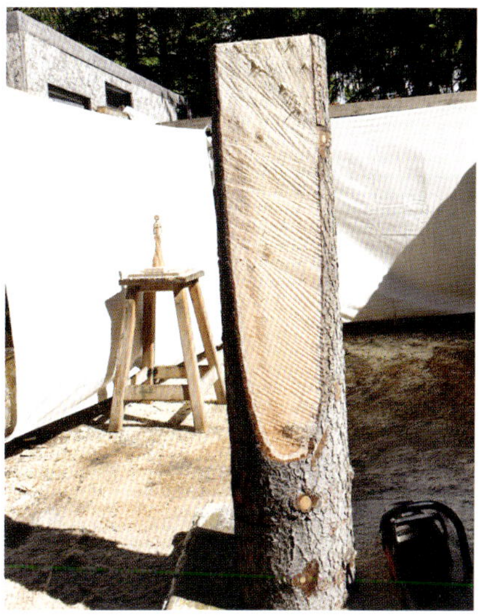

4 Dabei lasse ich ungefähr auf Sockelhöhe die Fläche auslaufen.

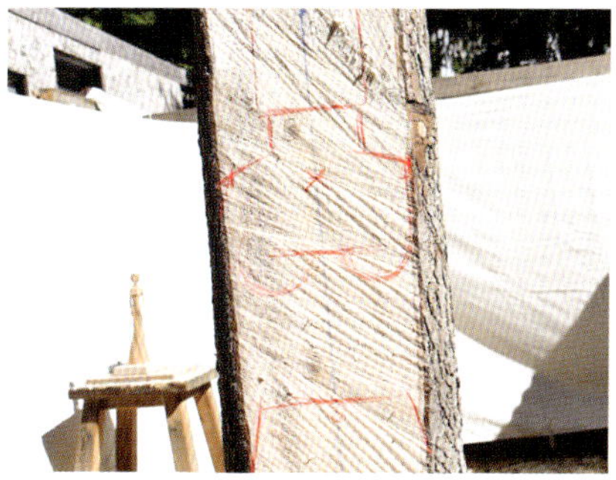

5 Nachdem ich die Mittellinie aufgerissen habe, unterteile ich, ausgehend von der Breite des Stammes (halbiert), den Stamm in acht gleich große Teile. Somit kenne ich die Kopfbreite, die Brusthöhe, die Schultern, die Taille und die Körpermitte.

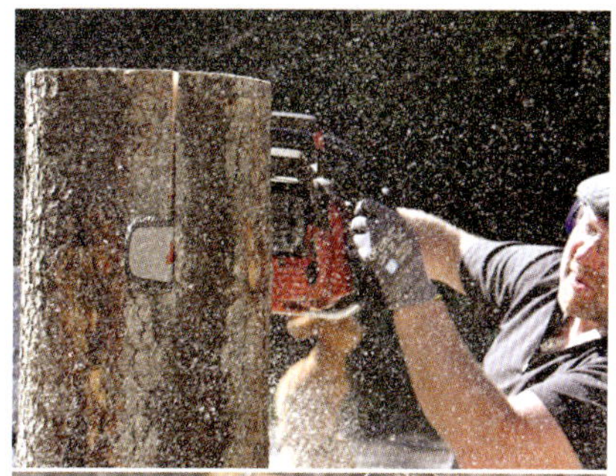

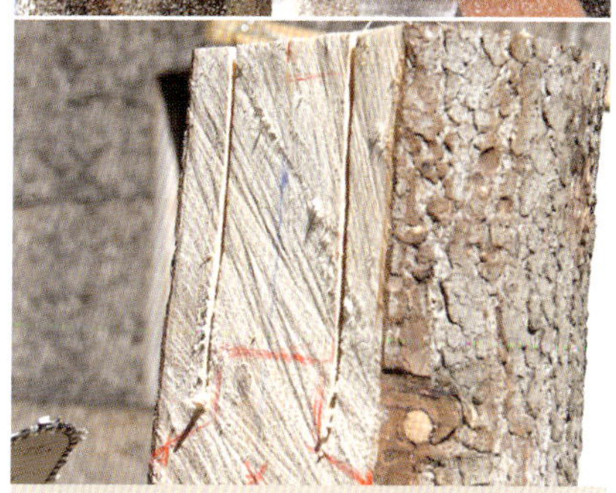

6 An diesen Linien kann ich mich nun orientieren. Als Erstes schneide ich links und rechts vom späteren Kopf bis zur Schulter-Markierung und …

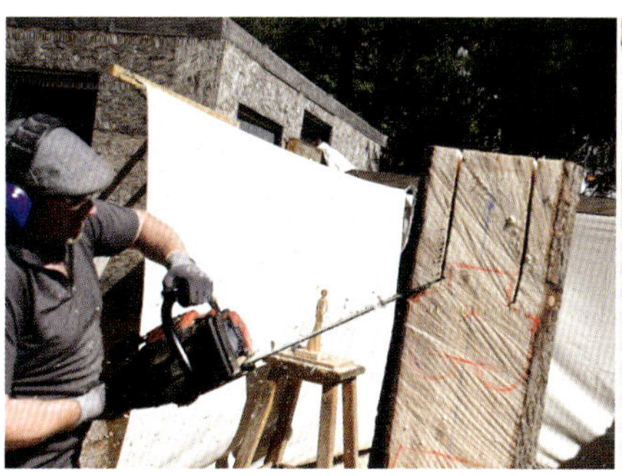

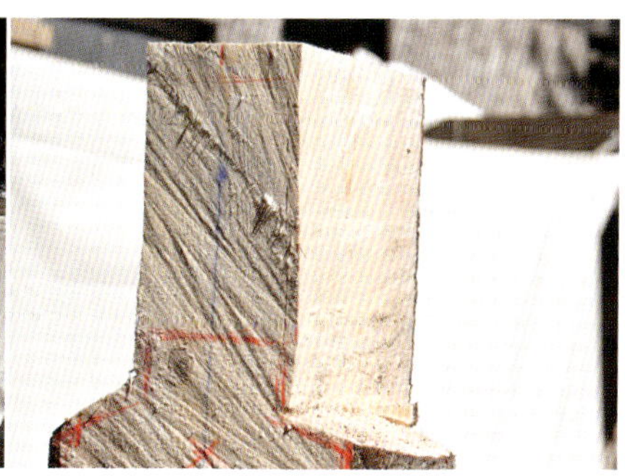

7 … entferne dabei das Holz oberhalb der Schultern.

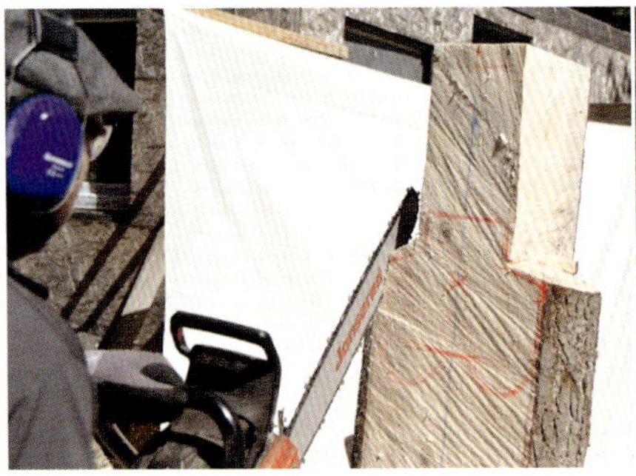
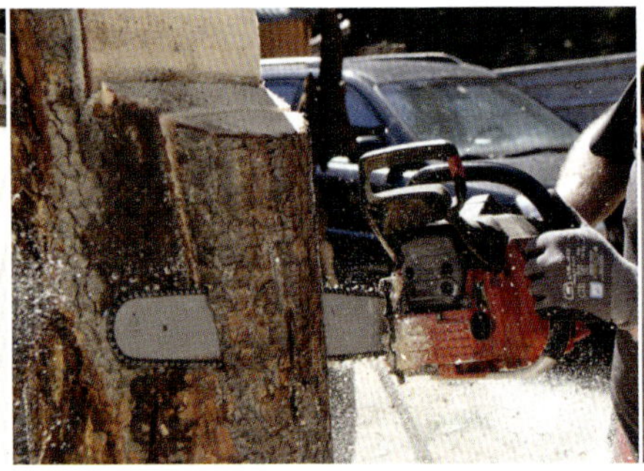
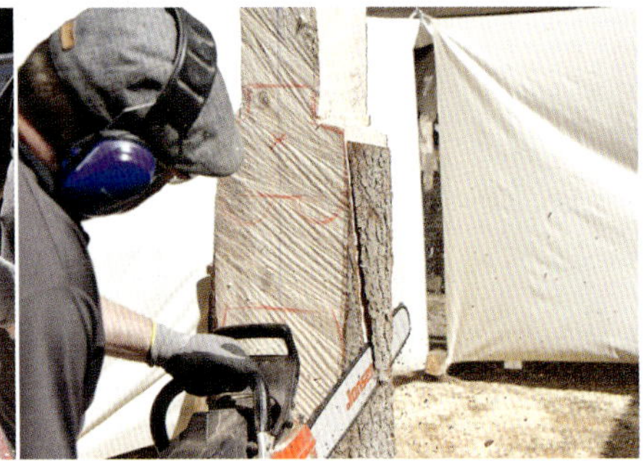

8 Damit später der Ellbogen etwas vom Körper absteht, schneide ich die Schultern etwas schmäler.

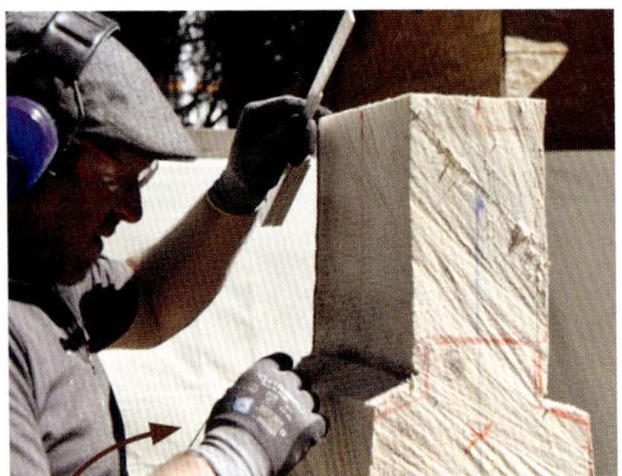

9

SEITLICH LEGE ICH JETZT DIE MITTELLINIE FEST.

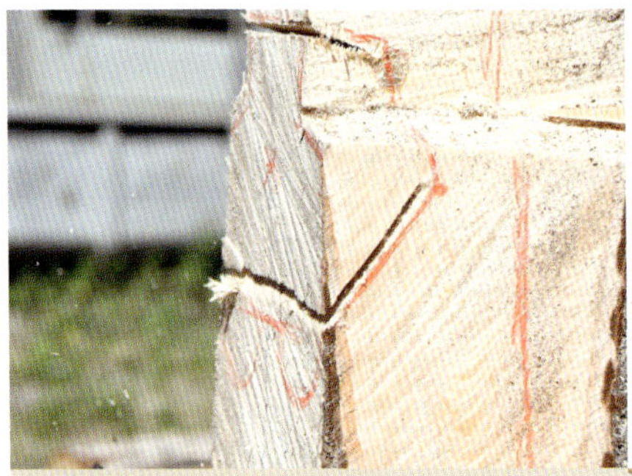
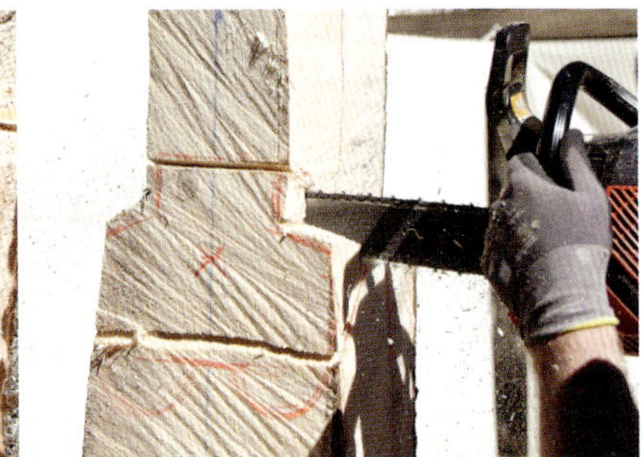

10 Anhand der Linie kann ich nun die Halsgrube festlegen, die ca. auf Höhe der Schultern auf der Körpermitte und etwas vor der seitlichen Mittellinie liegt (ein halbes Zehntel unter dem Kinn).

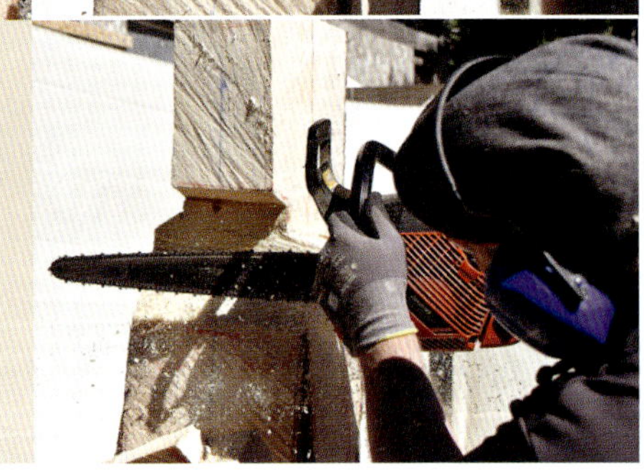

KOPF

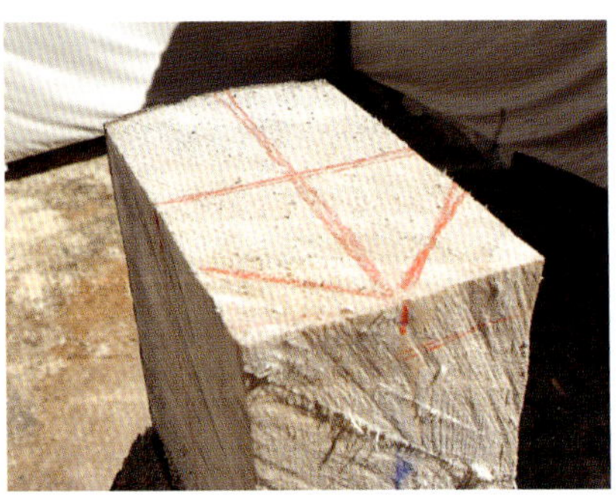
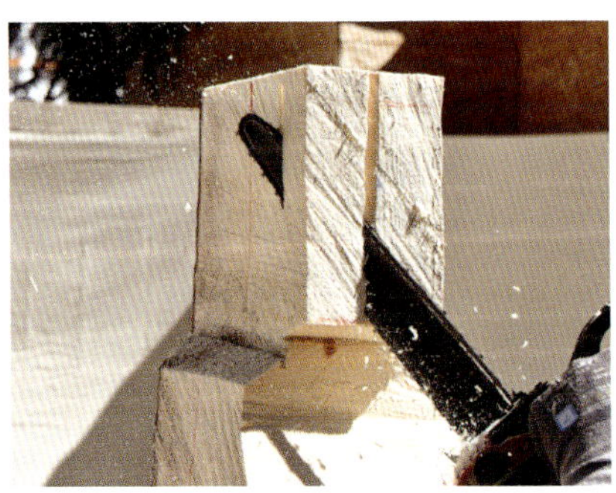
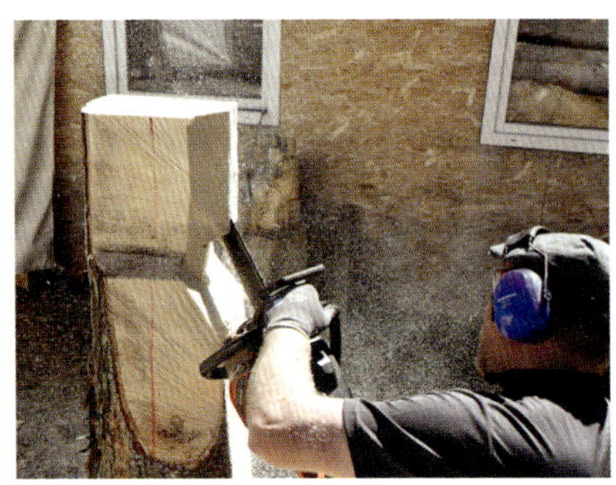

11 Wieder von oben nach unten arbeiten und von vorne nach hinten. Als Erstes widmen wir uns dem Kopf. Um zu vermeiden, dass unser Gesicht später zu flach aussieht, schneiden wir von der Mitte aus …

12 … einen 90°-Winkel.

13 Bis zur Schulter durchziehen.

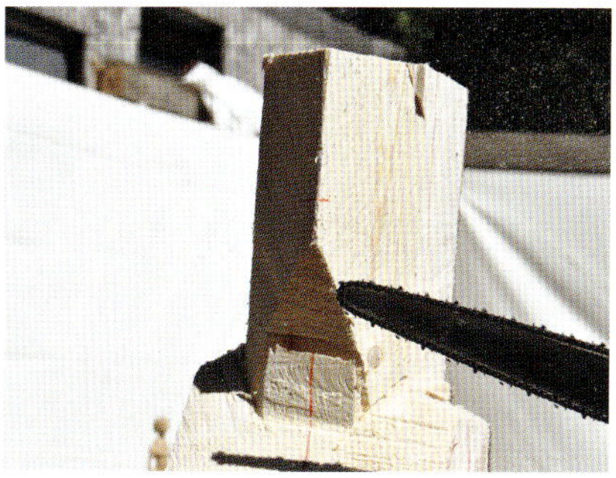

14 Nachdem wir die Nasenspitze festgelegt haben, schneiden wir die Kinnpartie …

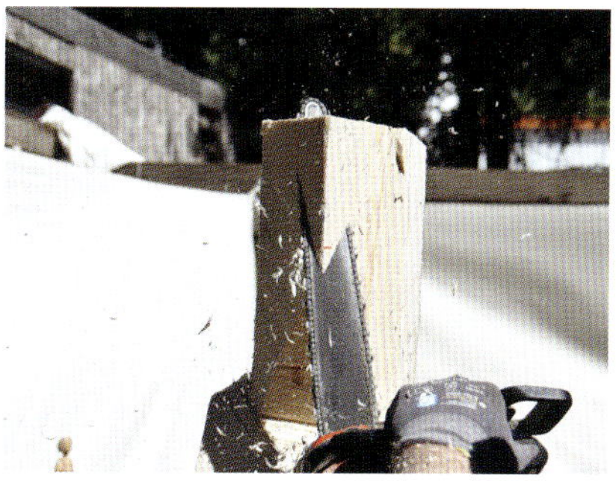

15 … und die Stirn zurück.

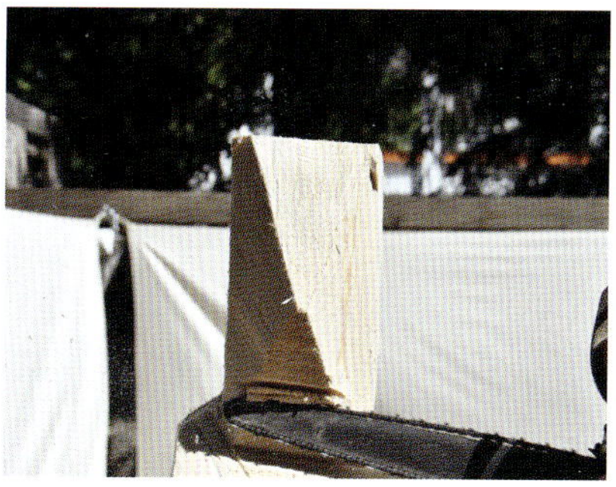

16 Ich muss da noch am Kinn ein wenig nachbessern.

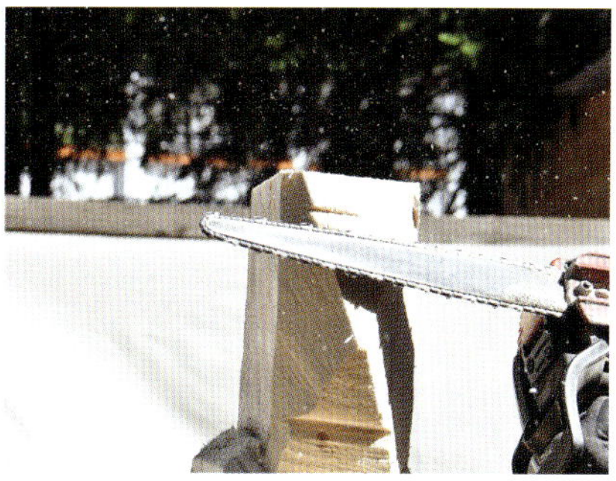

17 Die Höhe festlegen, indem ich von der Stirn aus …

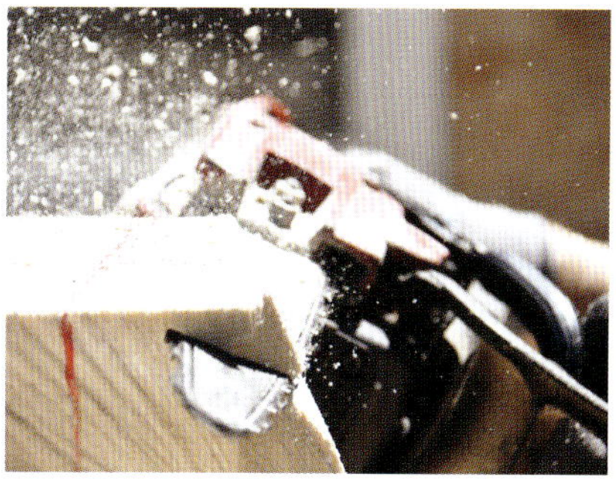

18 … zum höchsten Punkt zurückrunde.

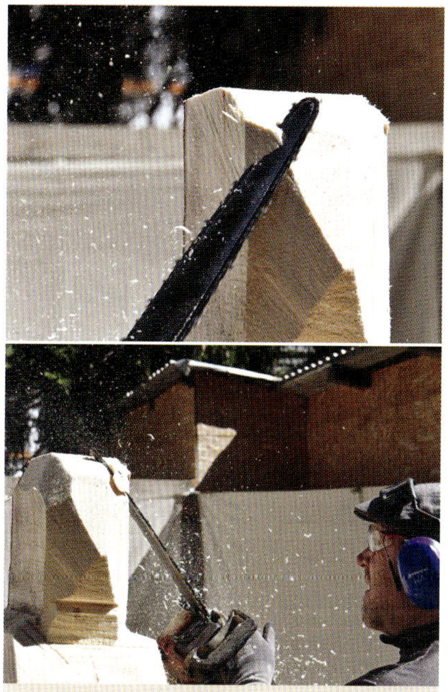

19 Auf dieselbe Weise breche ich die Kanten auf der Seite.

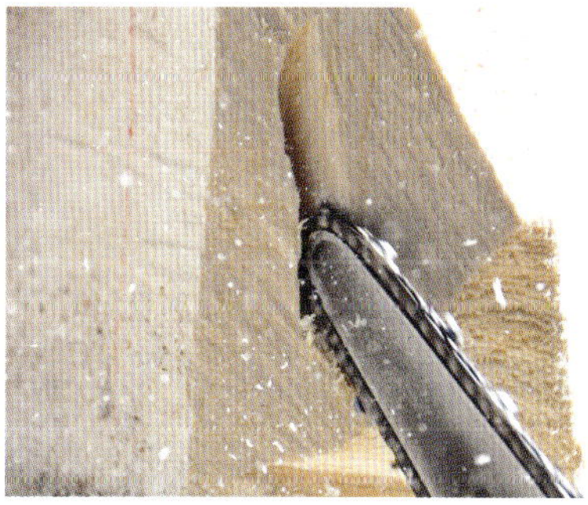

20 Die Breite des Gesichtes markieren.

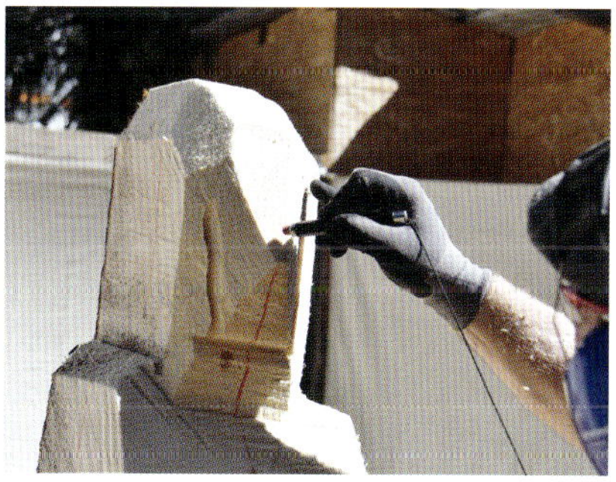

21 Wichtig ist es, die Mitte nicht zu verlieren.

22 DIE MUNDPARTIE ZURÜCKSCHNEIDEN.

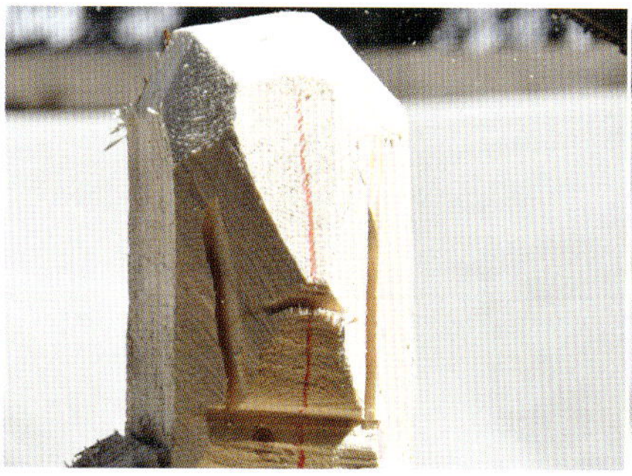

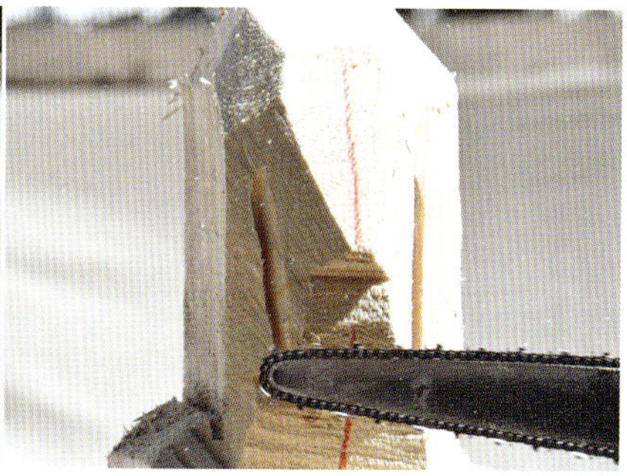

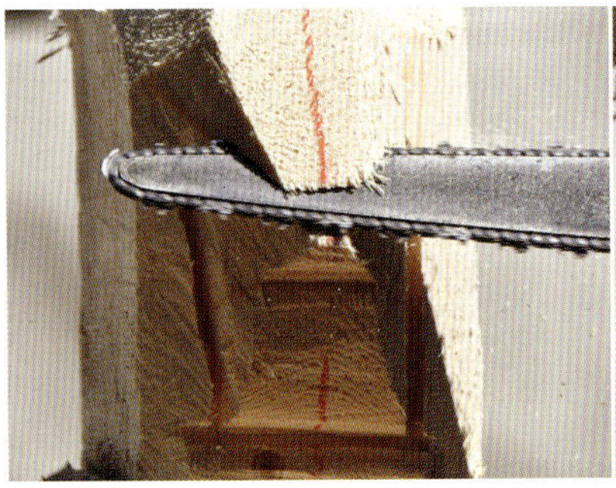

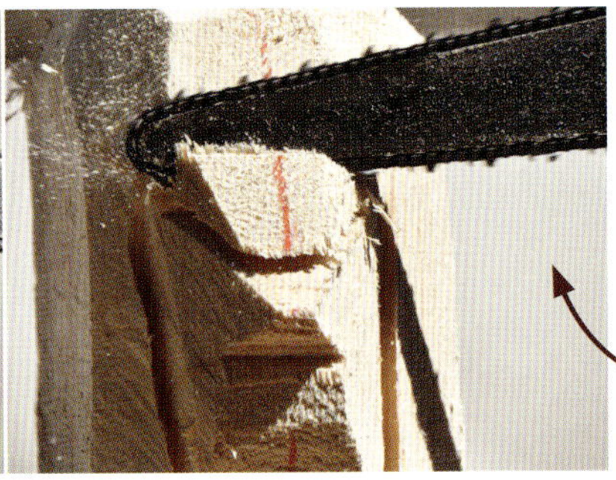

23 DIE NASENWURZEL FESTLEGEN.

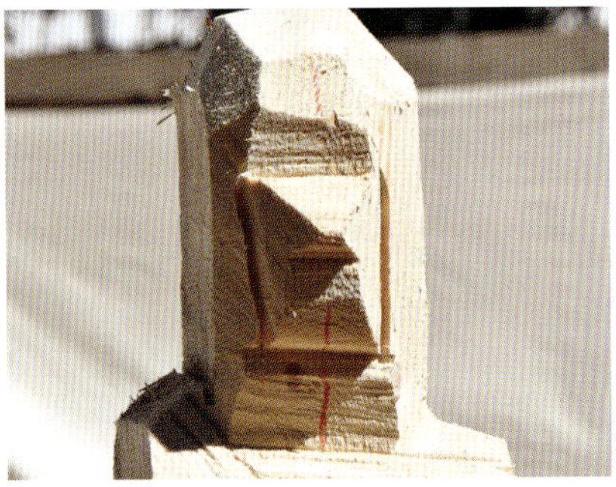

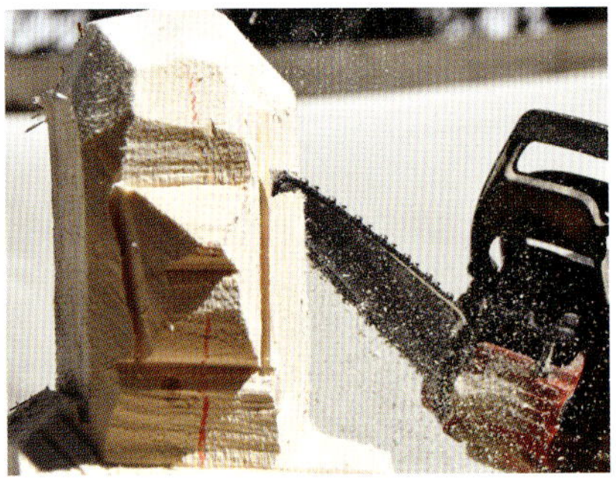

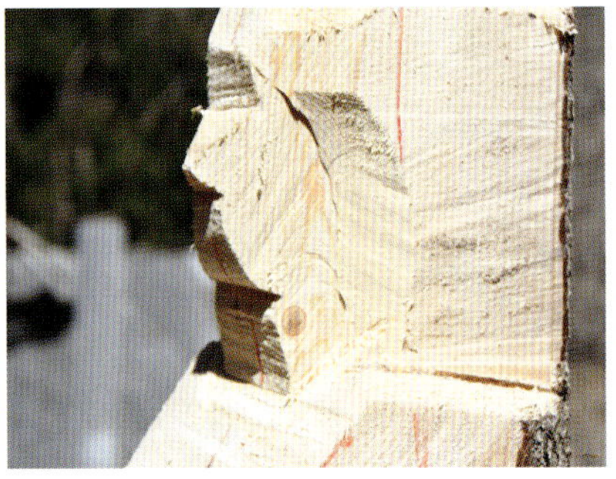

24 An- und beischneiden.

25 Nun schneide ich von hinten her flach zur Wange hin.

26 So kann ich mich später noch entscheiden, wie die Frisur aussehen soll oder ob ich ihr Ohren mache.

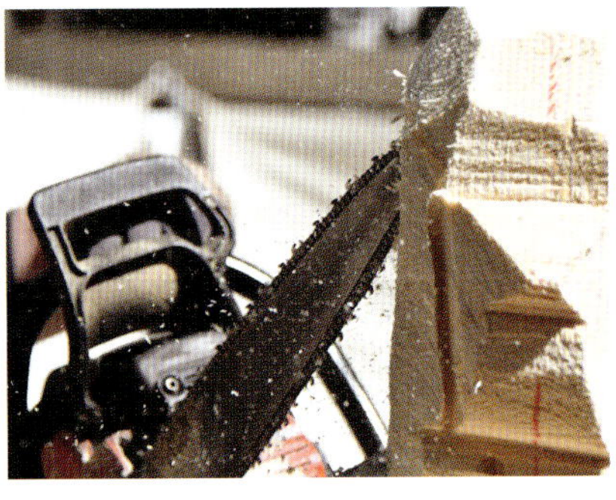

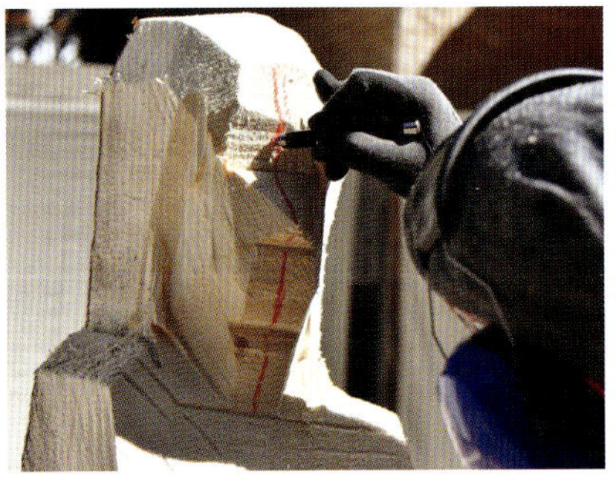

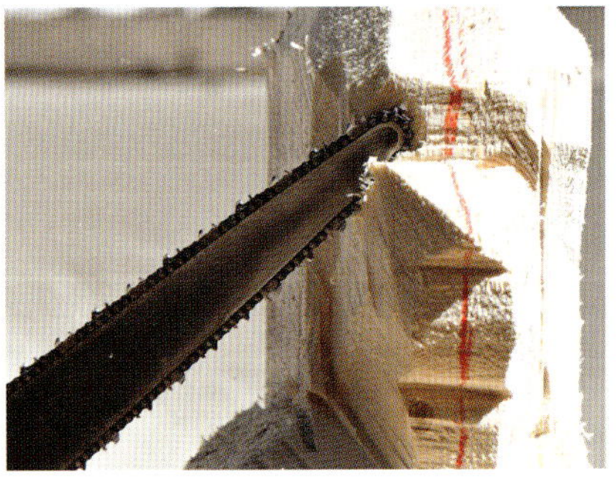

27 Das Gleiche wiederholen wir auf der gegenüberliegenden Seite.

28 Dass die Mittellinie wichtig ist, wissen wir ja bereits.

29 Um die Augen zu fixieren, schneiden wir von der Stirn mit Gefühl zur Nasenwurze hin leicht nach innen geneigt an.

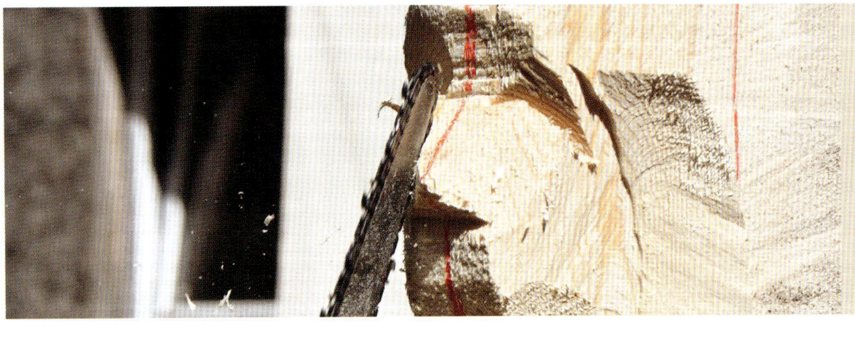

30 Die Breite der Nase berücksichtigen und in einem konkaven Schnitt von der Nase aus beischneiden.

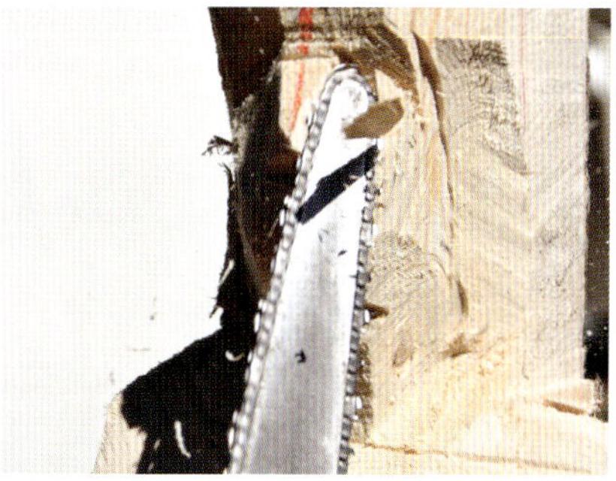

31 Dasselbe wiederholen wir gegenüber. Das braucht Mut und schon einiges an Geschick mit der Motorsäge, da es schon eine ziemliche Herausforderung ist.

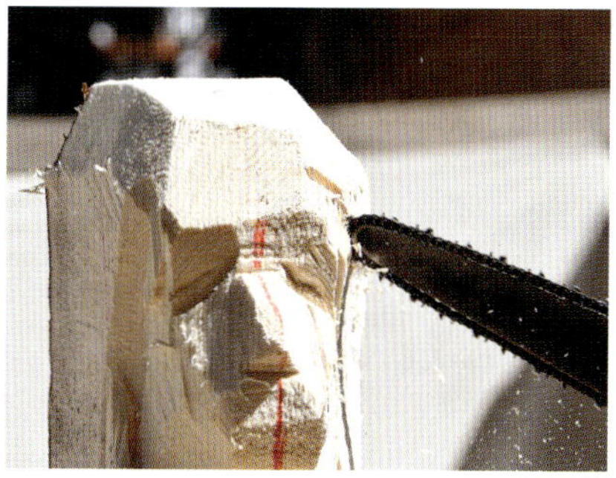

32 Jetzt schneide ich die Stirn zurück, wieder von der Form, die ich fixieren möchte, weg.

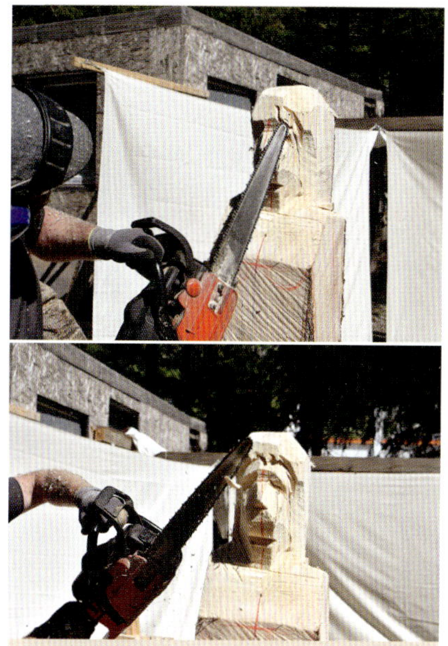

33 Beischneiden.

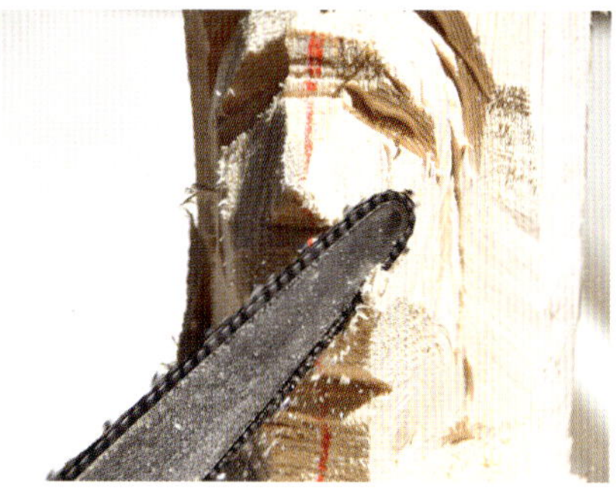

34 Zwischendurch mal alles nacharbeiten.

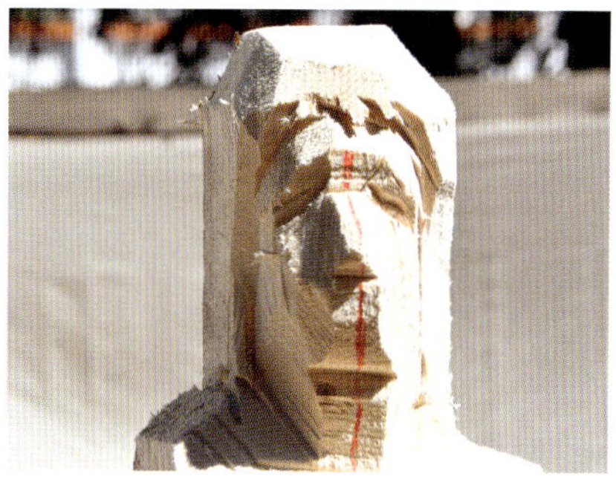

35 So weit, so gut.

Bis hierhin muss man sehr konzentriert arbeiten, deshalb widmen wir uns jetzt zum Auflockern dem Körper.

KÖRPER

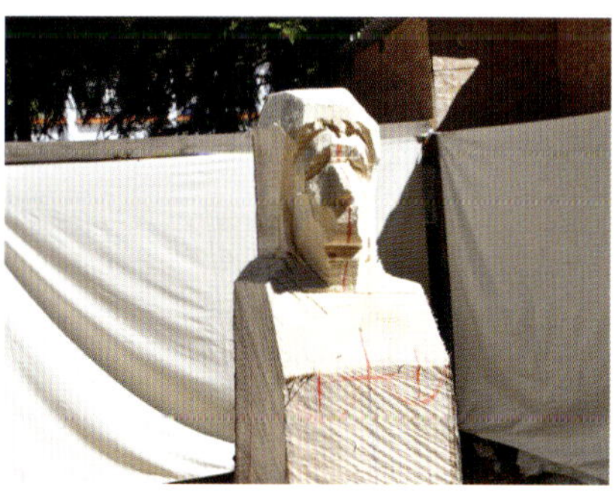

36 Mit zwei kleinen Strichen fixiere ich die Breite der Brust mit ca. 1 bis 1 ½ Kopfeinheiten.

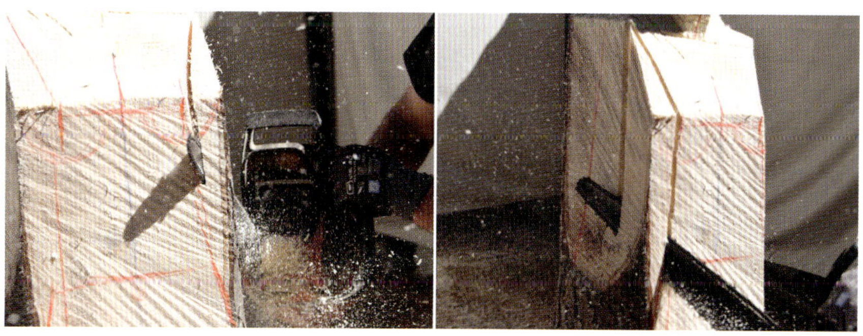

37 Etwas vor der seitlichen Mittellinie beginne ich, zur Brust hin das Eck zu entfernen.

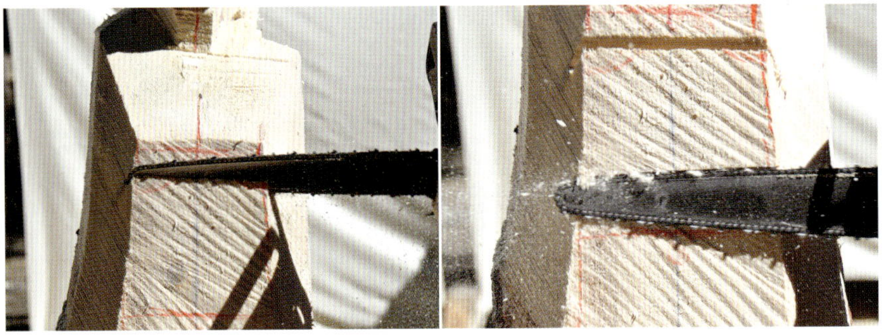

38 Die Höhe der Brust festlegen.

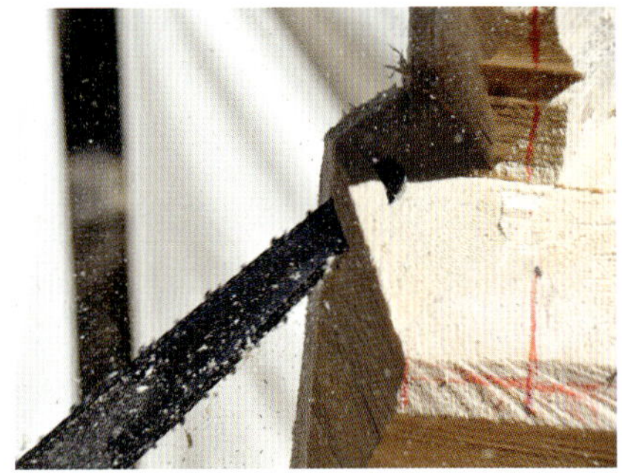

39 Mit diesem Schnitt setze ich die Brust von der Schulter ab, wieder auf beiden Seiten.

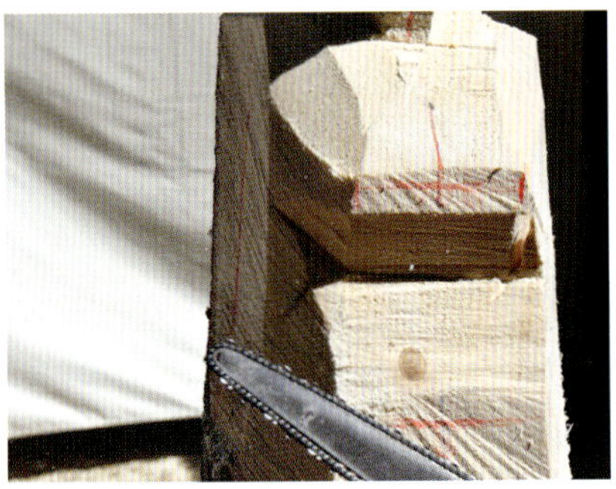

40 Die Brust etwas abrunden.

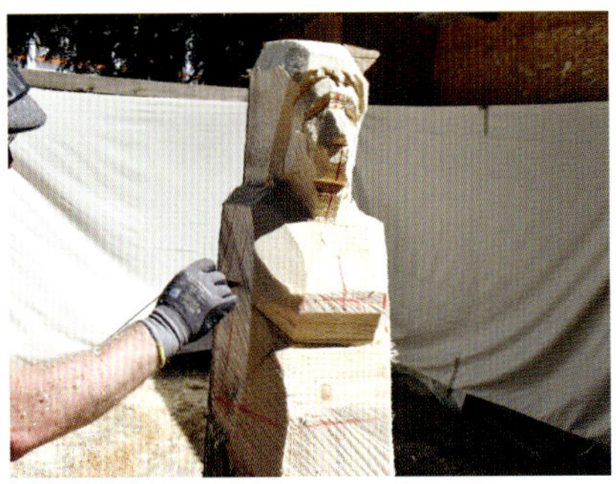

41 Nun zeichne ich die Arme auf, der Ellbogen liegt ungefähr auf der weißen Bauchlinie.

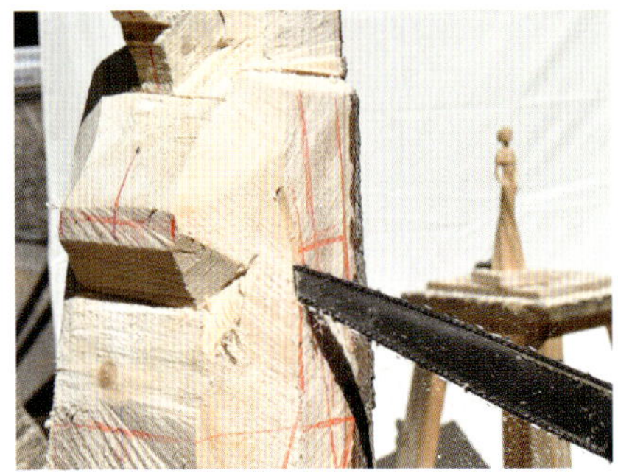

42 Mit einem Schnitt zum Brustkorb hin lege ich den Arm fest.

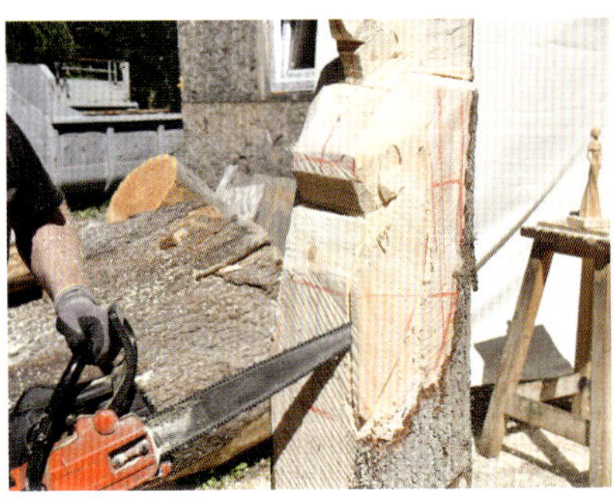

43 Dabei achte ich darauf, dass ich nicht zu tief einschneide, lieber langsam an die Form rantasten.

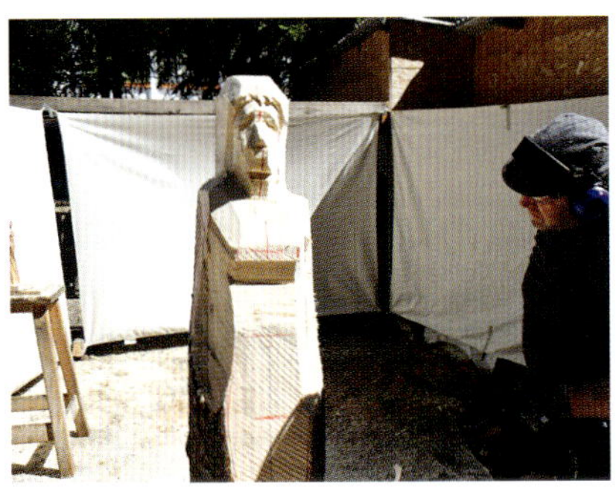

44 Die Arme lassen sich schon erahnen.

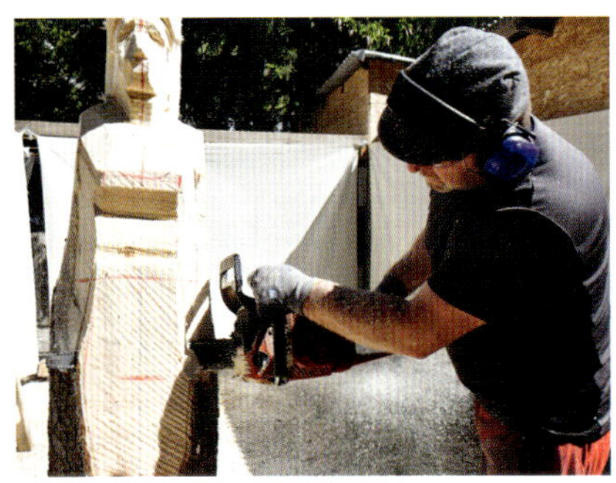

45 Vom Brustkorb zur Körpermitte hin den Bauch etwas zurückschneiden.

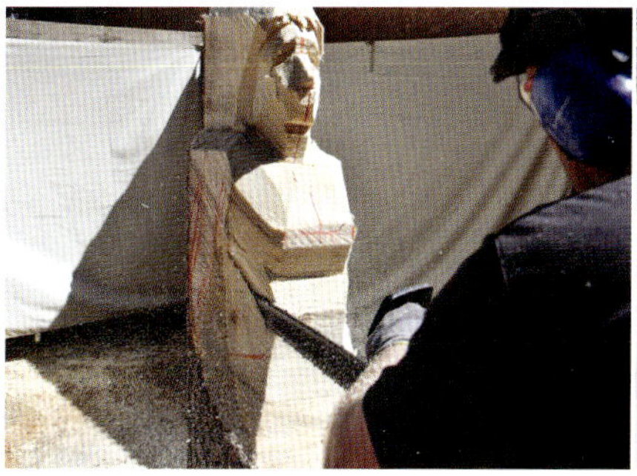

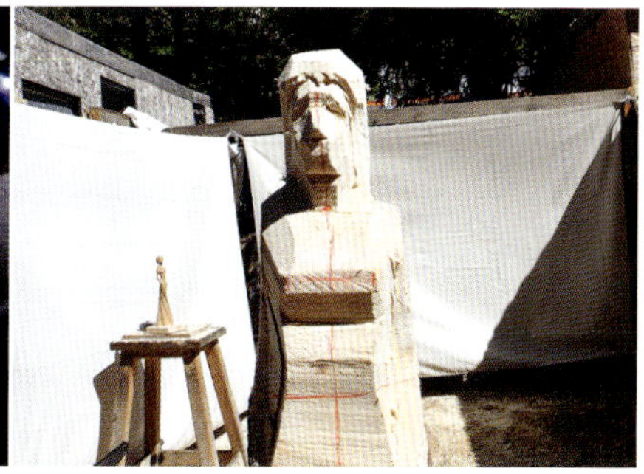

46 Die Arme sind noch zu wenig ersichtlich, deshalb betonen wir die Taille etwas mehr, wobei wir darauf achten, dass diese schon bei der weißen Bauchlinie beginnt.

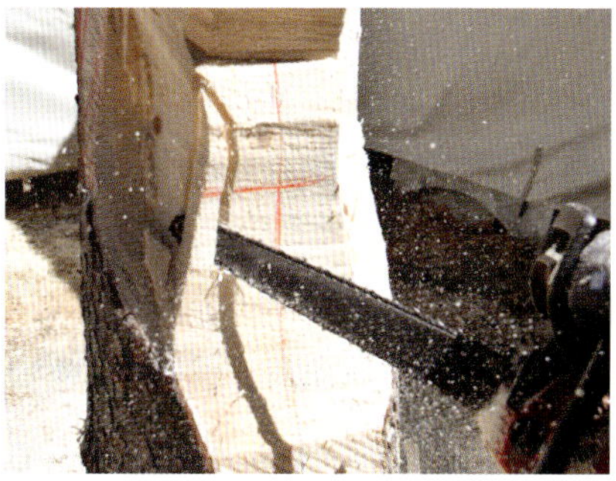

47 Die Kanten brechen.

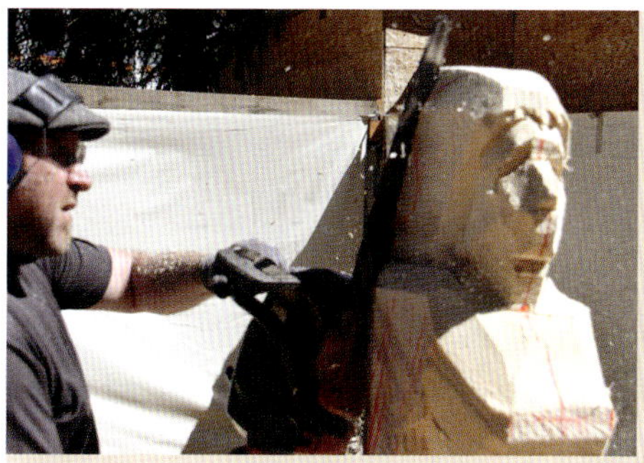

48 Jetzt können wir, um das Ganze etwas leichter wirken zu lassen, hinterschneiden, das heißt, ich entferne - sobald ich mir sicher bin, dass ich vorne bei den wichtigen Details nichts mehr großartig korrigieren muss, also die Form sitzt - auf der Rückseite Material. Wenn ich damit zu früh beginne, besteht die Gefahr, dass die Stelle zum Schluss zu dünn wird. Um mich nicht zu verzetteln, zeichne ich mir mit einigen lockeren Linien die ungefähre Form an und beginne dann mit dem Abtragen zur groben Form.

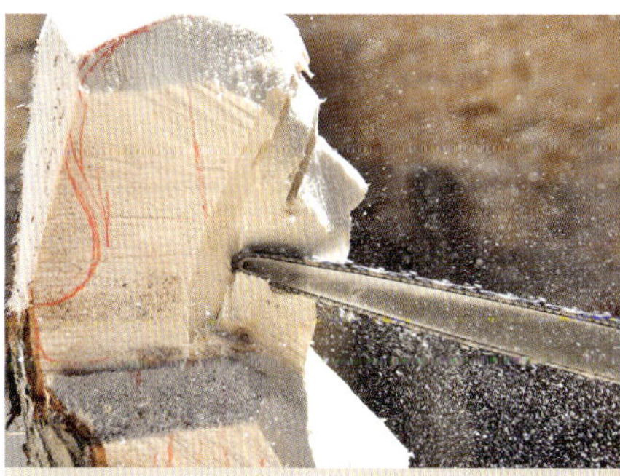

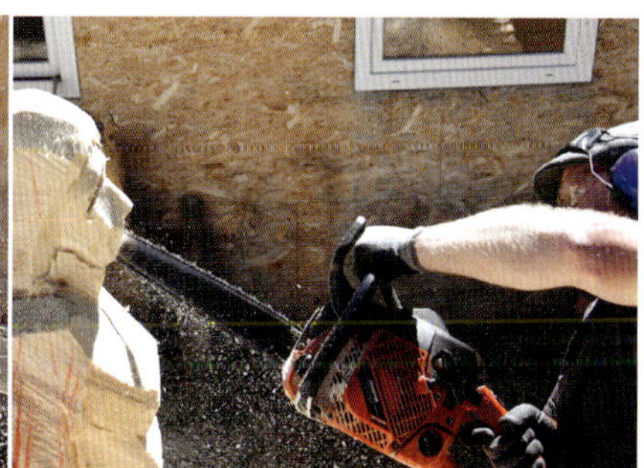

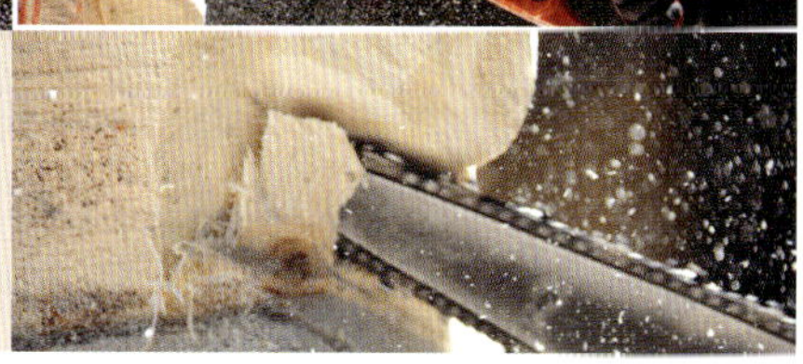

49 Zwischendurch konkretisiere ich das Kinn.

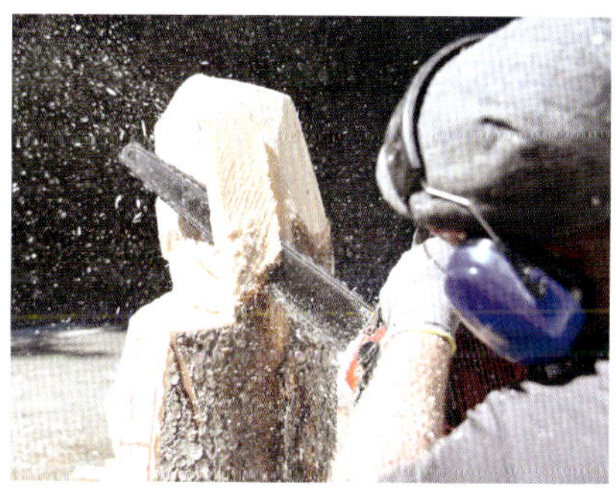

50 Den Hinterkopf weiter abrunden.

51

DIE HAARE ABLÄNGEN.

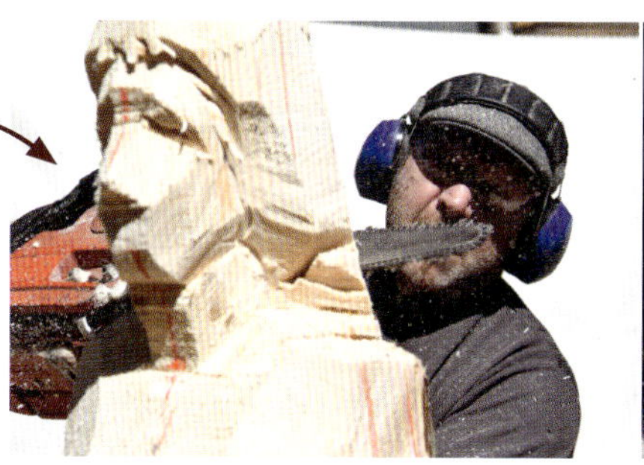

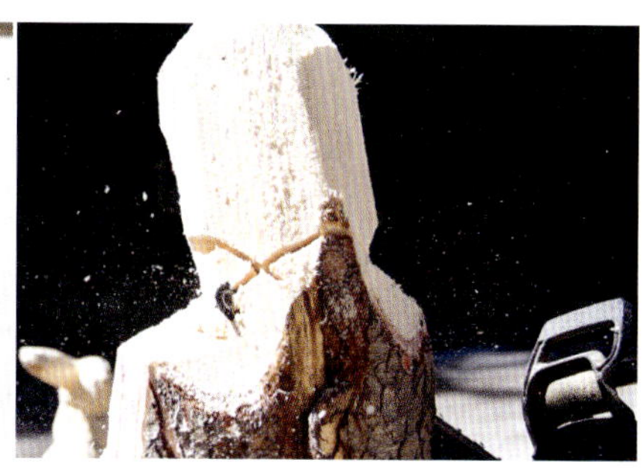

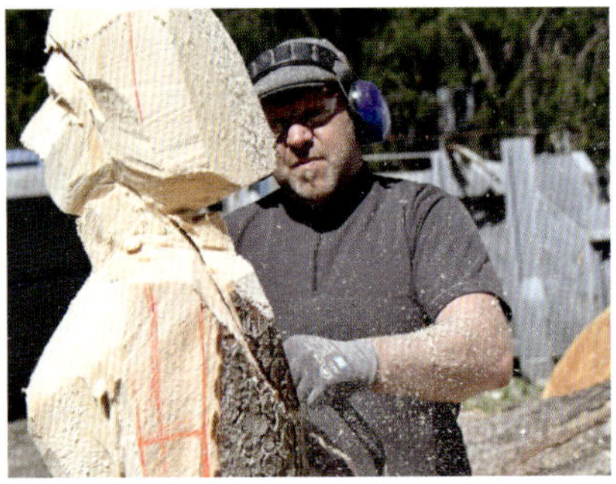

52 Langsam herantasten.

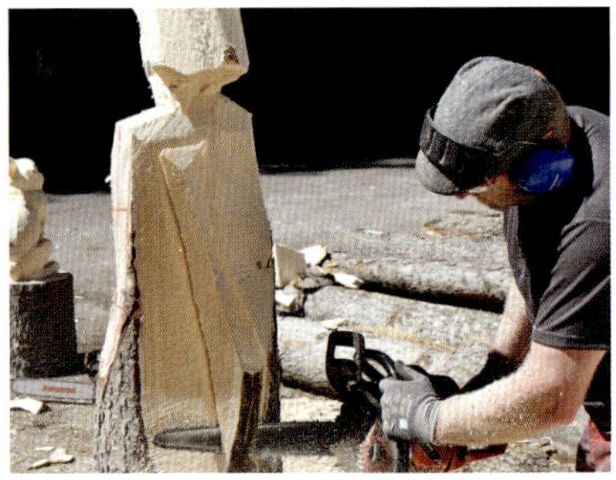

53 Am Rücken das überschüssige Material wegschneiden.

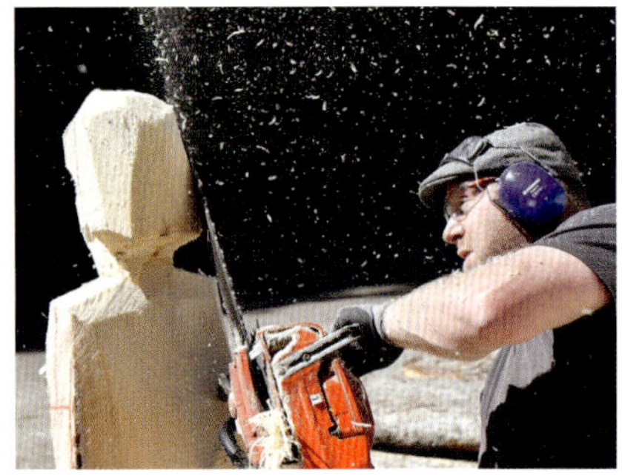

54 Etwas runder schneiden.

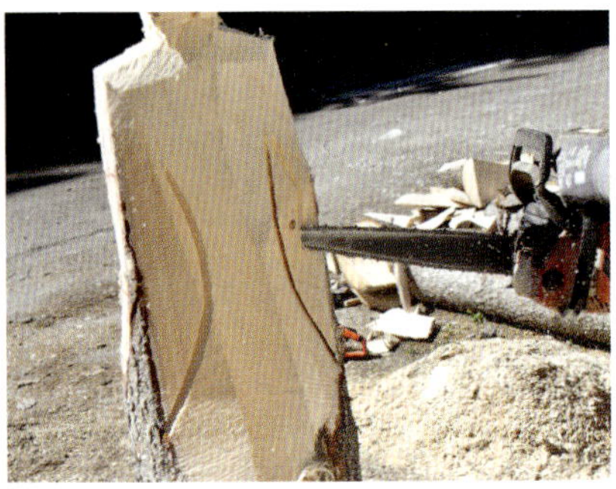

55 Am Rücken die Taille fixieren.

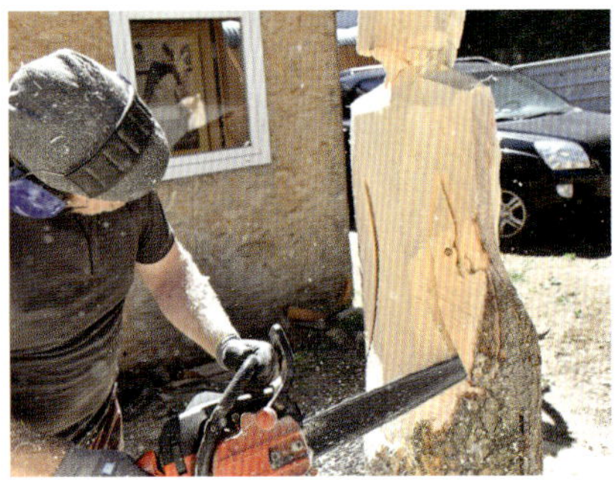

56 Und den Arm freischneiden.

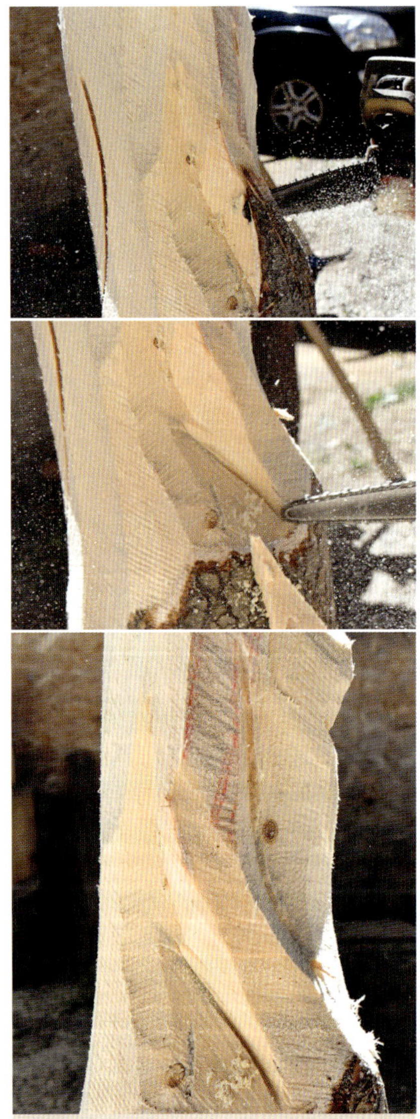

57 Vom Ellbogen beginnend, den Unterarm zum Körper drücken.

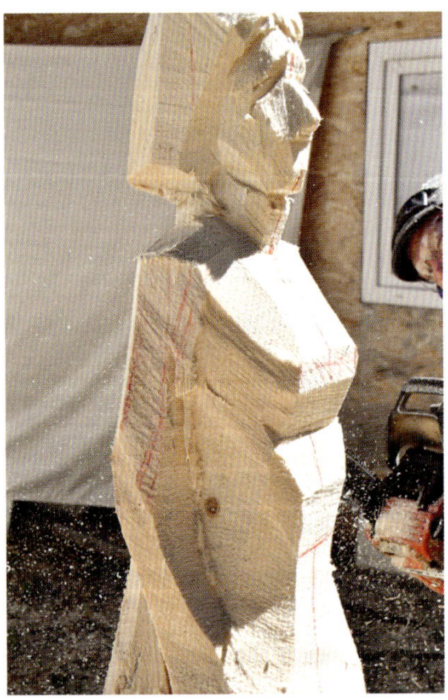

58 Langsam nimmt die Dame Form an.

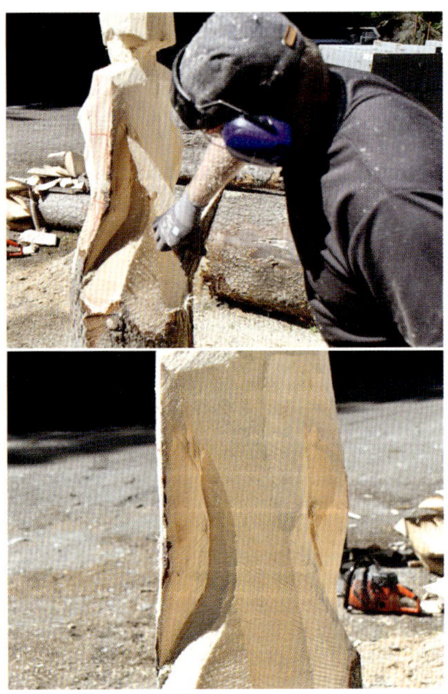

59 Der zweite Arm wird auch befreit.

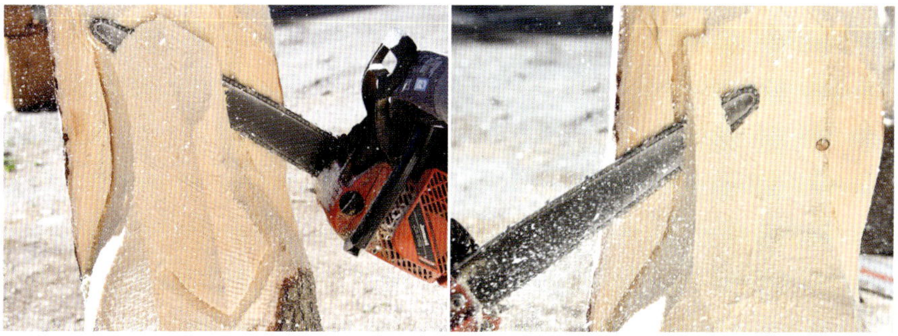

60 Um dem Hintern etwas mehr Volumen zu geben, schneiden wir unter den Schulterblättern noch etwas zur Wirbelsäule hin.

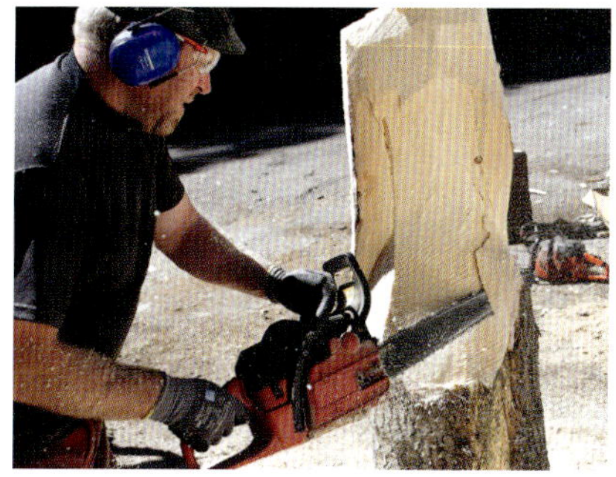

61 Ja, so gefällt mir das!

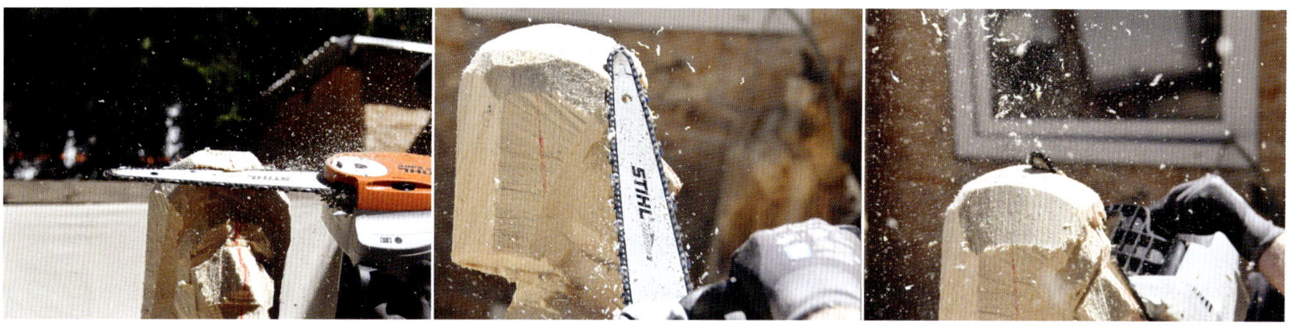

62 Zwischendurch wenden wir uns wieder dem Kopf zu, der im Verhältnis noch viel zu groß ist.

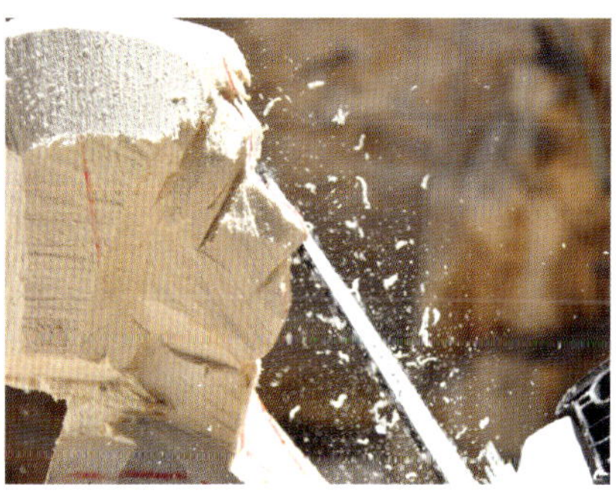

63 Alles nochmal überarbeiten.

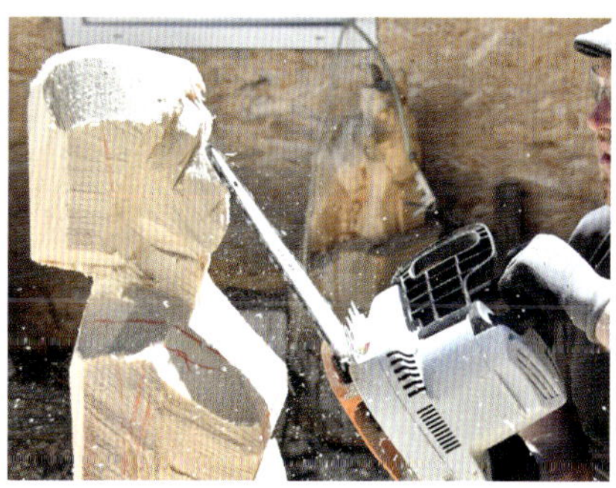

64 Nase.

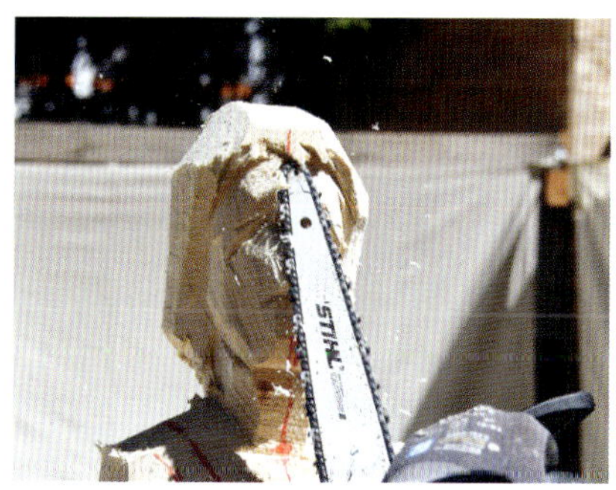

65 Stirn.

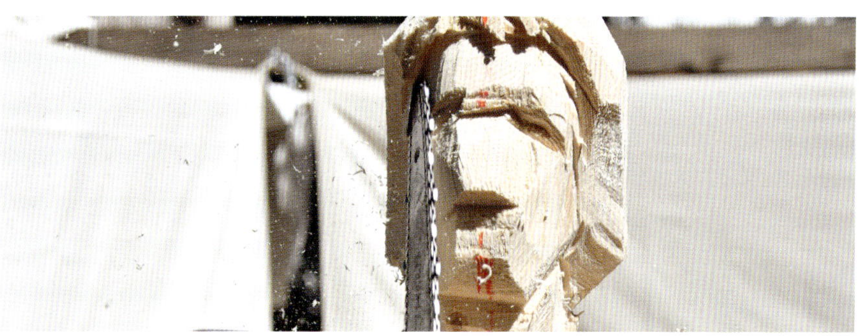

66 ALLES SOLL ETWAS RUNDER SEIN.

FEINSCHLIFF DES KOPFES

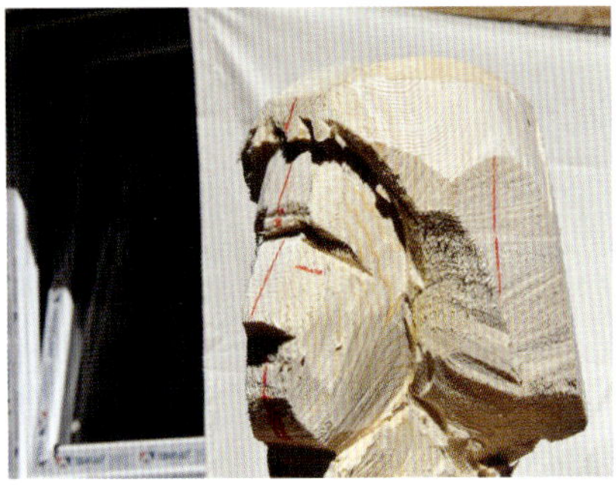

67 Nachdem wir die Grundform vorbereitet haben, …

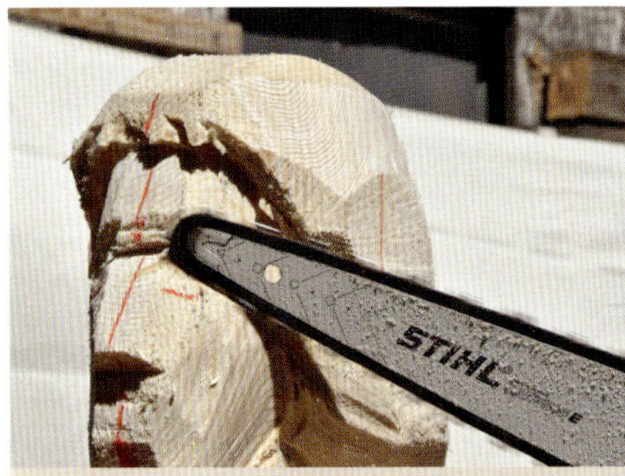

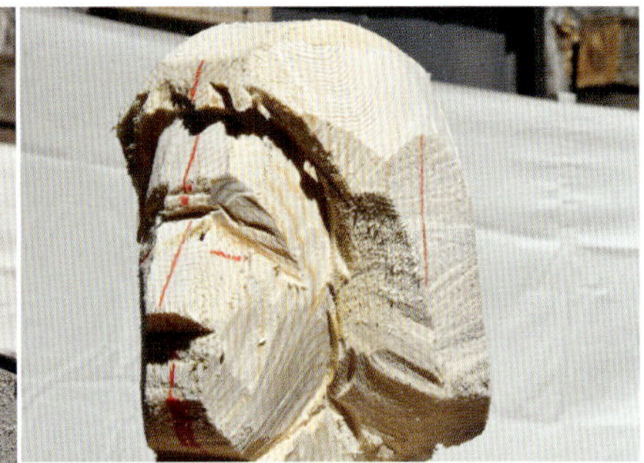

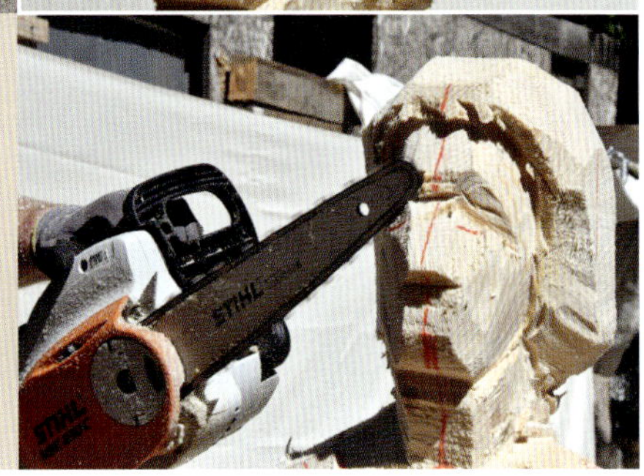

68 … beginnen wir wieder mit dem Anschneiden der Augen.

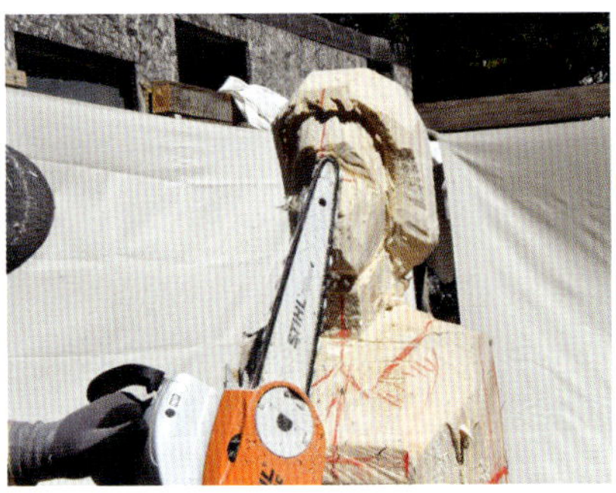

69 Beide Gesichtshälften so gut, wie es geht, gleichmäßig beischneiden.

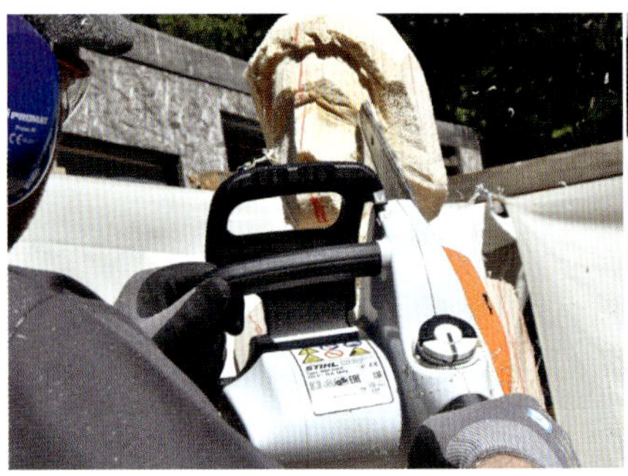

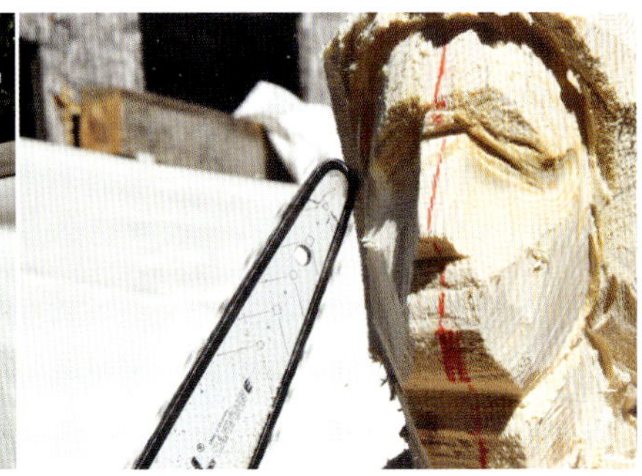

70 Das Jochbein mit der Spitze des Carving-Schwerts anzeichnen.

TIPP:

Zur groben Einteilung des Gesichts arbeiten wir in Dritteln. Davon ausgehend, dass die Augen in der Mitte des Kopfs sind, weiß ich, wo die Nasenwurzel ist. Halbiere ich die Partie unter der Nasenwurzel, habe ich die Nasenspitze festgelegt. Wenn ich nun einen von den beiden Teilen noch nach oben übertrage, habe ich die Stirnpartie, darüber ist der Haaransatz, also die Frisur. Die Kinnpartie kann auch in drei Teile unterteilt werden. Oberstes Drittel ist die Partie von der Oberlippe zur Nase, dann die Unterlippe und darunter das Kinn. Die Breite teilen wir in fünf Augenbreiten ein, das heißt, zwischen die Augen und rechts oder links von den Augen sollte noch ein Auge passen, damit kennen wir die breiteste Stelle des Gesichts.

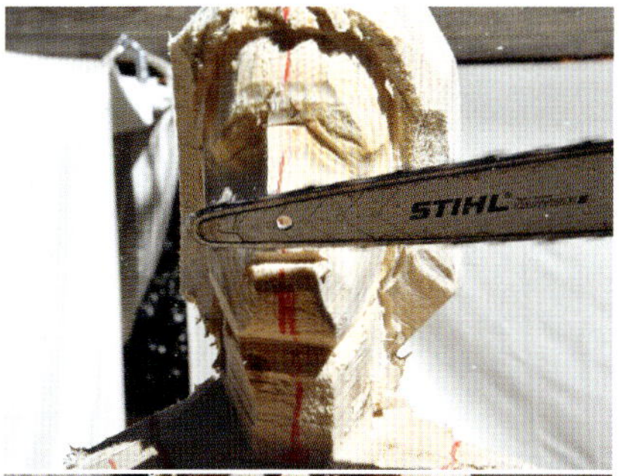

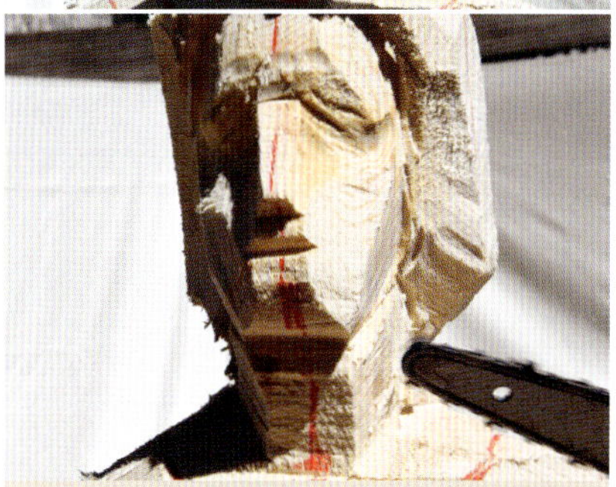

71 Mit einem leichten Schnitt markiere ich den Mund.

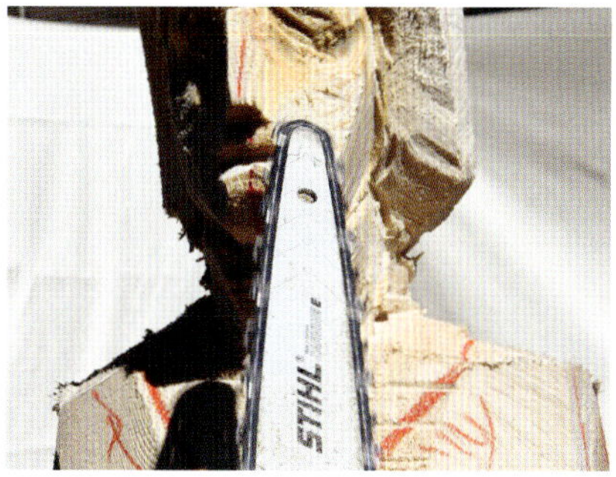

72 Wenn ich mit der Spitze der Säge jetzt links und rechts von der Mittellinie die Kante entferne, ...

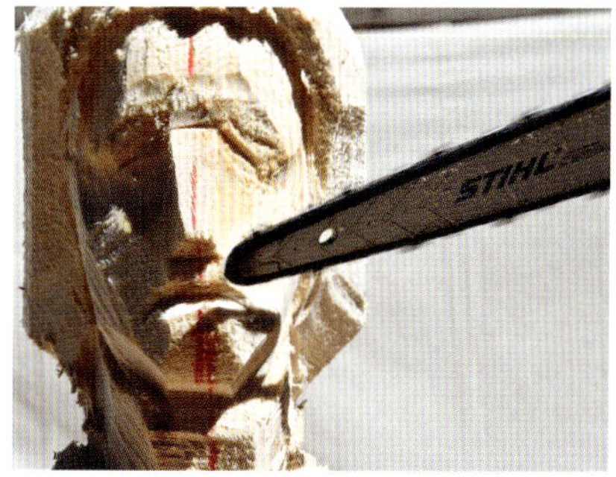

73 ... zeichnet sich die Form der Oberlippe ab. Jetzt schaut sie grimmig drein, deshalb ziehe ich die Mundwinkel nach oben.

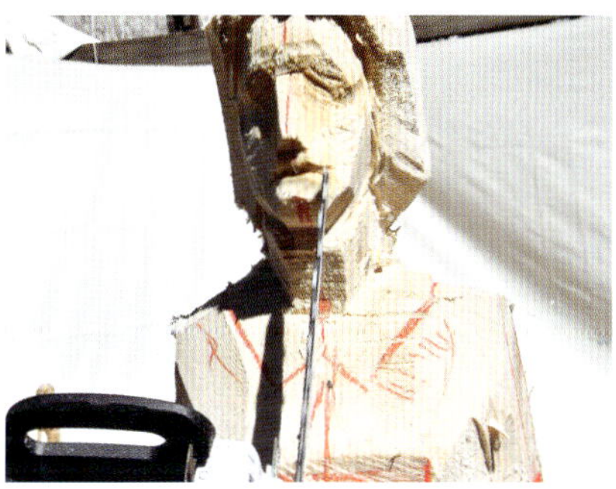

74 Nun sollte sie freundlich lächeln.

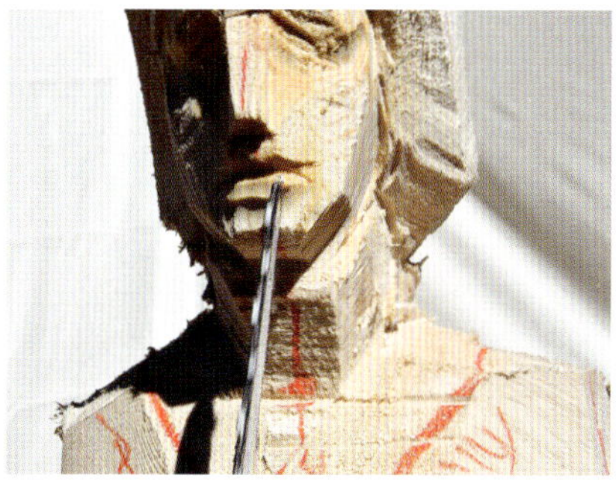

75 Um die Unterlippe zu markieren, schneide ich wieder mit der Spitze ins unterste Drittel eine Vertiefung ...

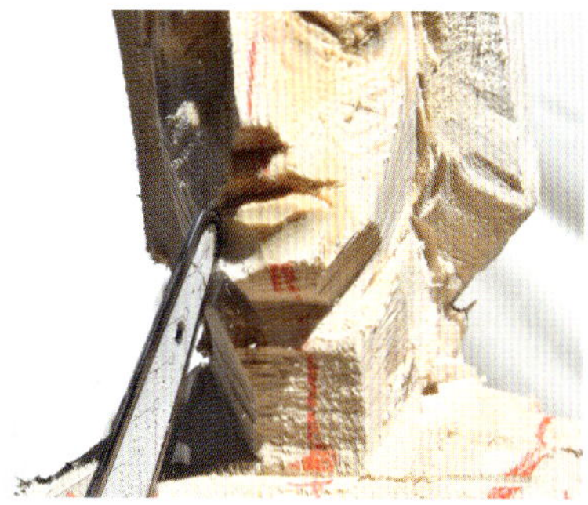

76 ... und zeichne die Form der Unterlippe nach.

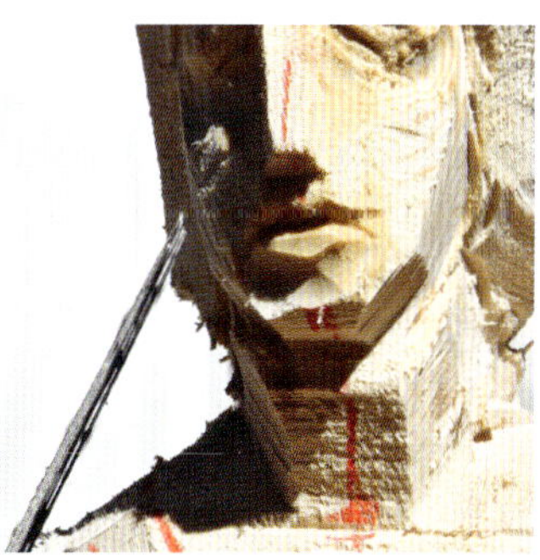

77 Die Unterlippe ist schmäler als die Oberlippe und, vom Profil her gesehen, liegt sie auch weiter hinten.

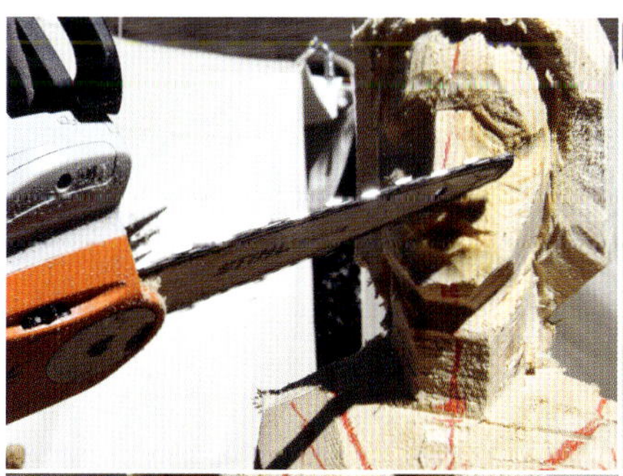

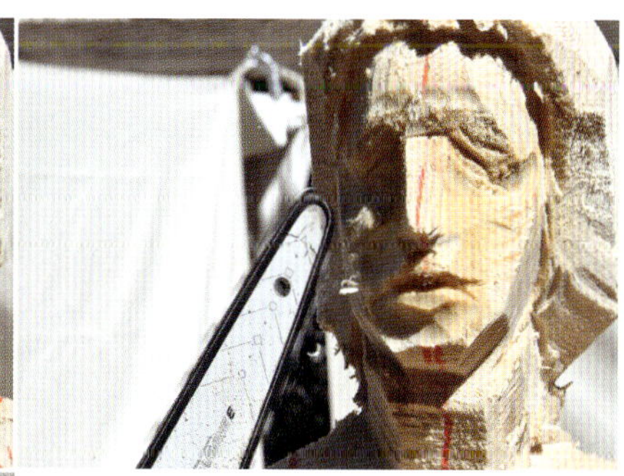

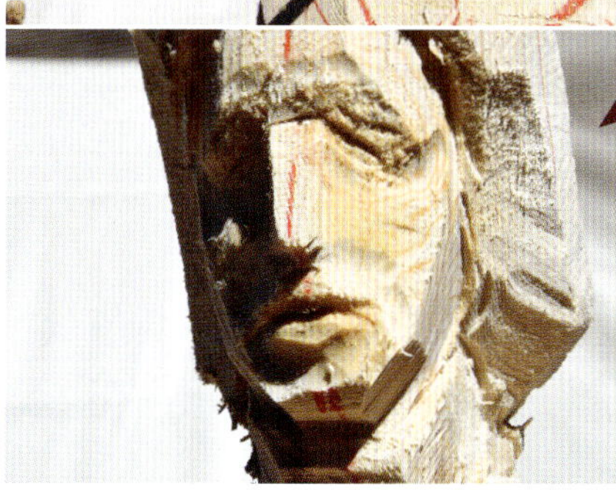

78

DIE NASENFLÜGEL ABSCHRÄGEN.

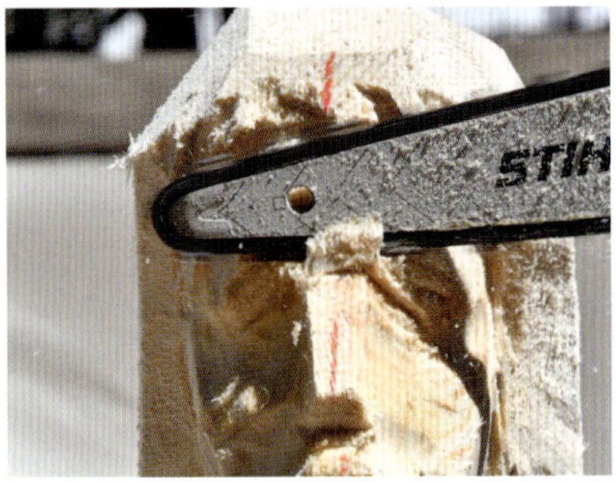

79 Um uns den Augen zu widmen, richten wir zuerst die Umgebung.

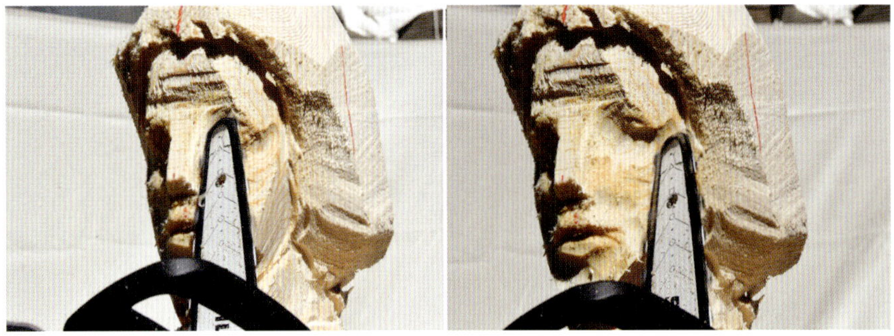

80 Jetzt ziehe ich wieder mit der Spitze einen Bogen unter dem Auge.

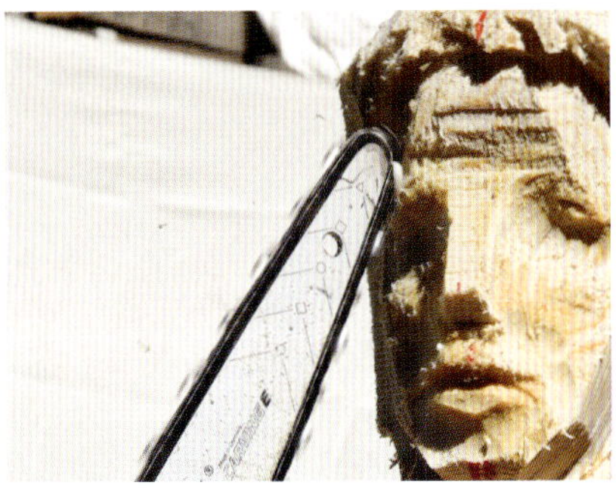

81 Natürlich auch auf der anderen Seite.

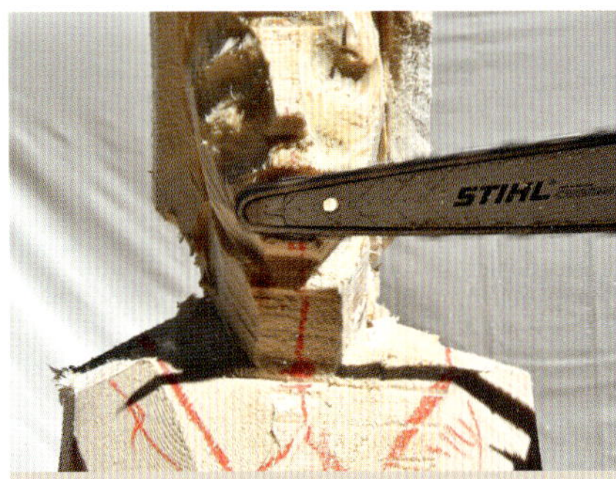

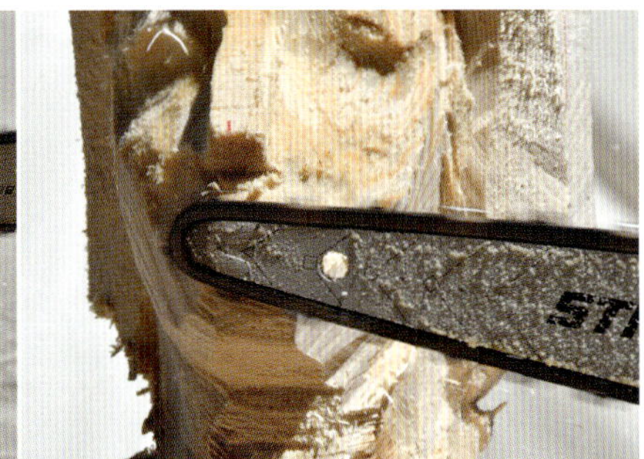

82 Das ist eine Spielerei – alles etwas abrunden.

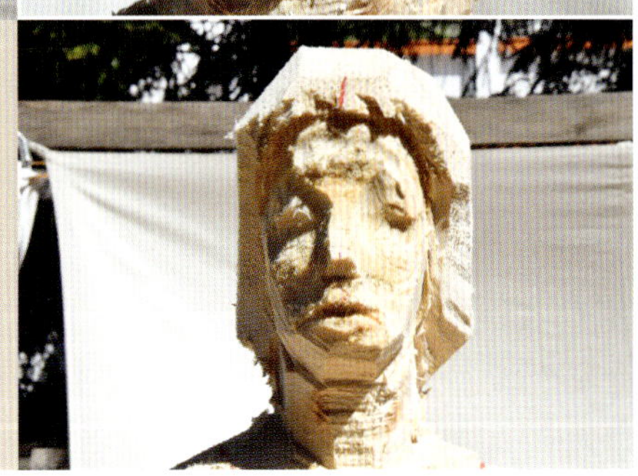

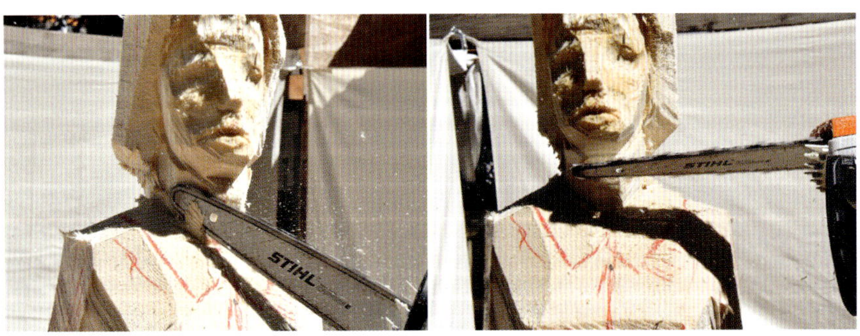

83 DEN HALS ANPASSEN.

FEINSCHLIFF DES KÖRPERS

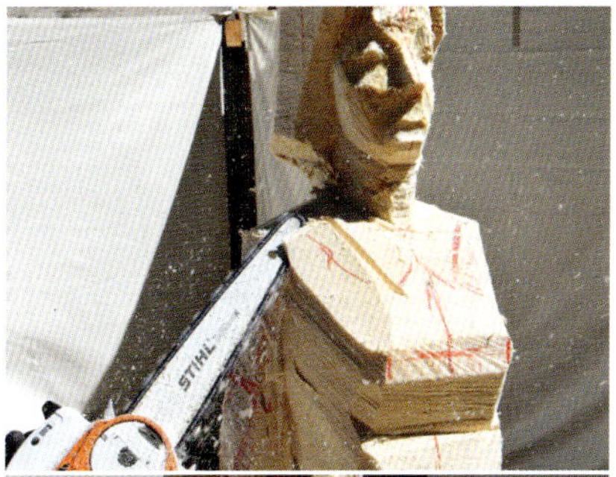

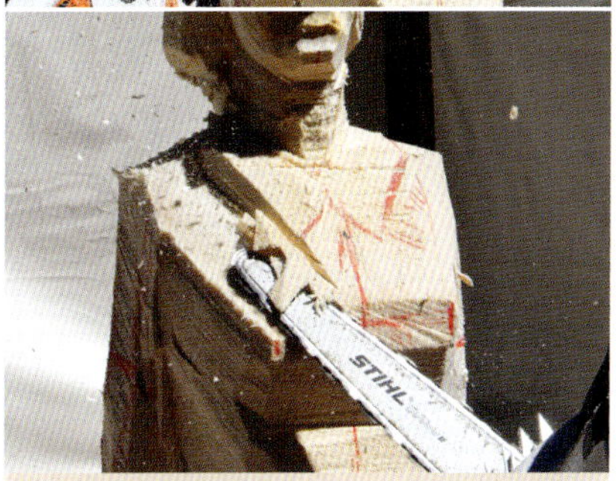

84 Das Kleid der Dame soll einen Kragen bekommen, dazu schneide ich von der Form des Kragens her an und markiere mir so die Größe. Ich schneide bei …

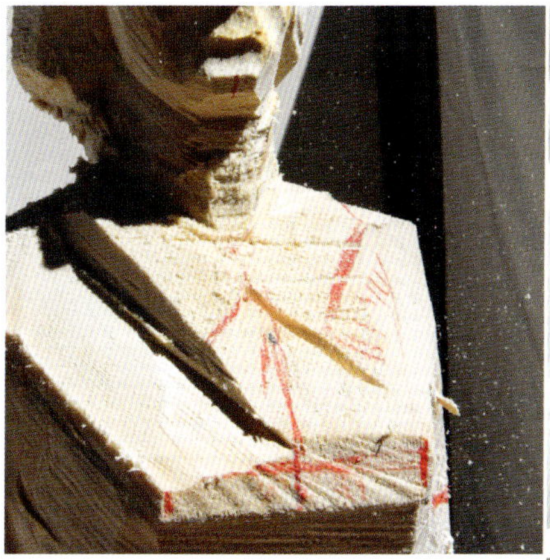

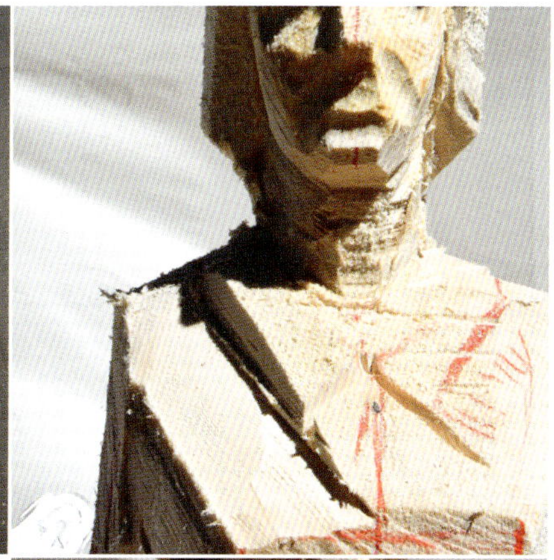

85 … UND ENTFERNE DEN TEIL DAZWISCHEN.

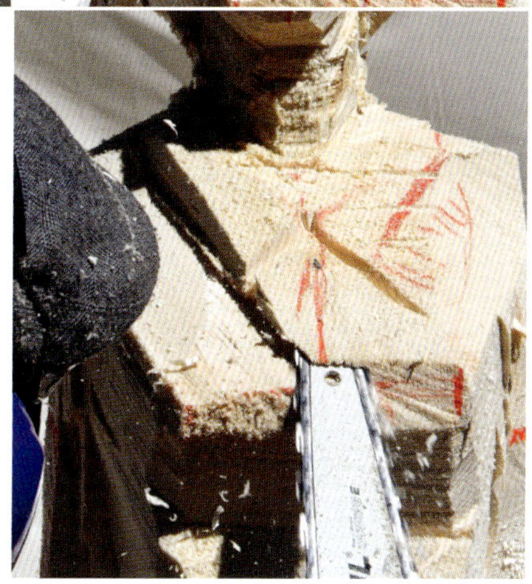

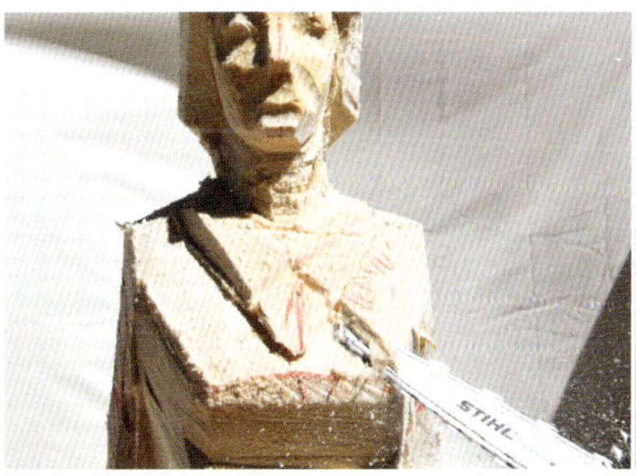

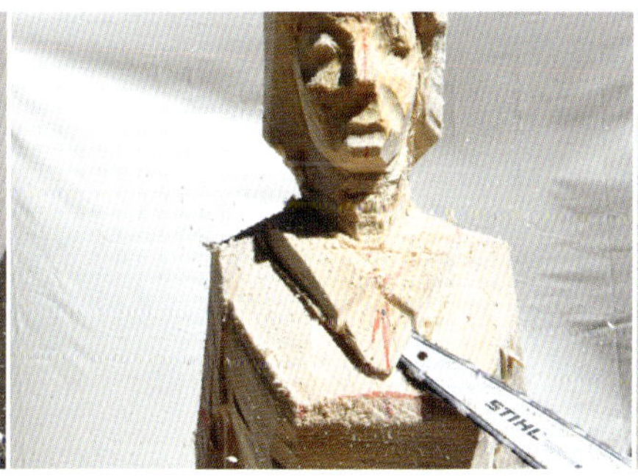

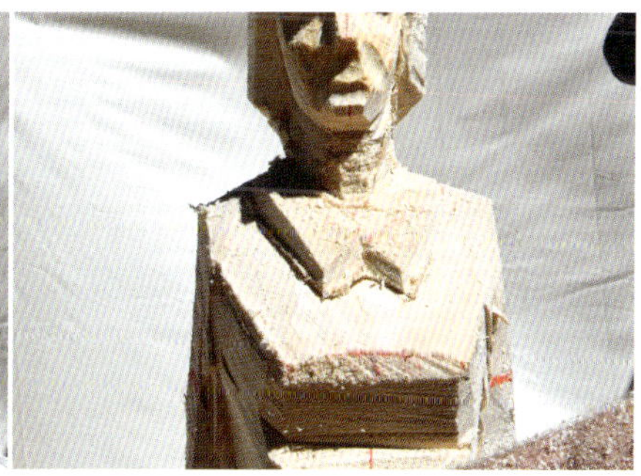

86 Auch auf der anderen Seite.

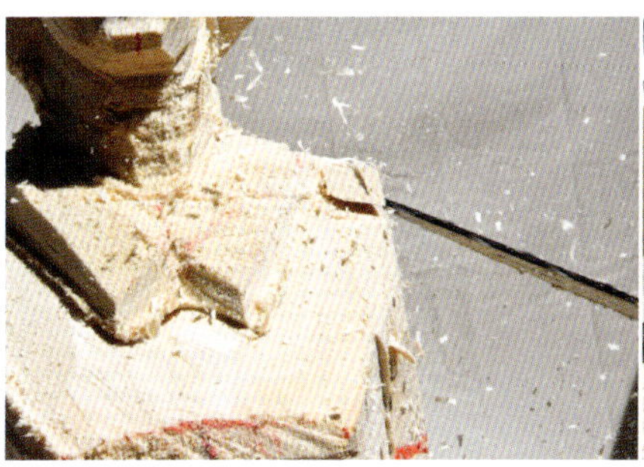

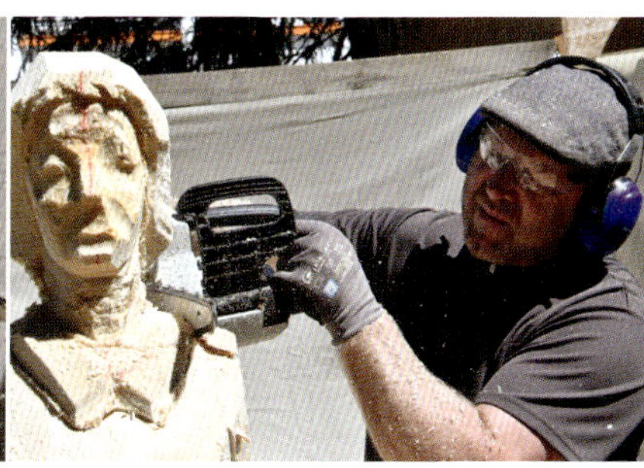

87 DIE SCHULTER ETWAS DRÜCKEN.

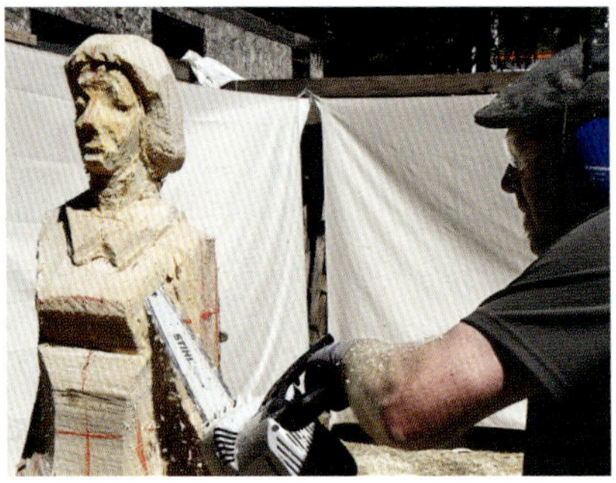

88 Mit einem konkaven Schnitt zwischen Schulter und Brustspitze …

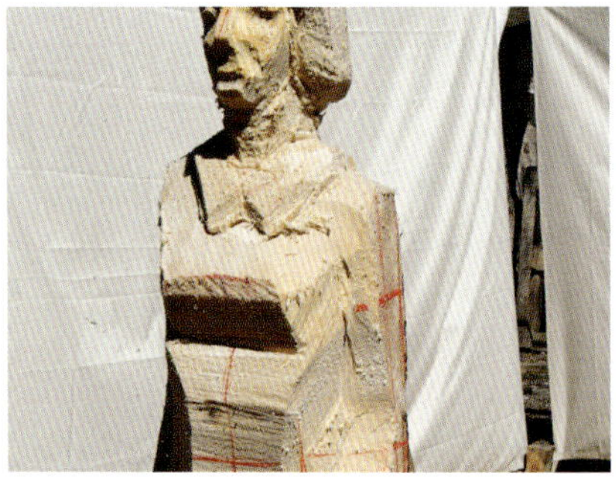

89 … betone ich die Schulter stärker.

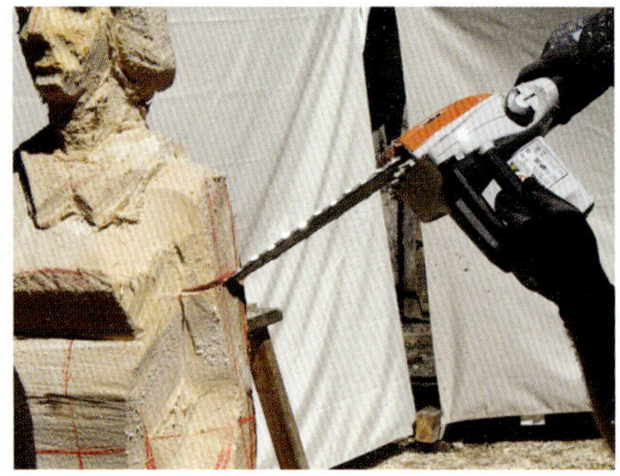

90 Um den Ärmel des Kleides abzusetzen, schneide ich rundherum etwas ein …

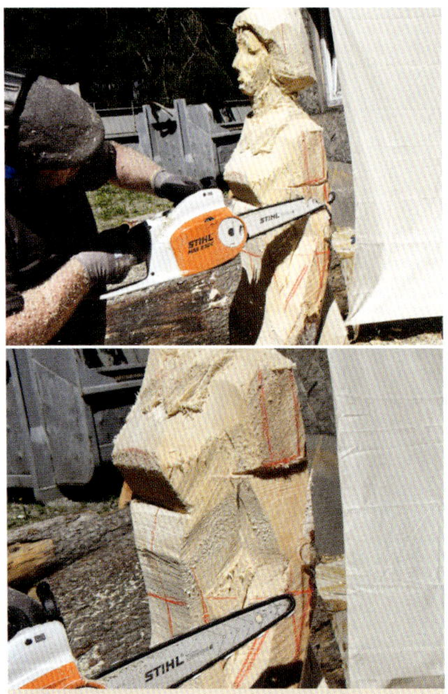

91 … und bei.

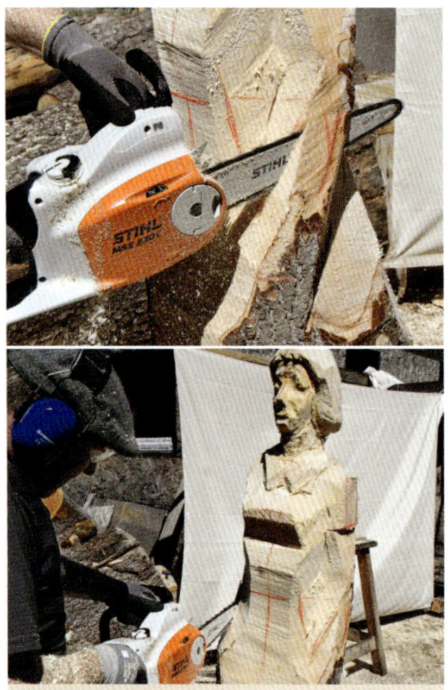

92 Den Unterarm drücken wir vom Ellbogen zur Hand hin noch etwas zum Körper.

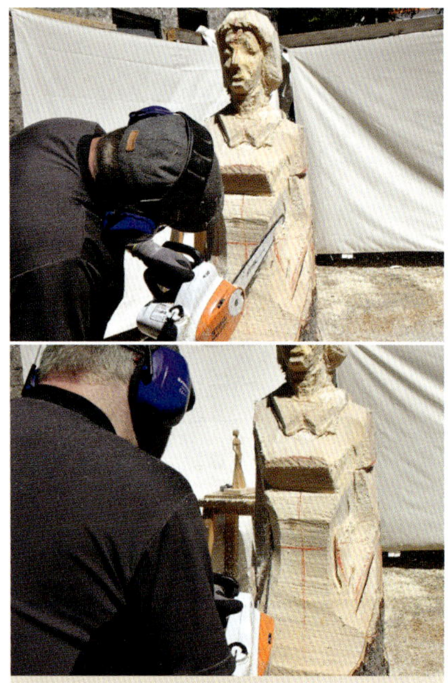

93 Diesen Teil schneide ich im Moment noch nicht bei, weil wir die Hände später in den Rocktaschen verschwinden lassen. Ich habe die Außenseite der Unterarme fixiert. Wenn ich die Dame jetzt an der Taille noch etwas schlanker mache, …

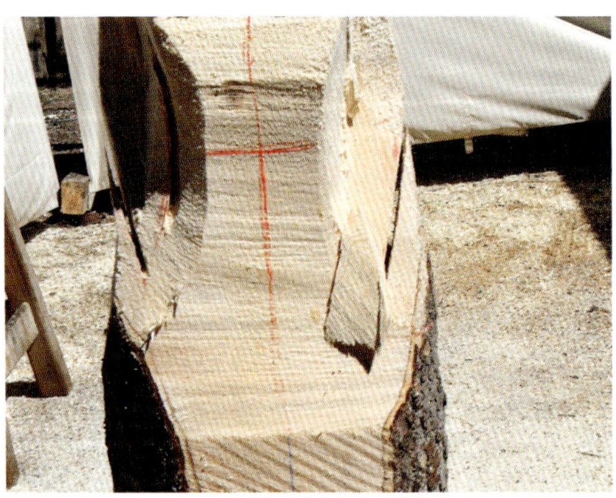

94 … IST DER UNTERARM FREIGELEGT.

Name

Straße

PLZ Ort

Telefon

E-Mail

☐ (Pflichtfeld) Ich bestätige, dass ich das 16. Lebensjahr vollendet habe und erteile meine ausdrückliche Zustimmung, dass die von mir oben angegeben Daten durch die Leopold Stocker Verlag GmbH zum Zweck der Vertragserfüllung und Leistungserbringung verarbeitet und an Auftragsverarbeiter weitergegeben werden, UND dass

☐ die angegeben Daten durch die Leopold Stocker Verlag GmbH zum Zweck des Newsletterversands verarbeitet, an Auftragsverarbeiter weitergegeben werden und ich werbliche Informationen und Angebote via Post, E-Mail, Telefon erhalte.

Ich kann meine Zustimmung jederzeit widerrufen. Dafür wende ich mich an die Leopold Stocker Verlag GmbH (Hofgasse 5, A-8010 Graz; Tel: 0043316/821636; E-Mail: datenschutz@stocker-verlag.com). Alle Infos: www.stocker-verlag.com/datenschutz.

Datum ____________ Unterschrift ____________________

Bitte frankieren!

ANTWORTSENDUNG

Leopold Stocker Verlag

Postfach 438
Hofgasse 5
8011 Graz

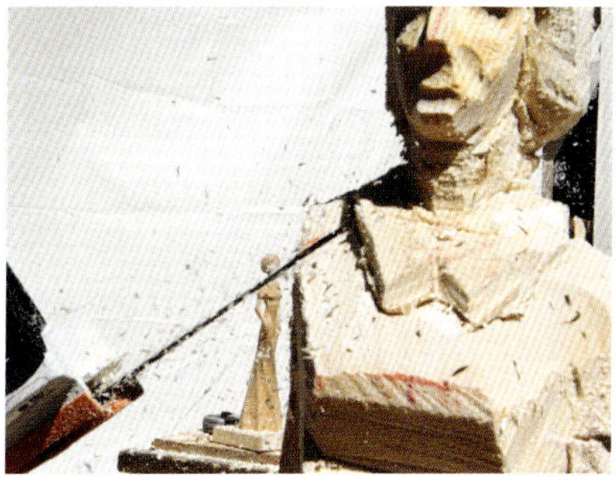

95 Wiederum die andere Körperhälfte anpassen.

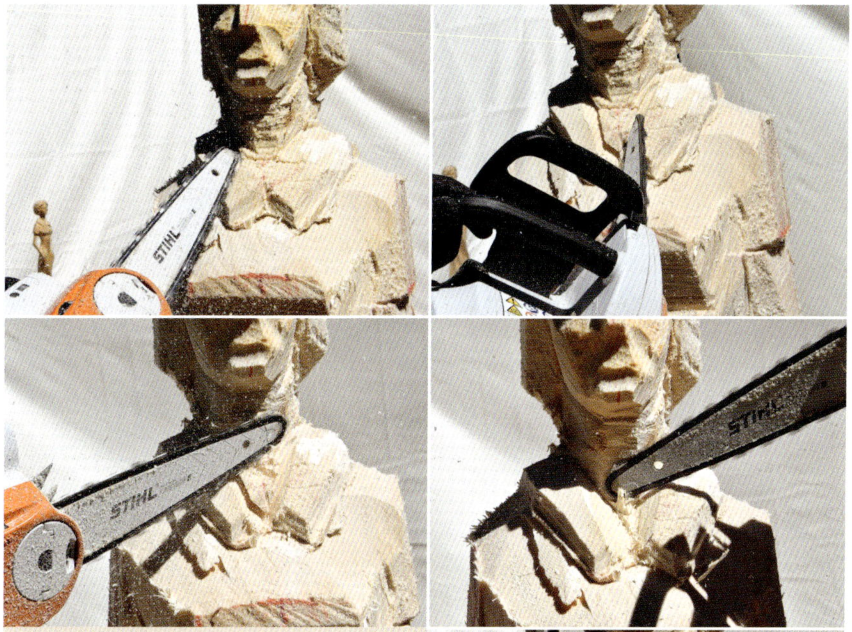

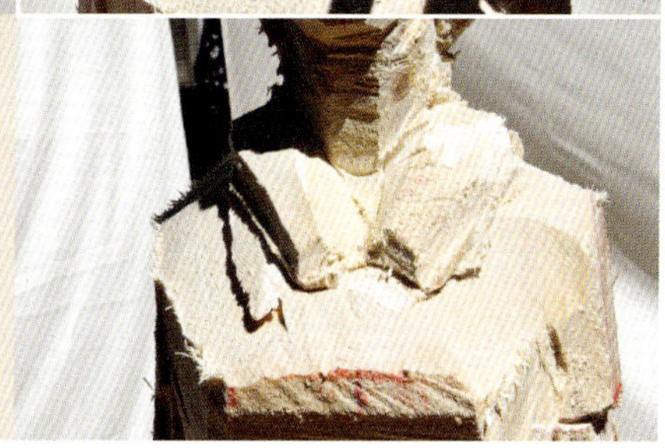

96 Mit einigen Schnitten bringen wir den Kragen in Form, immer flach an- und flach beischneiden.

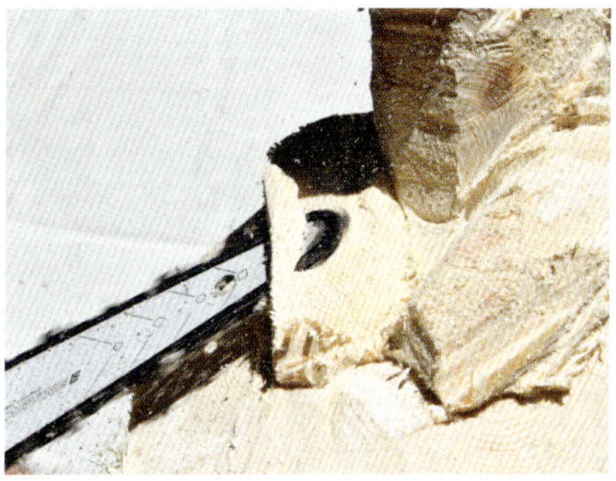

97 Etwas Schwung noch.

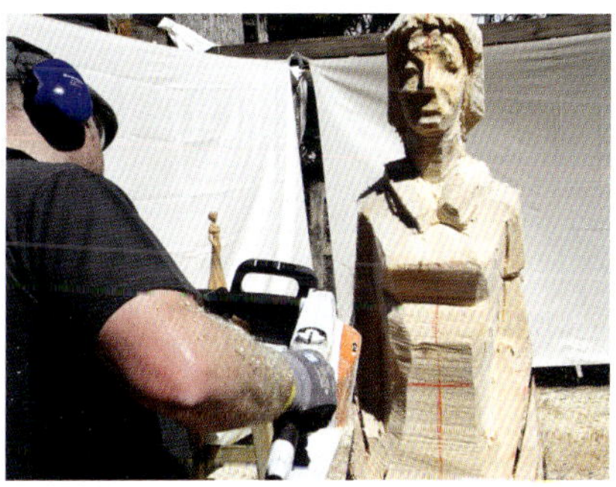

98 Sobald wir alles überarbeitet haben, …

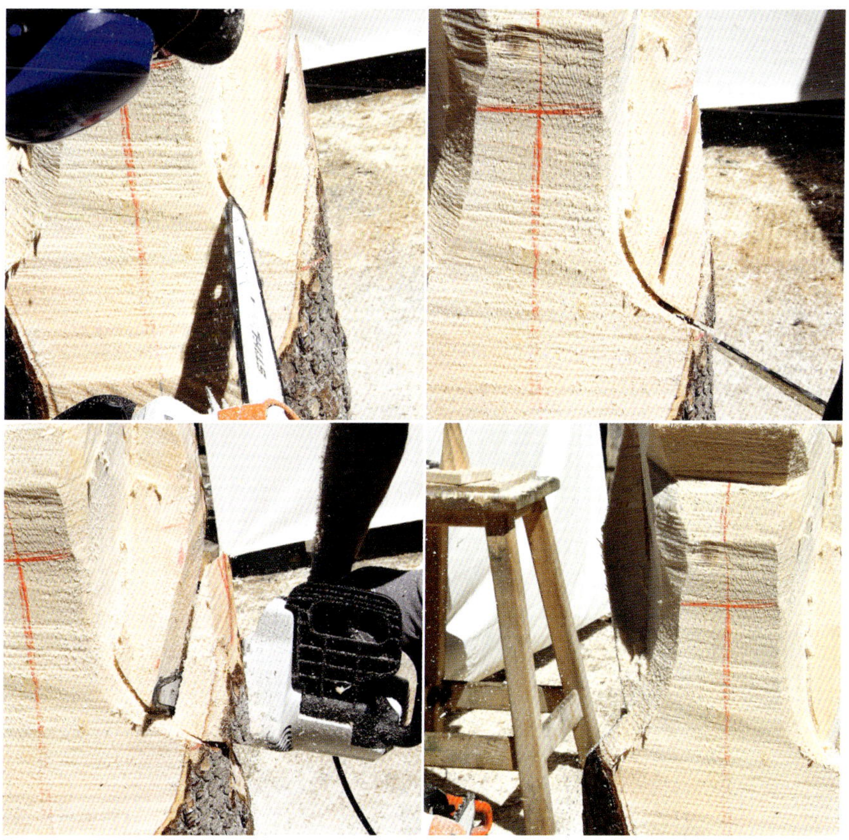

99

… FIXIEREN WIR DIE ROCKTASCHE, IN DER DIE HÄNDE STECKEN.

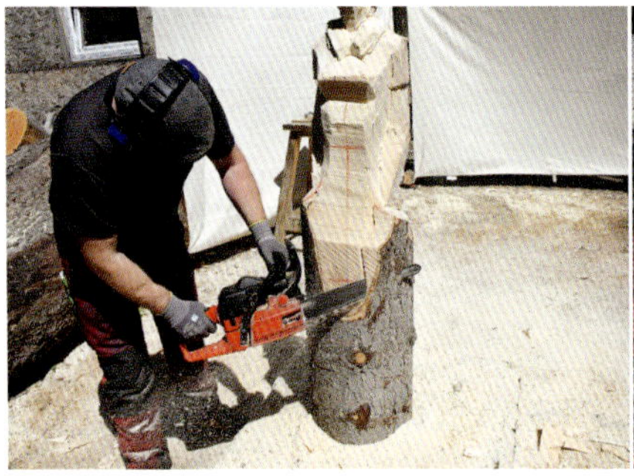

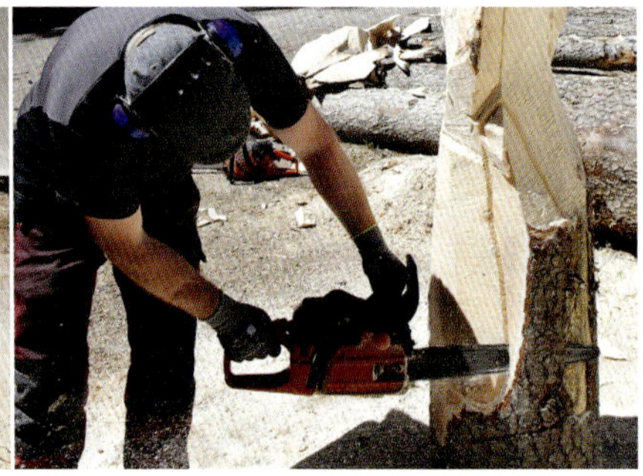

100 Mit der „Benziner“ spanne ich jetzt das Kleid rundherum.

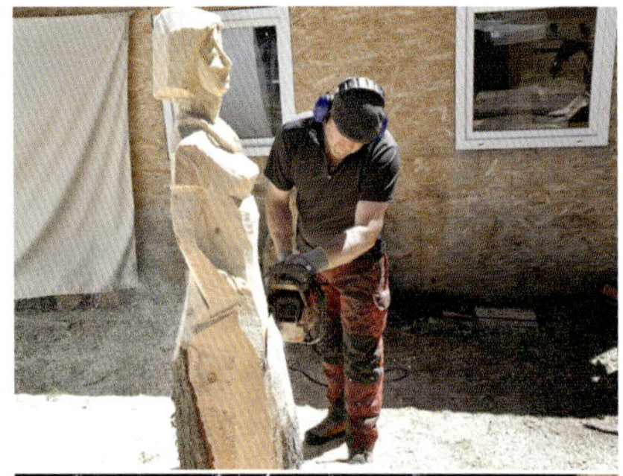

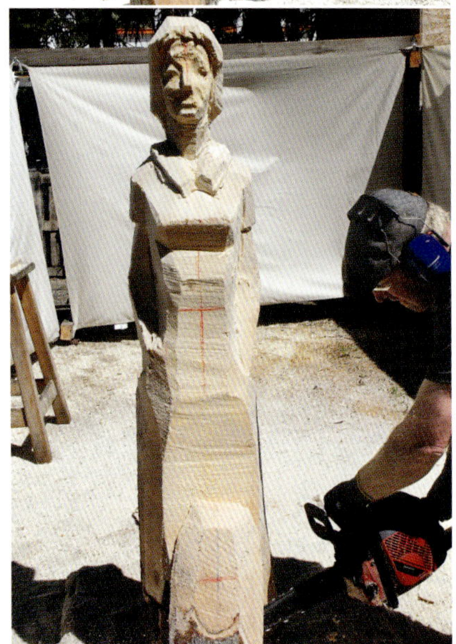

101 Unterhalb von den im Kleid versteckten Händen schneide ich zu den Oberschenkeln hin.

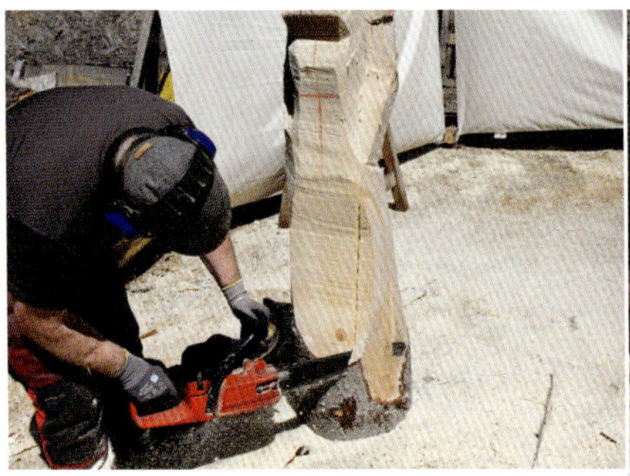

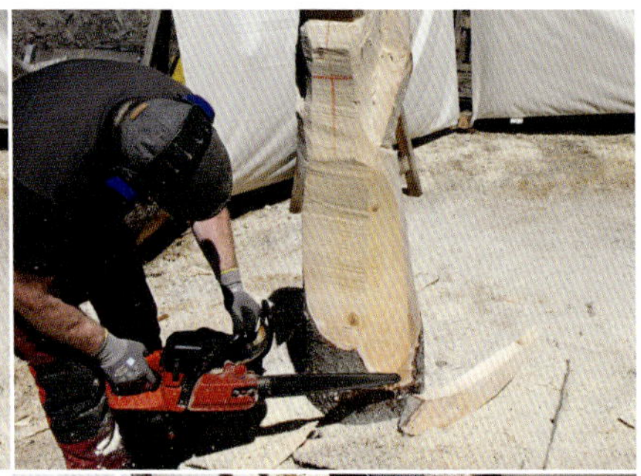

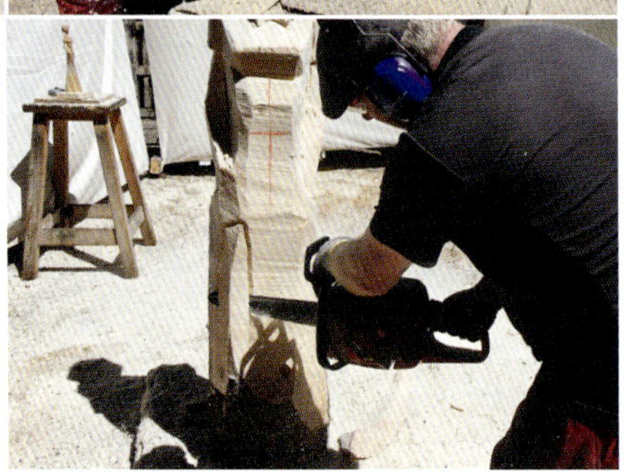

102 DIE KANTEN BRECHEN.

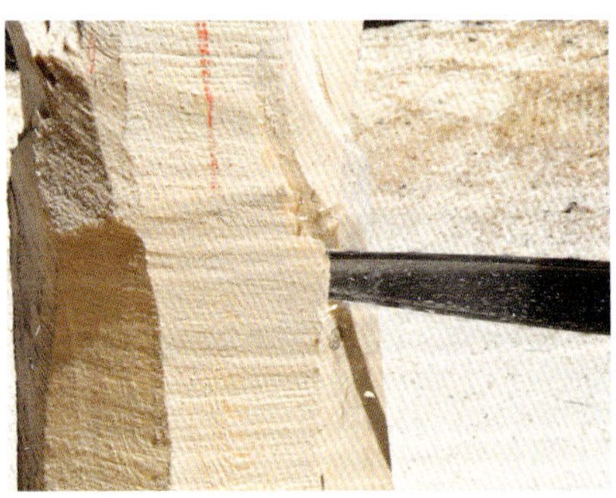

103 Anschließend deuten wir die Form der Hände an und arbeiten am Bauch.

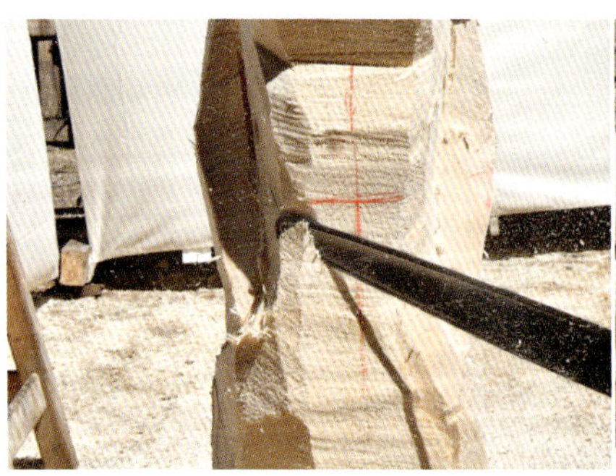

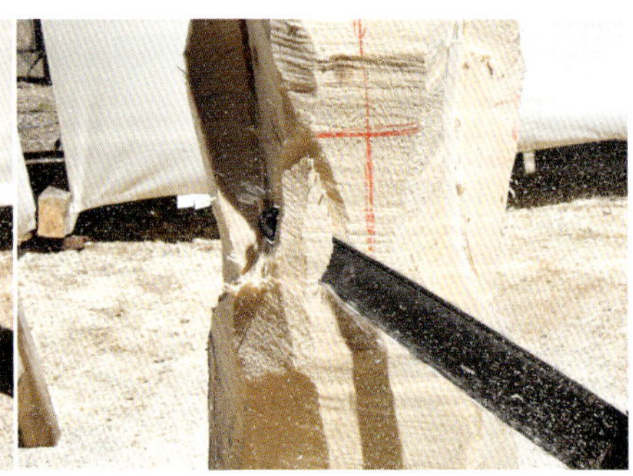

104 Kante für Kante zur Mitte hin brechen.

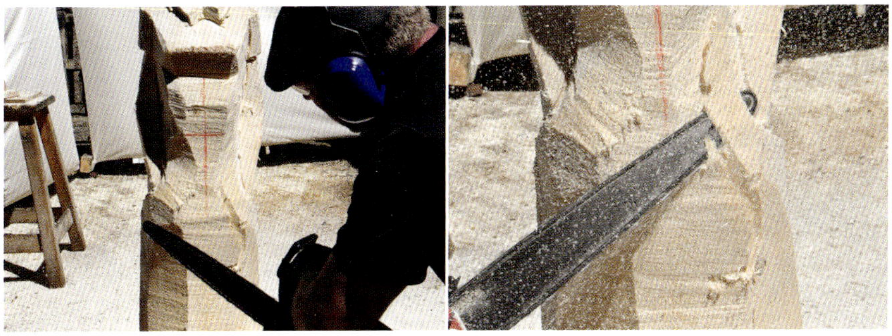

105 Den Stoff über den Handrücken spannen.

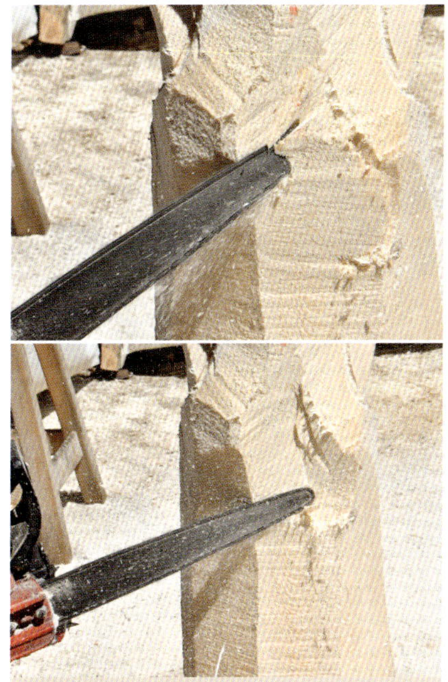

106 Zur Körpermitte hin etwas tiefer.

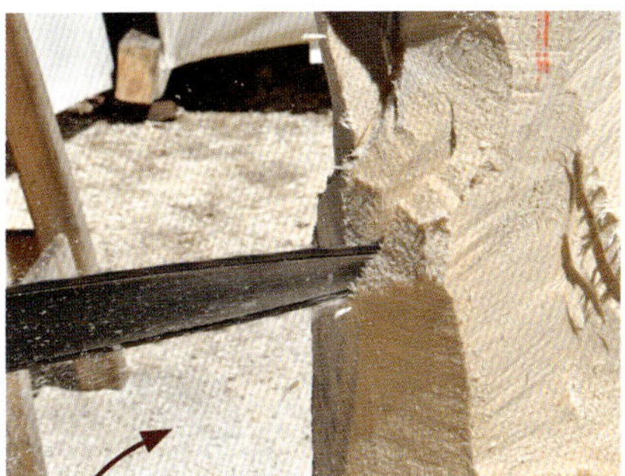

107 DIE SÄGE SCHÖN FLACH ANSETZEN ...

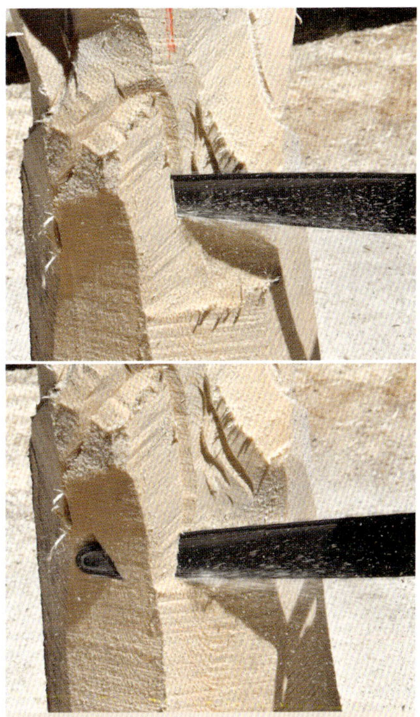

108 ... und flach beischneiden.

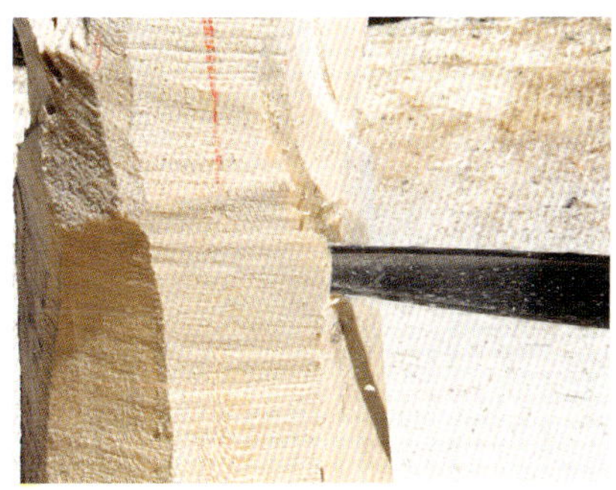

109 Jetzt bekommt unsere Dame schon ein wenig Erotik.

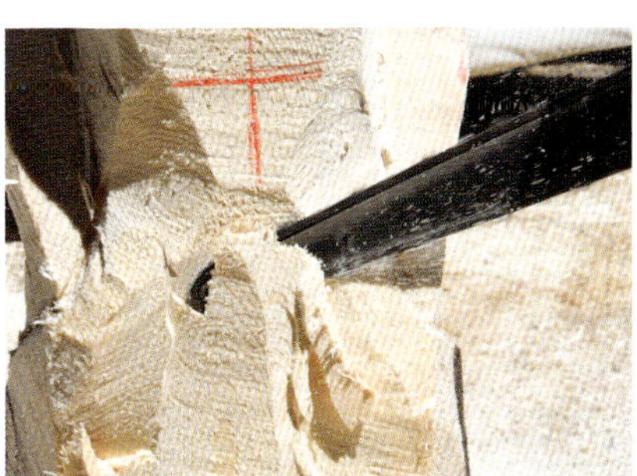

110 Es geht aber noch mehr.

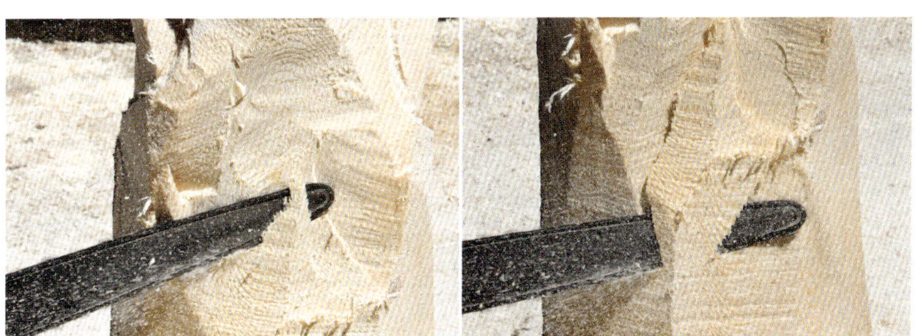

111 Hier ist schön zu sehen, wie flach man schneiden soll.

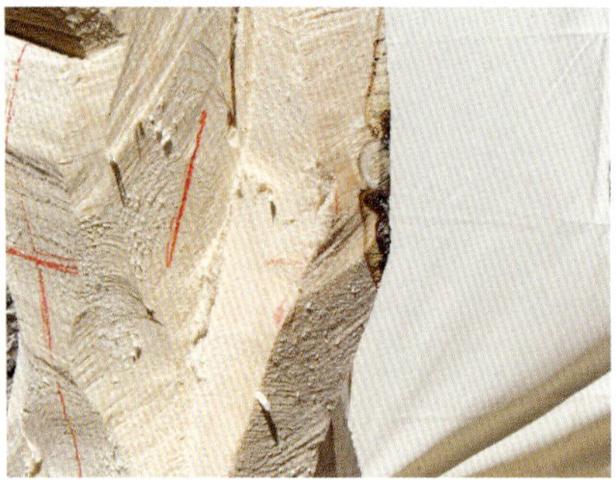

112 Nun legen wir die Falte der Tasche fest.

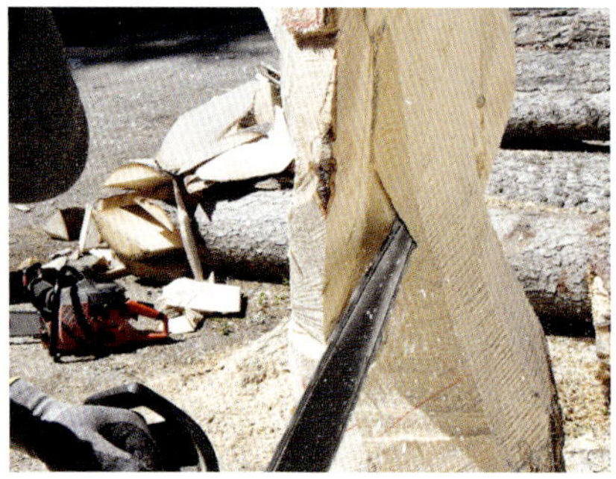

113 Bevor wir uns aber der Tasche widmen, formen wir zuerst den Rücken.

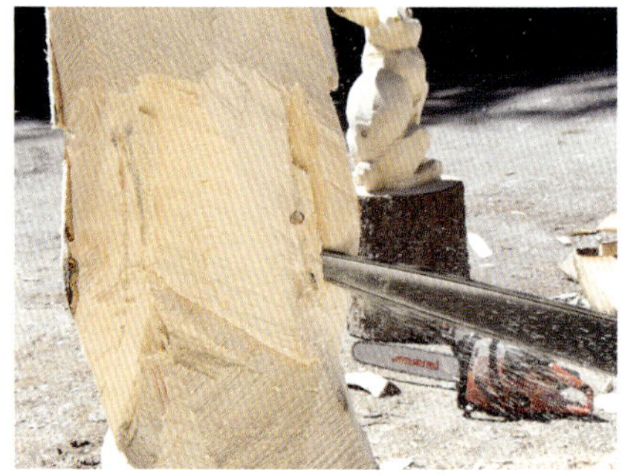

114 Die Arme stehen lassen.

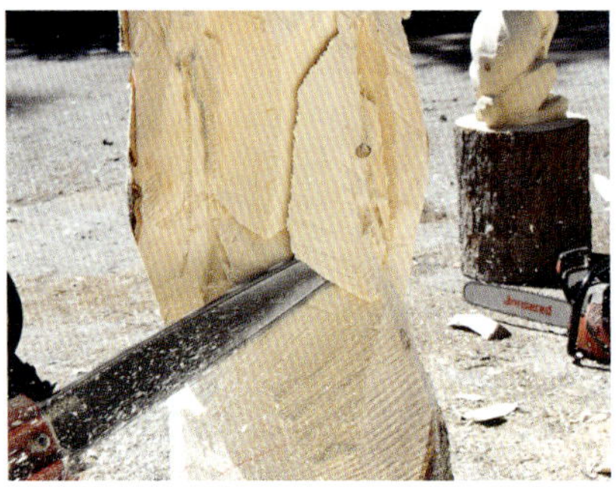

115 Das Fräulein darf ruhig ein kleines Hohlkreuz …

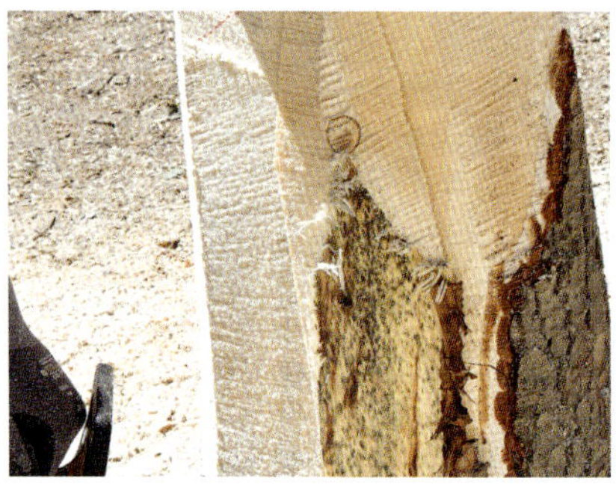

116 … und einen schönen runden Hintern haben.

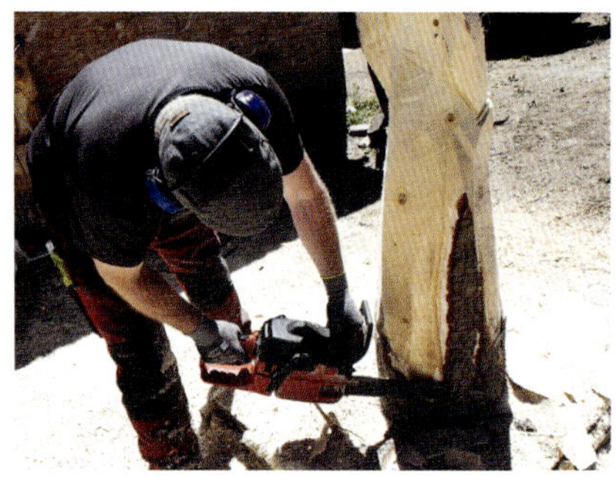

117 Hier sieht man die schöne S-Form der seitlichen Kontur.

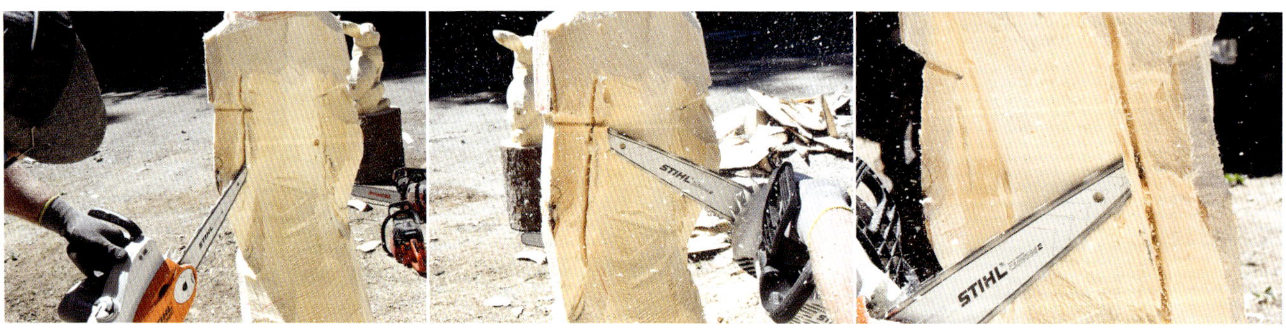

118 Die Rückseite der Arme nachbessern.

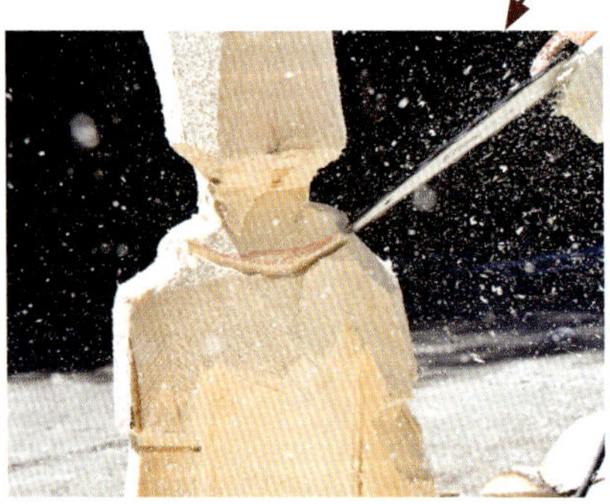

119 DEN KRAGEN AM RÜCKEN ABSETZEN.

120 BEISCHNEIDEN.

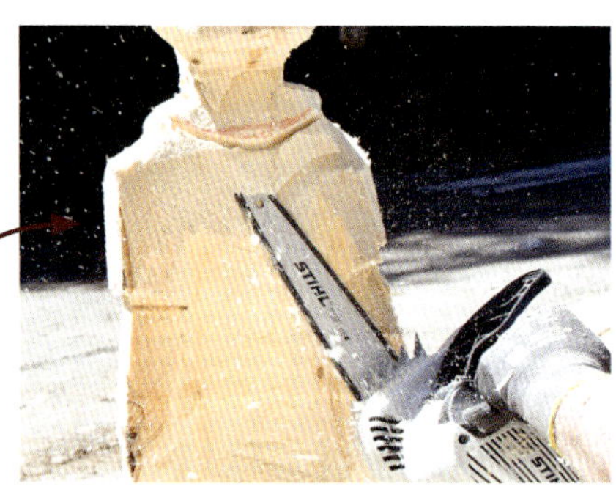

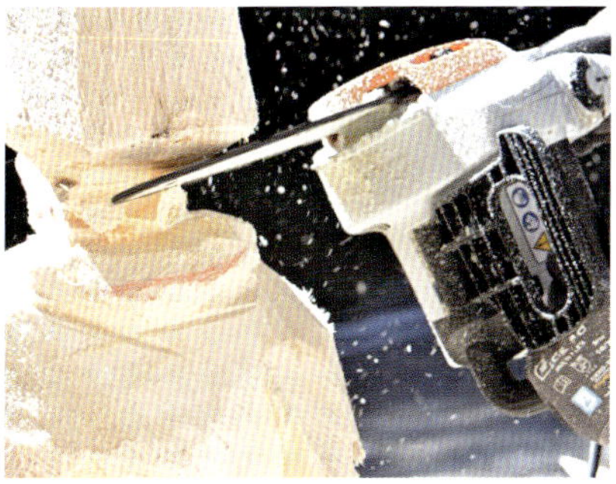

121 Den Hals glätten.

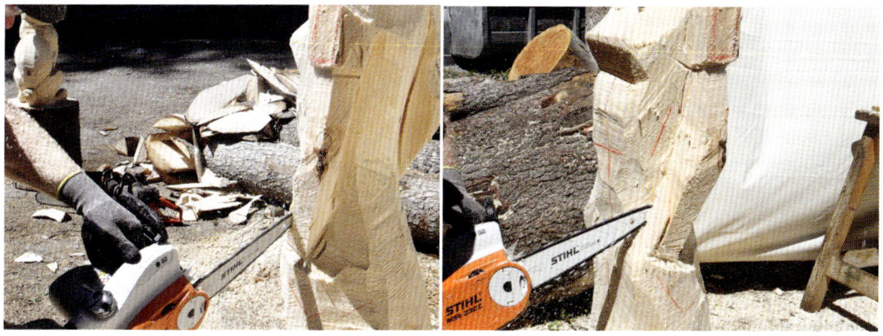

122 Wenn ich jetzt die Stärke des Unterarmes festsetze, …

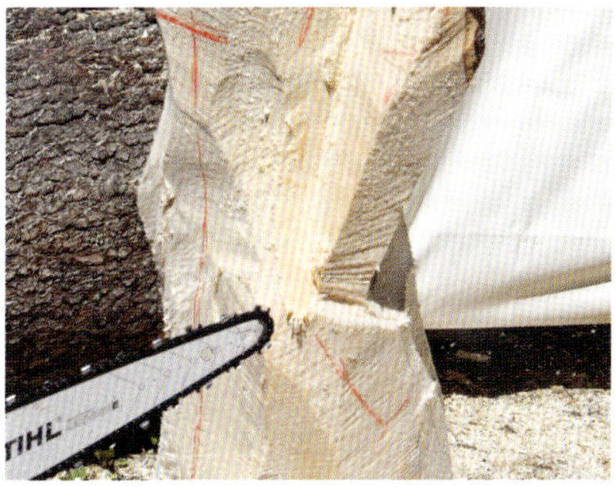

123 … zeichnet sich schon der Faltenwurf der Tasche ab.

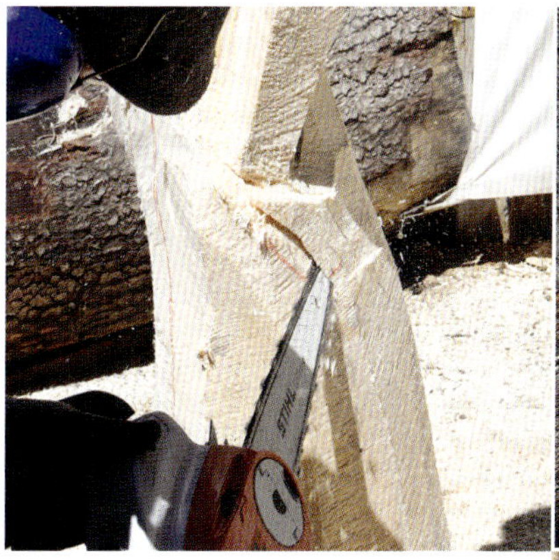

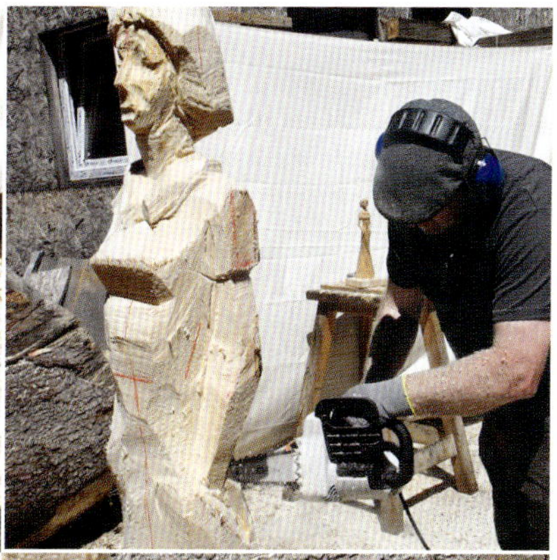

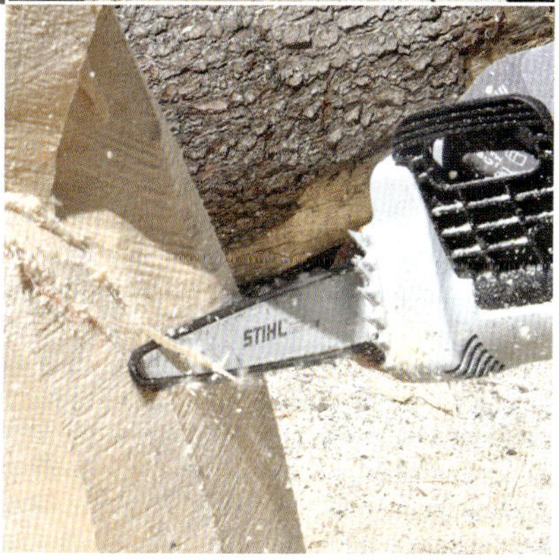

124 DEN WIR DANN GLEICH VERLÄNGERN.

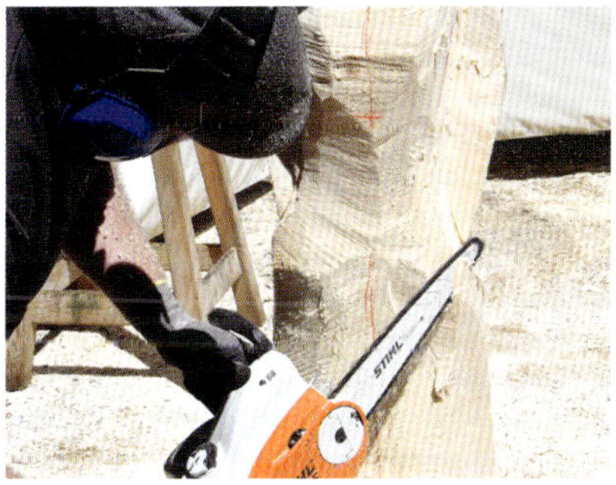

125 Das Ganze spannen.

TIPP: Es ist auch möglich, eine Fläche zu drehen. Dazu setze ich die Säge flach an … (126) … und schneide spiralförmig … (127) … weiter (128).

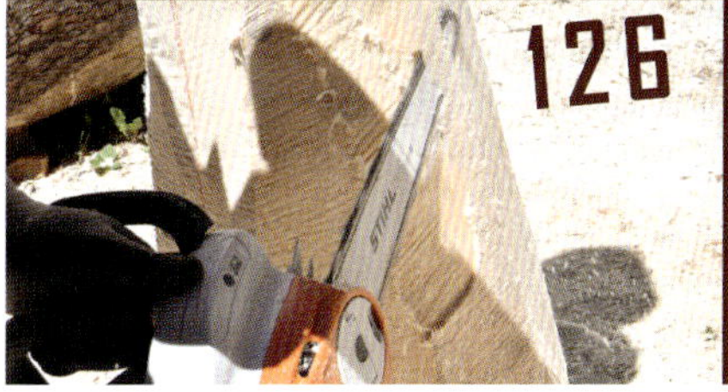

126

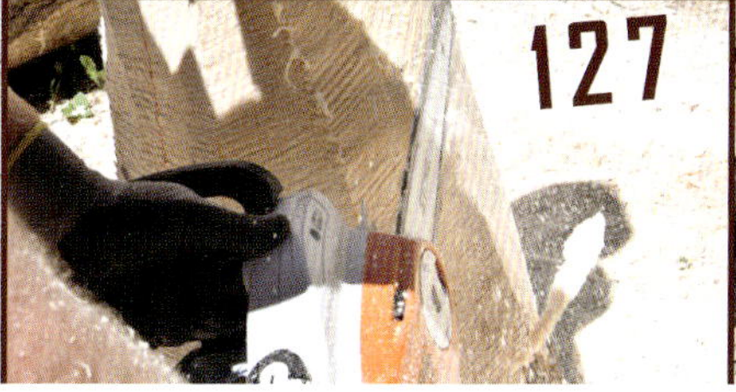

127

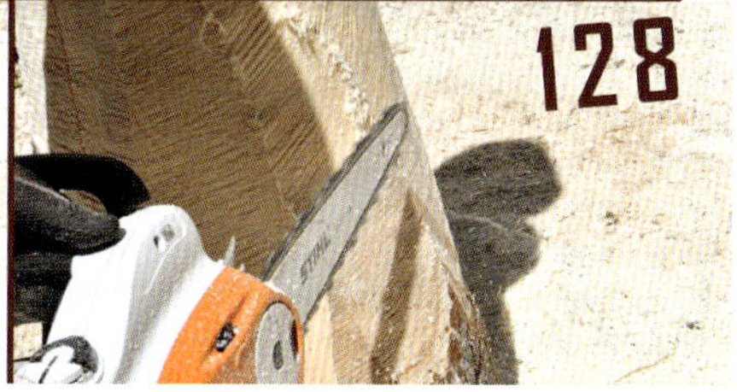

128

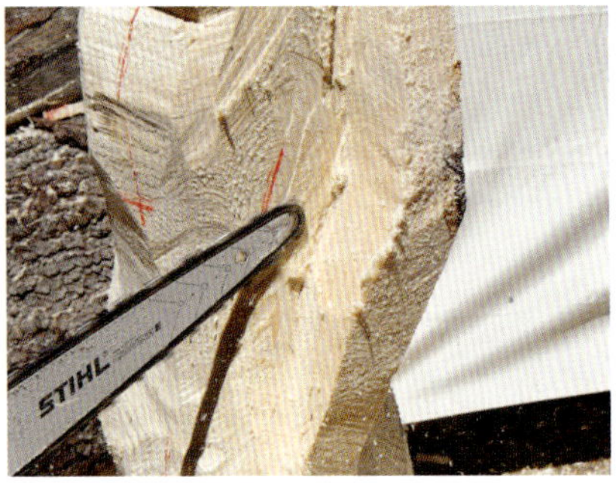

129 Wieder nachputzen.

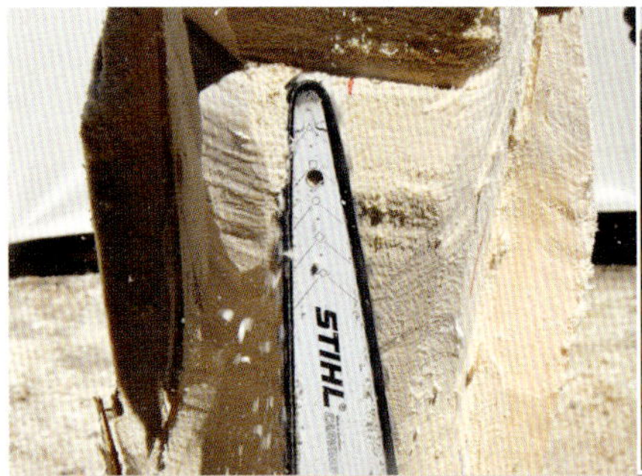

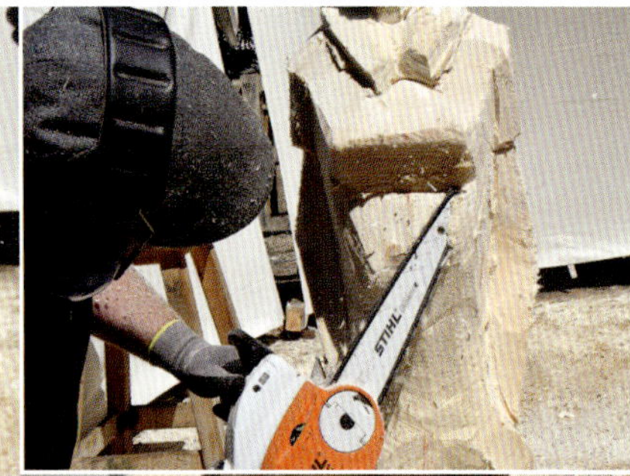

130 Hier könnte man auch durchbrechen, das heißt, den Arm vom Körper trennen, doch das ist jedem selbst überlassen. Ich habe mich dazu entschieden, die Verbindung nicht zu unterbrechen. Der Brustkorb ist noch zu eckig.

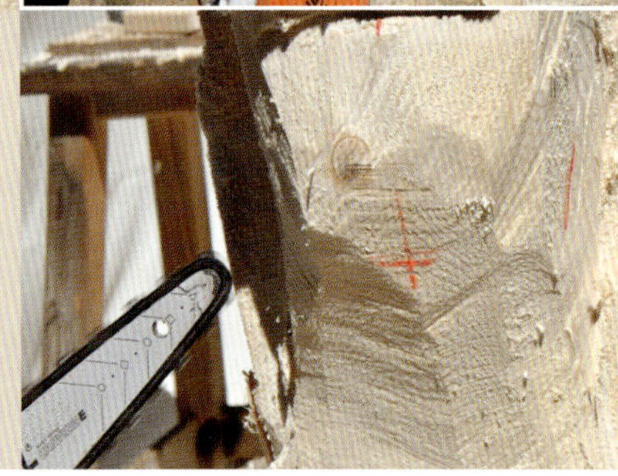

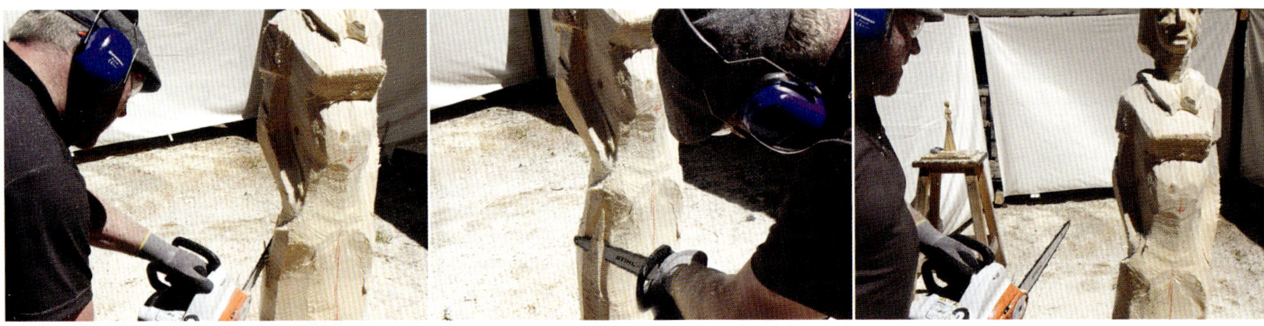

131 Schön, wenn sich die Details langsam abzeichnen.

132

DAMIT MAN DIE HAND UNTER DEM STOFF ERAHNEN KANN, SCHNEIDEN WIR DAS GANZE AREAL UM DIE HAND HERUM NOCH ETWAS TIEFER.

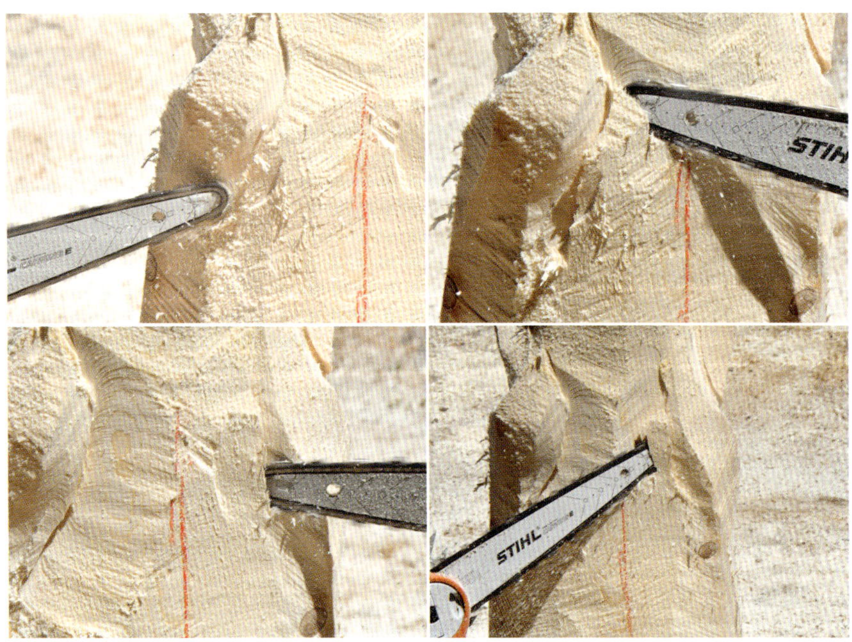

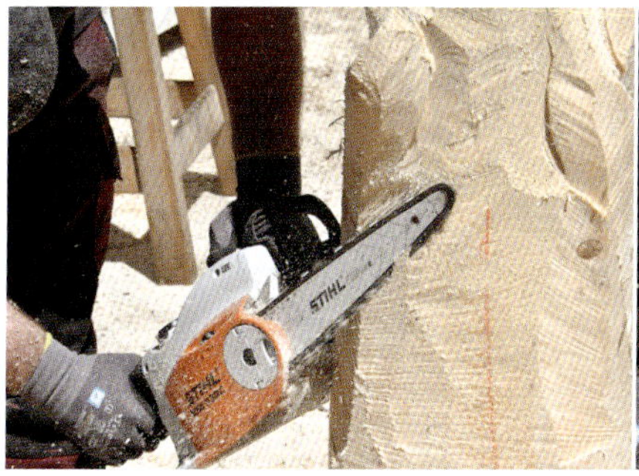

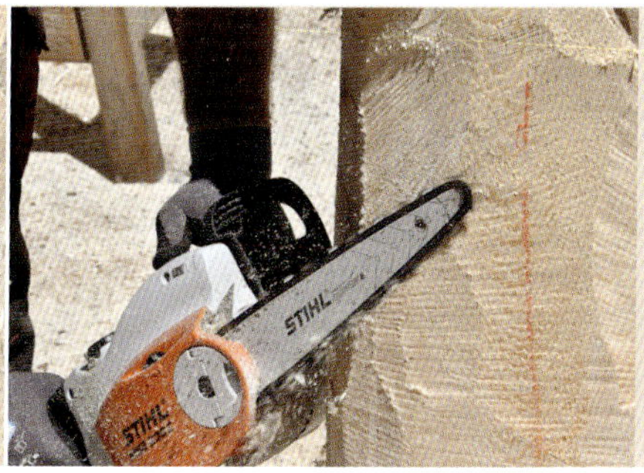

133 Die Übergänge sollten schön weich verlaufen.

LETZTE KOSMETIK

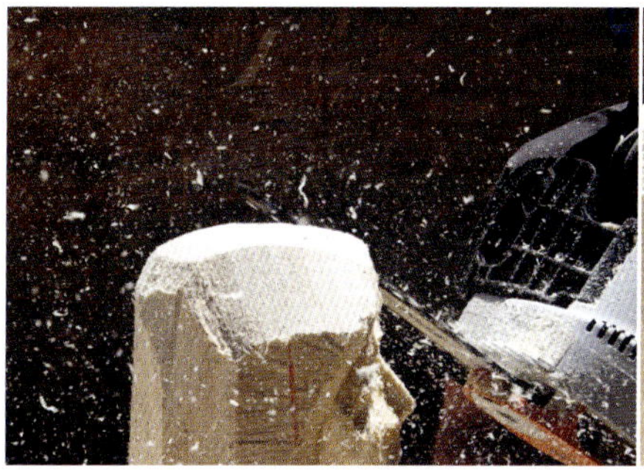
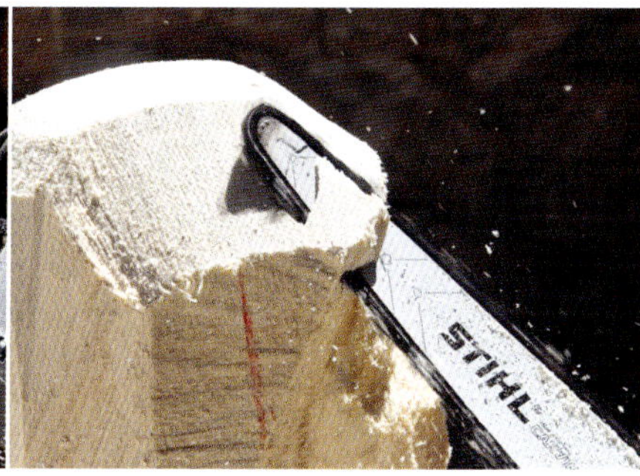

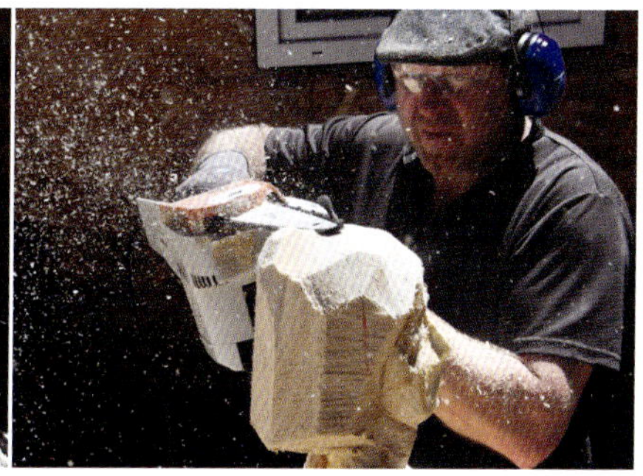

134 Nun überarbeiten wir nochmal den Kopf. Wir passen die Form der Frisur dem Kopf an, indem wir alles abrunden.

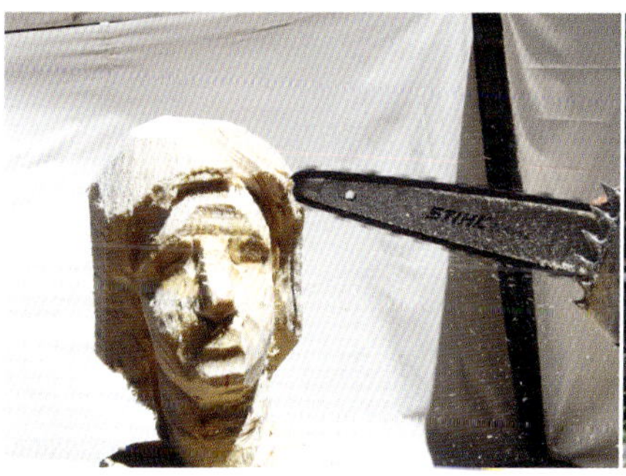

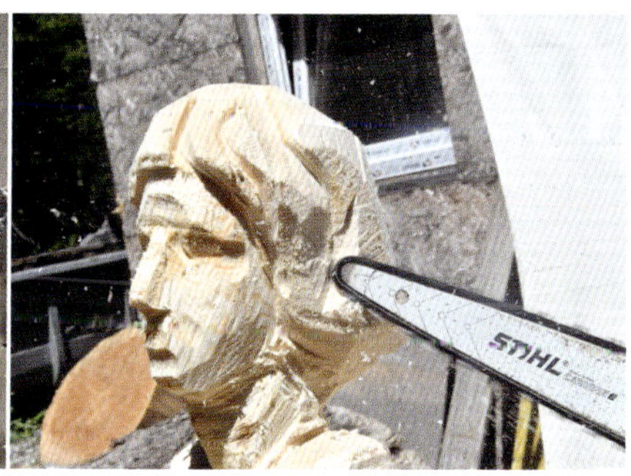

135 Die Haare der Dame werden in Strähnen angedeutet, das heißt, zuerst größere Büschel formen, die vom Scheitel aus in leichten „S"-Formen verlaufen.

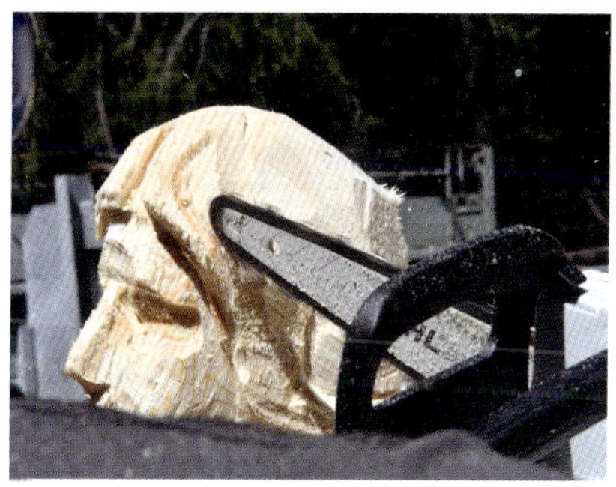

136 Schon flach an- und wieder flach beischneiden. Dabei darauf achten, dass man nicht in die Kopfform schneidet.

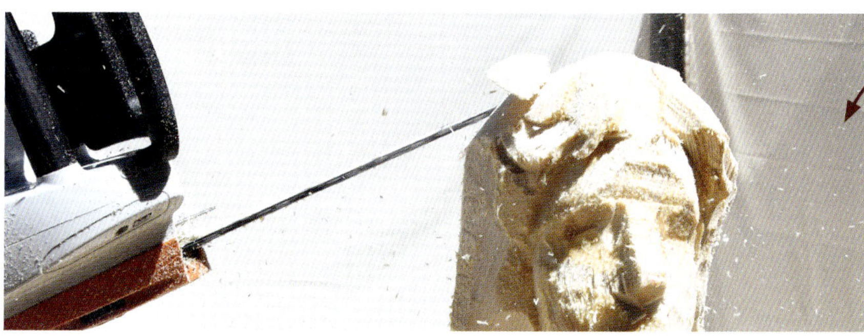

137

DAS GANZE RUNDHERUM MACHEN.

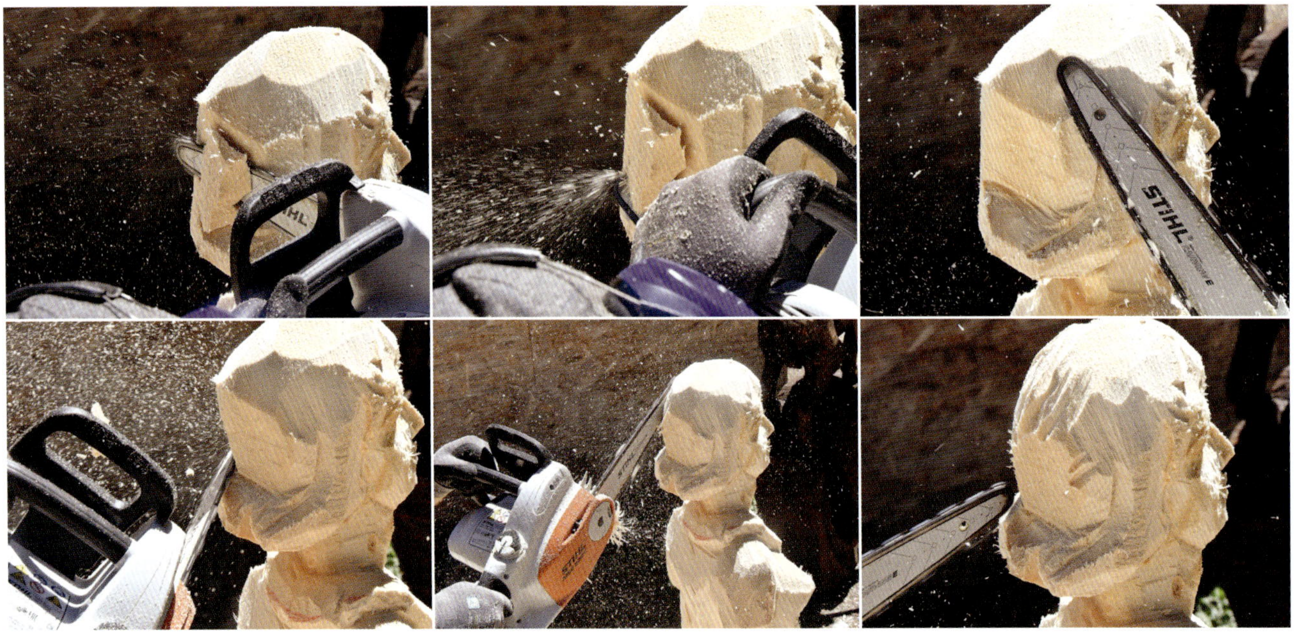

138 Ein wenig Schwung in die Frisur bringen, damit sie mehr Volumen bekommt.

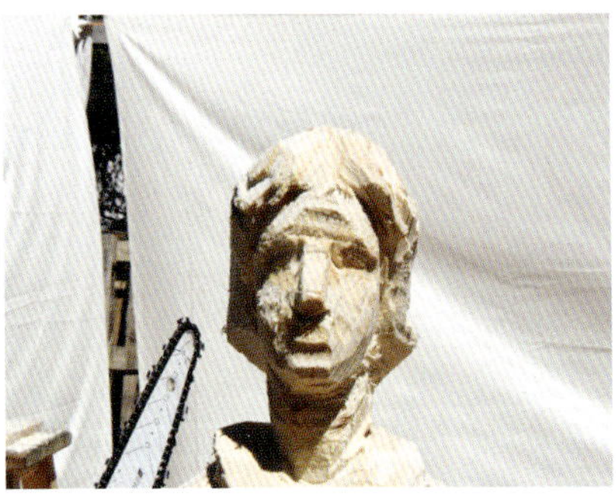

139 Jetzt werde ich das Gesicht noch einmal überarbeiten.

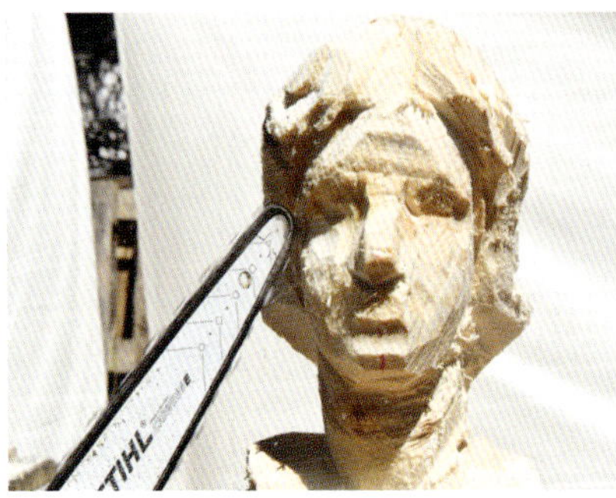

140 Zuerst schneide ich unter dem Auge etwas tiefer, damit das Jochbein bzw- der Wangenknochen etwas hervorsteht.

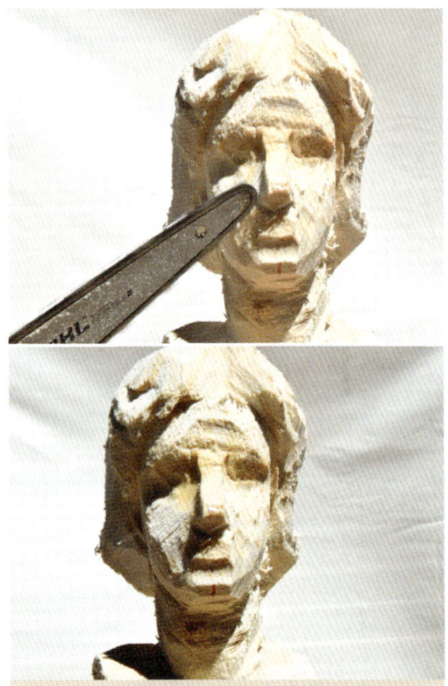

141 Dann runde ich das Ganze ab.

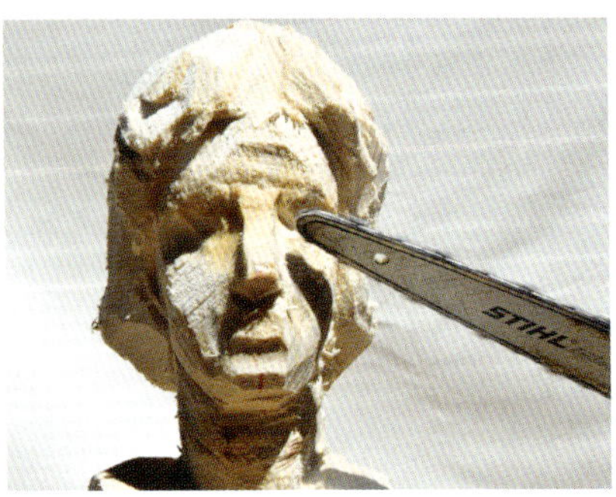

142 Zur Nasenwurzel hin etwas vertiefen, damit das Auge konvex und nicht zu flach erscheint.

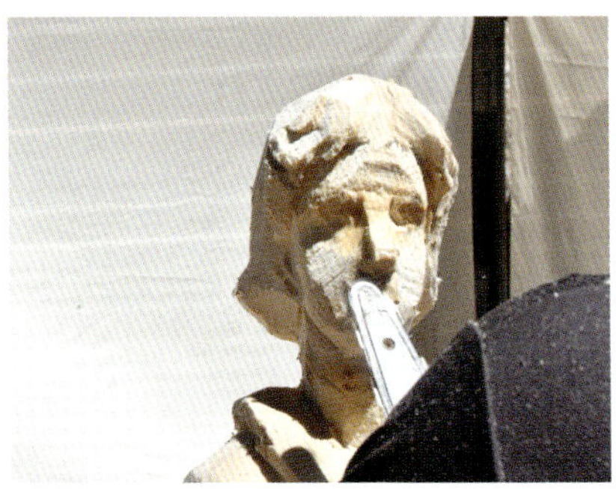

143 Die Lippen mit der flachen Seite der Schwertspitze andeuten …

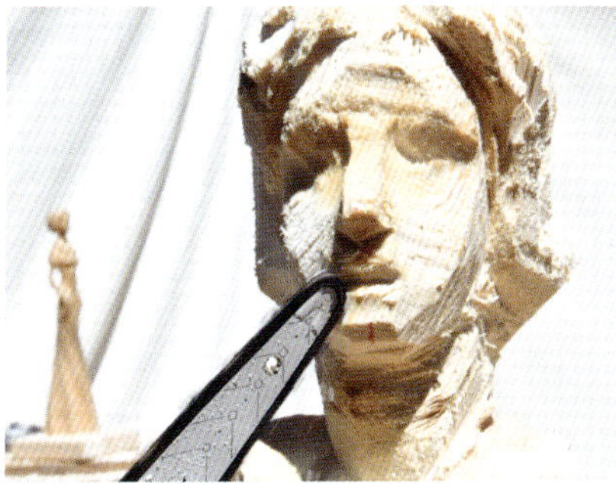

144 … und die Mundwinkel markieren.

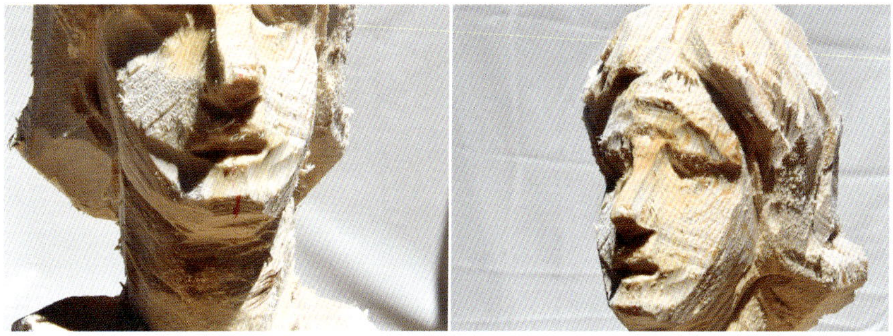

145 Genug für den Anfang.

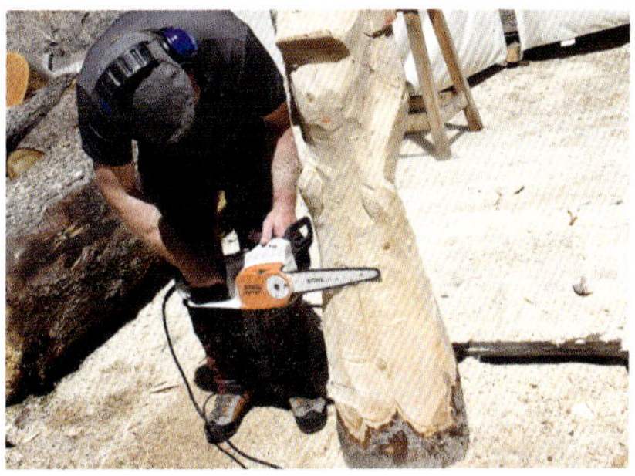

146 Für mich ist das Gesicht genug ausgearbeitet. Natürlich kann jeder für sich selbst noch herausfinden, wie weit es sinnvoll ist, mit der Motorsäge die Details noch genauer auszuarbeiten. Mit etwas Übung wird man immer mutiger, wobei man darauf achten muss, dass sehr schnell ein Fehler passiert ist … Zum Schluss noch etwas Kosmetik.

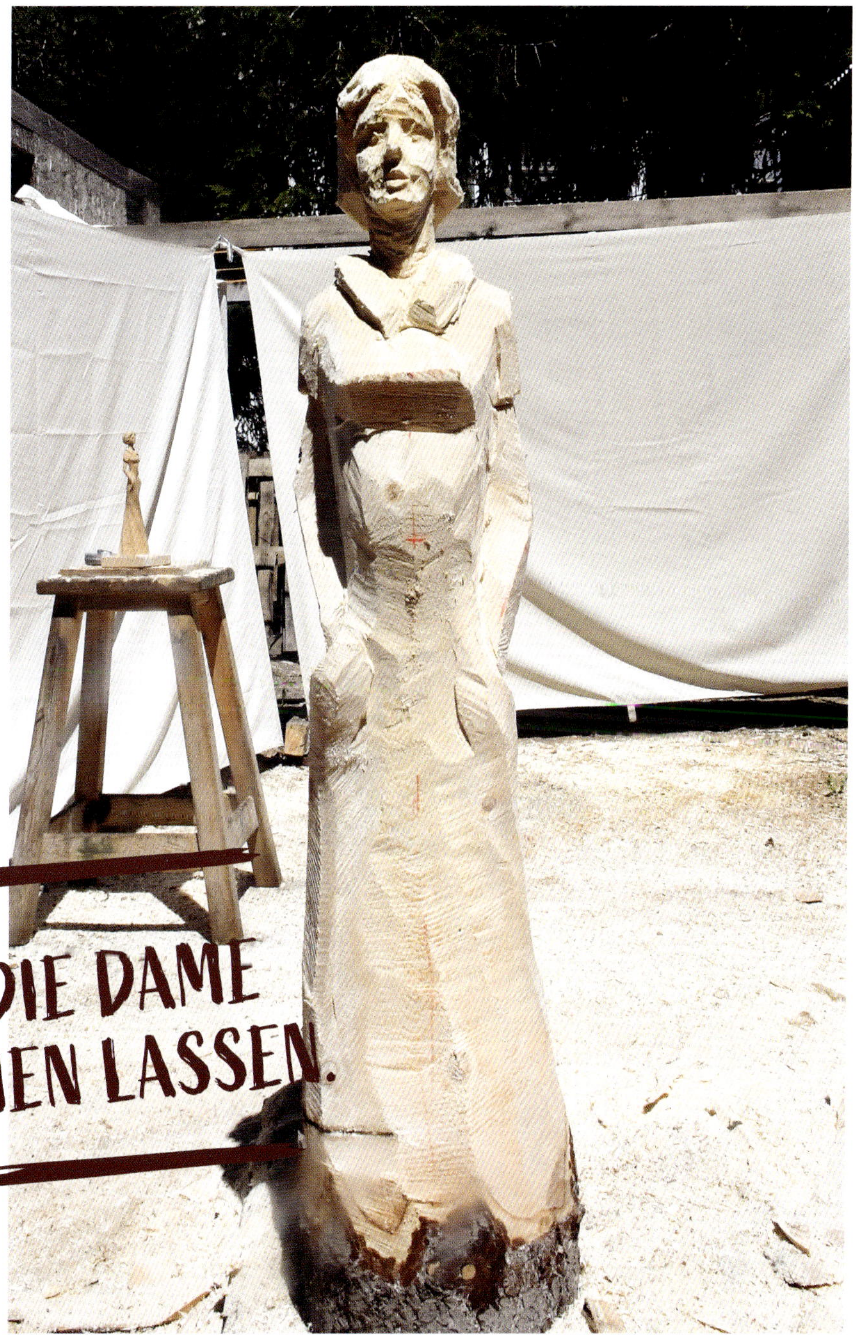

ICH DENKE, DIE DAME KANN SICH SEHEN LASSEN.

PROJEKT 4

STEINBOCK

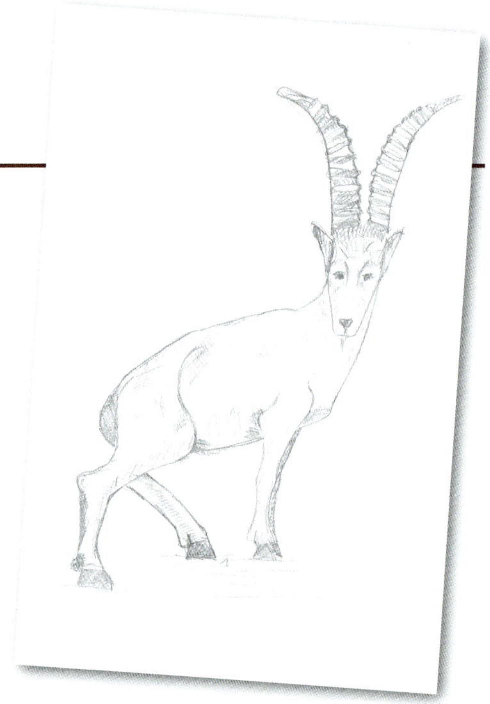

Eines der beliebtesten Motive in den Motorsägenkursen, die ich leiten durfte, war der Steinbock, der König der Alpen. Er ist auch eines meiner Lieblingsobjekte, weil der Steinbock einerseits das Sternzeichen meiner Mutter und andererseits das Wappentier meiner Wahlheimat Graubünden ist.

Dieses stolze Tier mit dem mächtigen Gehörn ist eine Herausforderung für jeden Motorsägenschnitzer. Mit etwas Übung im Umgang mit der Carvingsäge kann man sich an diese Aufgabe heranwagen.

In der Regel sollten die Projekte, die man mit der Motorsäge schnitzt, im Durchmesser in einen Stamm passen, doch in diesem Fall gibt es mehrere Lösungen. In unseren Wäldern einen Stamm mit einem Meter Durchmesser zu finden, ist schon eher schwierig. Sollte man trotzdem zu so einem Stamm kommen, ist die nächste Herausforderung, die Fläche zu schneiden, da man eine Schiene braucht, die lang genug ist, sich dieser Aufgabe zu stellen.

Eine Lösung wäre, auf zwei in der Höhe abgelängten Stämmen jeweils eine Fläche zu schneiden und diese zusammenzuleimen, wobei das sehr viel Präzision erfordert und mit einiger Arbeit verbunden ist …

Eine andere Lösung wäre, so wie ich es hier mache, mit einem Stamm zu arbeiten, der ein großes Stockmaß hat, das heißt, in Wurzelnähe ist der Durchmesser oft sehr gewaltig und verjüngt sich nach oben hin ziemlich schnell. Um den hohen Durchmesser auszunützen, stelle ich den Stamm einfach auf den Kopf, somit habe ich mit einfachen Mitteln meinen Maßfaktor um einiges erhöht.

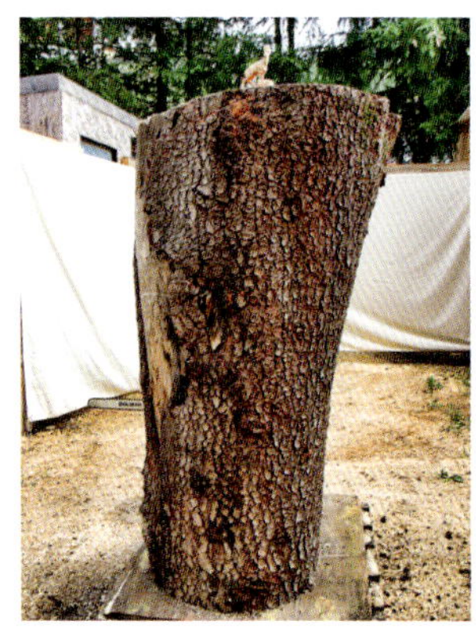

Das Modell ist so in Kopfhöhe am breitesten und verjüngt sich hin zu den Hufen, somit habe ich das Holz bestmöglich verwertet.

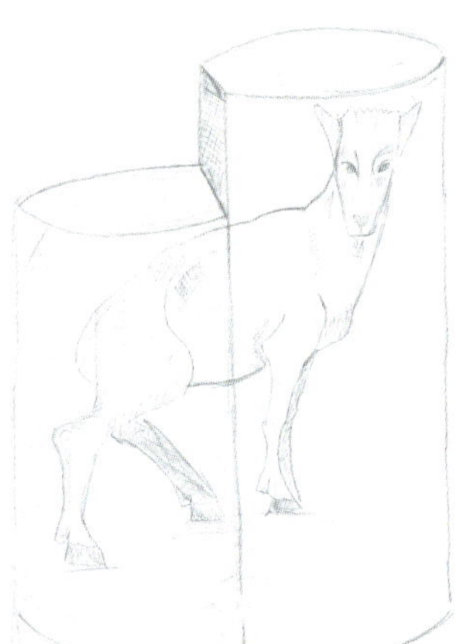

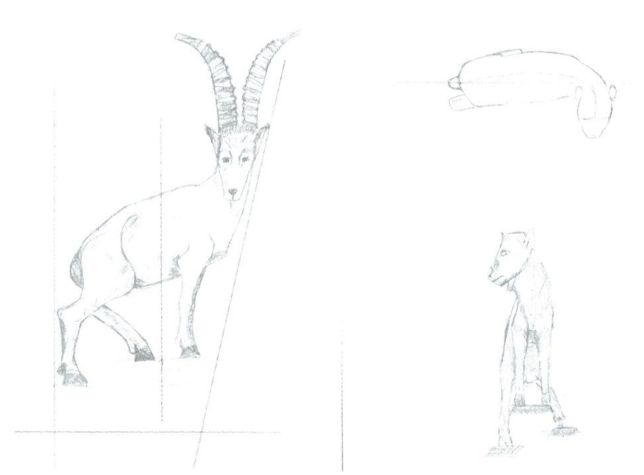

Es ist empfehlenswert, sich anhand der Skizze ein kleines Modell anzufertigen, sodass man sich an die Form herantasten und eventuell schon erkennen kann, wo die Schwierigkeiten liegen.

Auch Fehler werden so leicht erkannt, die im Ton oder im Plastilin leicht zu korrigieren sind. Sie sparen sich mit diesem kleinen Aufwand viel Zeit und vor allem Nerven.

ERSTE SCHRITTE

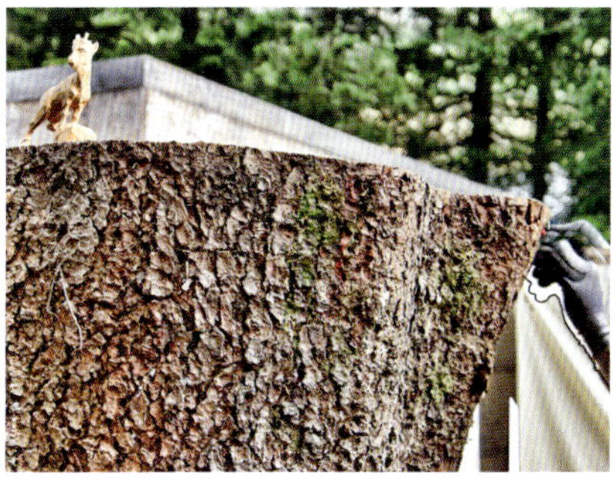

1 Als Erstes übertrage ich den Durchmesser des Tiers auf meinen Stamm, um anschließend gleich wieder als ersten Schritt eine Fläche zu schneiden, auf der ich die Konturen des Steinbocks vom Modell auf das Holz übertragen kann.

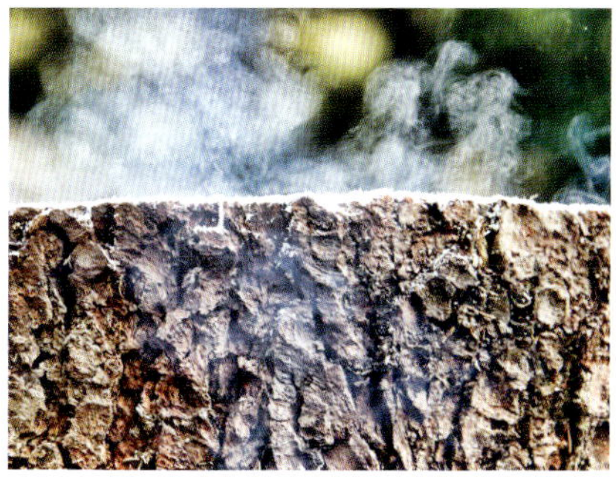

2 So ein Durchmesser leistet schon Widerstand, da kann schon mal Rauch aufsteigen.

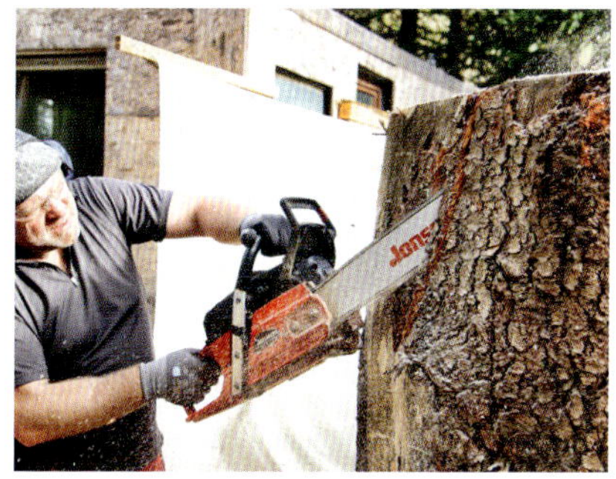

3 Gegebenenfalls von der anderen Seite das fehlende Stück von der Schwertlänge ausgleichen.

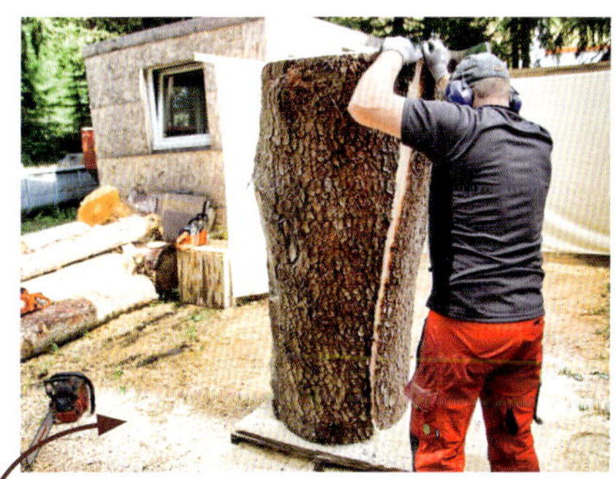

4

MAL VORSICHTIG KONTROLLIEREN, OB DAS ERGEBNIS ZUFRIEDENSTELLEND IST.

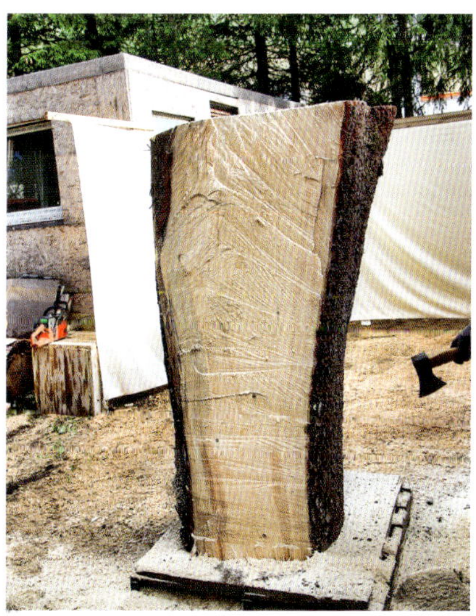

5 Ja, gelingt nicht immer so auf Anhieb.

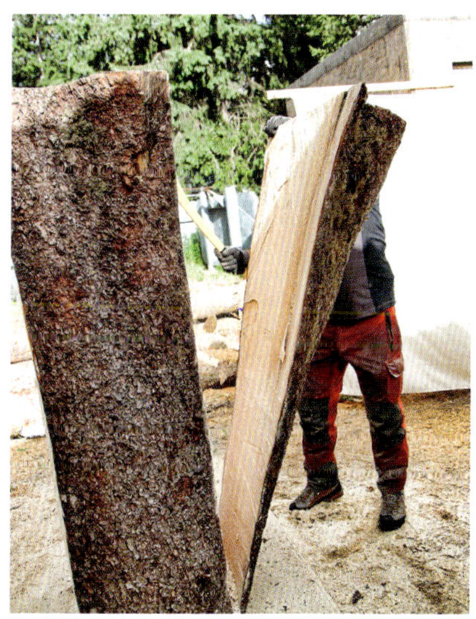

6 Im Anschluss schneide ich auf der anderen Seite auch eine Fläche, dadurch erleichtere ich mir die nächsten Schritte, weil ich die Konturen in einem Zug ausschneiden kann.

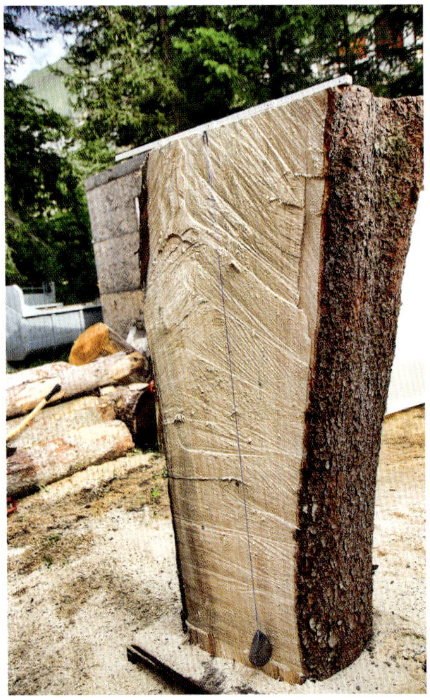

7 Jetzt ermittle ich die Mitte und übertrage sie auf den vorbereiteten Stamm.

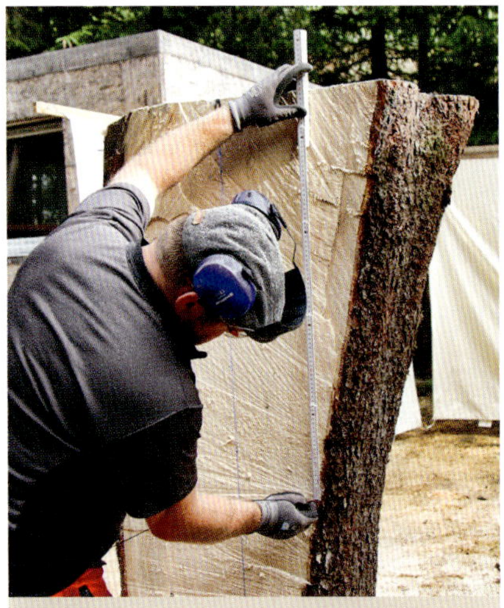

8 Bewusst habe ich den Stamm etwas zu lang abgesägt, damit das Tier etwas höher steht. Da wir ja von der Mittellinie und der Standfläche aus messen, ermittle ich die Standfläche …

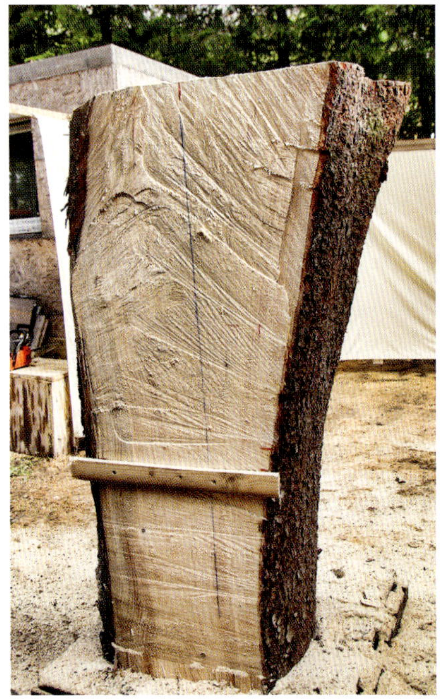

9 … und markiere diese mit einer Leiste, die ich anschraube. Somit habe ich meine Standfläche jetzt markiert.

AUSSCHNEIDEN DER KONTUREN

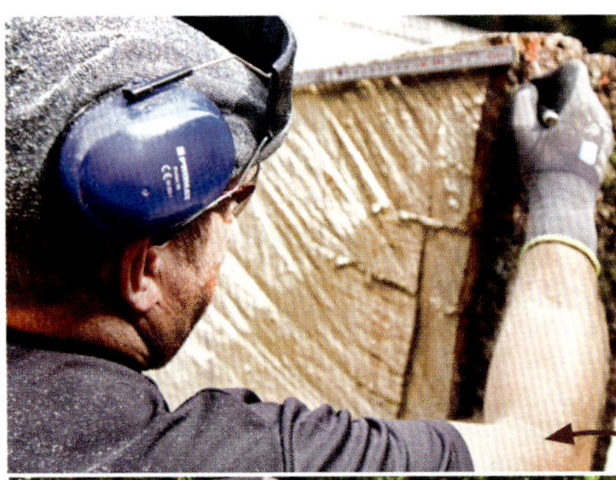

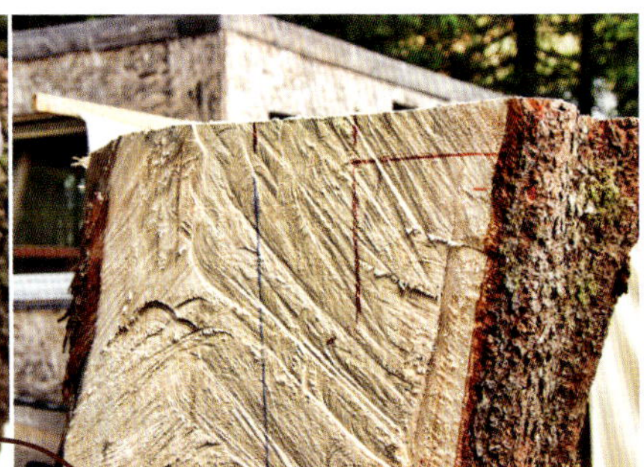

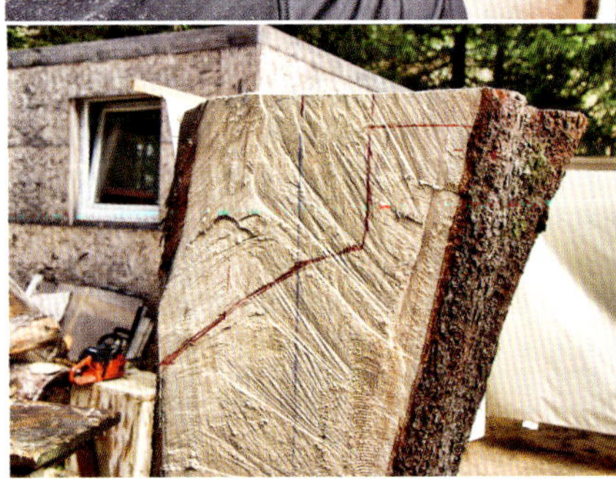

10

SOBALD DIESE VORARBEITEN ABGESCHLOSSEN SIND, KANN ICH MIT DEM ÜBERTRAGEN DER KONTUREN BEGINNEN.

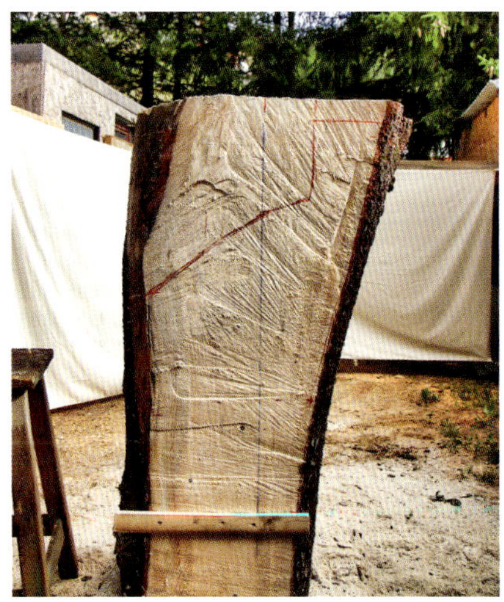

11 Das Modell hat ganz genau Platz.

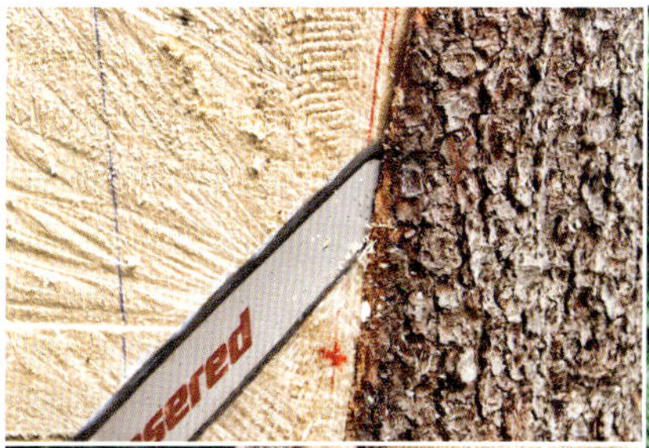

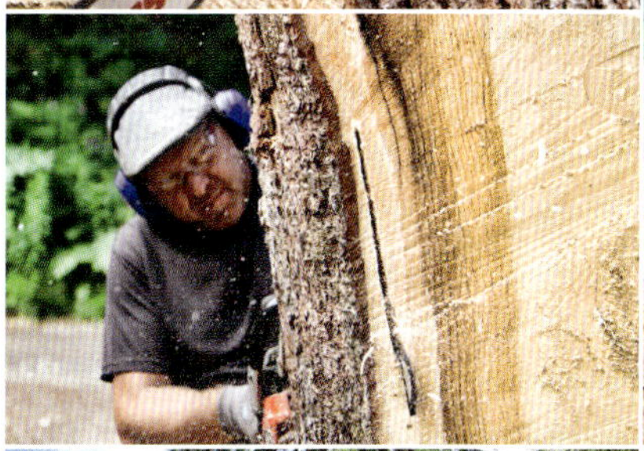

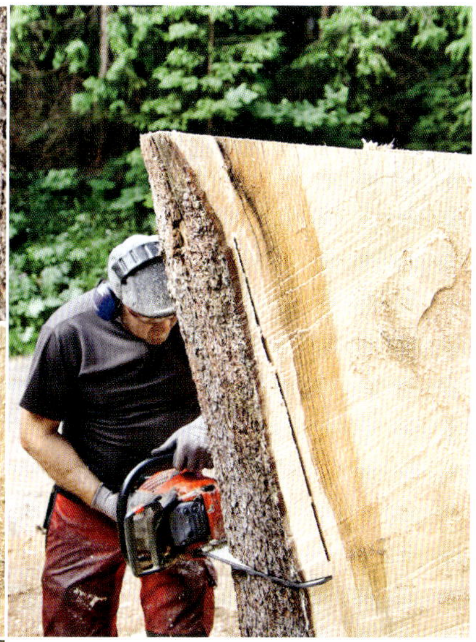

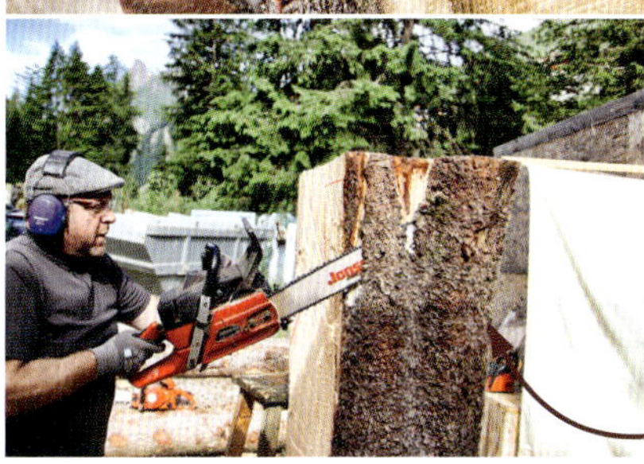

12 IM ANSCHLUSS IM RECHTEN WINKEL ZUR VORDEREN FLÄCHE HIN DIE KONTUREN AUSSCHNEIDEN.

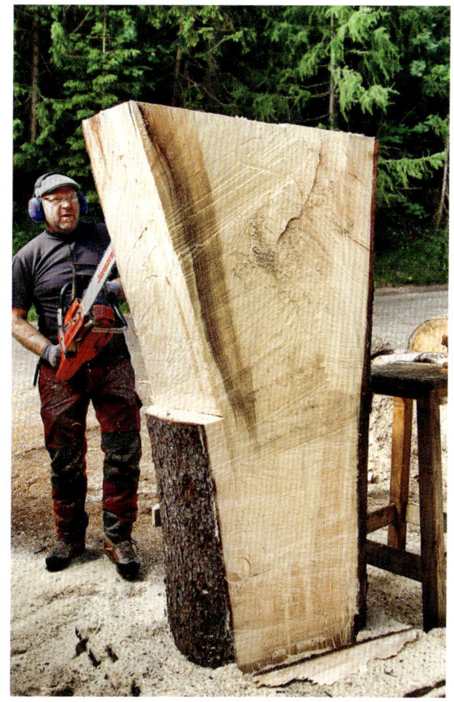

13 Damit bin ich zufrieden.

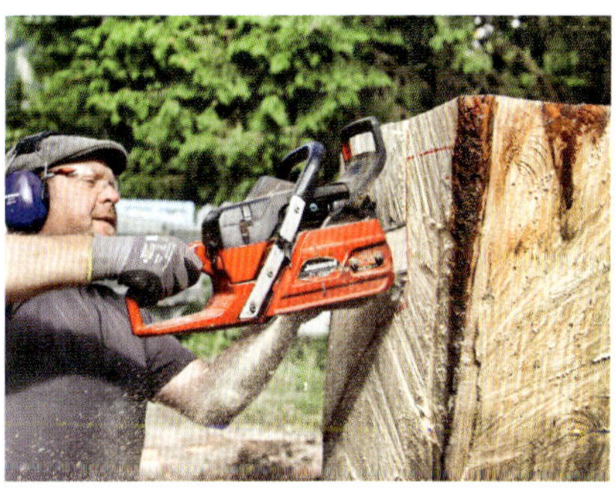

14 Weiter geht's mit der Rückenpartie.

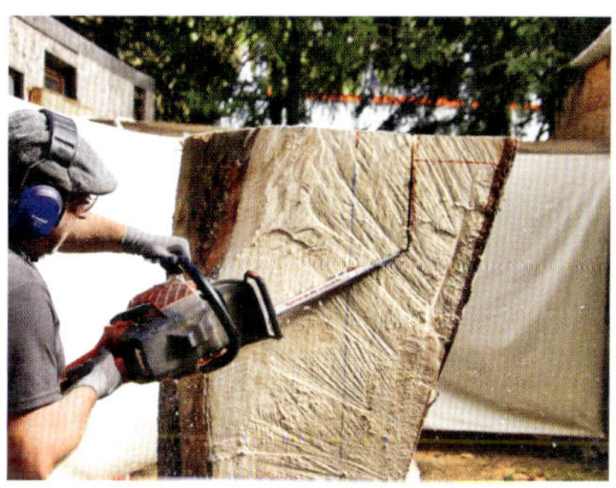

15 Vorsichtig einstechen, damit man einen Kickback vermeidet.

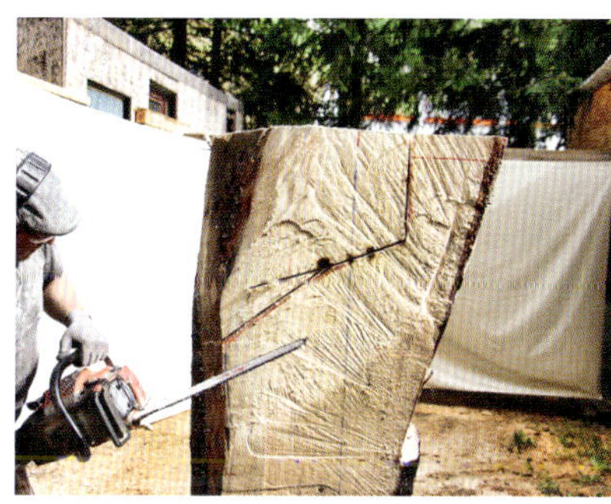

16 Das Ganze ruhig unter zwei oder drei Mal ansetzen, weil niemand verlangt, dass man es mit einem Schnitt schneiden muss.

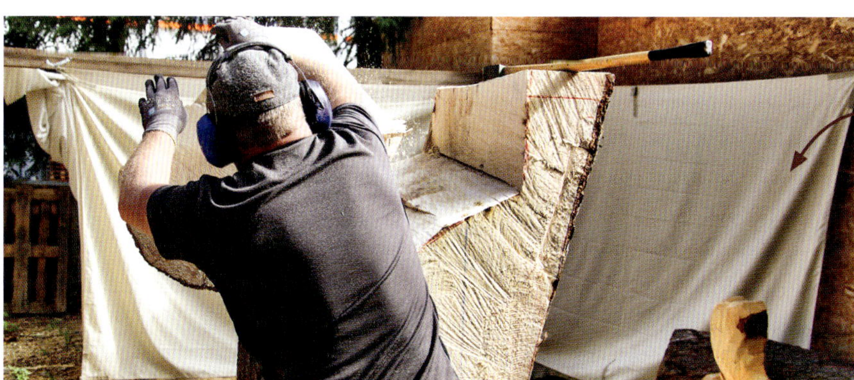

17 DER BAUM FÄLLT.

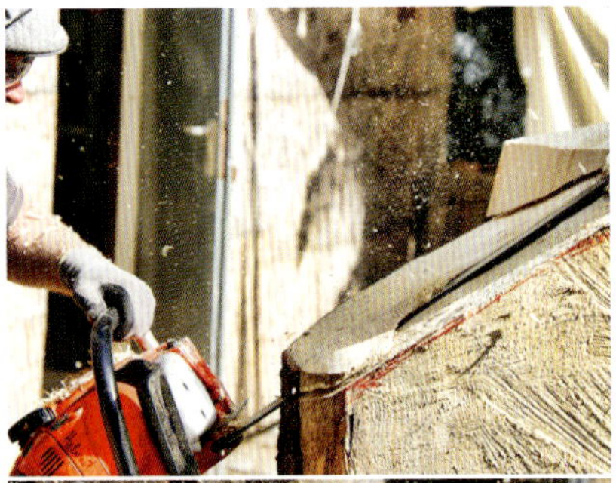

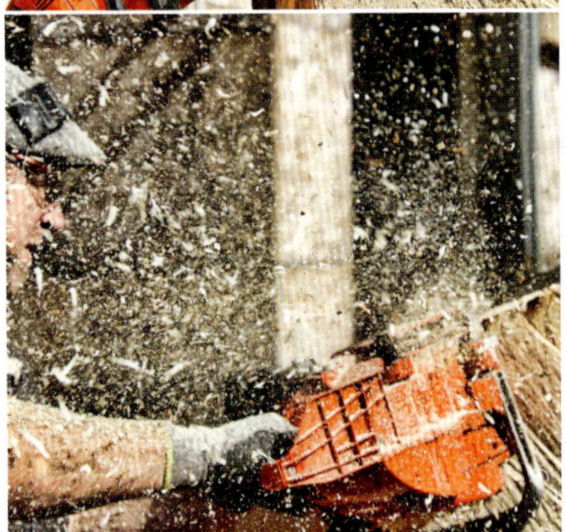

18 Gegebenenfalls die Fläche etwas nachbearbeiten.

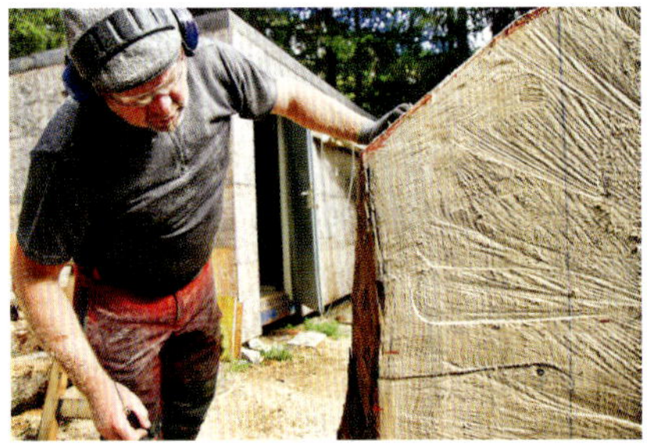

19 Sobald ich die Kontur ausgeschnitten habe, lege ich längs die Mittellinie fest.

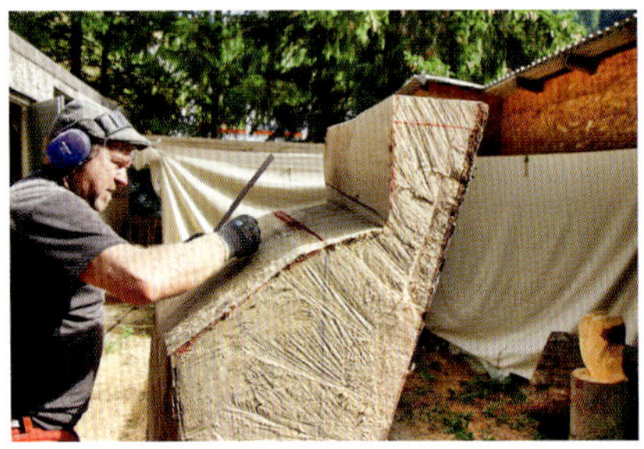

20 Hier markiere ich die Höhe des Hinterlaufes.

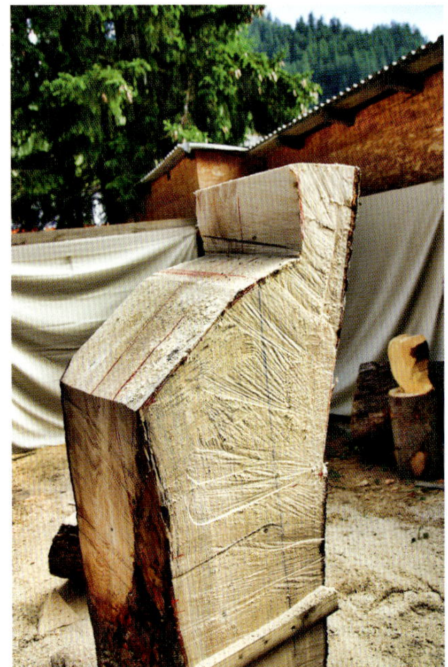

21 Da der Kopf etwas vorsteht, muss ich den Körper etwas zurücksetzen. Diesen Schritt messe ich mir ein und markiere ihn.

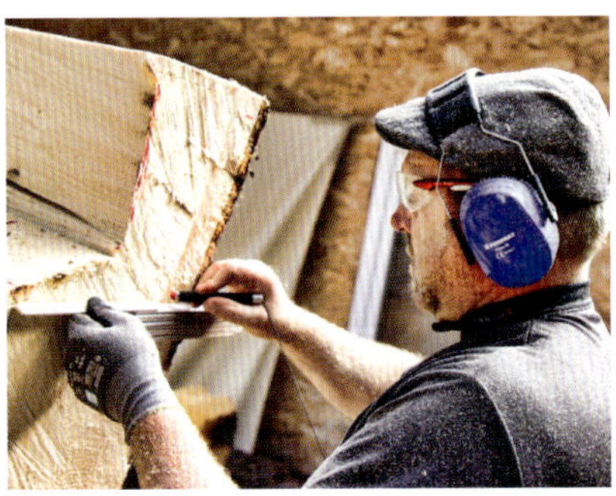

22 Ebenso lege ich die Mitte des Kopfes fest, …

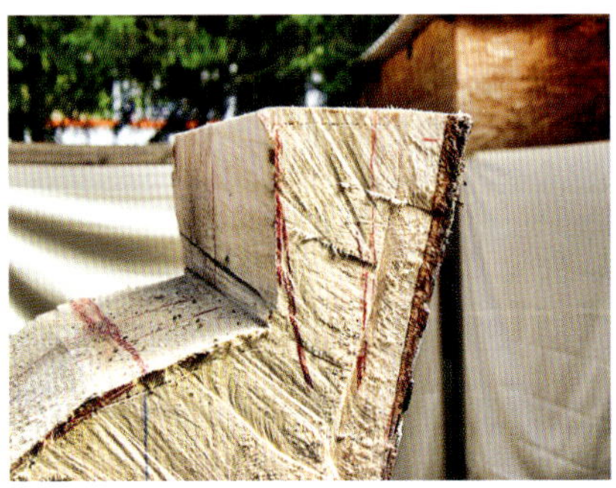

23 … um diesen danach auch aufzuzeichnen.

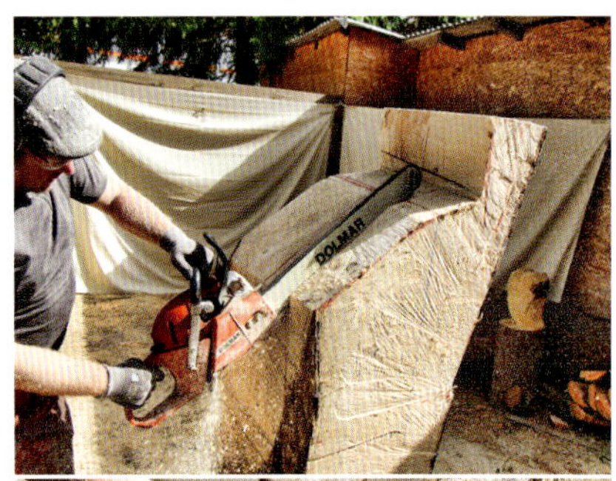

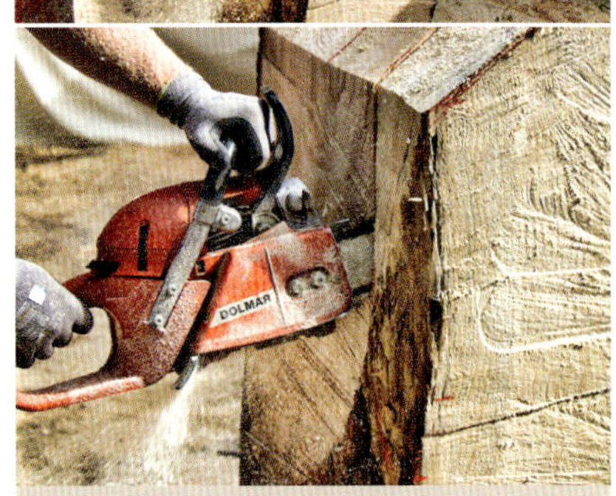

24 Im Anschluss schneide ich den Bauch zurück bis zur Höhe des Hinterlaufes und Außenkante.

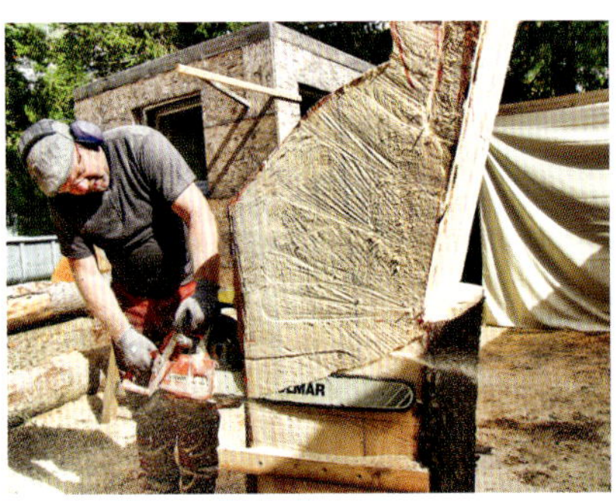

25
PRÄZISE ARBEITEN.

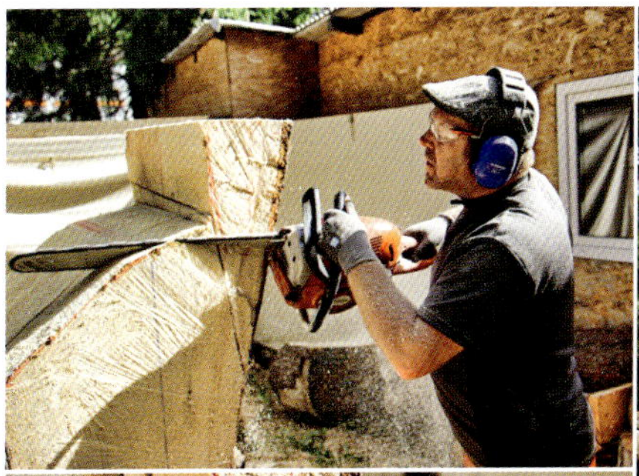

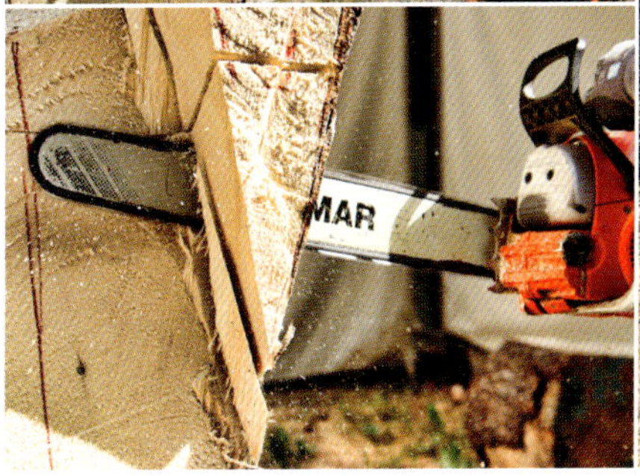

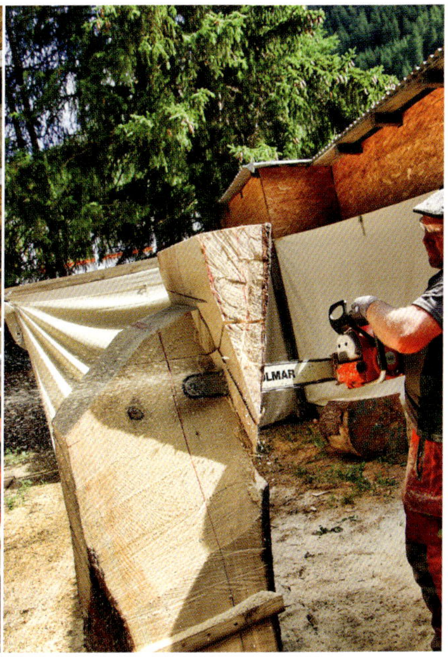

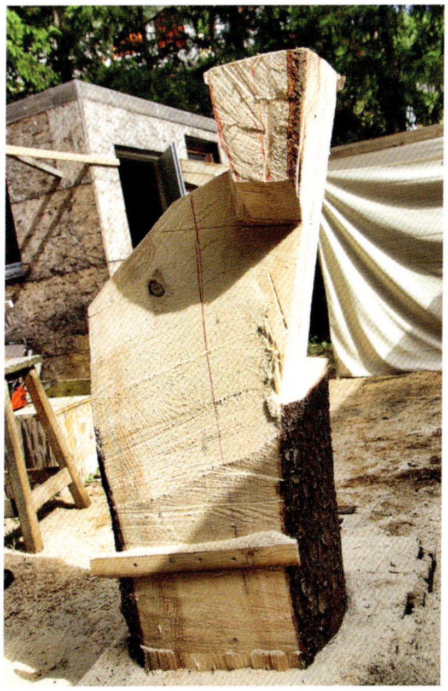

26 Beim Kopfablängen den Bocksbart nicht vergessen und aufpassen, dass man nicht zu tief in den Körper schneidet.

27 Das Ergebnis.

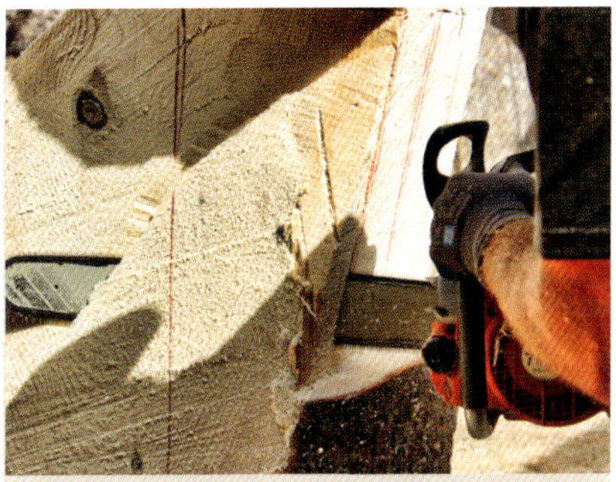

28 Und sofort wieder die Mittellinie nachziehen (ja, ich wandere auf meiner inneren Mitte). Nachdem ich die Vorderläufe angezeichnet habe, lege ich auch diese mit einem Schnitt fest, damit der Hinterlauf etwas hervorsteht.

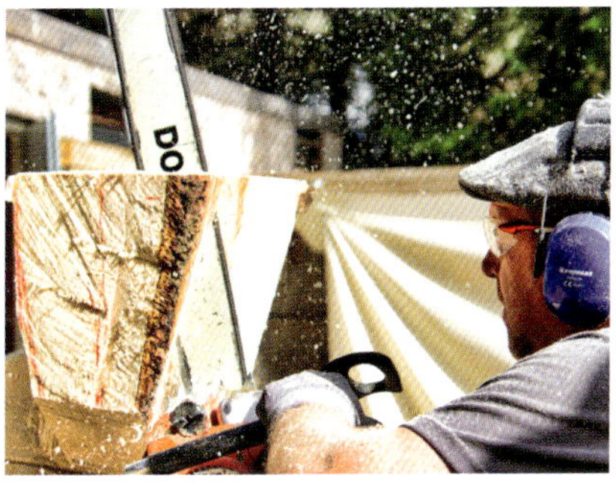

29 Den Kopf setze ich oben auch etwas zurück.

30

SO IN ETWA SCHAUT DAS ERGEBNIS AUS.

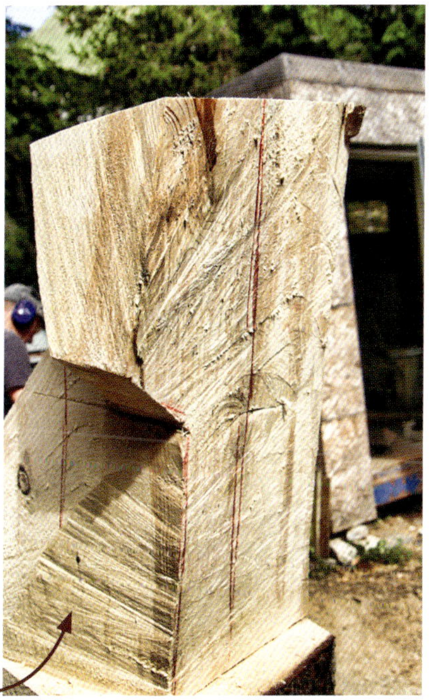

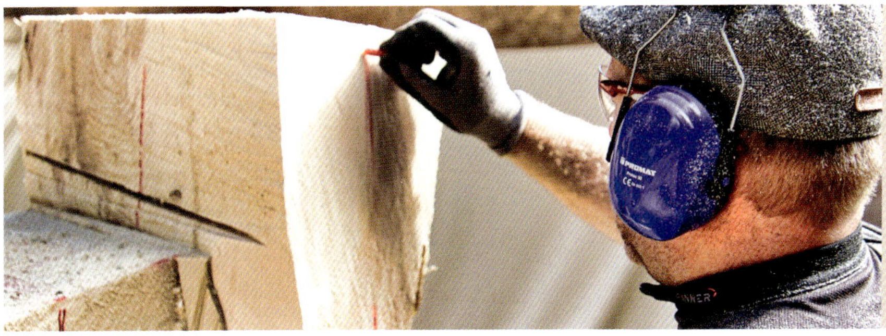

31 Um am Haupt weiterzuarbeiten, wieder dessen Mitte fixieren.

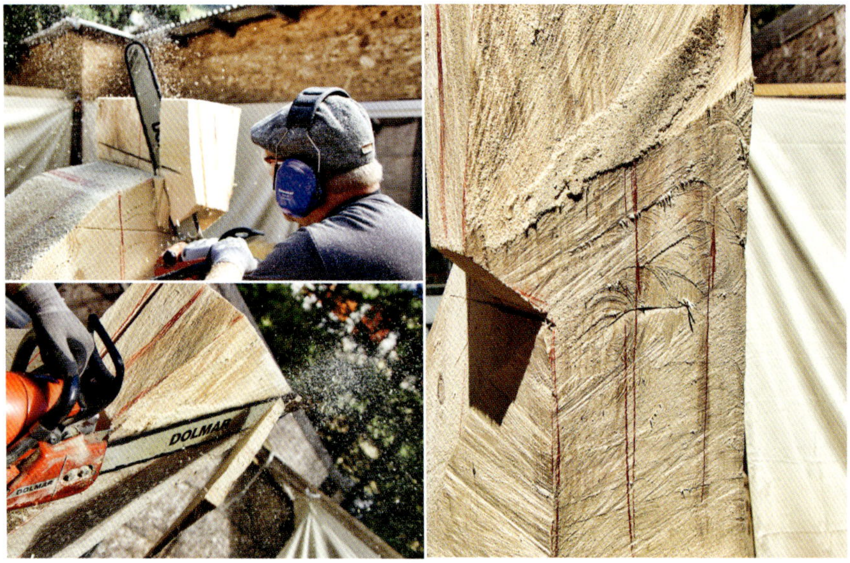

32 Die vordere Breite des Kopfes festlegen und schräg nach hinten das Holz entfernen, sodass die Masse der Ohren noch stehen bleibt.

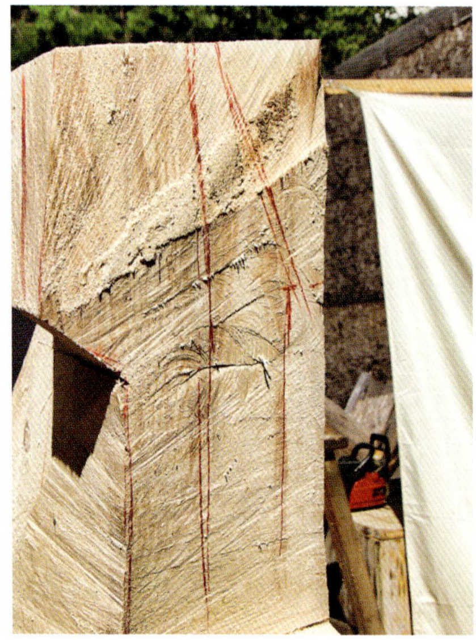

33 Damit der Kerl etwas leichter wirkt, entfernen wir jetzt Material vom rückwertigen Teil, das zeichne ich mir wieder an.

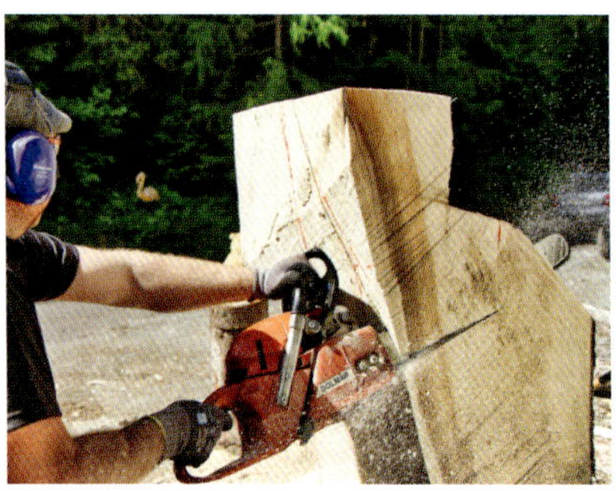

34 Ich entferne zuerst die Masse vom Hinterkopf …

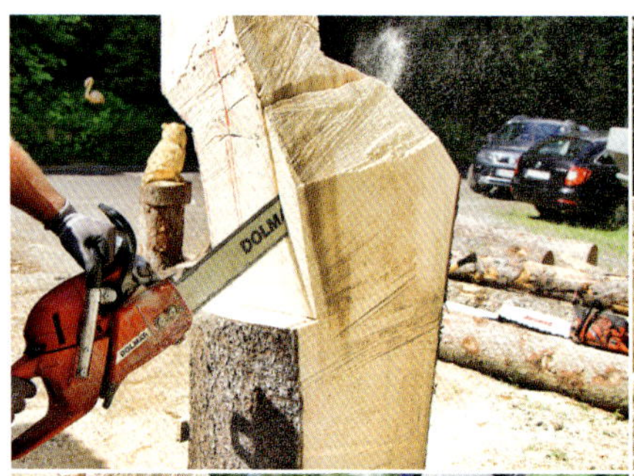

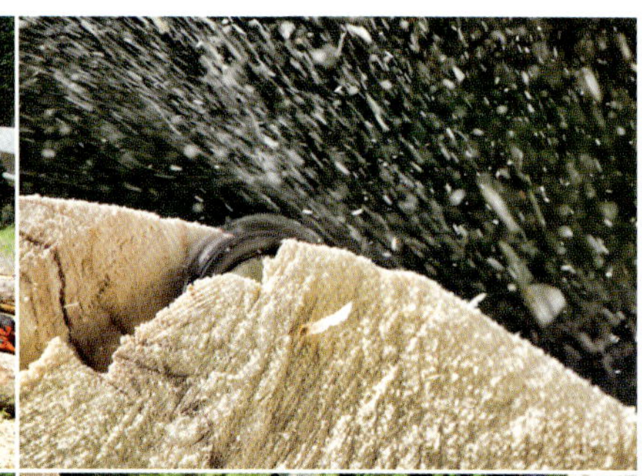

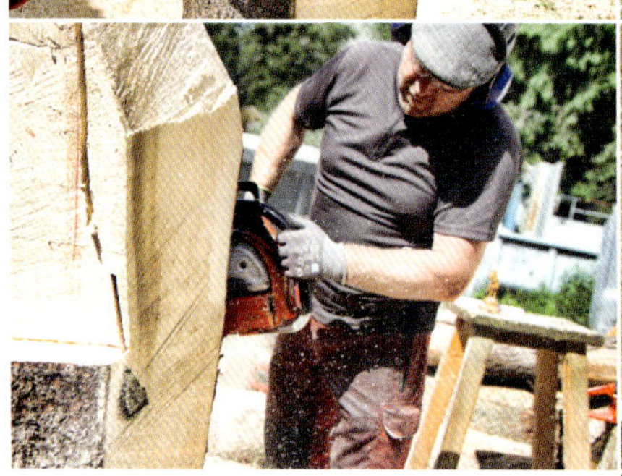

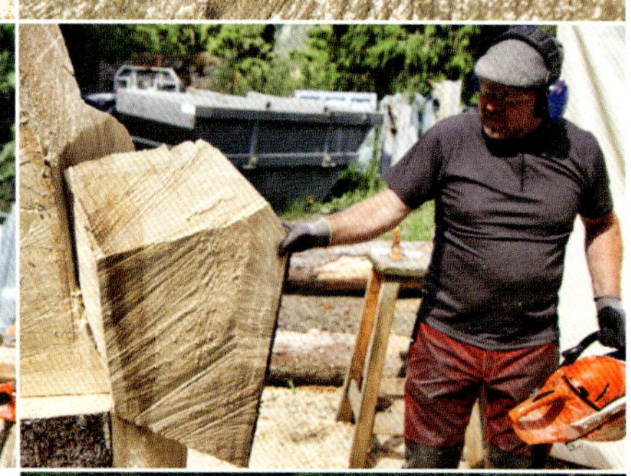

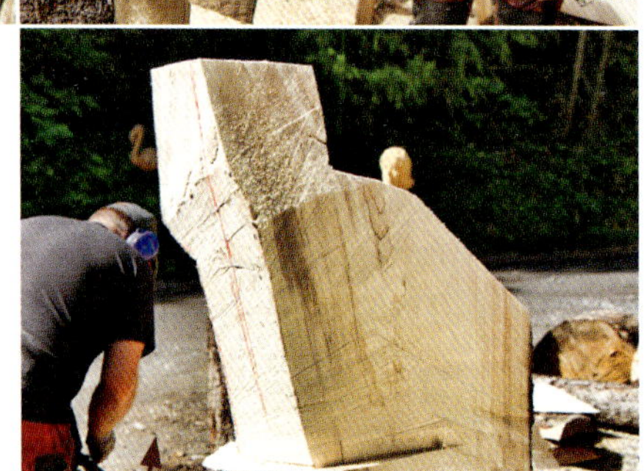

35

… UND VERPASSE IHM EINE SCHLANKHEITSKUR, WOBEI ICH DARAUF ACHTE, DASS AUCH HIER DAS HINTERE BEIN ETWAS ÜBER DIE KONTUR DES KÖRPERS HERVORSTEHT.

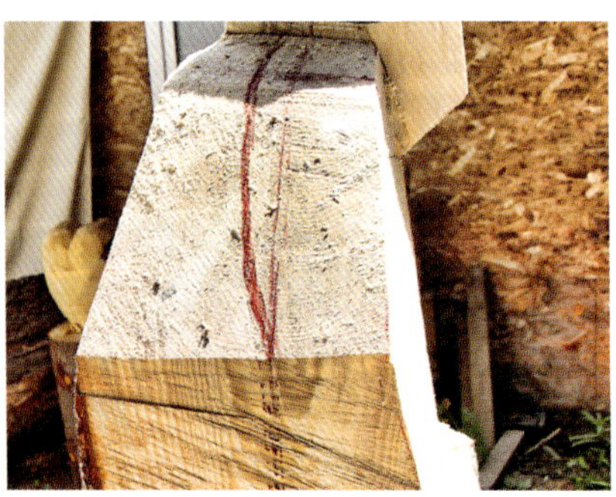

36 Der Körper ist leicht gebogen, deshalb übertrage ich jetzt die Rückenlinie vom Modell auf das Werkstück.

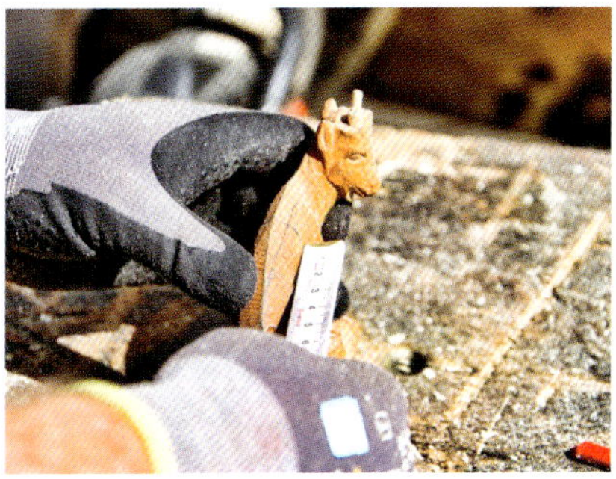

37 Hier messe ich den Abstand vom Becken zur Mitte.

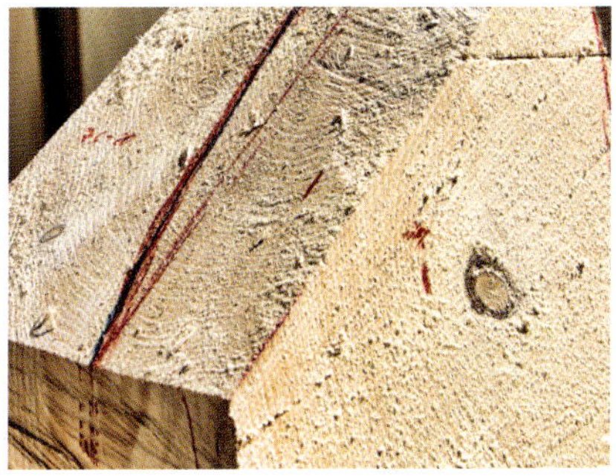

38 Von der Standfläche hole ich mir die Höhe, markiere diesen Punkt mit einem Kreuz …

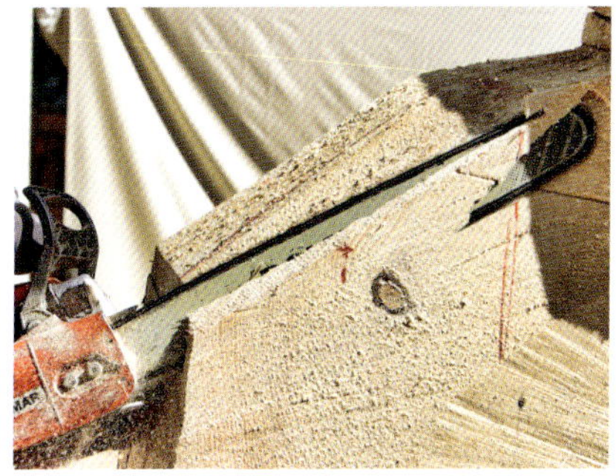

39 … und schräge die Rückenpartie zum markierten Punkt hin ab. Der Hintern wird schlanker gemacht.

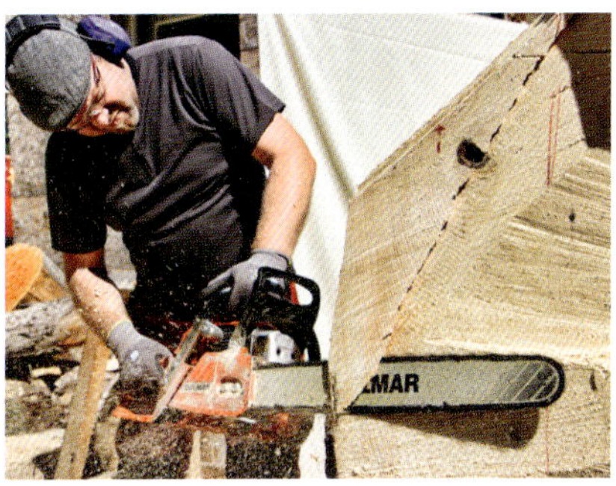

40 Vorsicht, das Hinterbein!

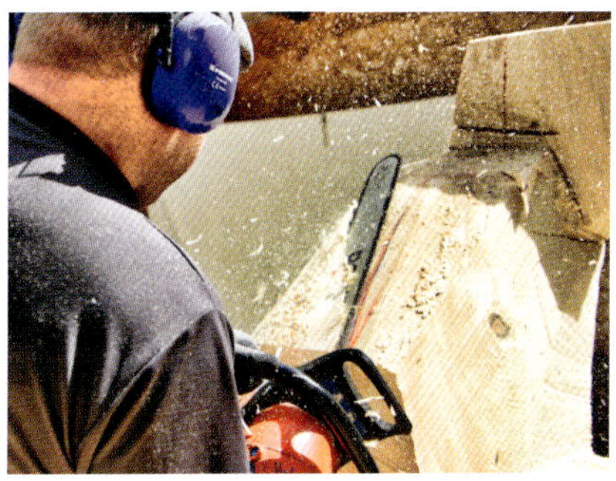

41 Synchron auf der anderen Seite arbeiten.

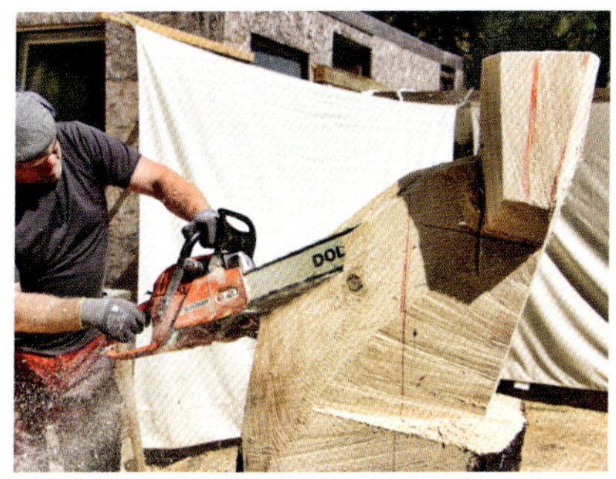

42 Die Breite des Beckens als Ausgangspunkt nehmend, schneide ich die Schultern schmäler.

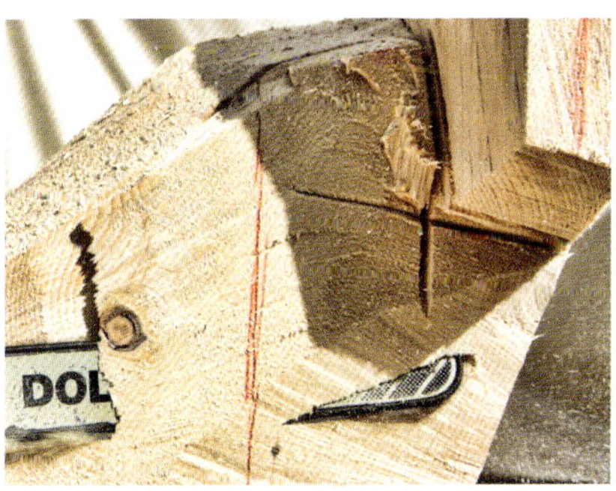

43 Dabei passe ich auf, damit ich nicht in den Hals schneide.

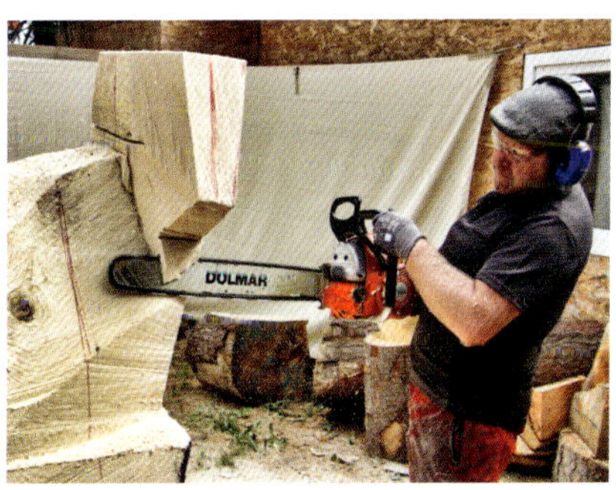

44 Das Ganze etwas nachbessern.

45

DIE ORIENTIERUNG WIRD SCHON LEICHTER.

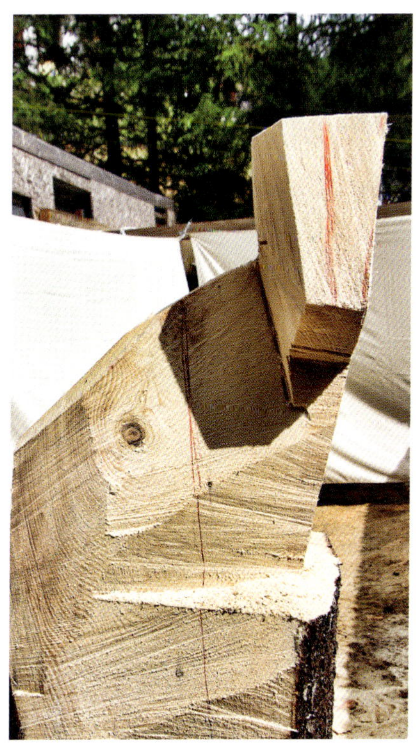

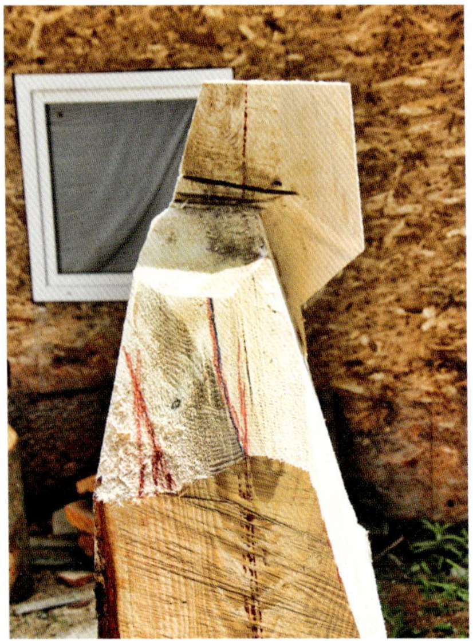

46 Hier habe ich die Breite des Beckens auf der anderen Seite angezeichnet.

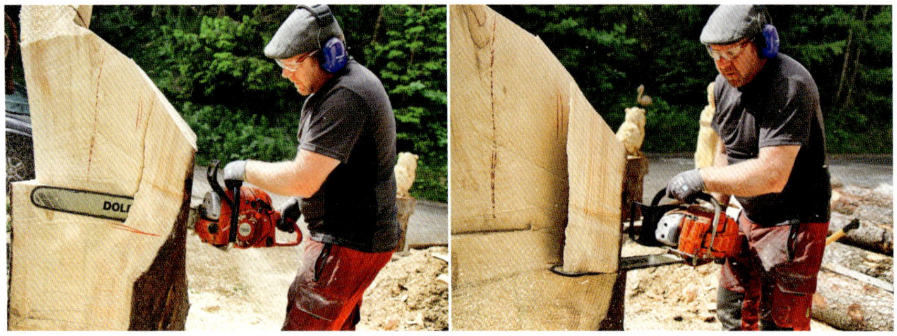

47 Bis zur Markierung an der Unterkante des Hufs schneiden.

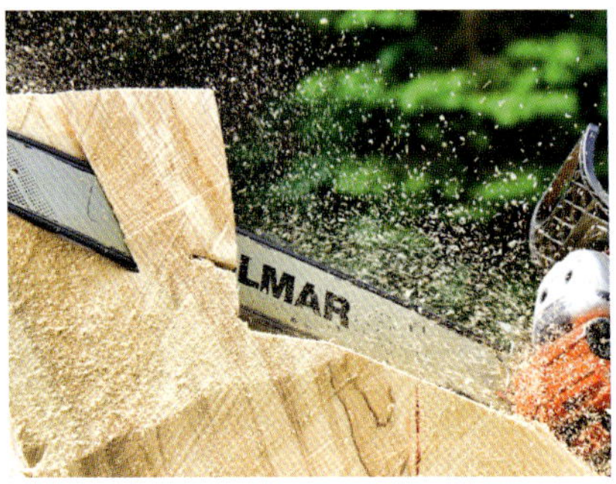

48 Damit die Form am Rücken etwas mehr hervorkommt, schneide ich die Masse hinter dem Ohr …

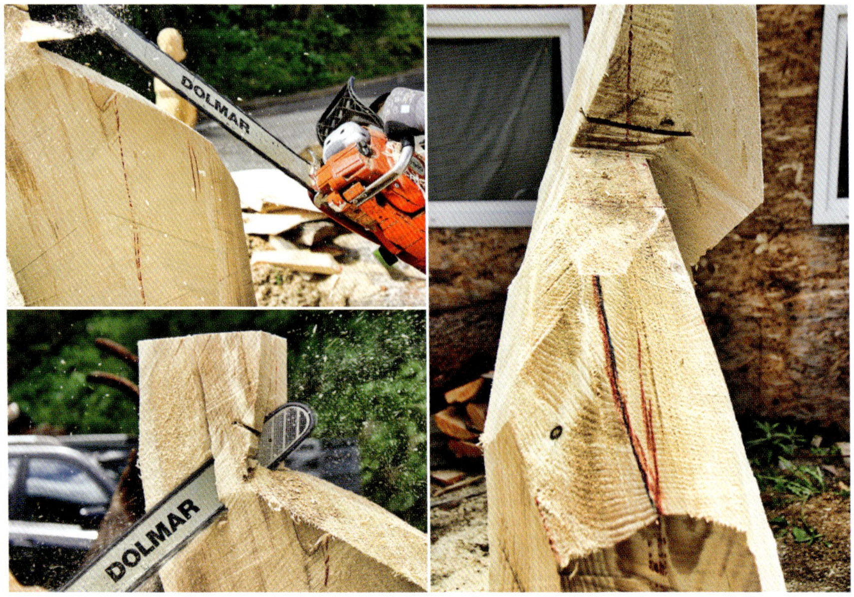

49 … und entlang der Rückenlinie weg.

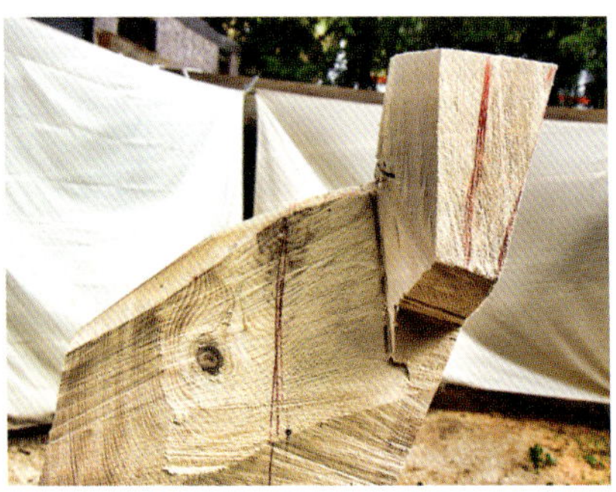

50 So weit, so gut.

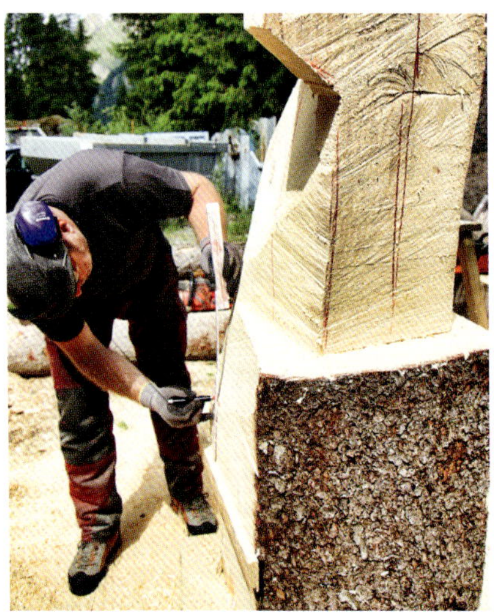

51

UM DEN HINTERLAUF RICHTIG ZU POSITIONIEREN, GREIFE ICH WIEDER ZUM ZOLLSTOCK.

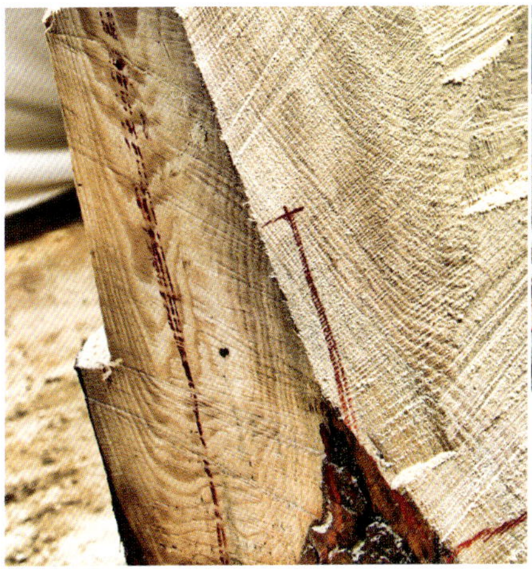

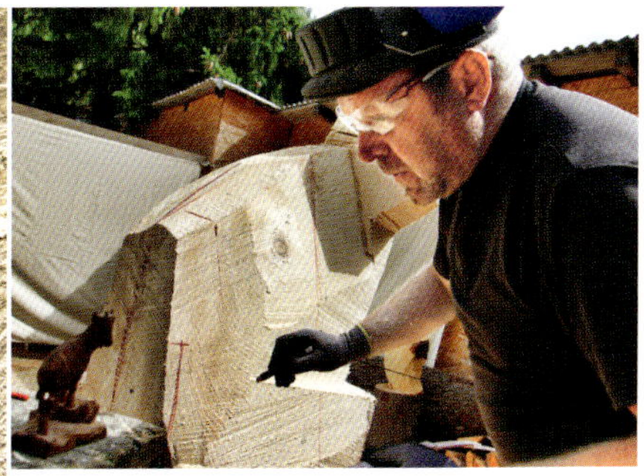

52 Ich messe Punkt für Punkt zuerst die äußere Kontur des Hinterlaufes ein …

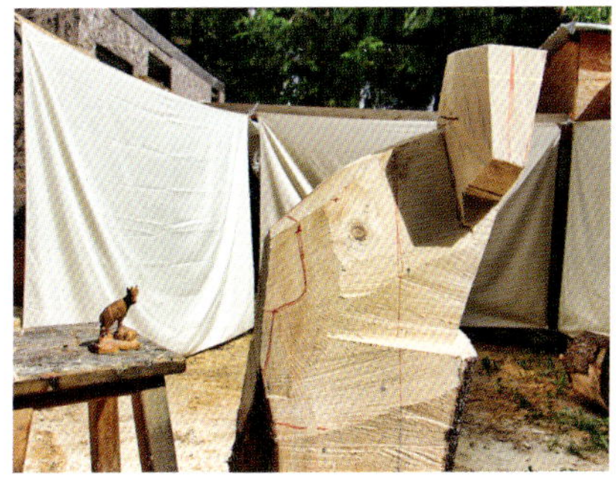

53 … und verbinde dann die Punkte.

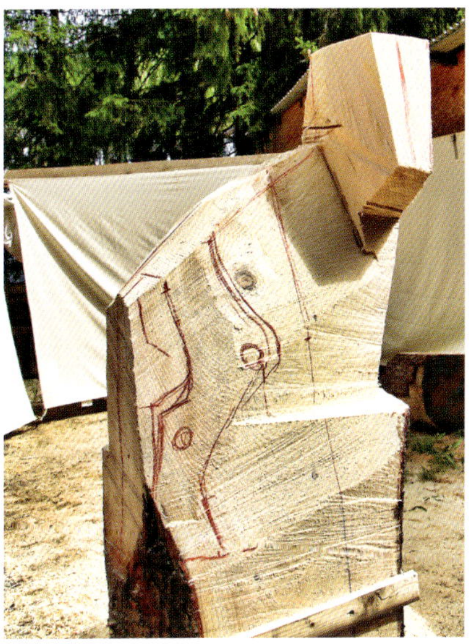

54 Durch das Markieren der Gelenke kann ich mich besser orientieren.

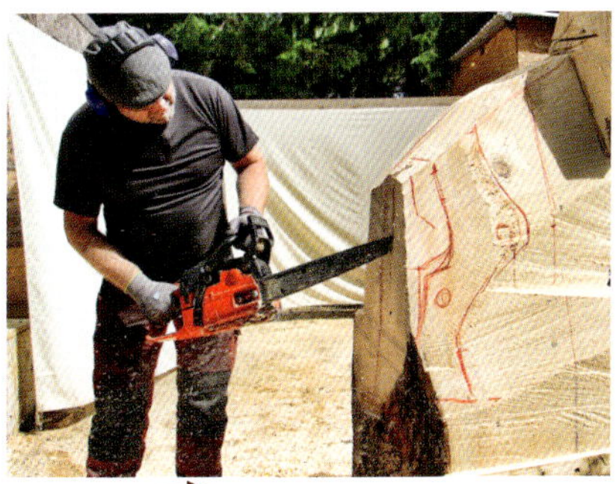

55

NUN BEGINNE ICH MIT EINEM SCHNITT VOR DEM WEDEL (SCHWEIF), UM MIR DIE TIEFE ZU MARKIEREN.

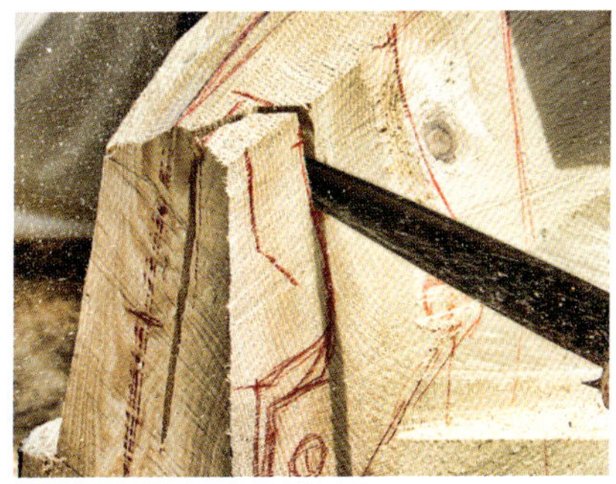

56 Dabei schneide ich von der Form weg, also leicht schräg, um dann leicht schräg beizuschneiden.

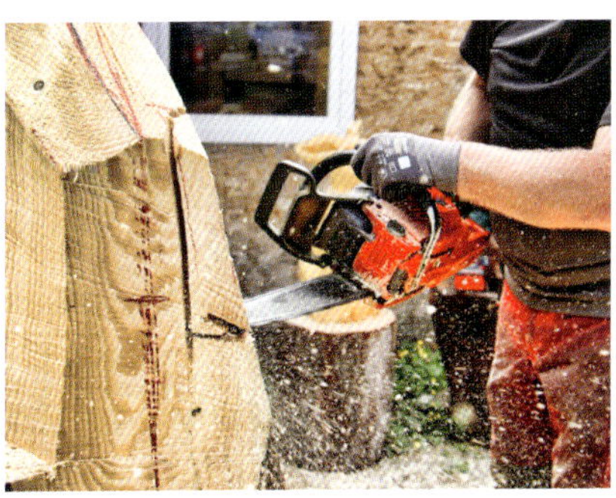

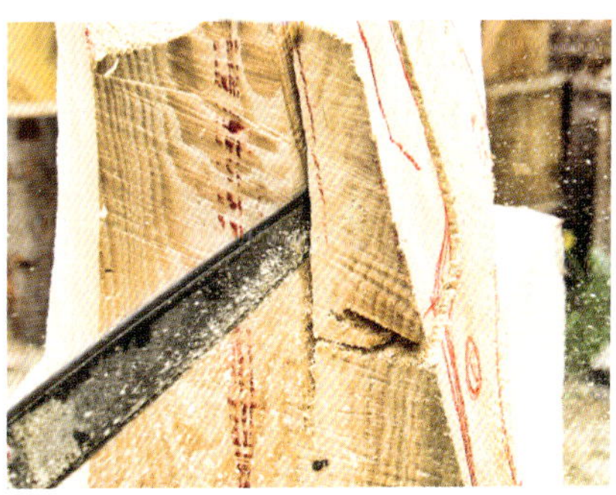

57 Das Stück oberhalb des Hinterlaufes entfernen.

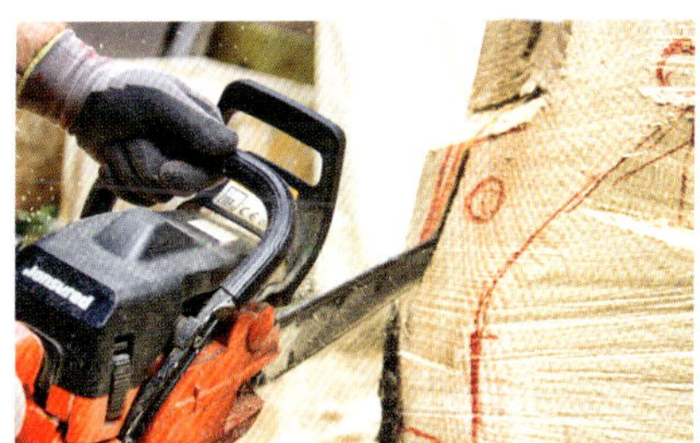

58 Vorsichtig in mehreren Schritten, die Gefahr, zu tief zu schneiden, ist (immer) groß.

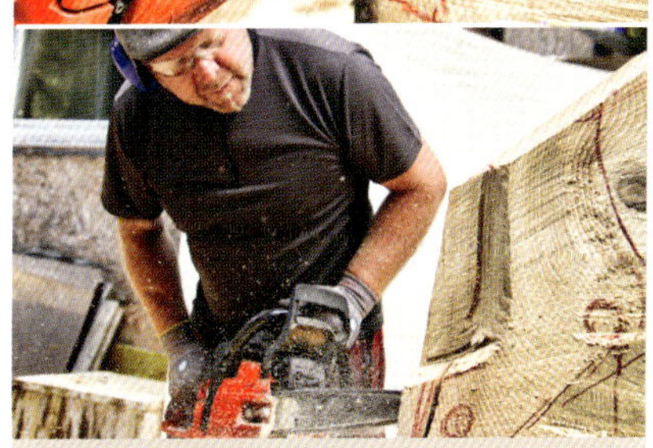

59 Nun entferne ich das Material hinter dem Lauf.

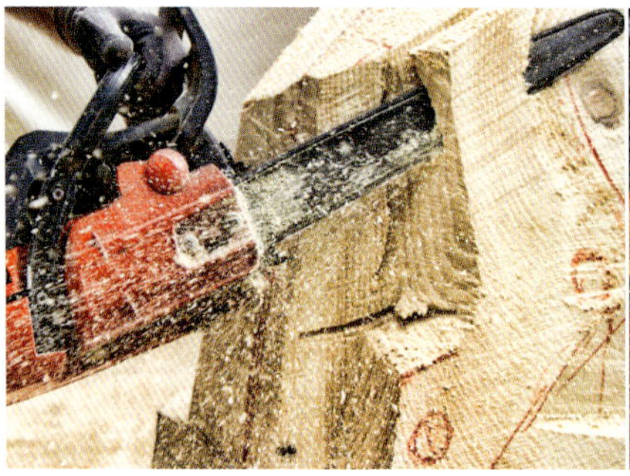

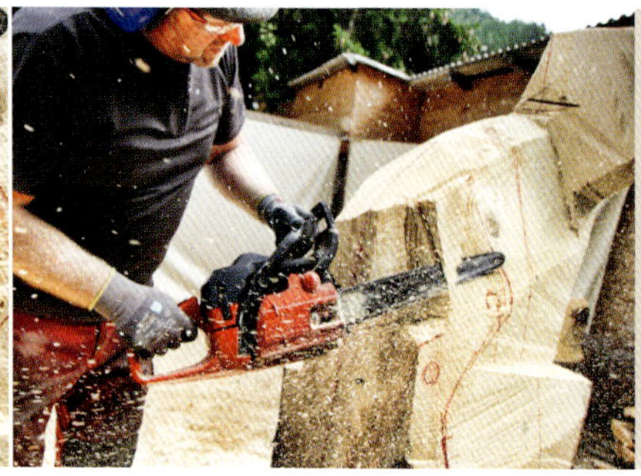

60 Das Bein darf optisch mehr rausragen, deshalb entferne ich noch einen Keil Holz und drücke die Fläche etwas zur Wirbelsäule.

SCHNITZEN DER KONTUREN

Nun kümmere ich mich um den Kopf, der bisher noch ausschaut, als ob eine Kiste darübergestülpt wäre. Es ist von Vorteil, immer das gesamte Projekt im Auge zu haben, sodass die gesamte Skulptur ungefähr den gleichen Entwicklungsstand hat. Schnell ist es passiert, dass ein Körperteil wie ein Fremdkörper wirkt.

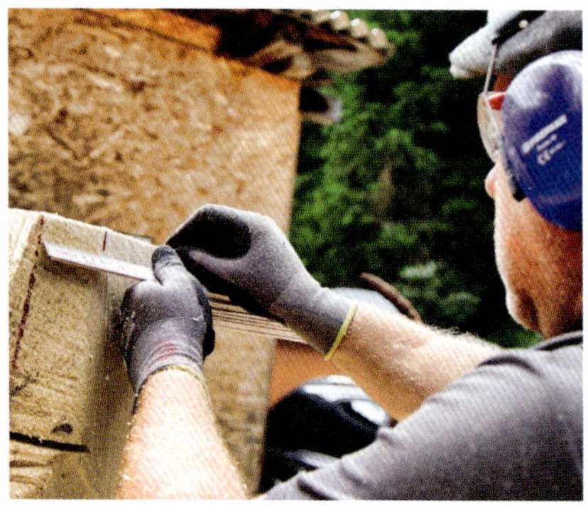

61

DER ERSTE SCHRITT IST WIEDERUM MESSEN, DAMIT DIE PROPORTIONEN PASSEN.

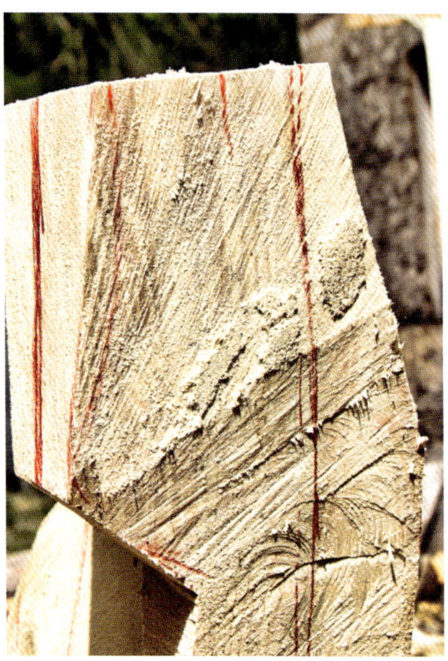

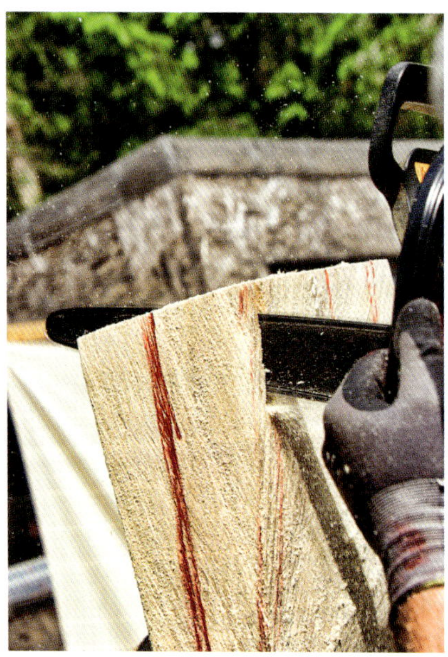

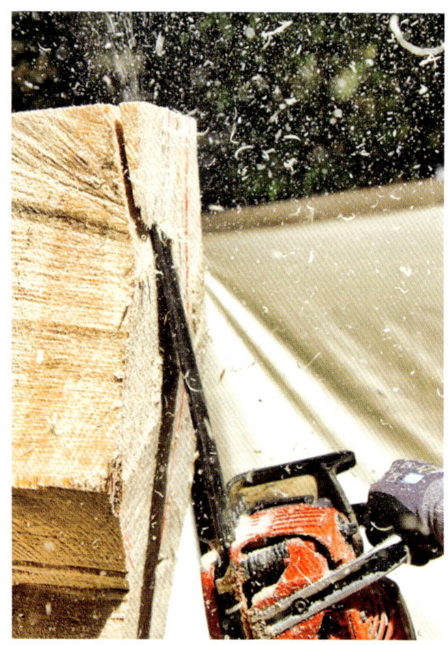

62 Nachdem ich mir die Lauscher und die Stirn angezeichnet habe, …

63 … schneide ich das Haupt zurück, damit es nicht zu weit hervorsteht, …

64 … und lege die Breite des Kopfs fest, indem ich auf beiden Seiten fast bis zu den Ohren einschneide.

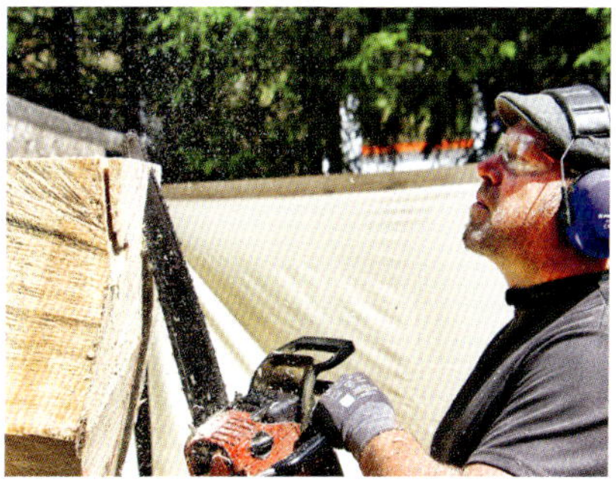

65 Von den Lauschern weg beischneiden.

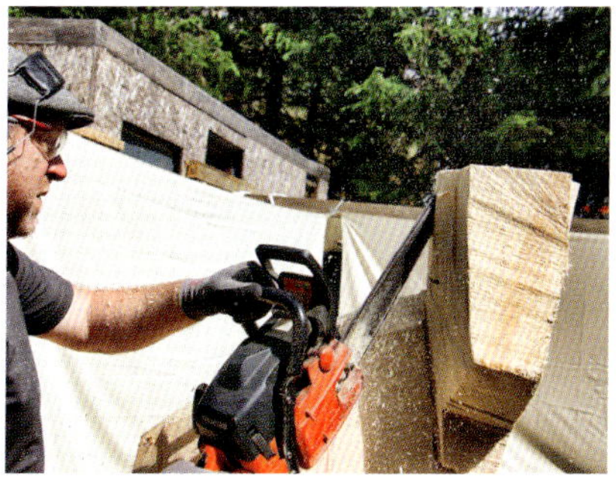

66 Nun kann ich auch das Material hinter den Ohren entfernen.

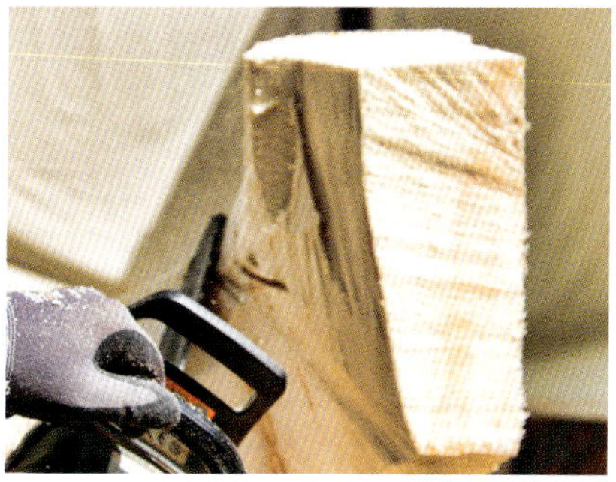

67 Dabei gleich die Form des Halses berücksichtigen.

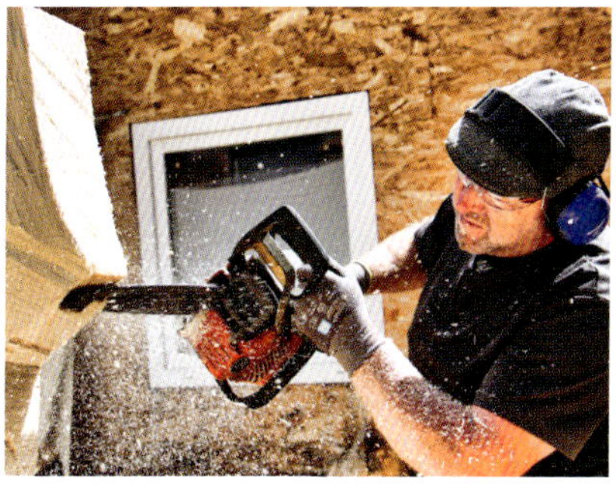

68 Vorne schneide ich schräg nach unten zum Hals hin.

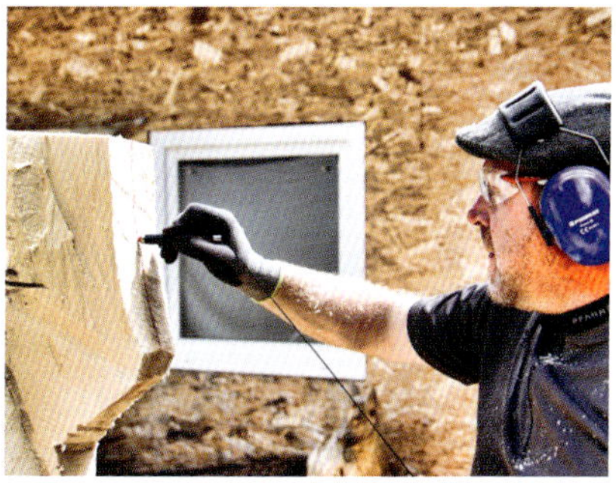

69 Ohne Worte.

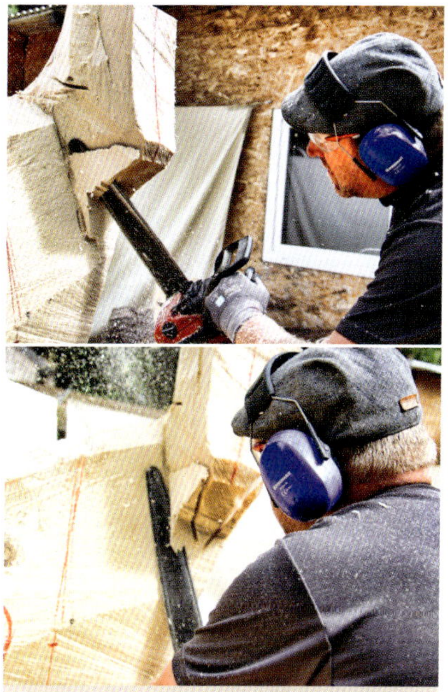

70 Jetzt spitze ich vom Kiefer weg den Bocksbart zu.

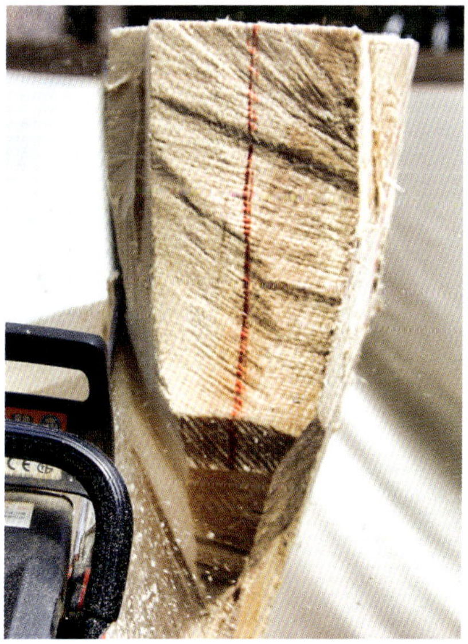

71 Wieder den Hals etwas anpassen. Schaut schon nicht schlecht aus.

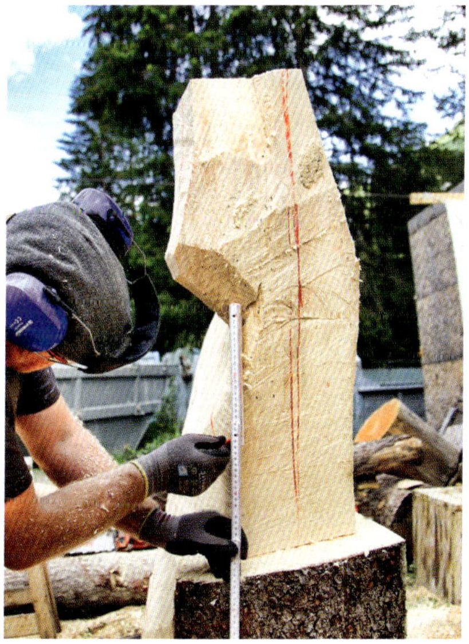

72 Die Vorderläufe wirken etwas zu kurz, deshalb messe ich nach und markiere auch gleich das Brustbein.

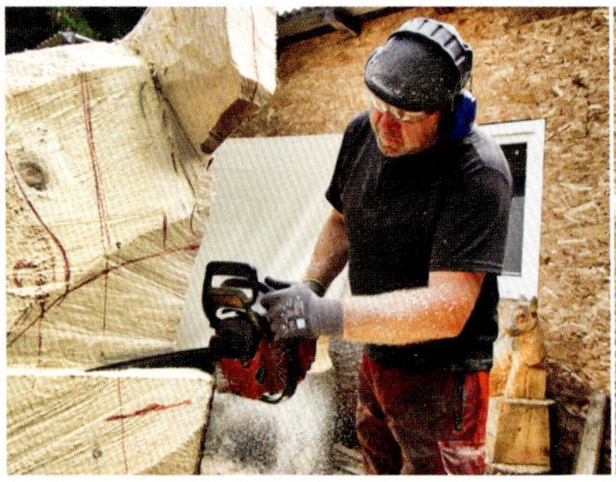

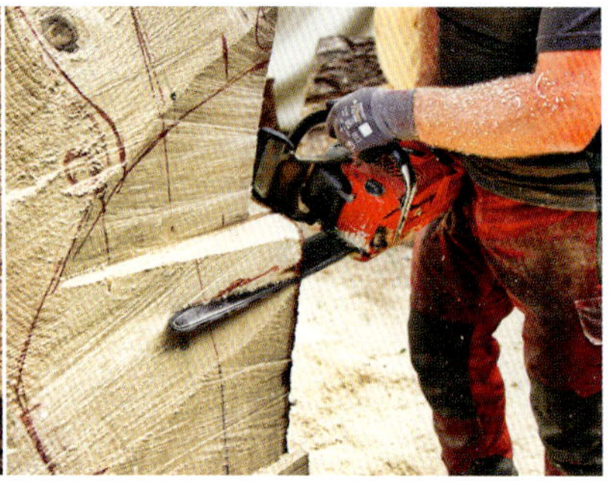

73

DIE BEINVERLÄNGERUNG IST SCHNELL UMGESETZT.

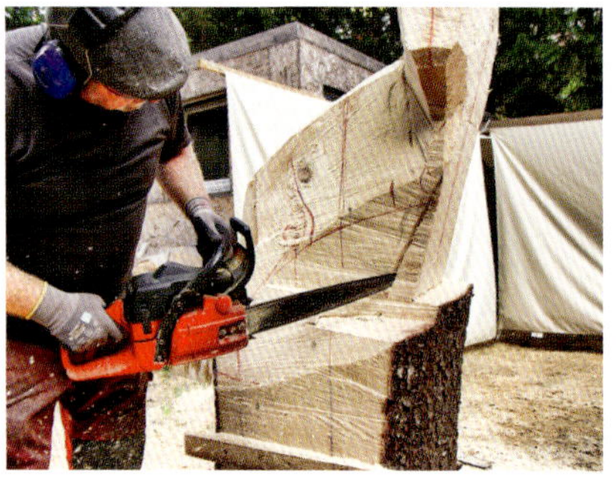

74 Damit der Kerl etwas Vorwärtsbewegung bekommt und die Beine unter dem Schulterblatt und nicht unter dem Haupt stehen, schneide ich die Vorderläufe etwas nach hinten, …

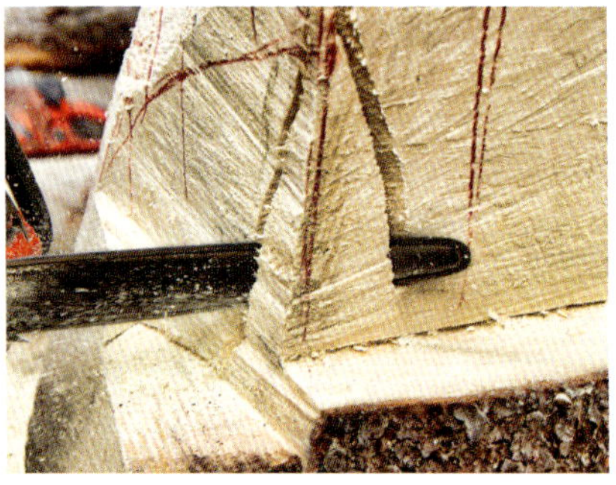

75 … berücksichtige aber dabei, dass das Brustbein stehenbleibt.

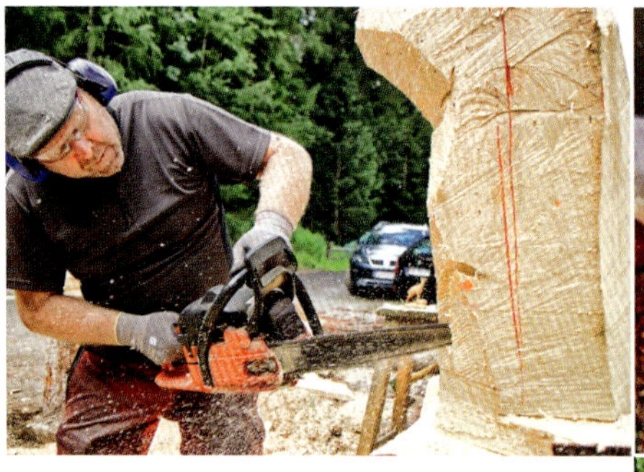

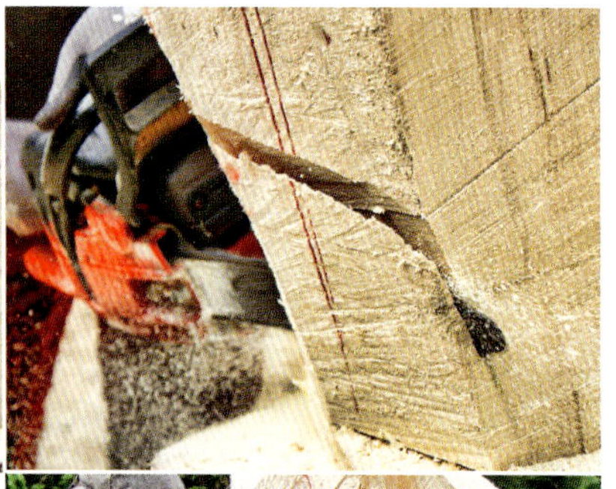

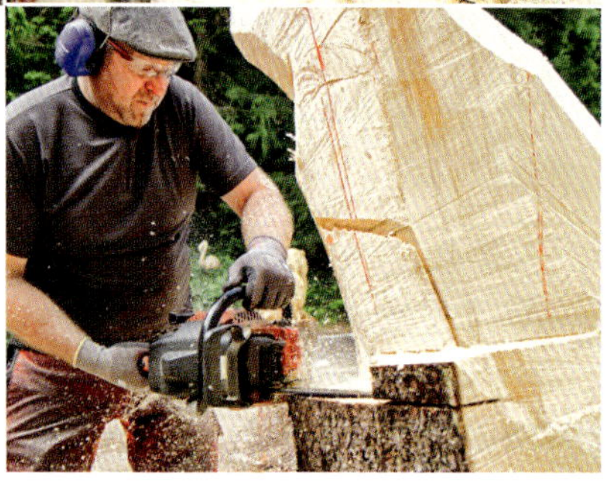

76 So taste ich mich langsam an die Form heran.

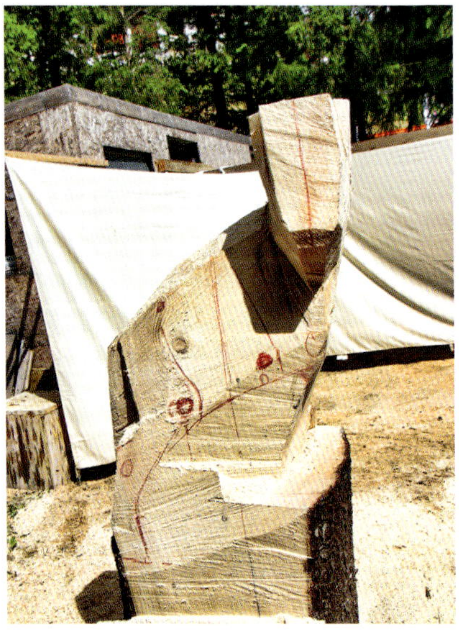

77 Es wird.

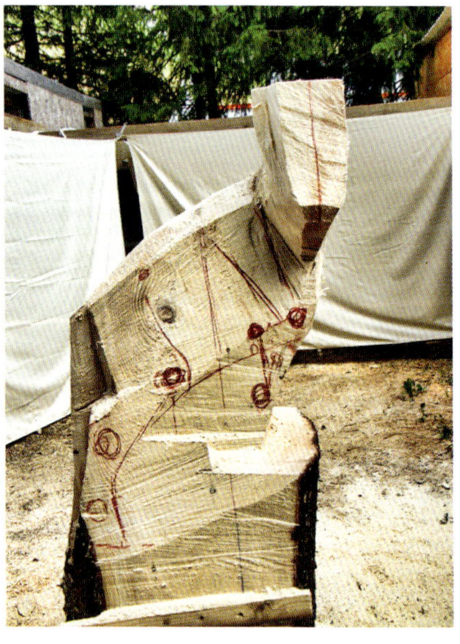

78

ZUR BESSEREN ORIENTIERUNG ZEICHNE ICH WIEDER DIE WICHTIGSTEN GELENKE AUF UND MARKIERE AUCH DIE UNGEFÄHRE POSITION DES SCHULTERBLATTES.

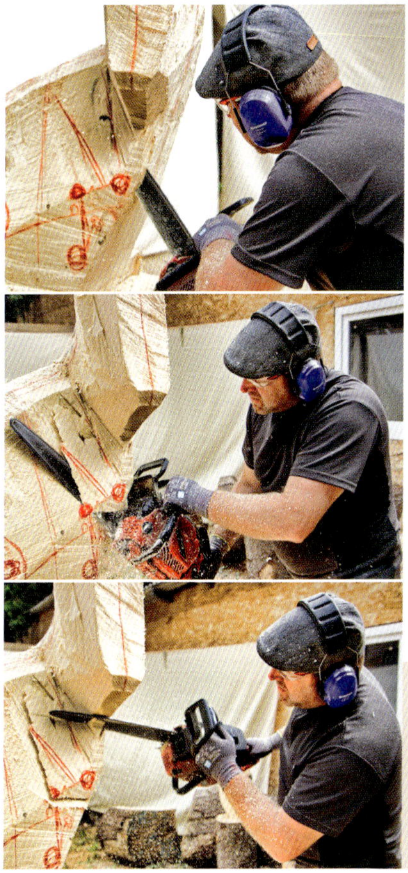

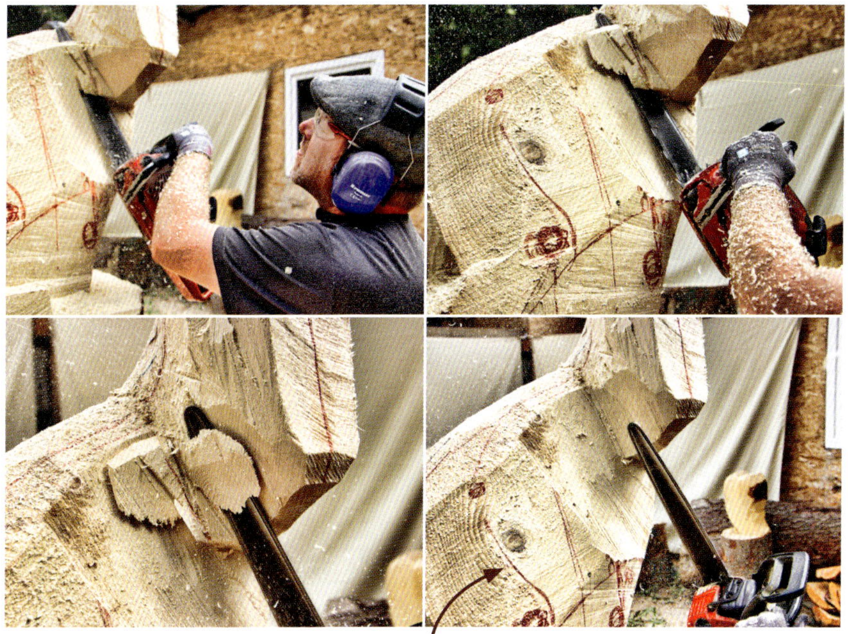

79 Da das Schulterblatt sich fast gerade vom Gelenk, das auf dem Brustbein liegt, zur Wirbelsäule hinzieht, schneide ich zuerst diese Fläche.

80 VORSICHT BEIM ABRUNDEN DES HALSES.

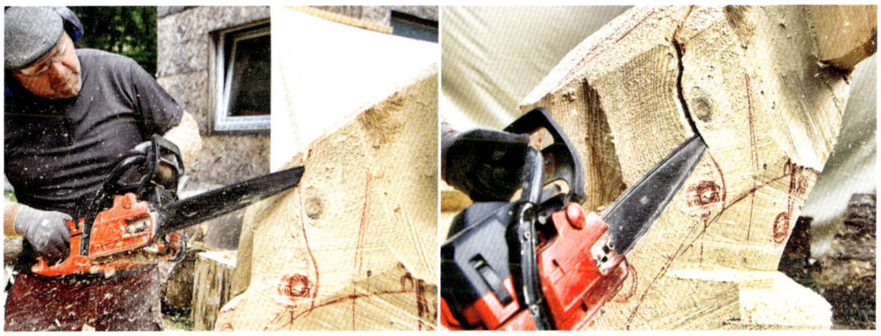

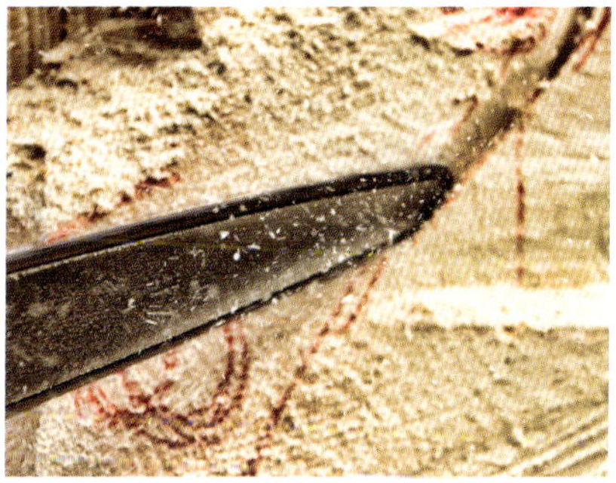

81 Für die nächsten Schritte lege ich die Konturen des Schenkels fest – flach anschneiden.

82 Von der Form des Schenkels wegschneiden …

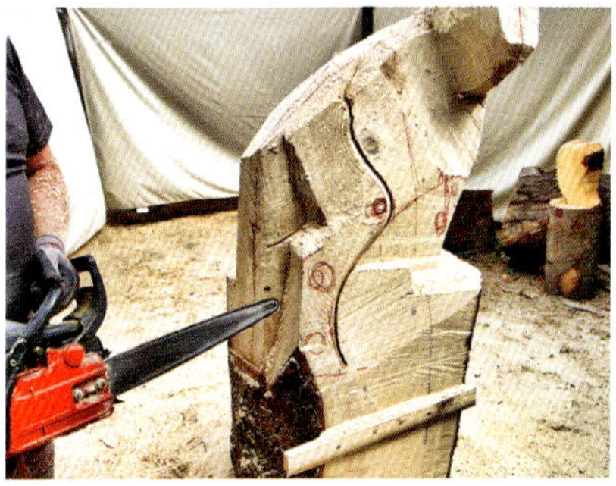

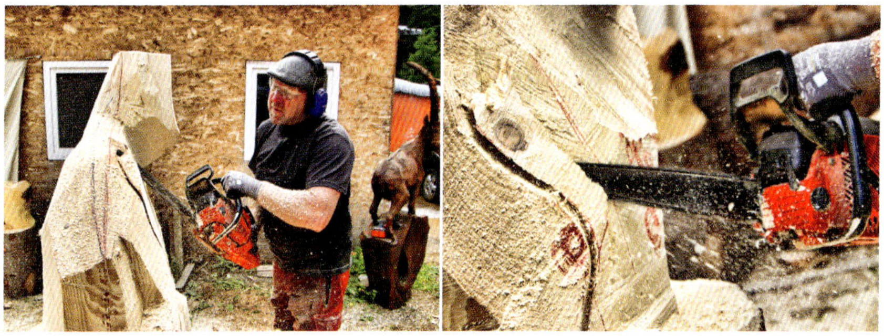

83 … und bis zum Huf durchziehen.

84 Flach beischneiden.

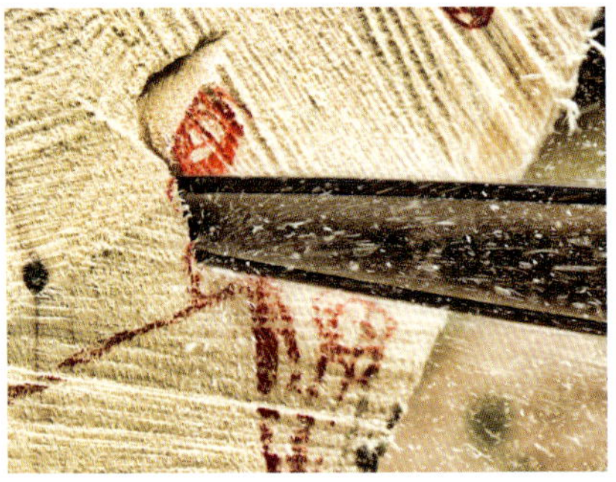

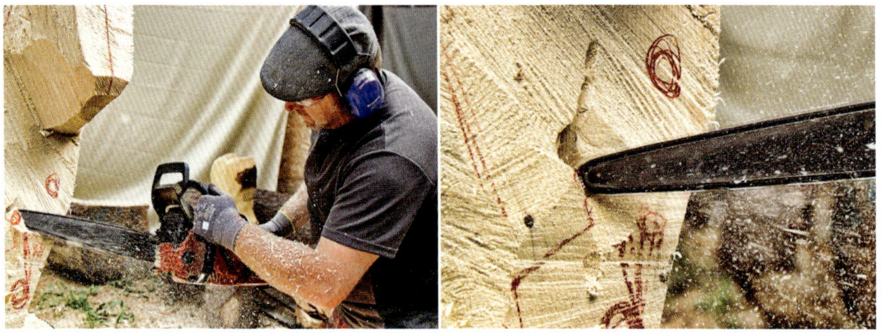

85 So trennen sich die beiden Formen von Schenkel und Bauch. Dasselbe mache ich jetzt mit dem vorderen Lauf, indem ich vom angezeichneten Gelenk aus leicht einschneide …

86

… UND DAS GELENK ZUM KÖRPER HIN DRÜCKE.

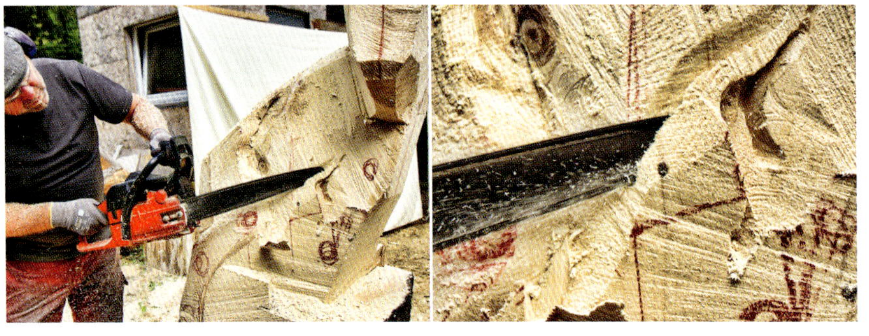

87 Flach beischneiden.

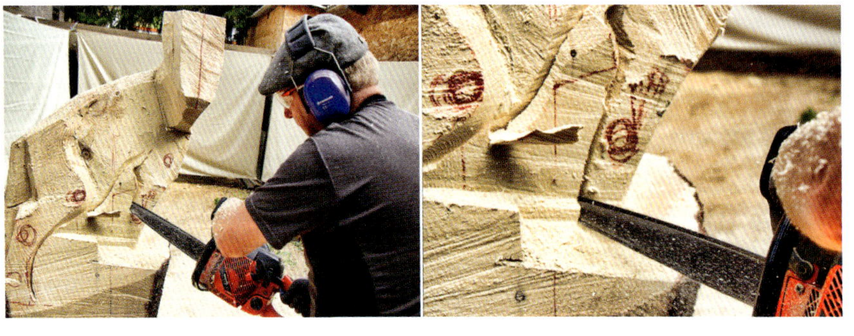

88 Im gleichen Arbeitsschritt markiere ich mit einem nicht zu tiefen Schnitt den Raum zwischen Vorder- und Hinterbeine.

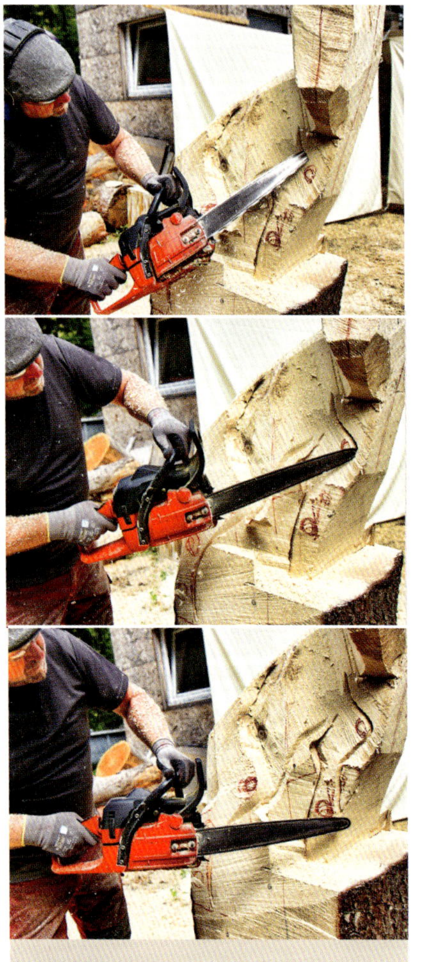

89 Da Schulterblatt und Gelenk auf dem Brustkorb liegen, schneide ich auch diese Konturen nach.

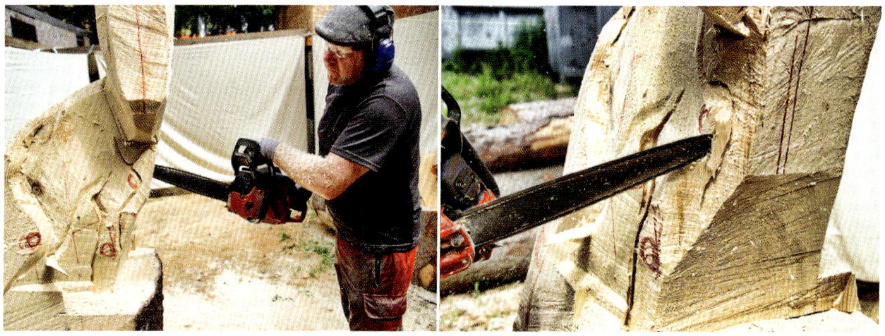

90 Sobald ich das beigeschnitten habe, löst sich die Form des Beins vom Hals.

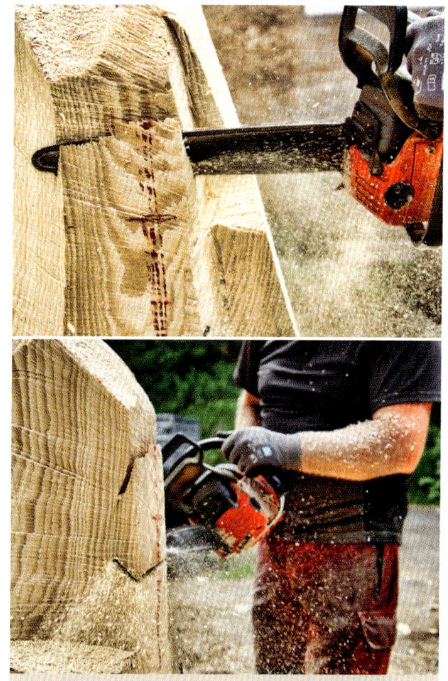

91 Bevor ich jetzt die Maße unter dem Brustkorb entferne, passe ich noch die Größe des Wedels an.

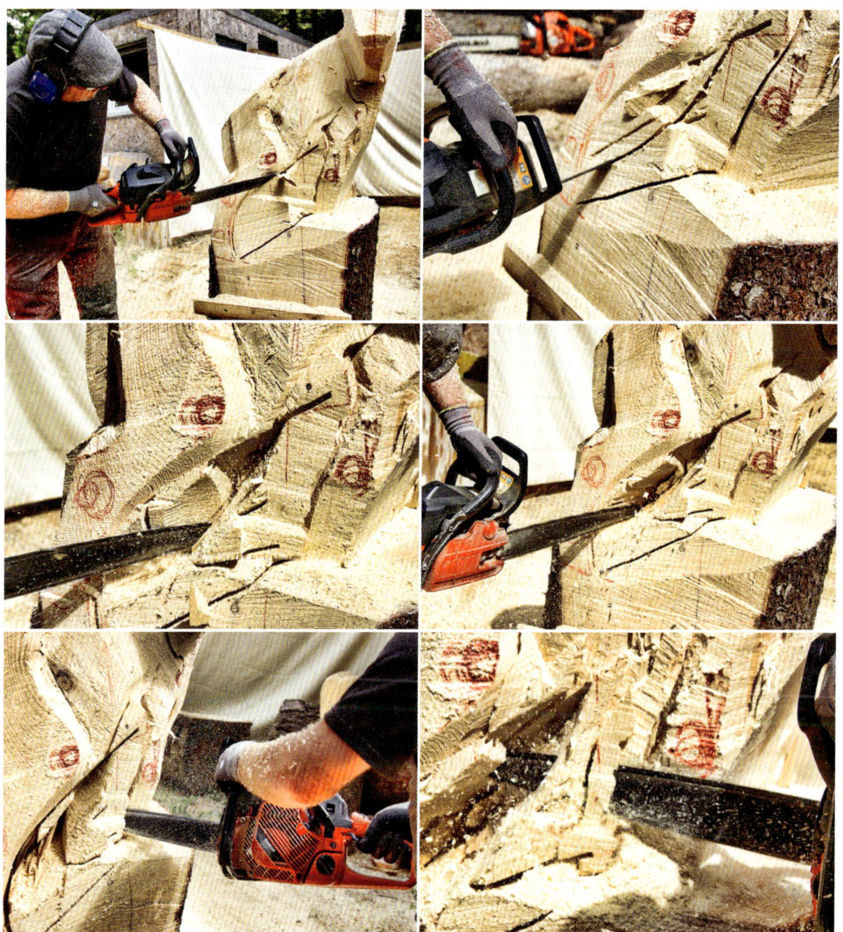

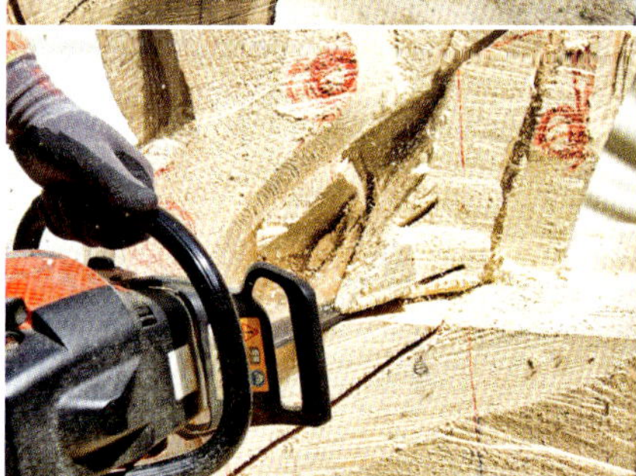

92 Vorsichtig beginne ich jetzt, Stück für Stück das Holz unter dem Bauch zu entfernen, darf dabei aber das Bein auf der anderen Seite nicht vergessen.

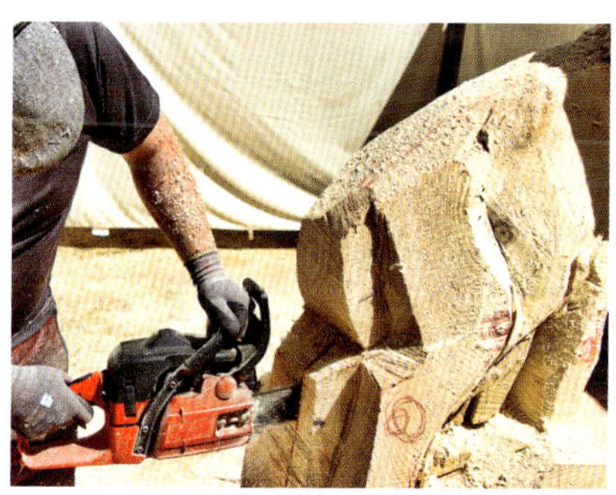

93

WENN ICH DER MITTELLINIE ENTLANG EINSTECHE, KANN ICH FÜRS ERSTE NICHTS FALSCH MACHEN.

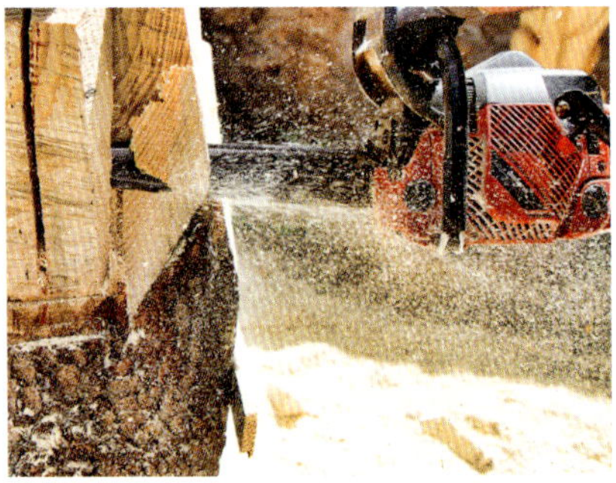

94 Das ganze Holz hinter dem Bein bis zur Mittellinie wegschneiden.

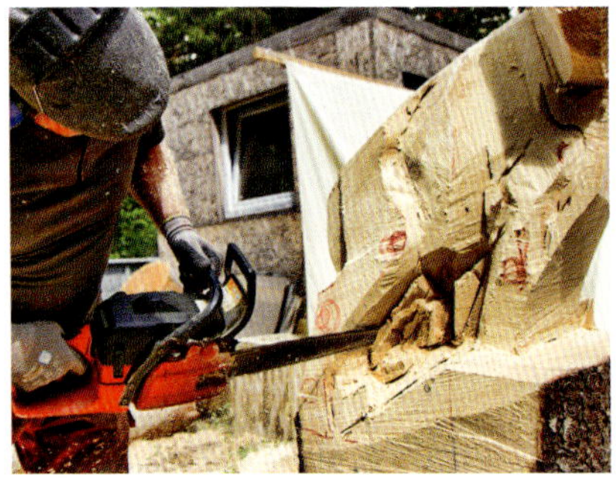

95 Langsam löst sich die Form heraus.

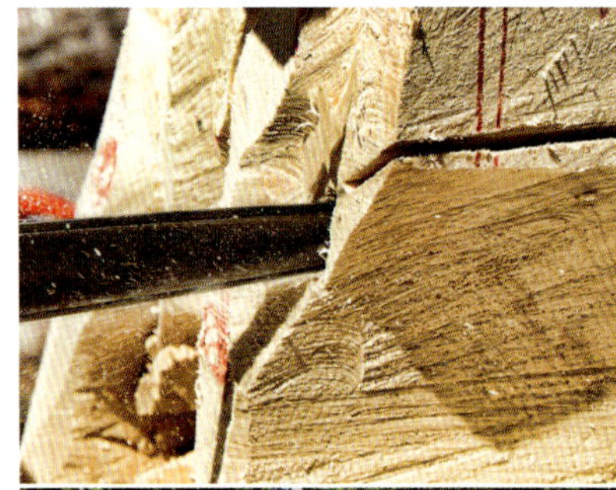

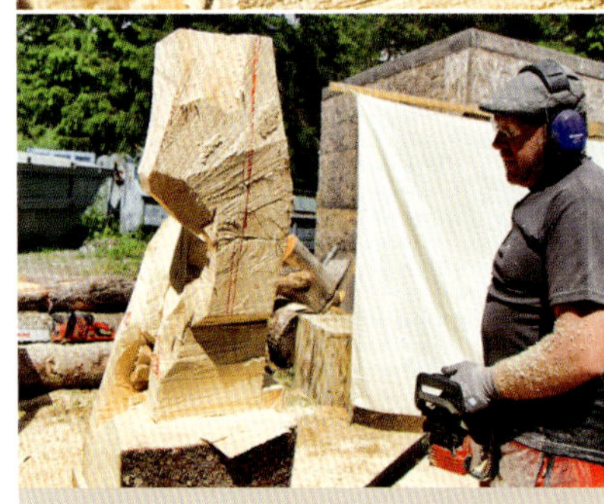

96 Zur Auflockerung und Orientierung fixiere ich die Höhe des Brustbeines.

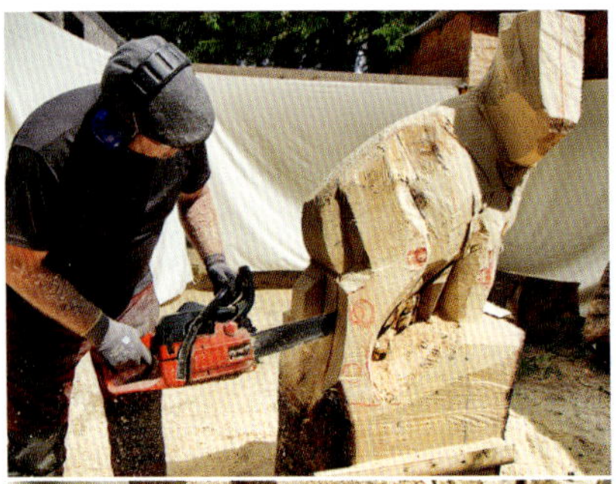

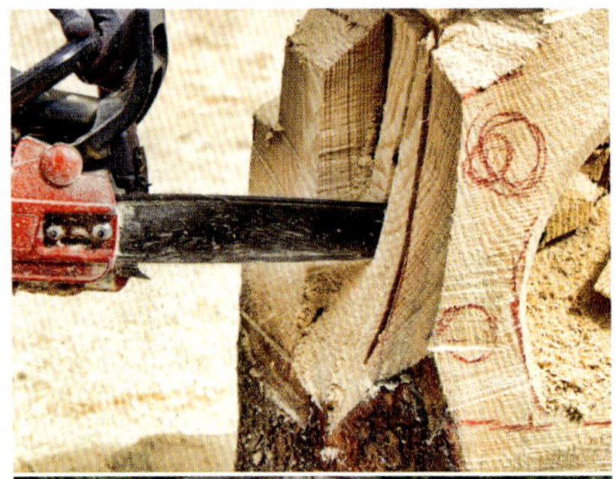

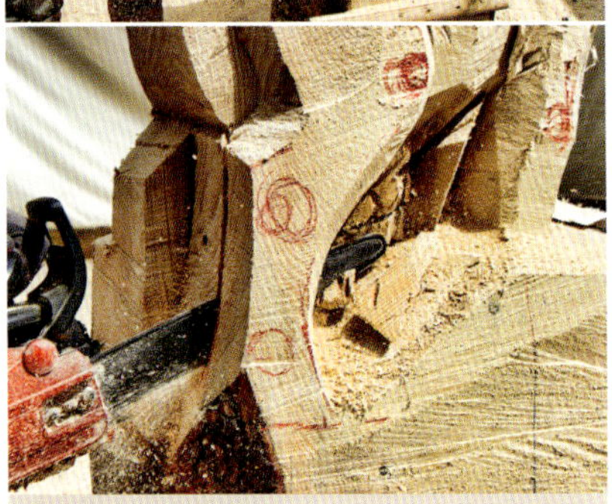

97 Von hinten her lege ich die Stärke des Laufs fest.

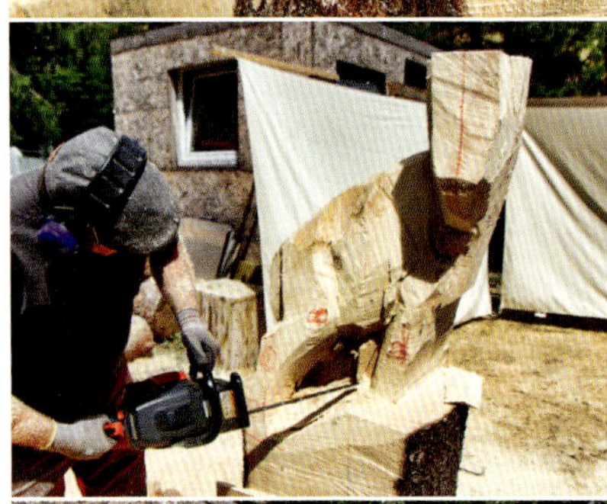

98

ES IST ETWAS MÜHSAM, ABER MACHT SPASS, DEN DURCHBRUCH ZU VERGRÖSSERN.

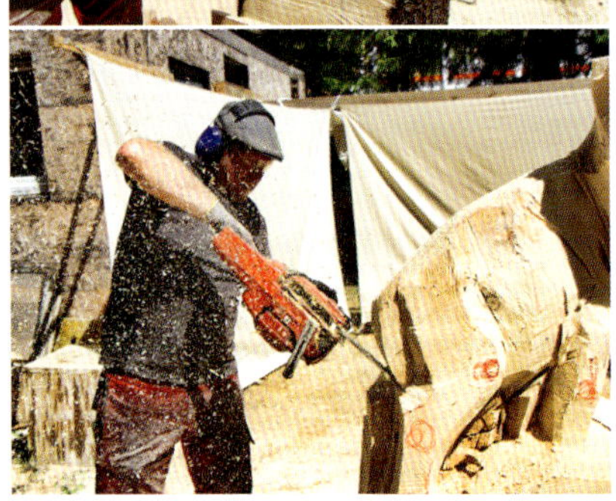

99 Dabei immer darauf achten, nicht in das andere Hinterbein zu schneiden. Den Brustkorb etwas nachschneiden.

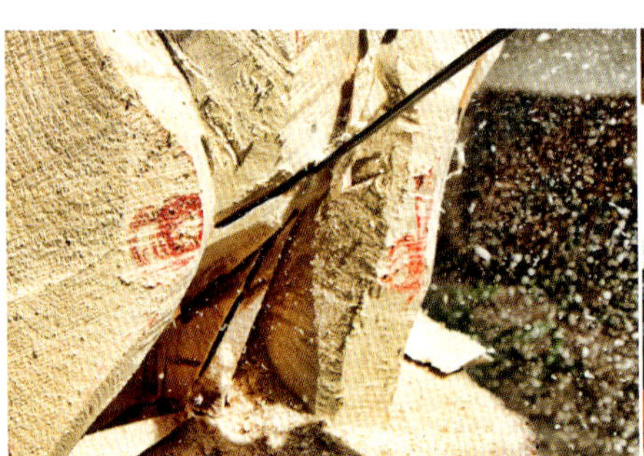

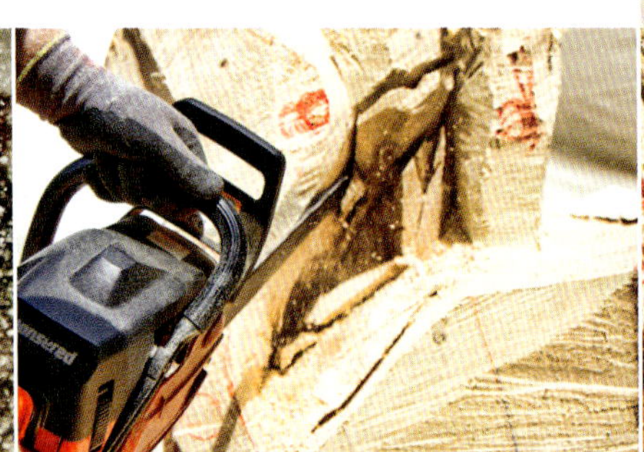

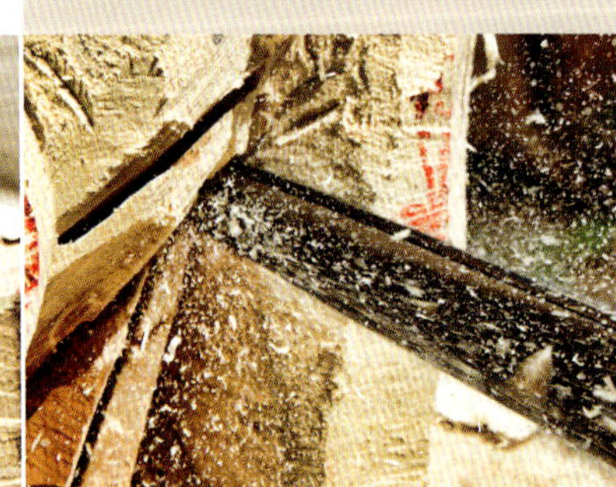

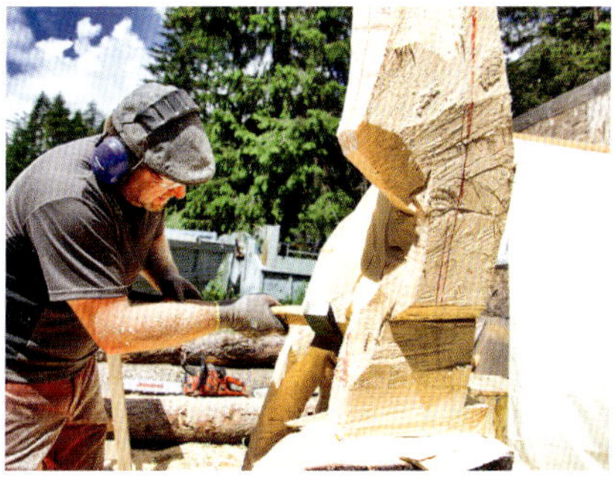

100 Dabei kann man ruhig auch mal eine Axt zu Hilfe nehmen.

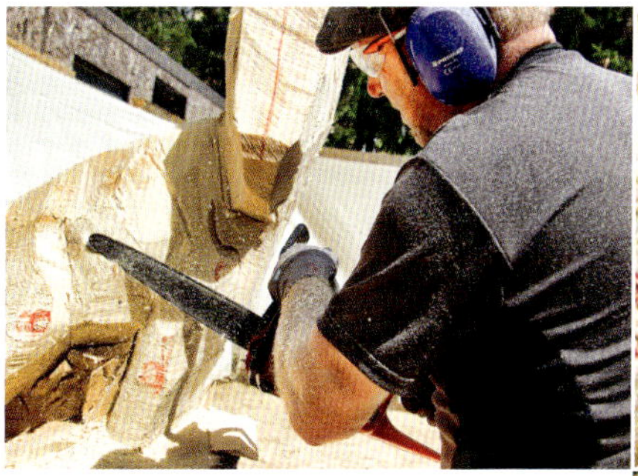

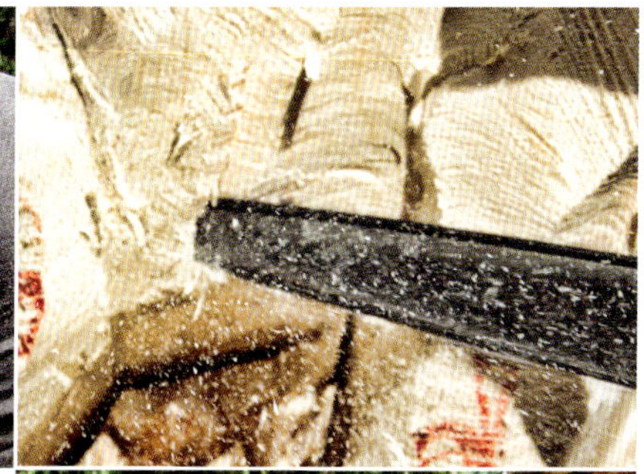

101

DER BAUCH GEHÖRT EIN WENIG ZURÜCK-GESCHNITTEN.

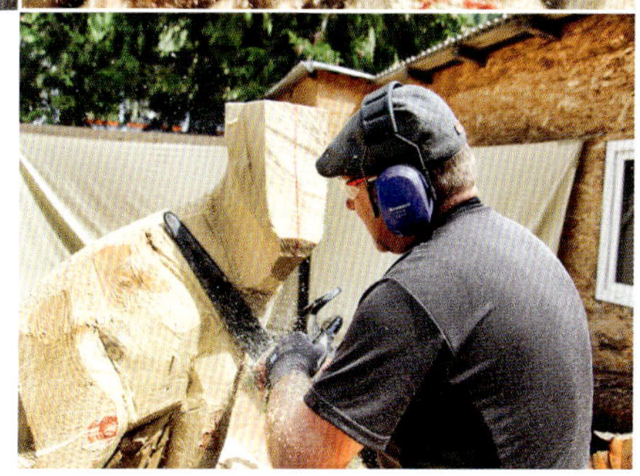

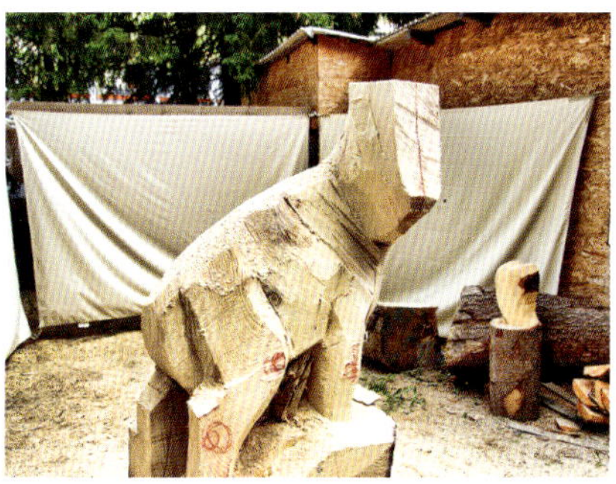

102 Ich komme gut voran.

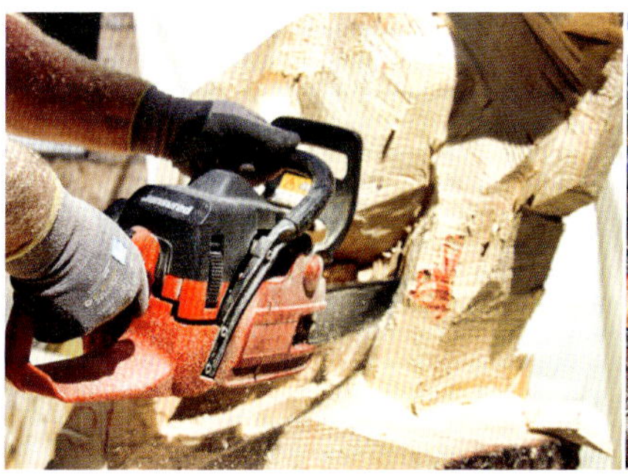

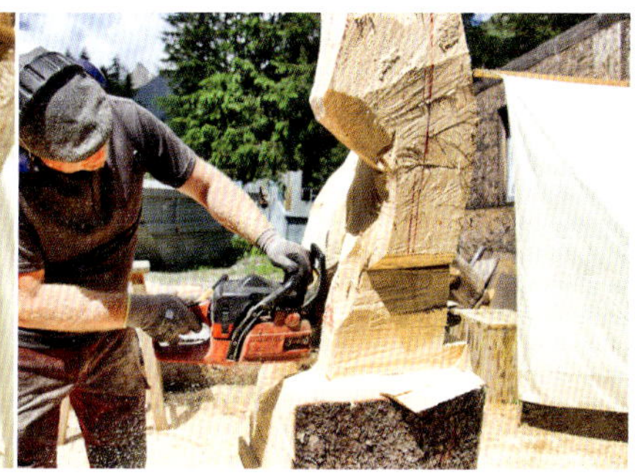

103 Hinter den Vorderbeinen kann ich es schon mal wagen, durchzustechen.

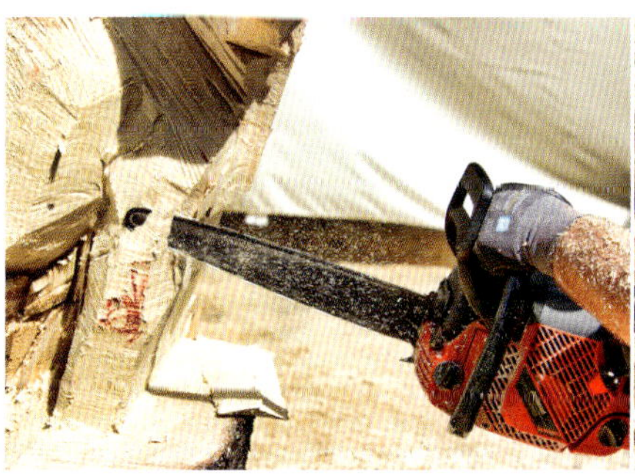

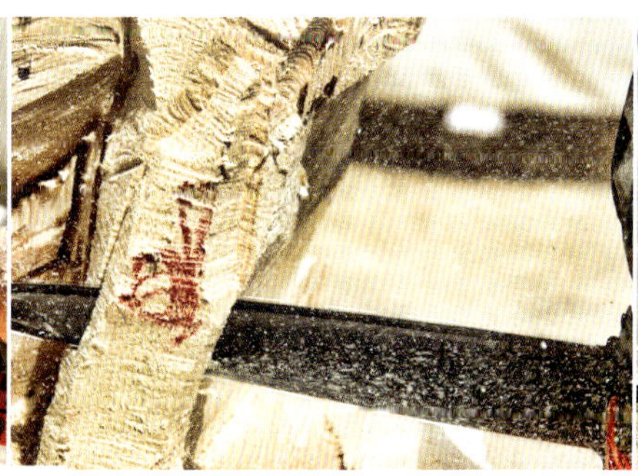

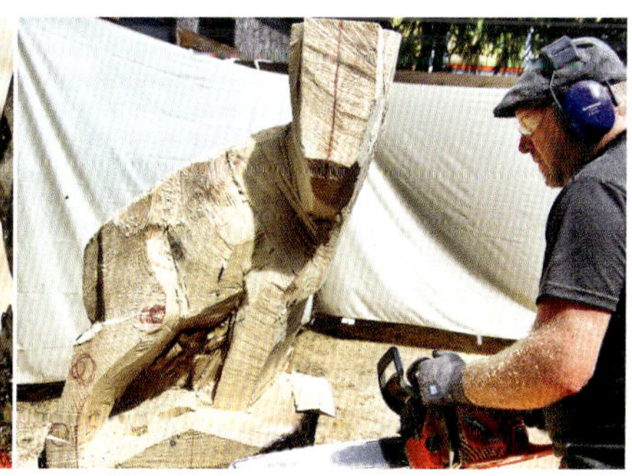

104 Damit er von vorne nicht wie ein Bodybuilder aussieht, drücke ich den Lauf noch etwas näher zur Mitte.

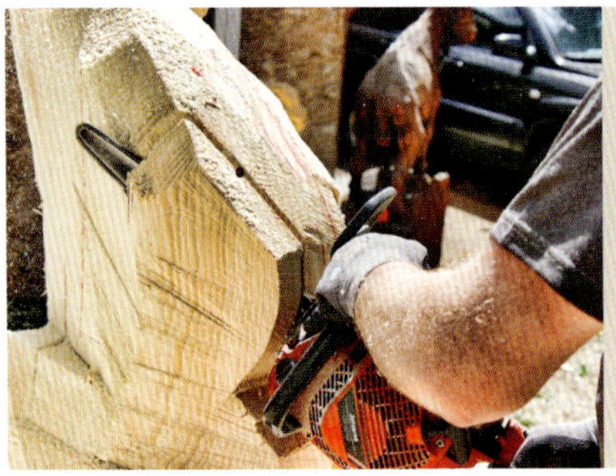

105 Damit unter dem Bauch bald mal die Sonne durchscheinen kann, kümmere ich mich jetzt um die Form des anderen Hinterbeins. Ich orientierte mich an der Rückenlinie und schneide von oben zirka im gleichen Winkel wie auf der vorderen Seite zum Bauch hin …

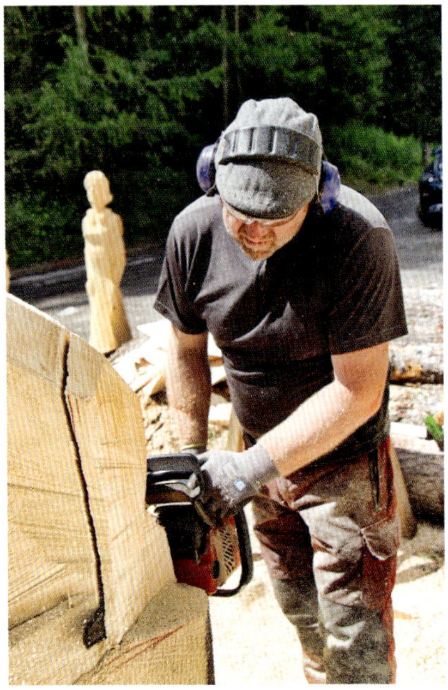

106 … und ziehe den Schnitt bis zum Ende des Hufs durch.

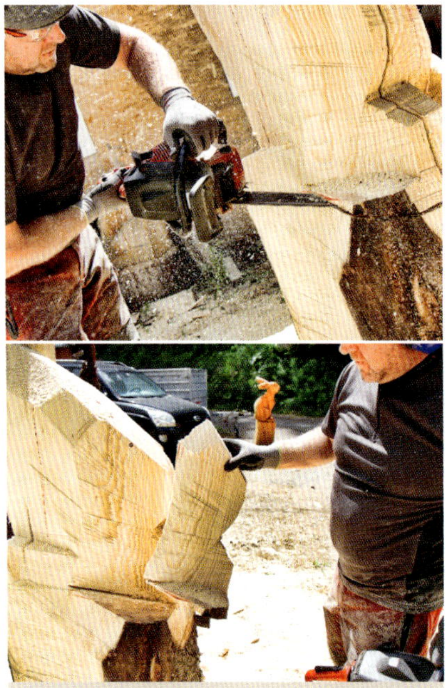

107 Ich trenne das Stück Holz vom Boden, auf dem der Bock später mal stehen wird.

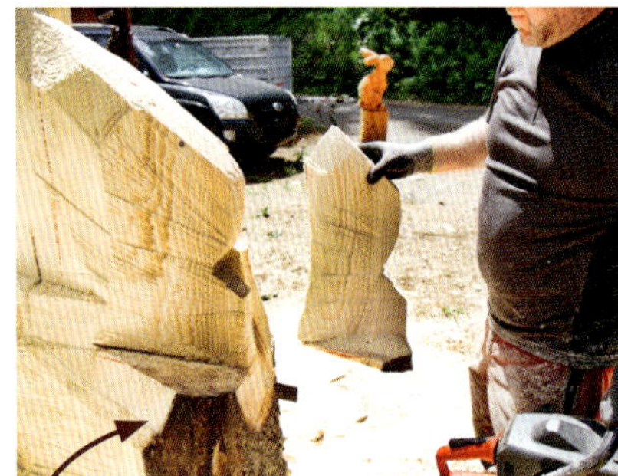

108

JETZT SPÜRT MAN SCHON GANZ GUT, WIE DAS BEIN SPÄTER EINEN LEICHTEN AUSFALLSCHRITT MACHT.

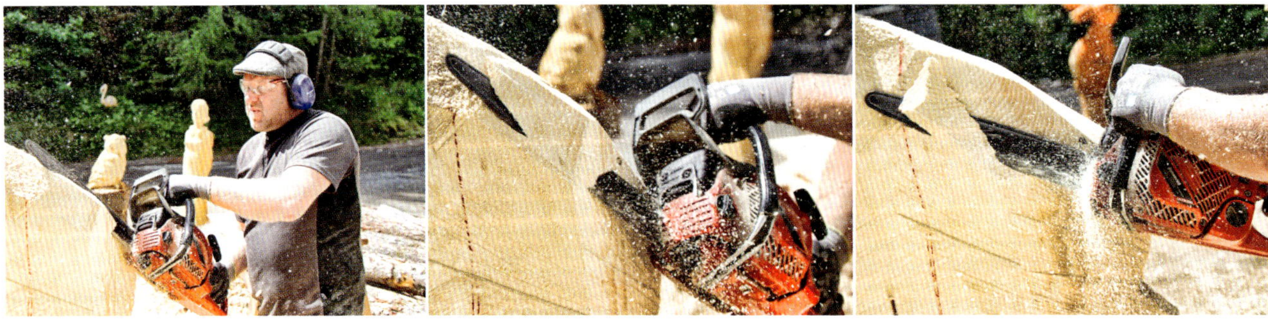

109 Von der Rückenlinie her abrunden.

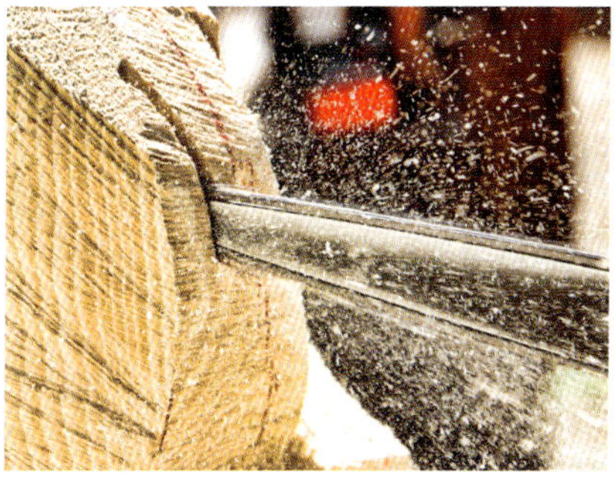

110 Den Wedel anschneiden, dabei orientiere ich mich wieder an der roten Markierung. Die Tiefe des Schnittes übernehme ich von der anderen Seite.

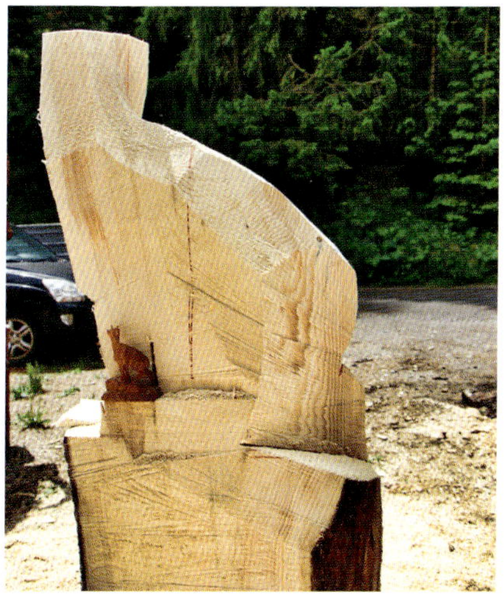

111 Jetzt werde ich mich um das linke Hinterbein kümmern.

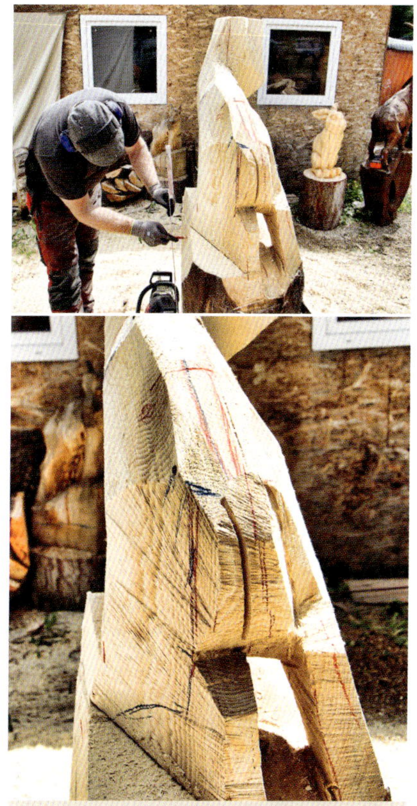

112 Um mich nicht zu verzetteln, messe ich die wichtigsten Punkte ein und zeichne sie auf.

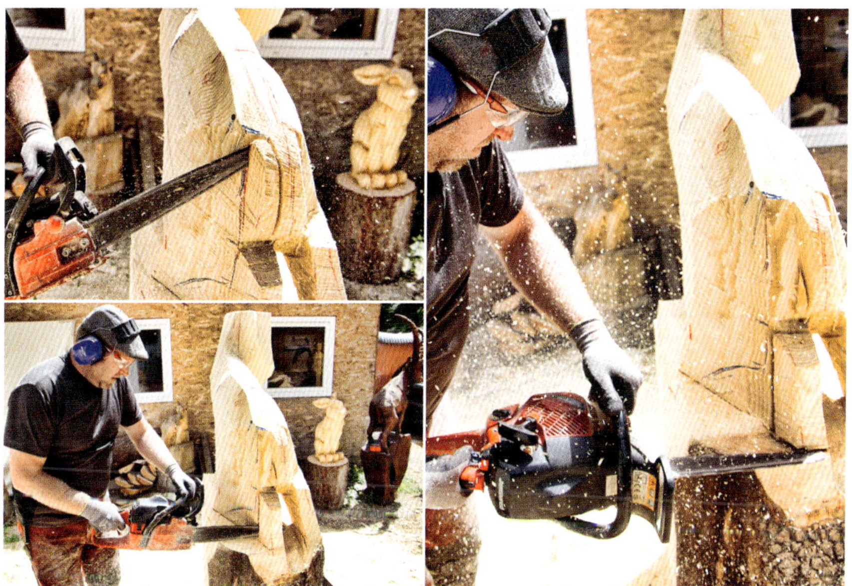

113 ZUERST WIEDER DIE AUSSENKONTUR AUSSCHNEIDEN.

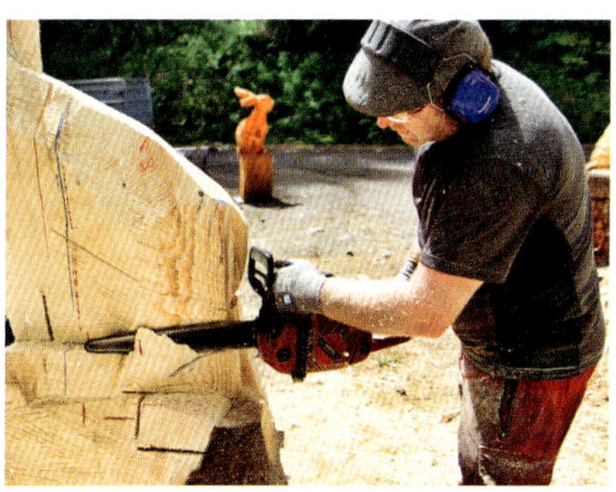

114 Hier muss ich den Huf, in der Jägersprache „Schale" genannt, noch etwas korrigieren.

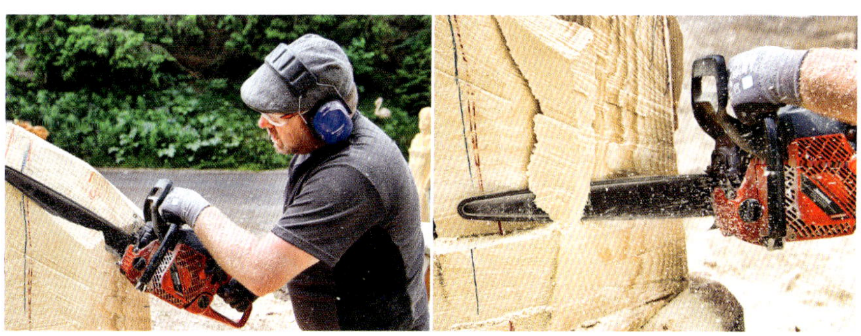

115 Ebenso die Partie beim Becken.

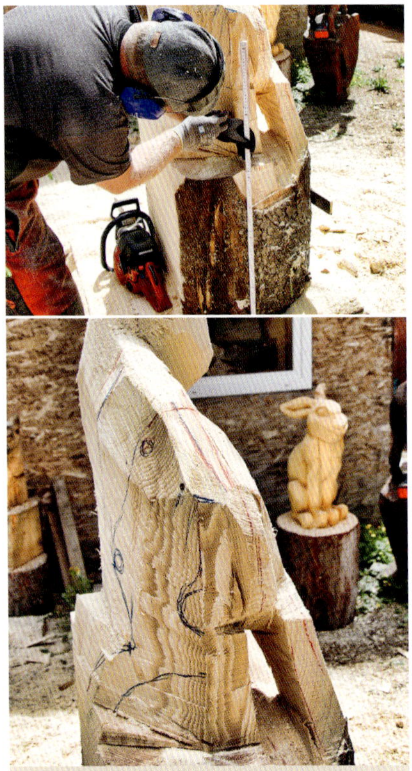

116 Neben der Säge sind meine Lieblingswerkzeuge der Zollstock und die Kreide.

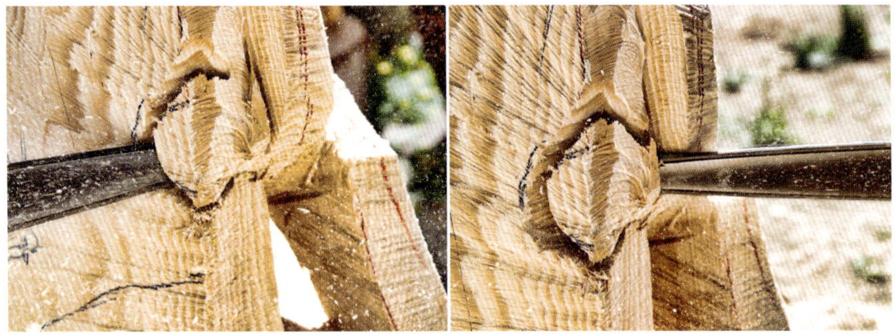

117 Vorsichtig befreie ich jetzt erstmal das Gelenk.

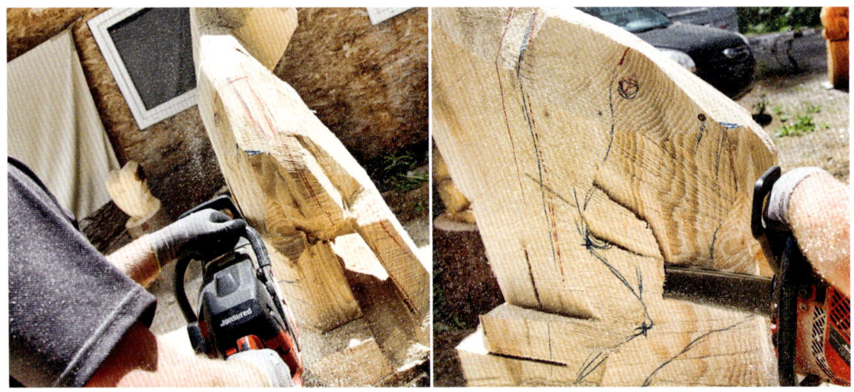

118 Damit der Kerl das Bein etwas mehr rausdreht, den Bauch etwas zur Mitte drücken.

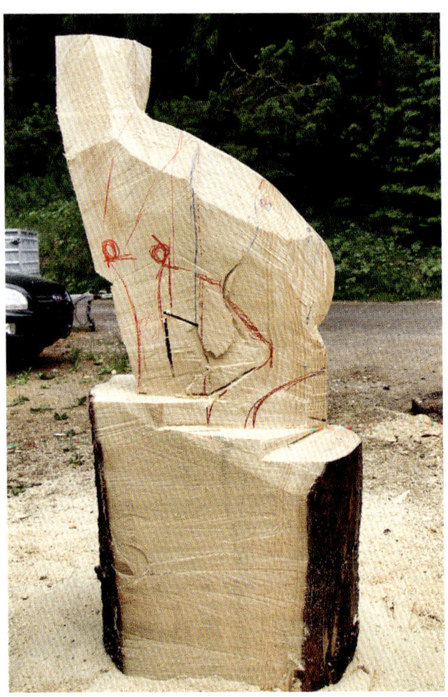

119 Nochmal alles aufgezeichnet.

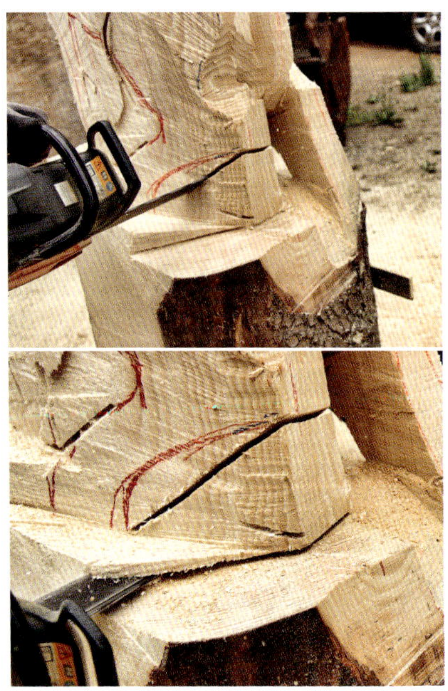

120 Erstmal entferne ich grob das überschüssige Holz.

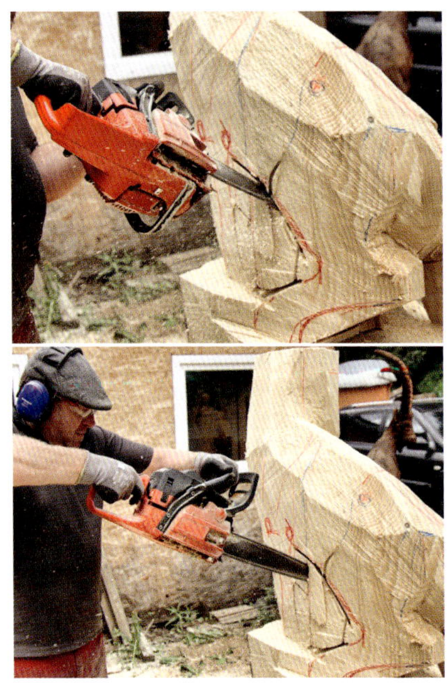

121 Vom Körper wegschneiden.

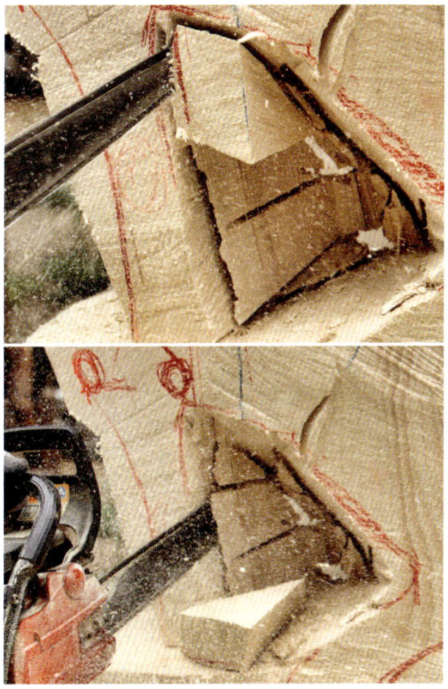

122 Schritt für Schritt.

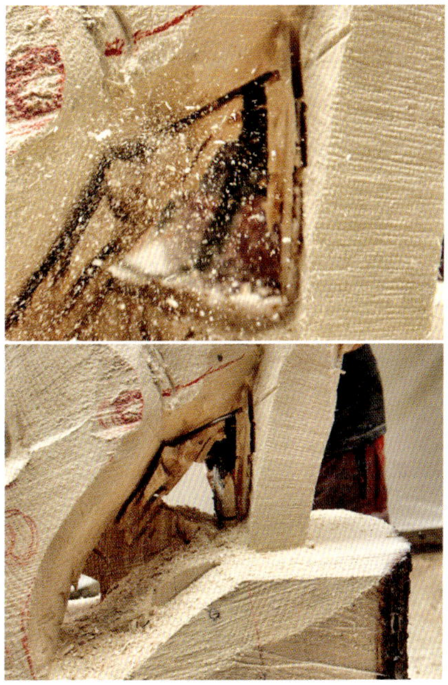

123 Ein spannender Moment, so ein Durchbruch.

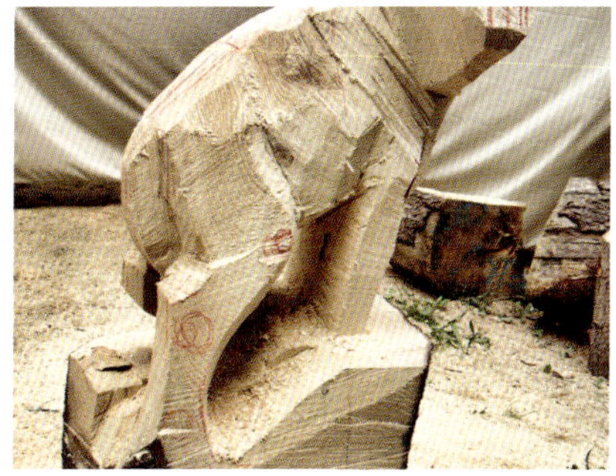

124 Die Sonne scheint durch, wirft aber noch sehr große Schatten.

FEINARBEITEN AM STEINBOCK

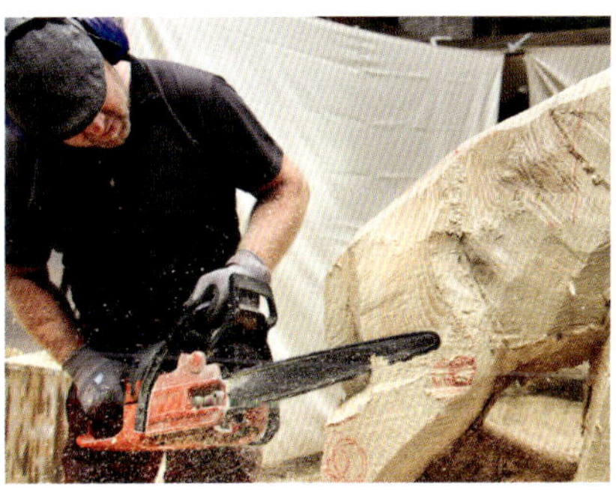

125 Das Gröbste ist nun geschafft, die einzelnen Körperteile sind festgelegt, die Proportionen passen ungefähr. Nun beginne ich mich rundherum genauer an die endgültige Form heranzuarbeiten.

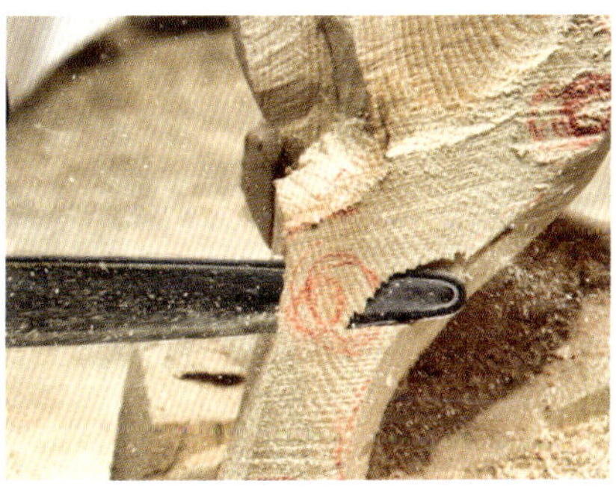

126 Dabei versuche ich so gut, wie es geht, die Anatomie zu berücksichtigen. So sind am Hinterlauf Sehnen, die ich auch gleich ein wenig betonen kann.

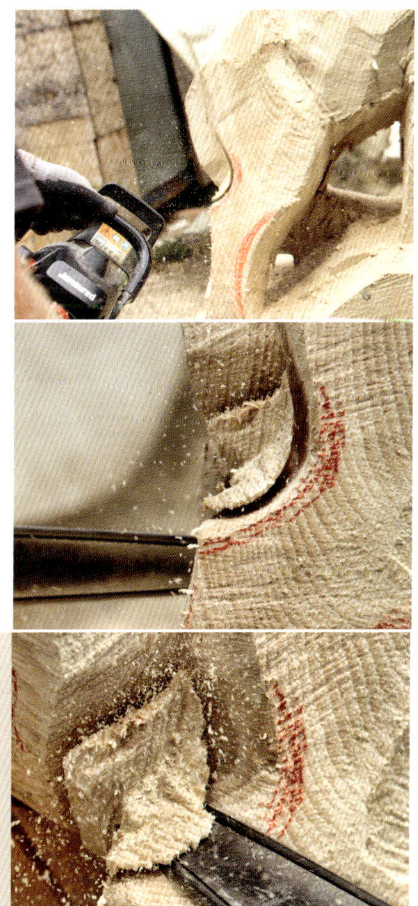

127 Um mich nicht zu verzetteln, zeichne ich mit meiner Kreide den nächsten Schritt, den ich machen möchte, an. Somit kann ich kontrollieren, ob ich mich richtig entscheide und nicht das Falsche entferne.

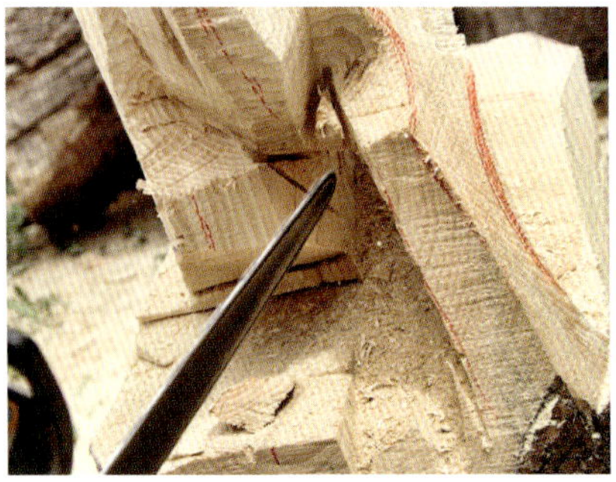

128 Das Bein dreht sich schön nach außen.

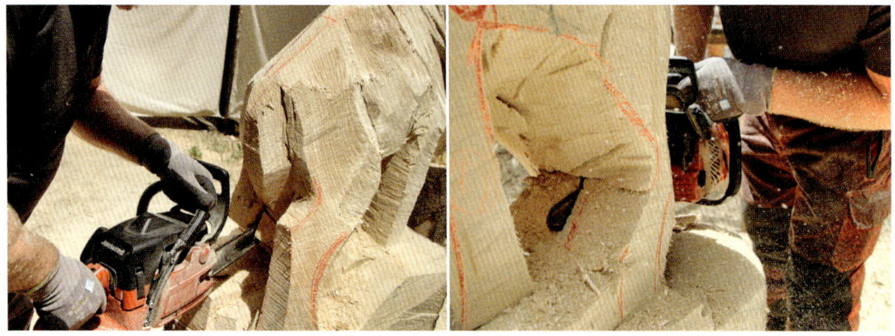

129 Als Nächstes werde ich mich auf das andere Bein stürzen.

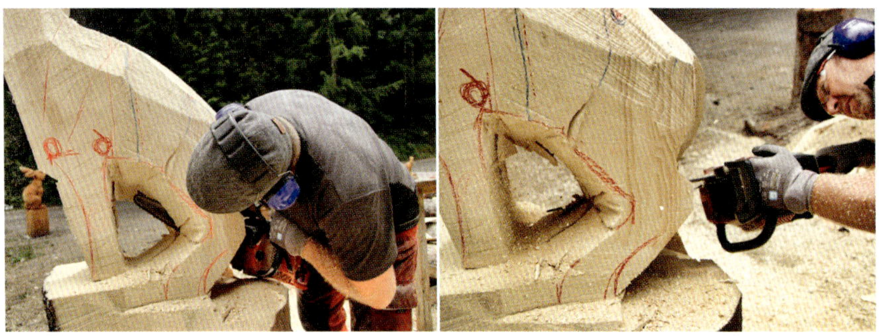

130 Mal schauen, wo ich hinkomme.

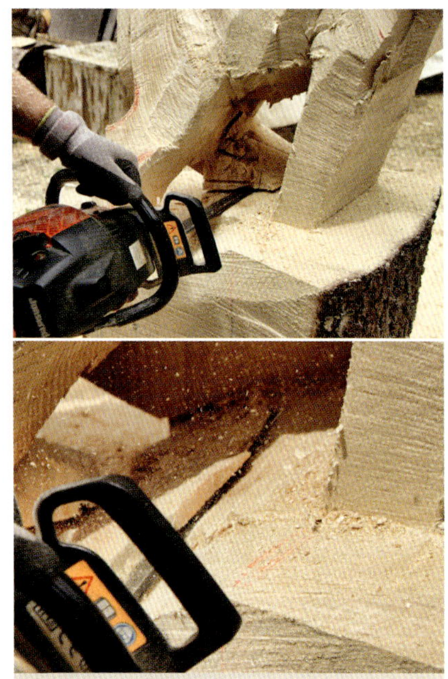

131 So gut es geht, das ganze Material, das noch zu viel im Zwischenraum ist, entfernen.

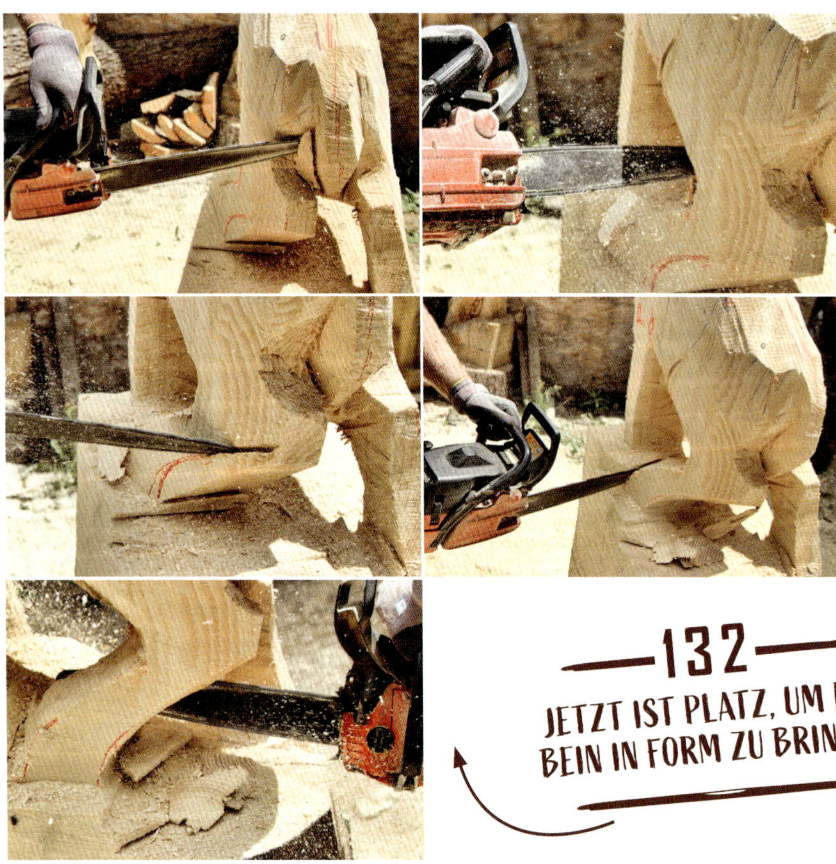

132

JETZT IST PLATZ, UM DAS BEIN IN FORM ZU BRINGEN.

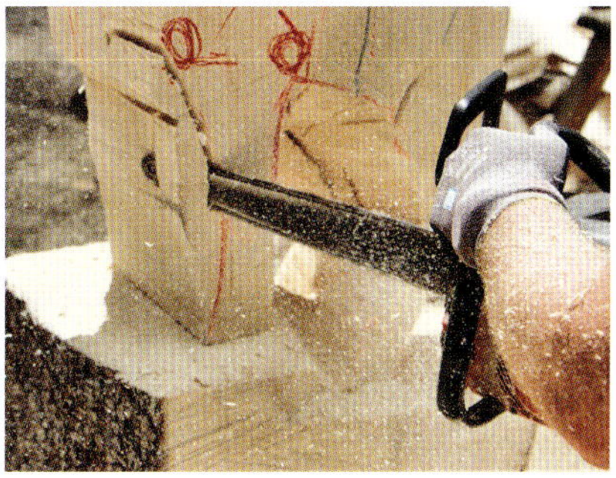

133 Um den Bauch zu bearbeiten, richte ich das Umfeld. Zuerst das Vorderbein an die richtige Stelle rücken, …

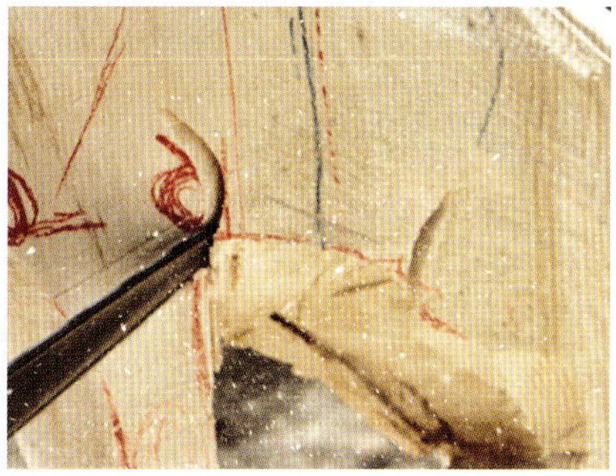

134 … das Gelenk zum Bauch hin markieren …

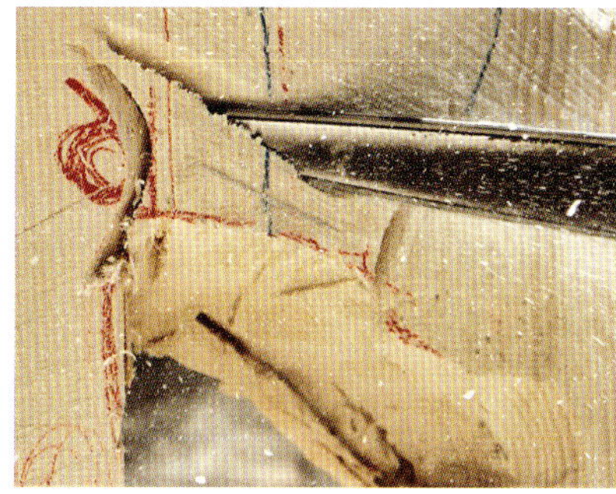

135 … und beischneiden.

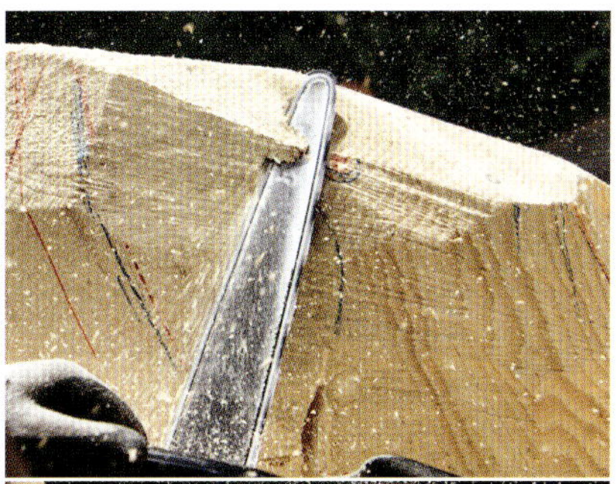

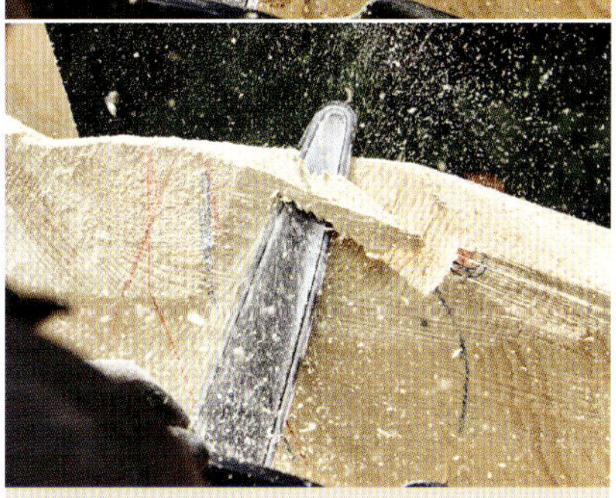

136 Zwischen Beckenknochen und Brustkorb ist eine Mulde, die so genennte Hungergrube.

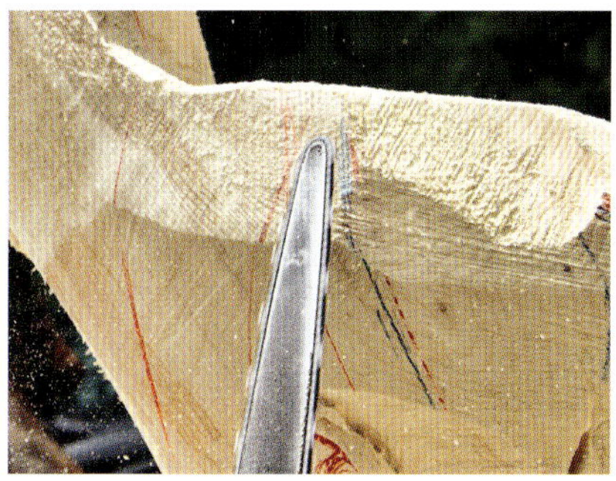

137 Sie ist noch zu flach.

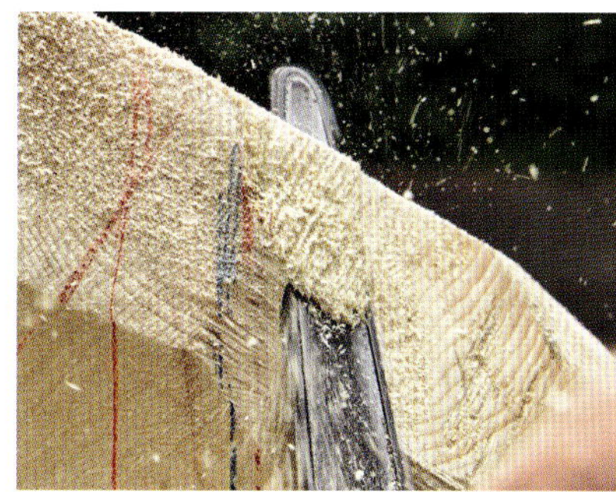

138 Daher schneide ich die Hungergrube noch etwas tiefer.

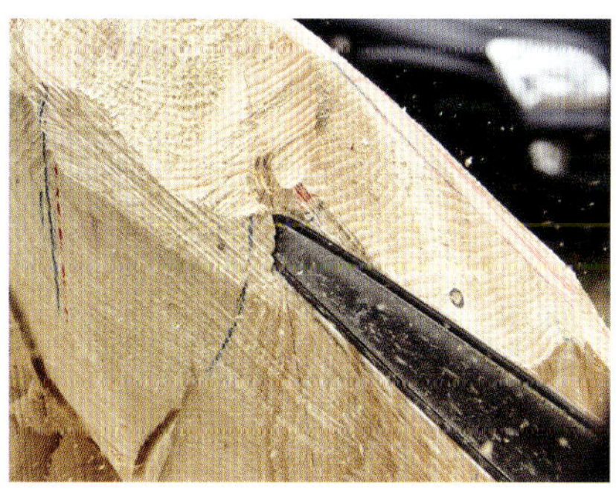

139 Als Nächstes lege ich den Schenkel fest.

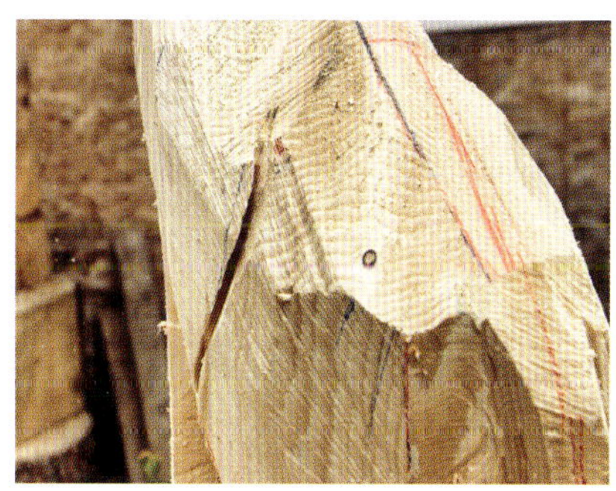

140 Hier sieht man gut, wie flach man immer noch nachschneiden kann.

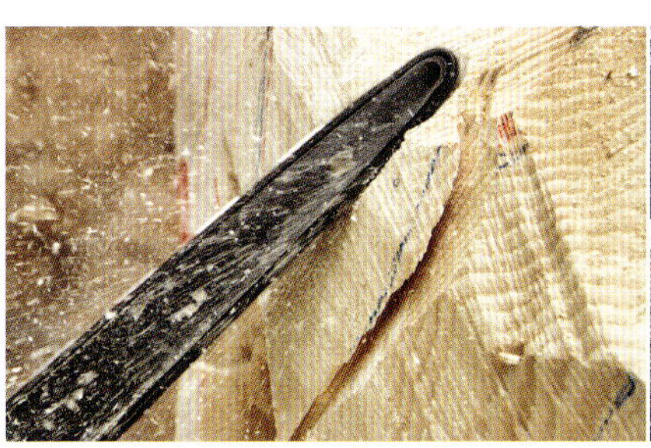

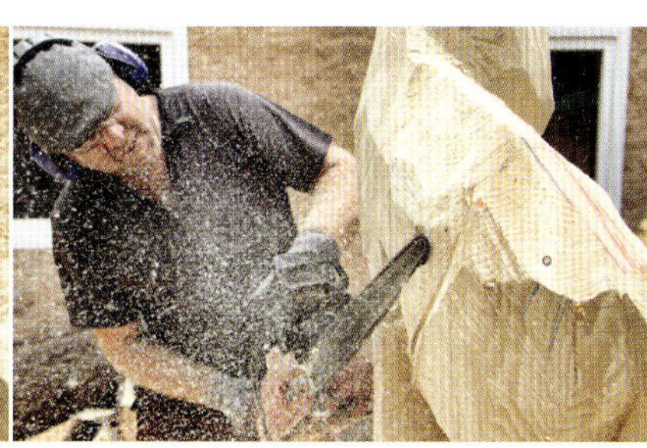

141 UND GENAUSO FLACH WIEDER BEISCHNEIDEN.

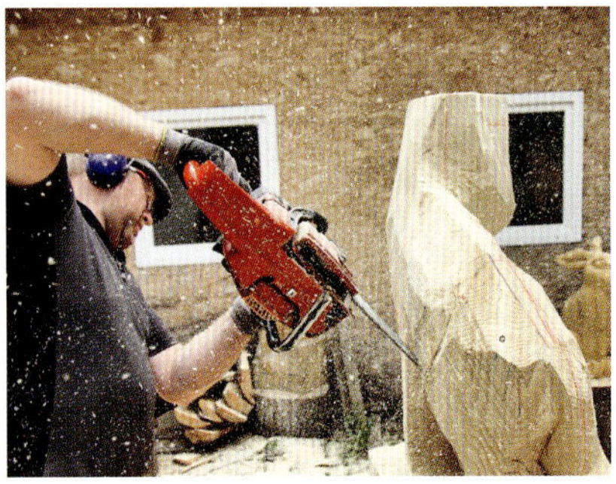

—142—

SOMIT KANN MAN DEN BAUCH ETWAS FORMEN. JETZT IST ER AUF BEIDEN SEITEN UNGEFÄHR GLEICH WEIT AUSGEARBEITET.

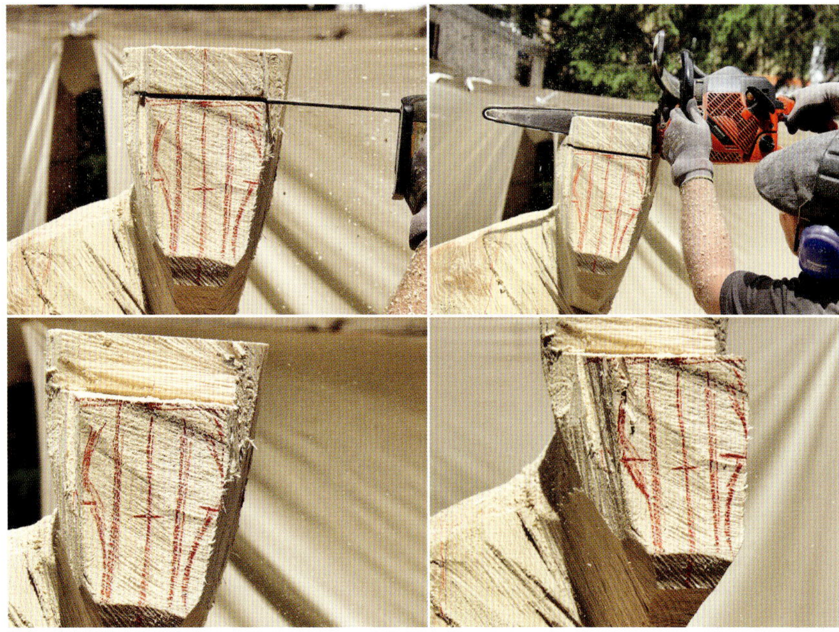

143 Damit die Größe des Kopfs zum momentanen Stand passt, werde ich ihn angleichen. Dafür zeichne ich zuerst von der Mittellinie aus die Breite der Stirnplatte an und kürze den Kopf, indem ich die Ohren freischneide.

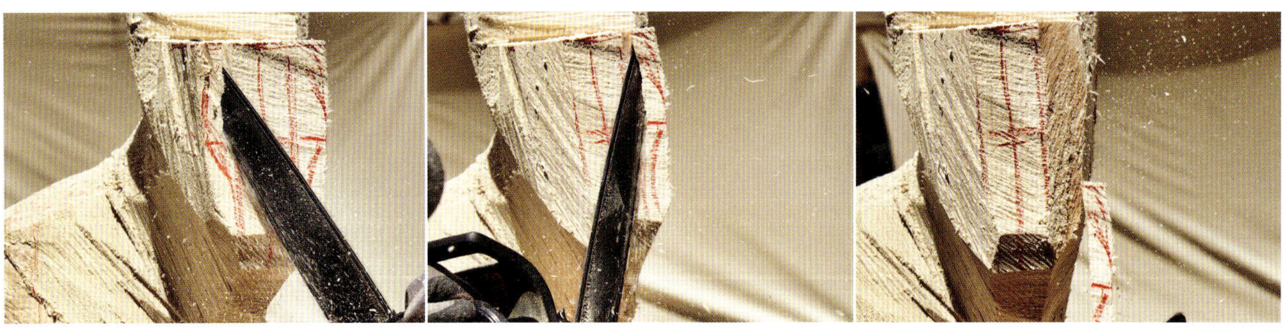

144 Nun sind die Winkel des Gesichts dran, ich orientiere mich an der angezeichneten Nasenbreite und schneide einen rechten Winkel.

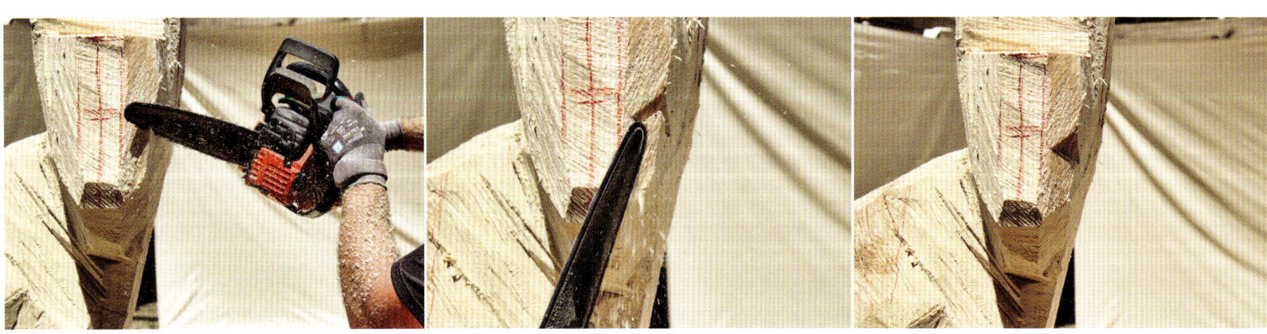

145 Mit einem kleinen Schnitt etwas unter dem Auge markiere ich die Augenpartie …

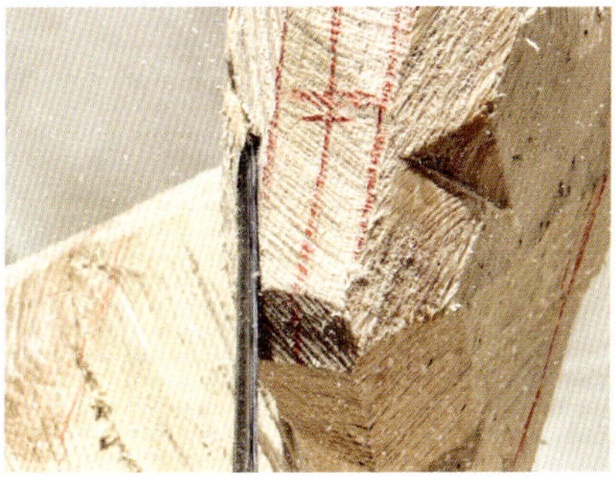

146 … und wiederhole das auf der gegenüberliegenden Seite.

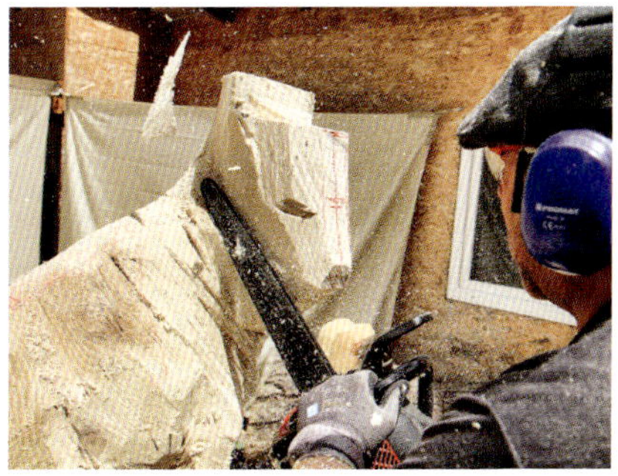

147 Beim Träger, so wird in der Jägersprache der Hals genannt, etwas korrigieren.

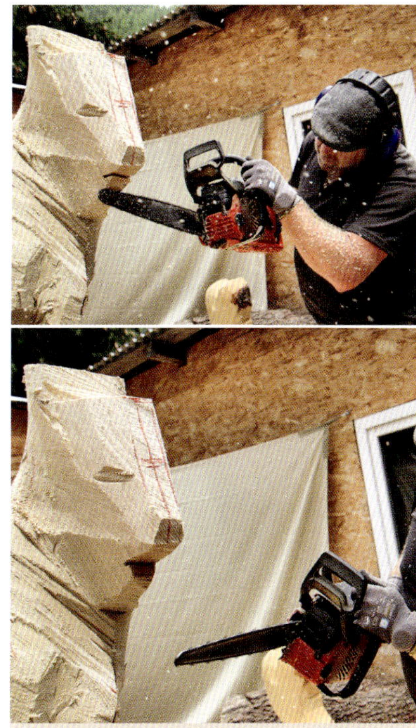

148 Den Bocksbart ansetzen.

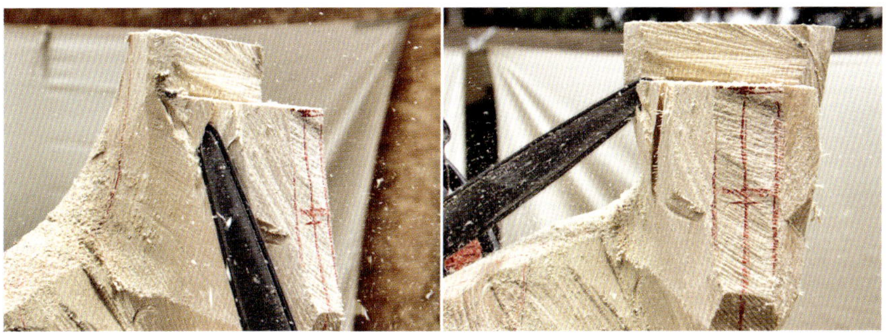

149 Hinter der Augenpartie wird der Kopf wieder etwas schmäler.

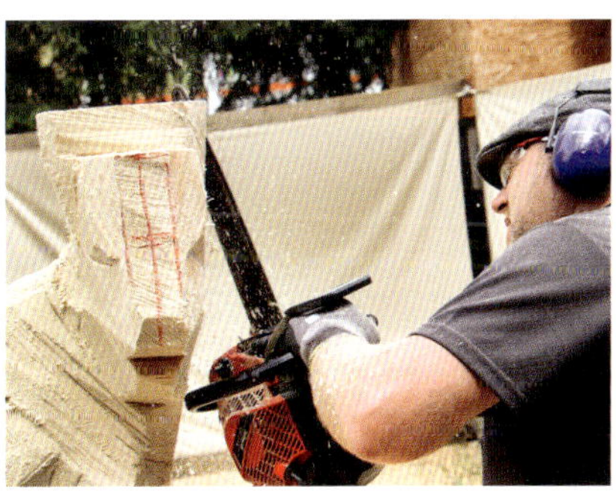

150 Somit lösen sich die Lauscher etwas mehr vom Kopf.

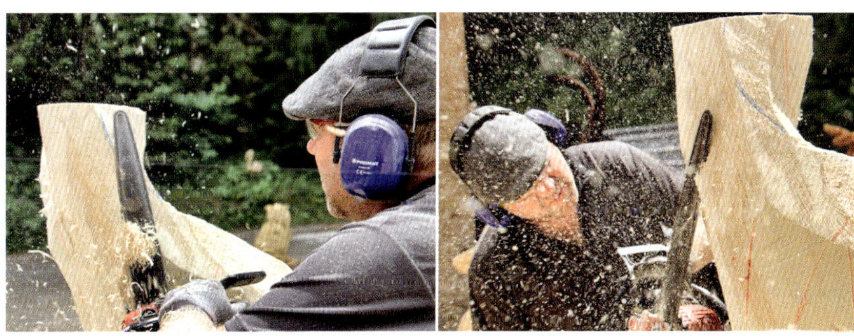

151 Nachdem ich die Rückenlinie nachgezeichnet habe, spanne ich die Fläche des Trägers …

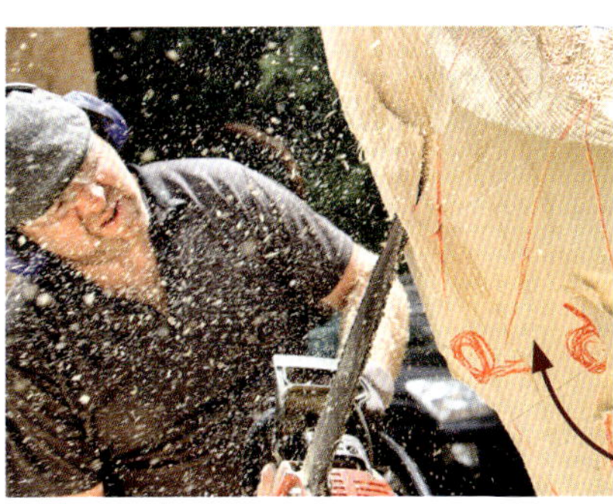

152

… ZUM BLATT HIN.

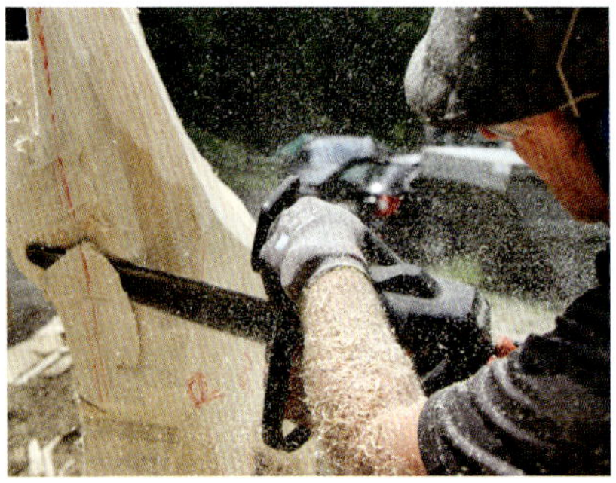

153 Auch unter dem Kiefer etwas schlanker machen.

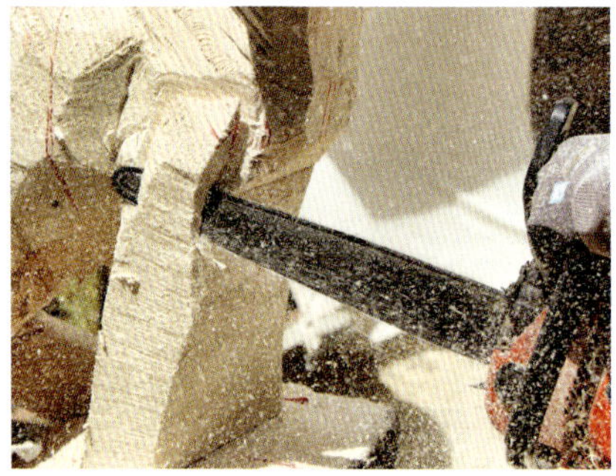

154 Die Stellung des Vorderlaufs korrigieren, …

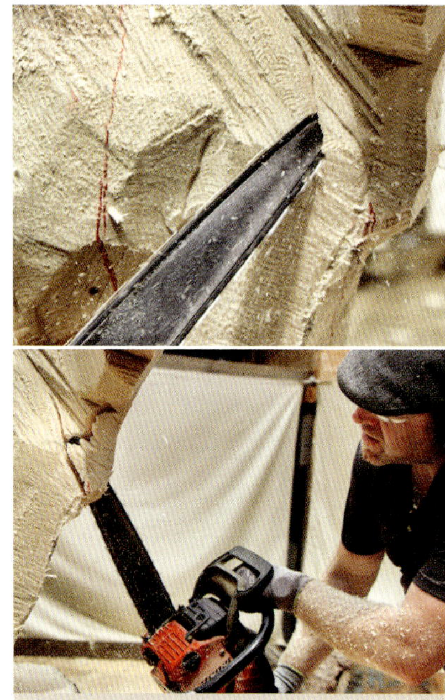

155 … damit ich das Gelenk vom Schulterblatt hervorheben kann.

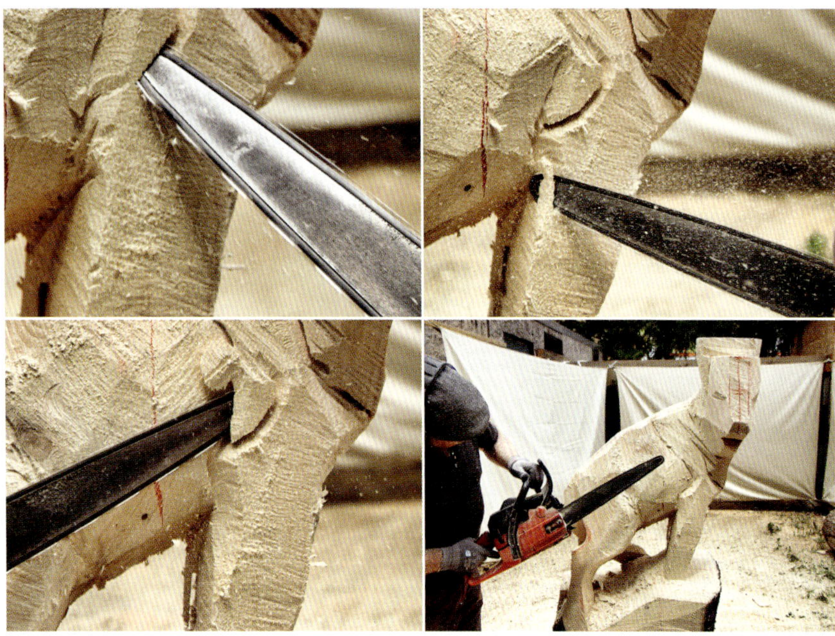

156 AUCH DAS GELENK VOM OBERARM NOCHMAL NACHSCHNEIDEN.

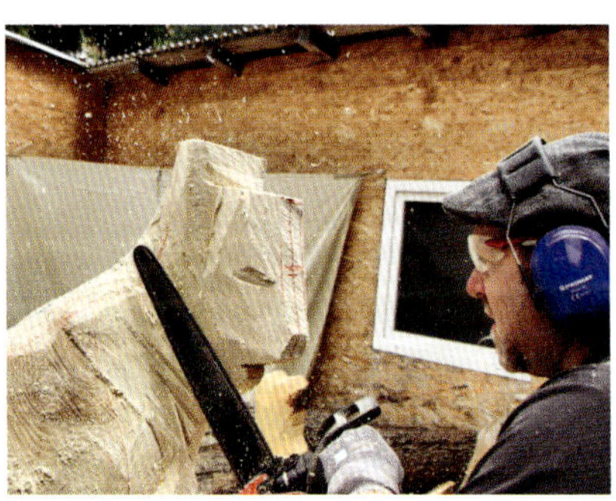

157 Der Träger ist nun an der Reihe.

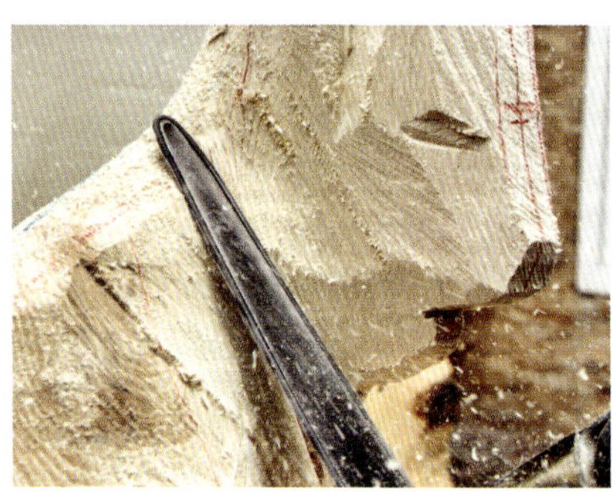

158 Ich drehe die Spitze des Carving-Schwertes, …

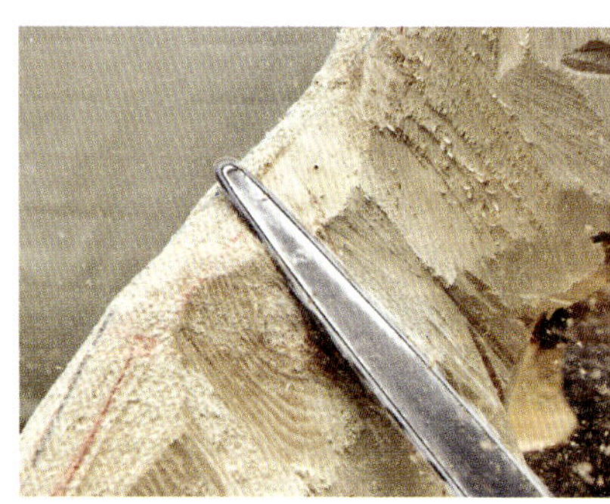

159 … damit die Form des Halses schön konkav wird.

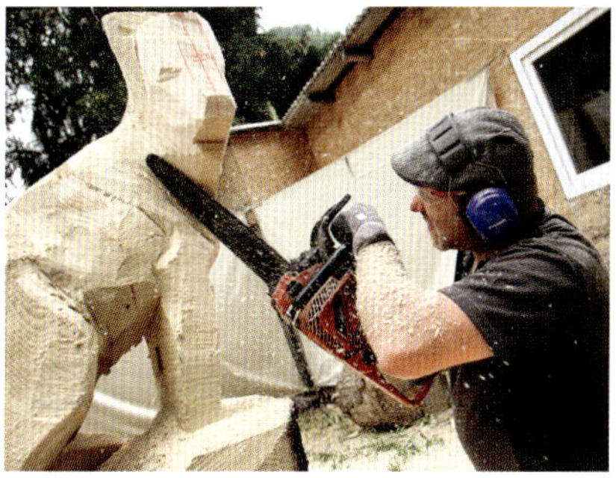

160 Da sich der Hals vom Brustbein hochzieht, schneide ich die Halspartie bis zum Ursprung.

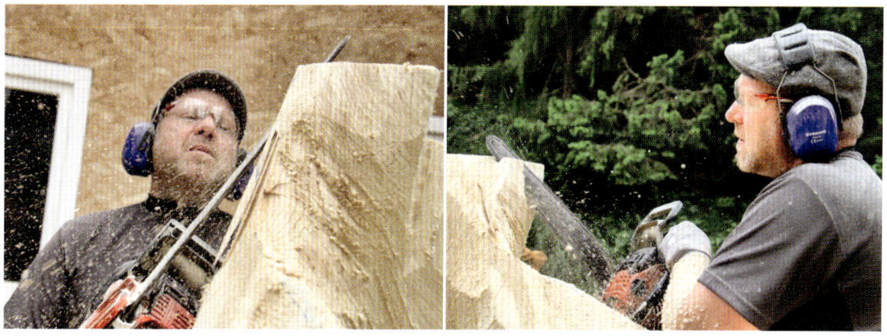

161 Auch auf der anderen Seite spanne ich die Fläche und feile etwas am Hinterkopf.

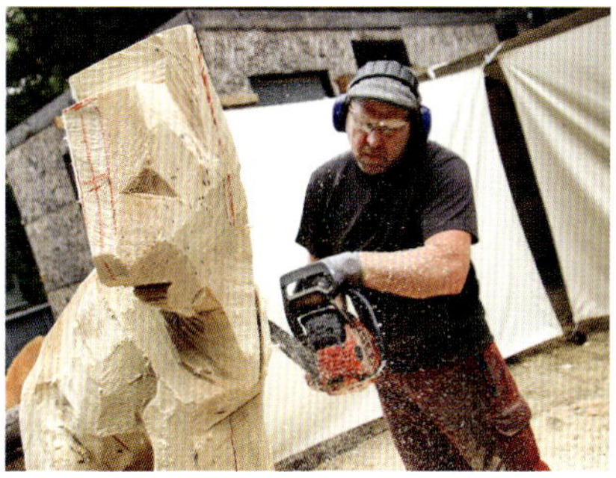

162 Hier fixiere ich das Gelenk vom Schulterblatt …

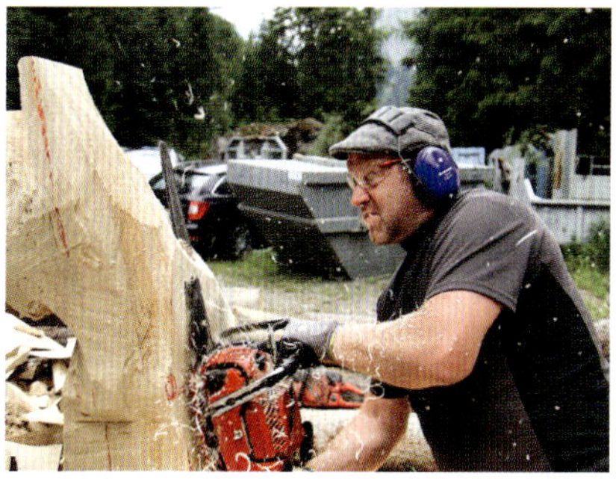

163 … und spanne die Halspartie vom Schulterblatt aus.

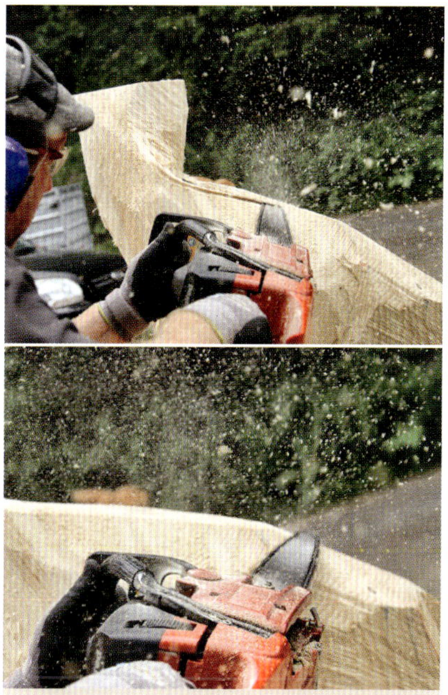

164 Ich bessere die Kontur vom Rücken nach, damit das Rückgrat nicht ganz so rund ist, und der Hals wird vom Hinterkopf her auch etwas länger.

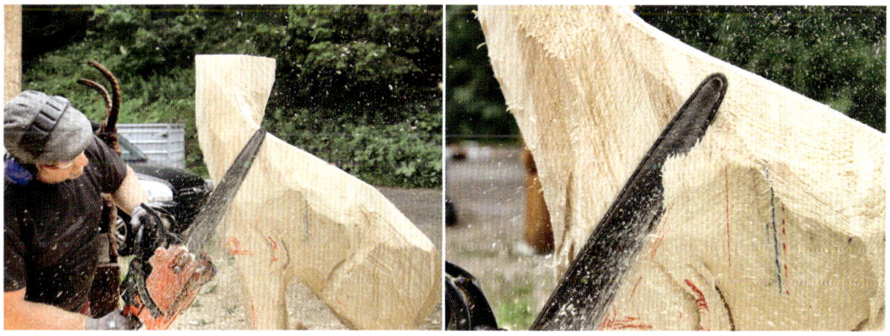

165 Das Blatt steht noch zu sehr vom Körper weg, deshalb drücke ich es oben etwas zum Rückgrat …

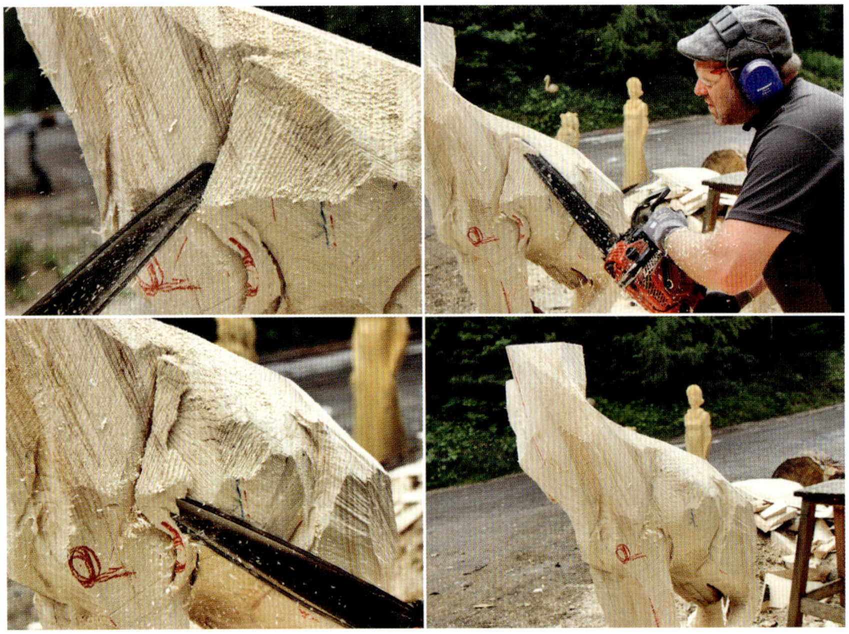

166

… UND TRENNE DIE FORM VOM BRUSTKORB.

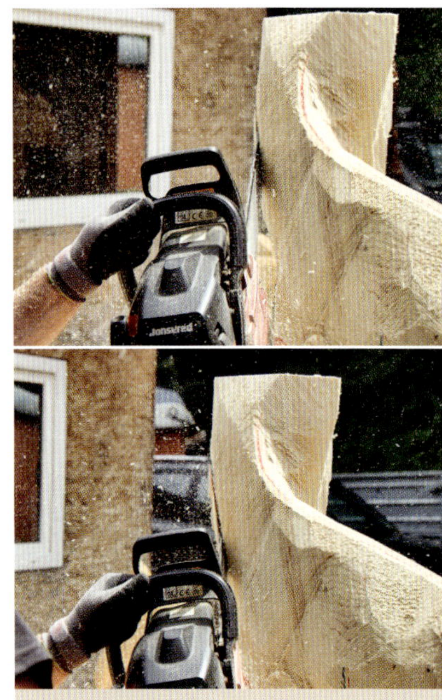

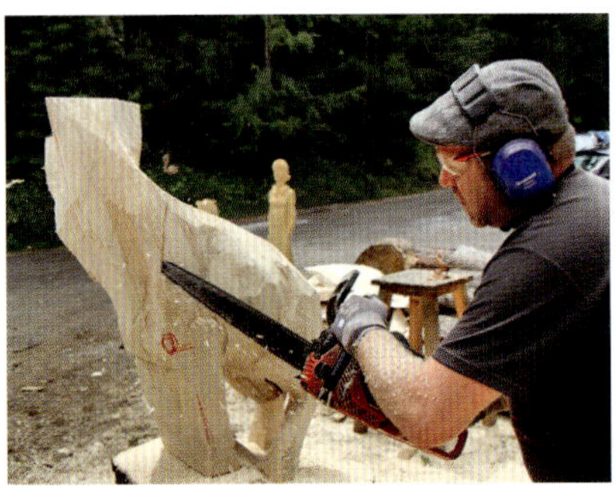

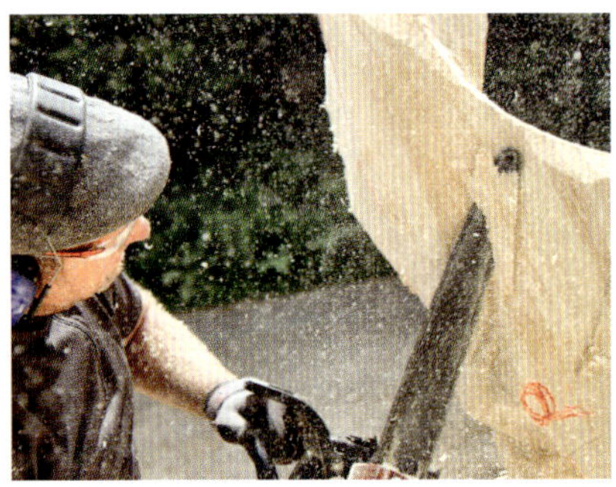

167 Ebenso grenze ich das Schulterblatt zum Hals des Steinbocks hin ab.

168 Wieder beischneiden.

169 Ich spanne den Hals.

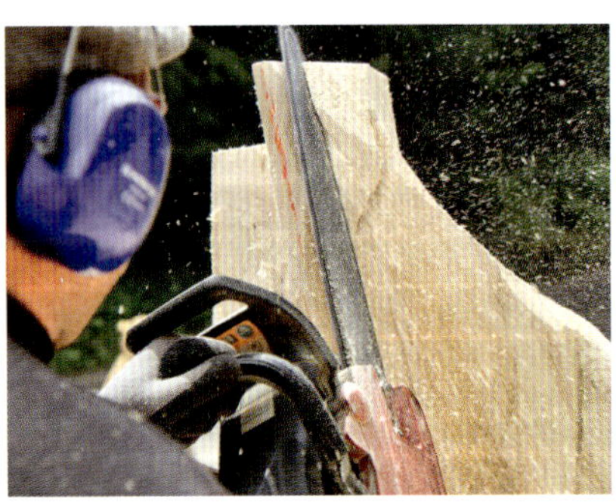

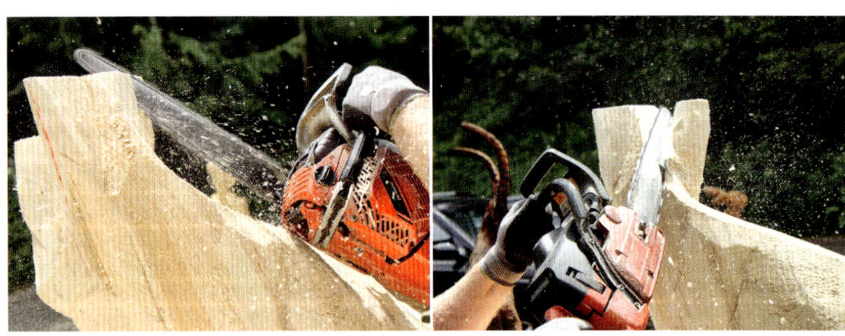

170 Jetzt kann ich den Raum zwischen den Ohren bearbeiten. Damit ich später eventuell noch ein wenig korrigieren kann, lasse ich sie noch etwas dicker.

171 Schräg anschneiden und beischneiden.

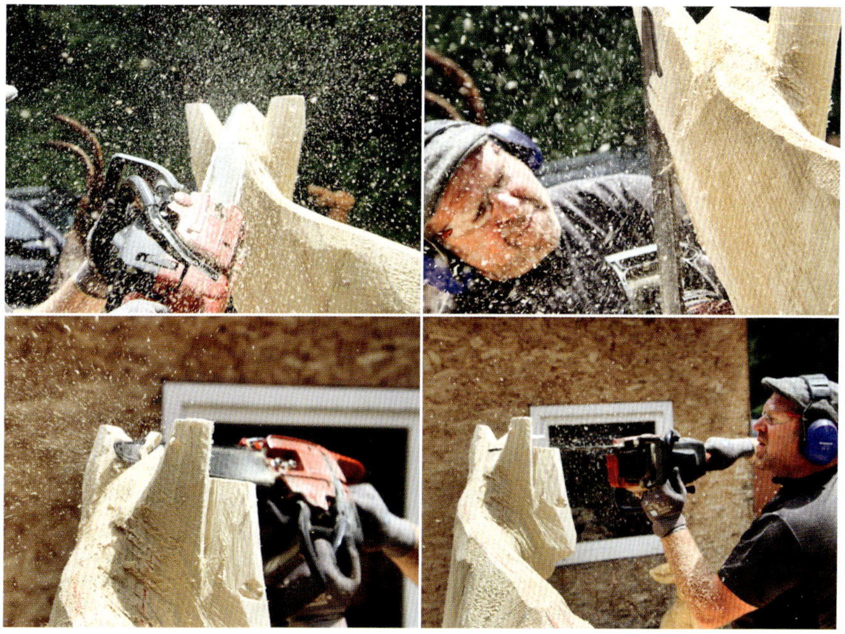

172 Nicht alles auf einmal, die Gefahr, das Ohr abzuschneiden, ist groß.

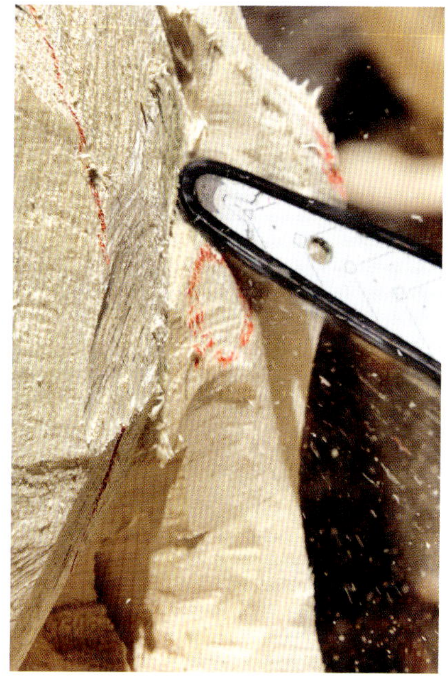

173 Nun beginne ich, das Vorderbein an der Außenseite abzurunden.

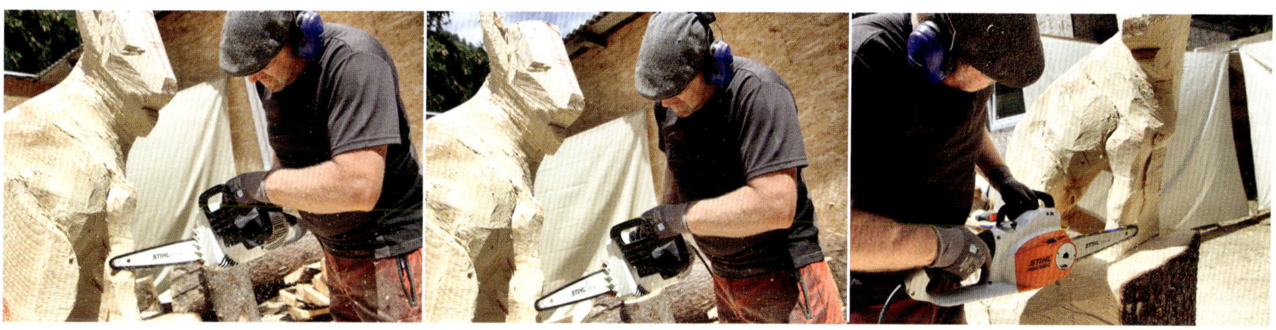

174 Am Gelenk lasse ich ein wenig mehr Masse stehen.

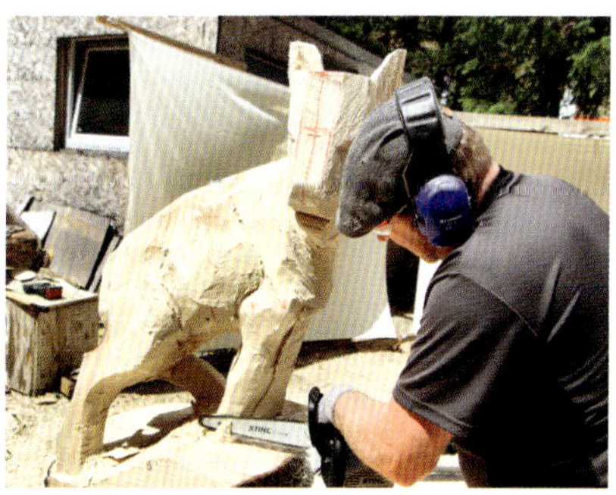

175 Es zeichnet sich schon schön ab.

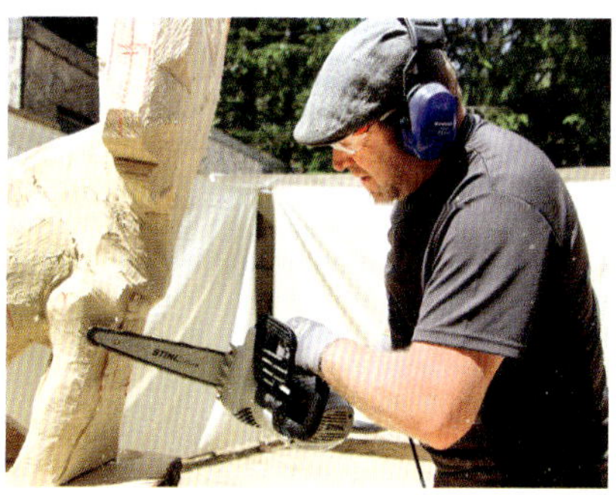

176 Ruhig mal versuchen, einen Schnitt durchzuziehen und zu drehen.

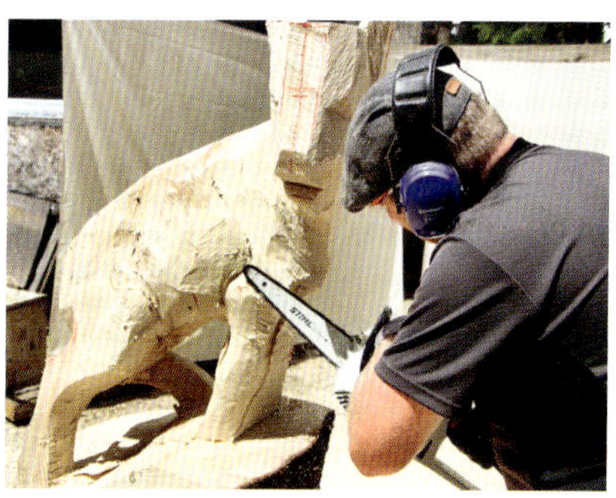

177 Auch das Bein zeichnet sich gut ab.

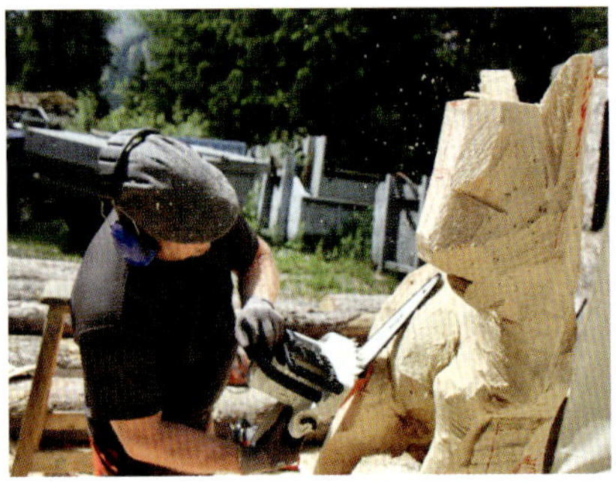

178 Zwischendurch überschnitze ich mal den Körper, um ein wenig Ordnung zu schaffen.

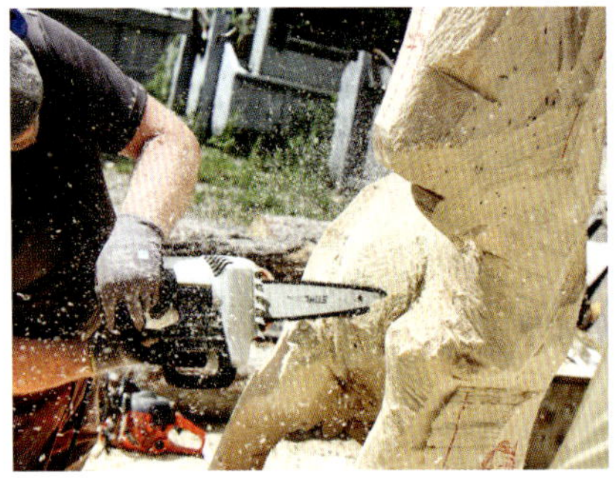

179 Dabei muss ich die Säge schon mal anders in die Hand nehmen.

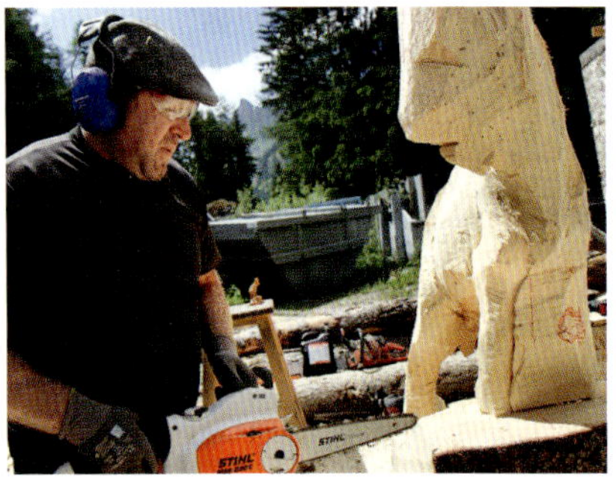

180 Noch ein kritischer Blick.

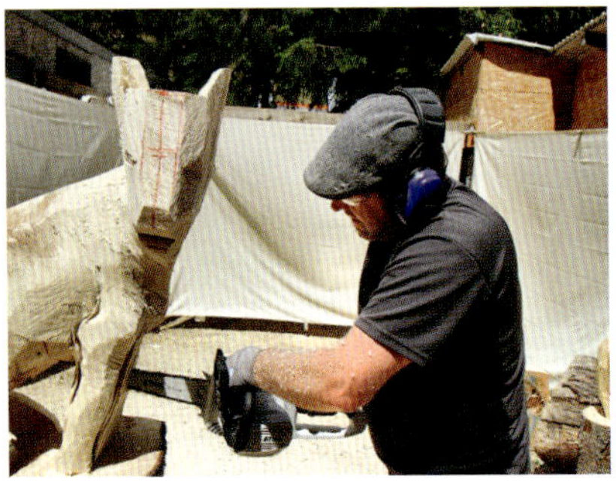

181 Da ich mit der Form halbwegs zufrieden bin, traue ich mich, das Bein zu hinterschneiden.

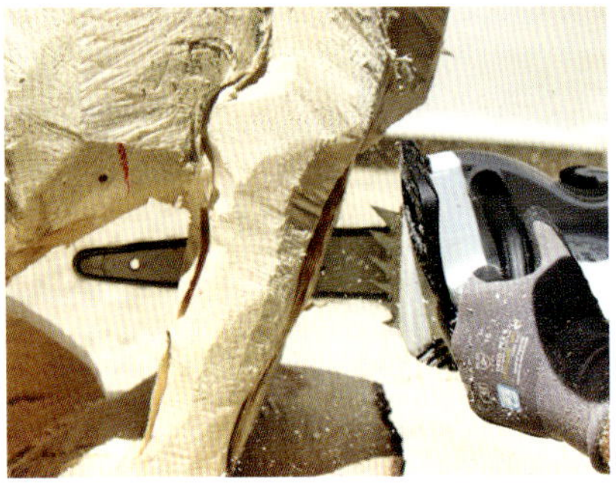

182 Zuerst trenne ich mit einem Schnitt die beiden Vorderläufe.

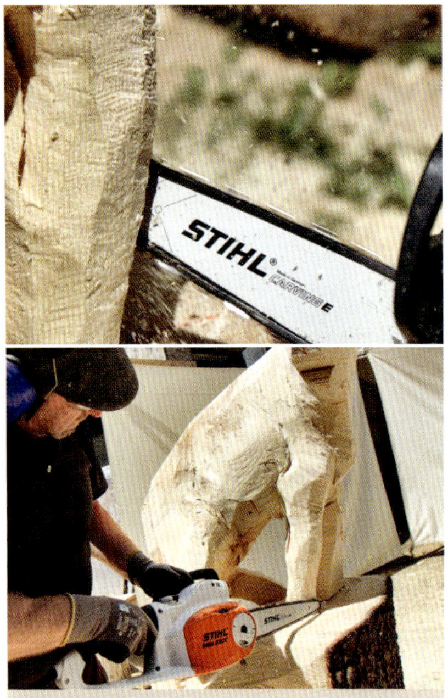

183 Zum Trennschnitt hin runde ich jetzt auch die Innenseite des Laufs ab.

WEITERE FEINARBEITEN

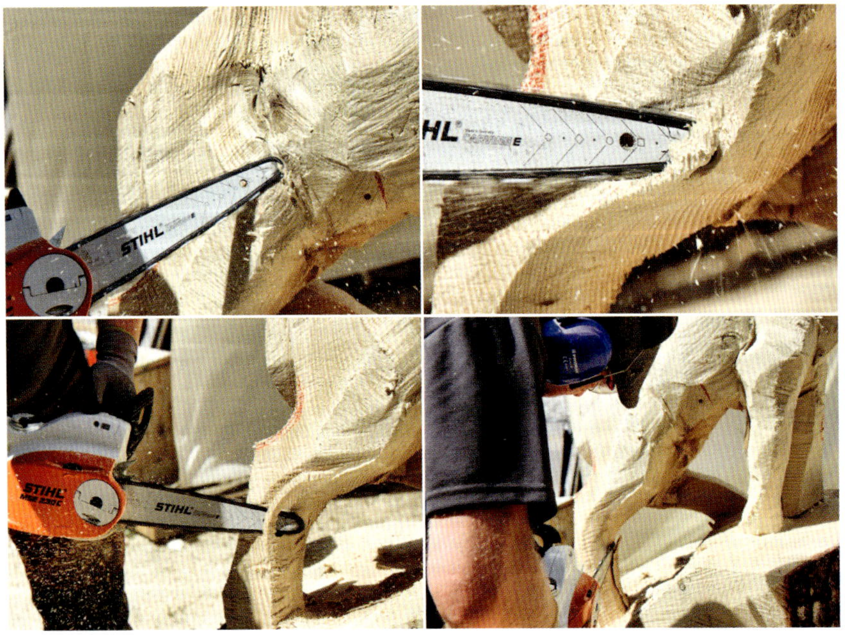

184

IM ANSCHLUSS WIDME ICH MICH JETZT DEM HINTERLAUF.

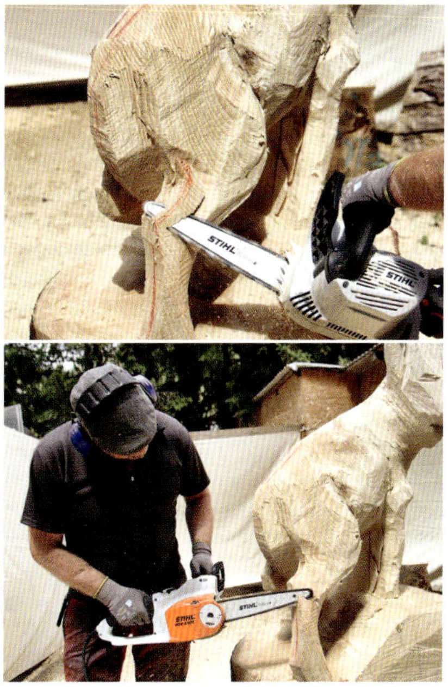

185 Auf der Rückseite die Sehne andeuten.

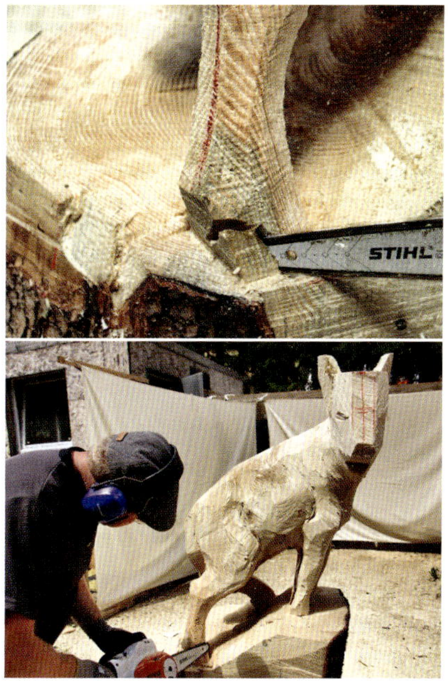

186 Die Afterklauen, auch „Hinterklauen" genannt, andeuten.

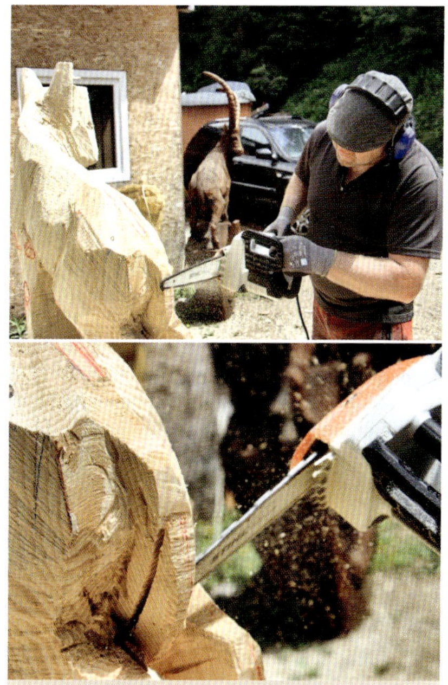

187 Der Wedel schaut noch aus wie die Lunte von einem Fuchs, deshalb werde ich ihn etwas verkleinern.

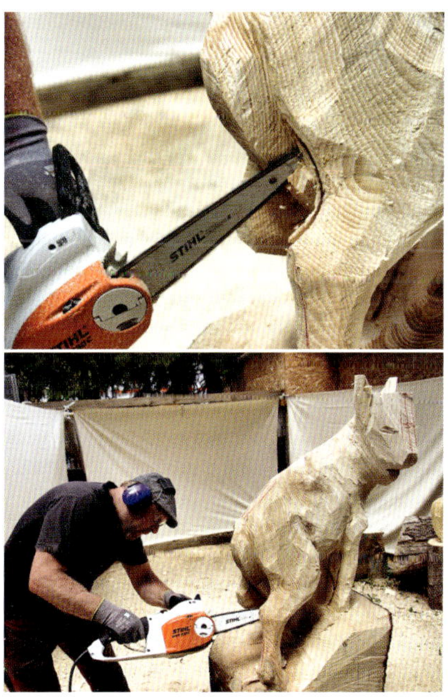

188 Nun ist Platz, die Innenseite abzurunden.

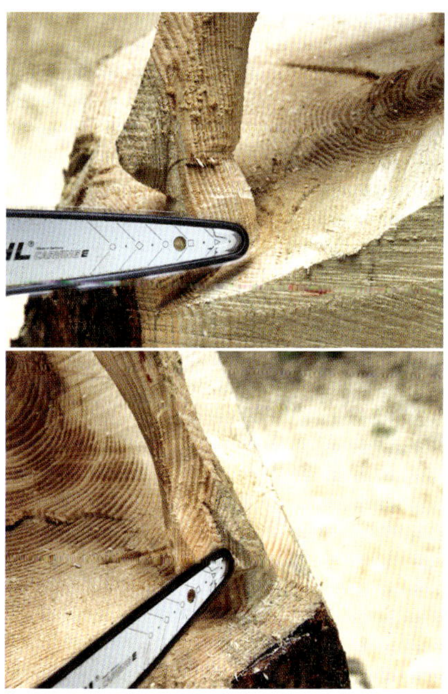

189 Die Schalen noch nachschneiden.

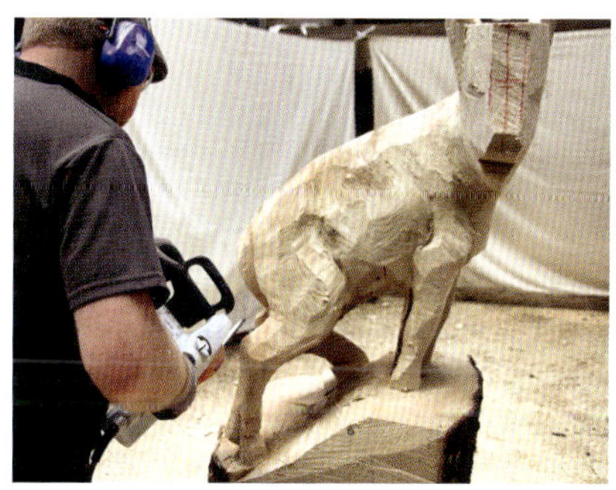

190

LANGSAM ZEICHNET SICH DAS TIER AB.

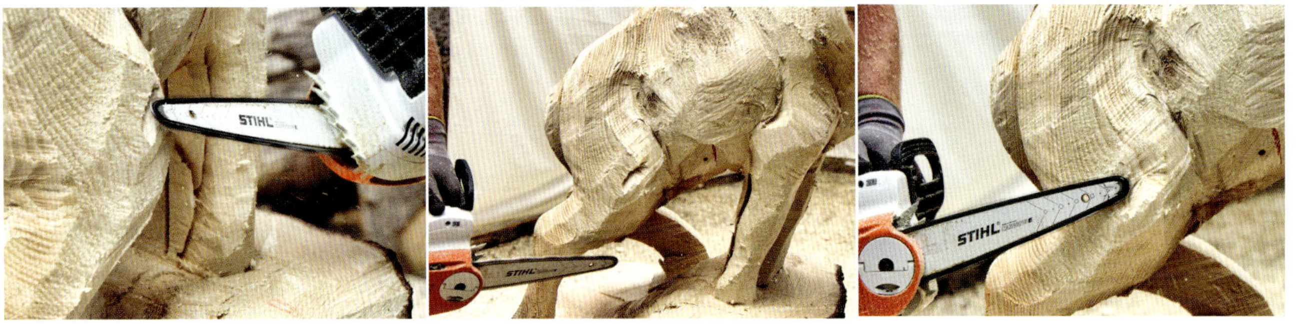

191 Die großen Flächen unterbreche ich mit anatomischen Details.

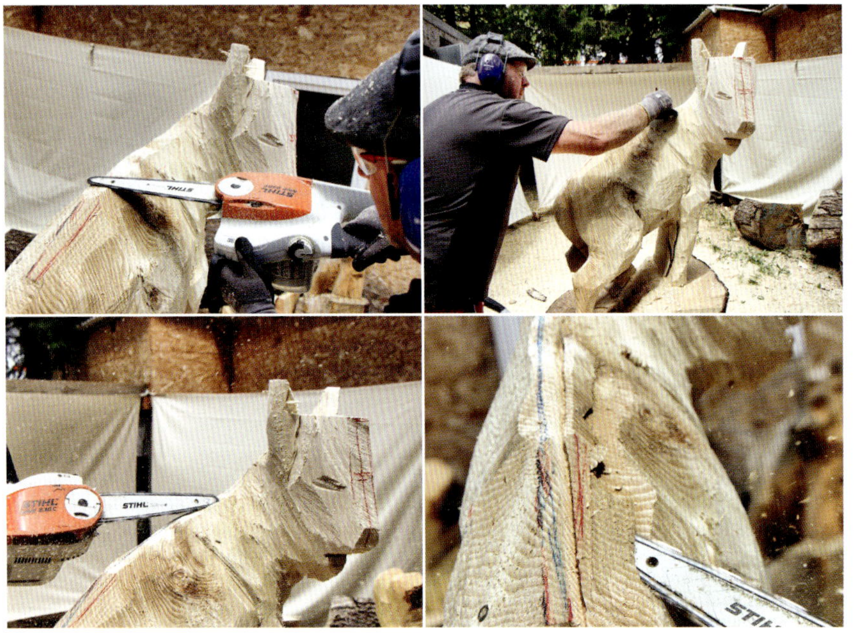

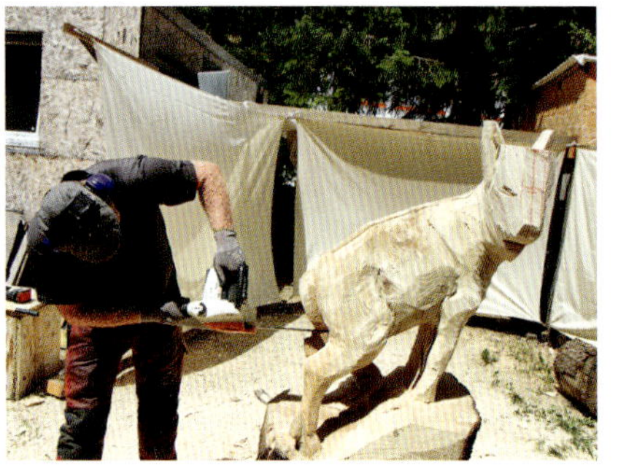

193 Man kann jetzt schon gut erkennen, wo man die Säge noch ansetzen muss.

192

DAMIT SICH DIE RÜCKENLINIE ETWAS ABZEICHNET, SCHNEIDE ICH EINE LEICHTE KANTE DRAUF.

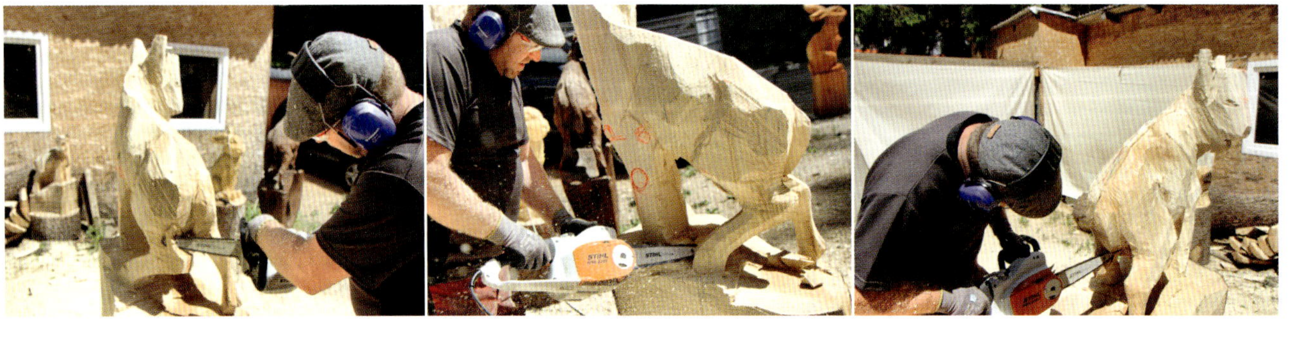

194 Gleich noch den anderen Hinterlauf abrunden.

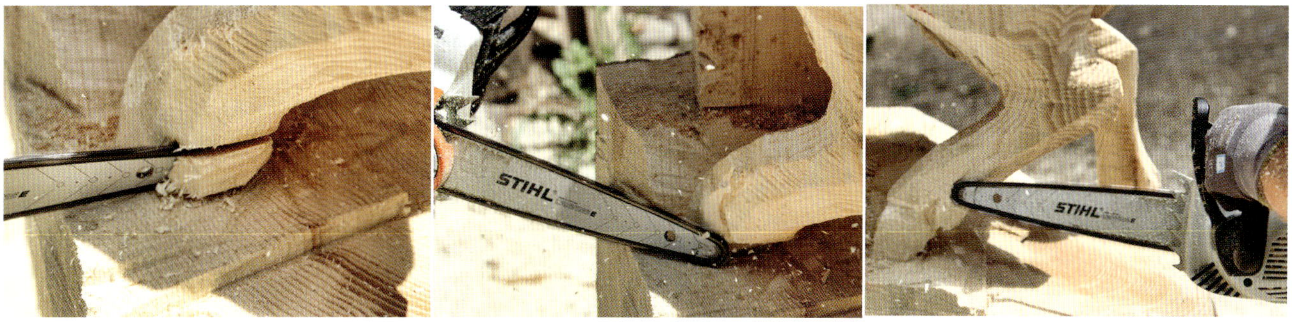

195 Die Details nicht übersehen.

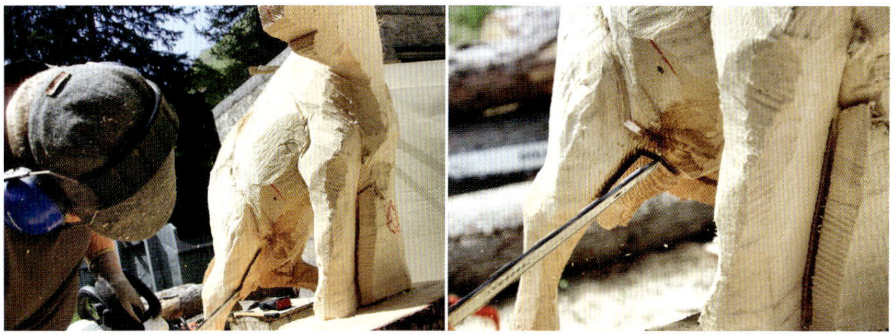

196 Am Bauch ist noch viel Holz und die Innenseite der Schenkel ist auch noch zu dick.

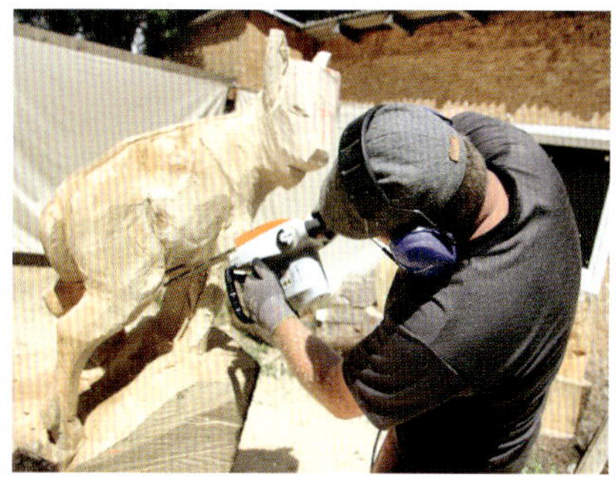

197 Auch drücke ich den Bauch etwas nach oben.

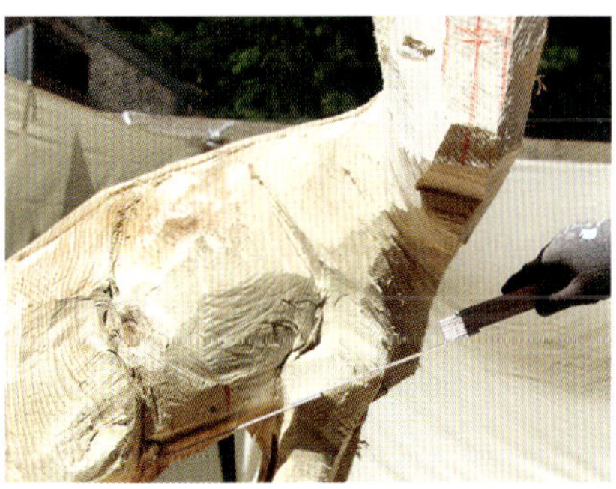

198 Dabei ist es wichtig, dass die Linie, die vorne am Brustbein beginnt, bis hinten zusammenhängt.

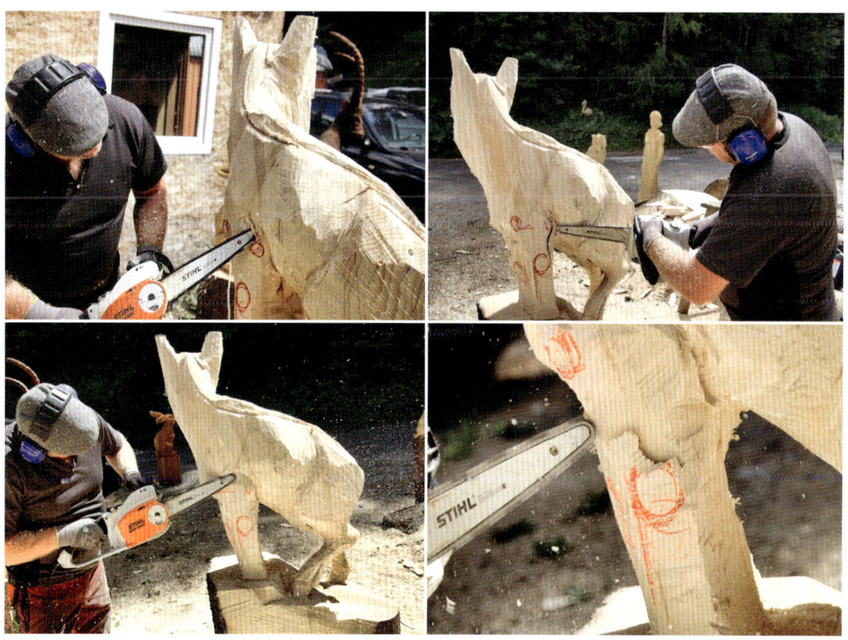

199

UM DAS UMSETZEN ZU KÖNNEN, BEFASSE ICH MICH ZUERST MIT DEM LINKEN VORDERLAUF, DEN ICH AN DAS ANDERE BEIN ANPASSE.

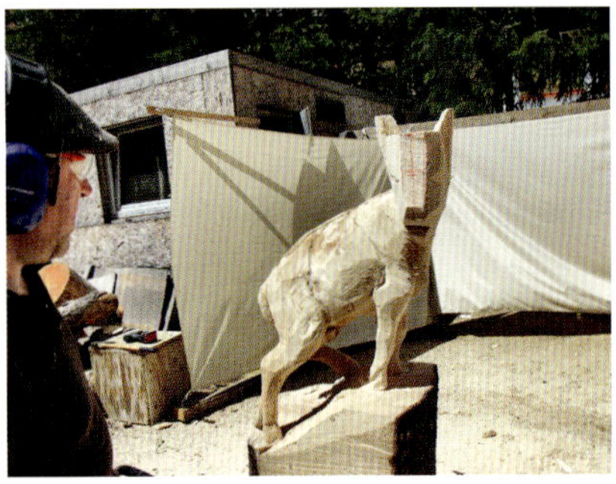

200 Er schaut schnittig aus.

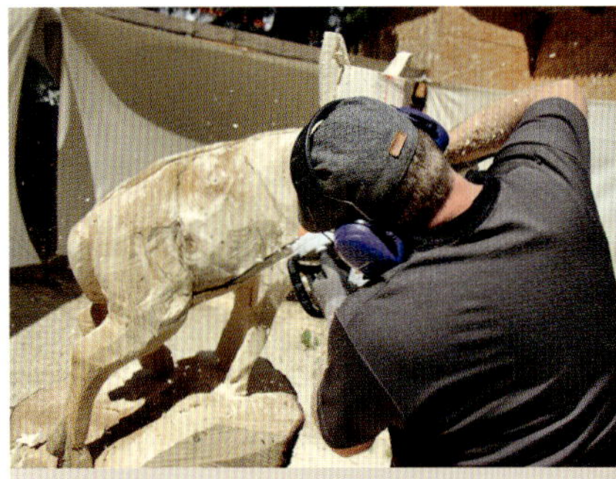

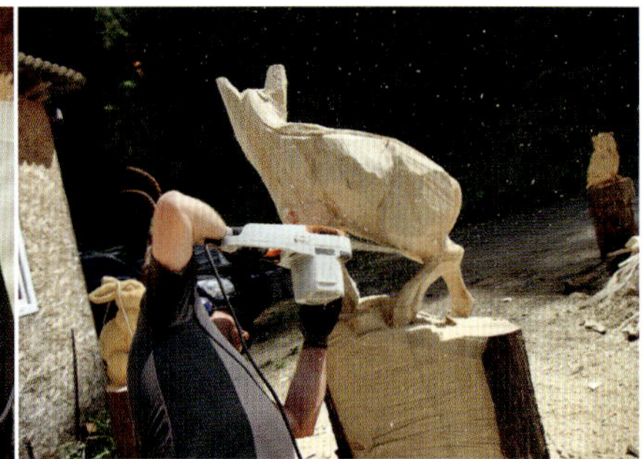

201 Da und dort noch etwas nachbessern, fertig ist man nie.

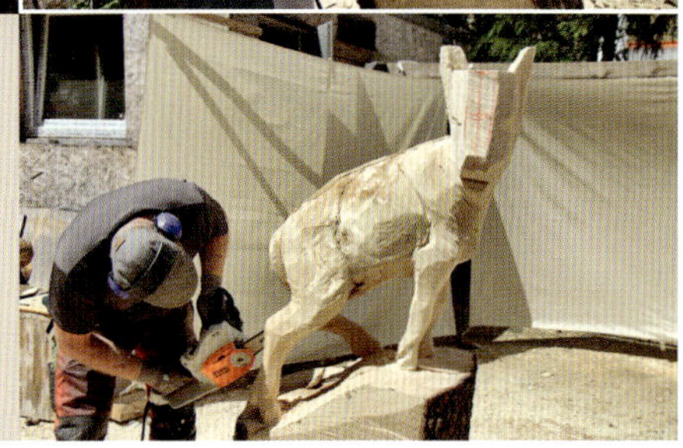

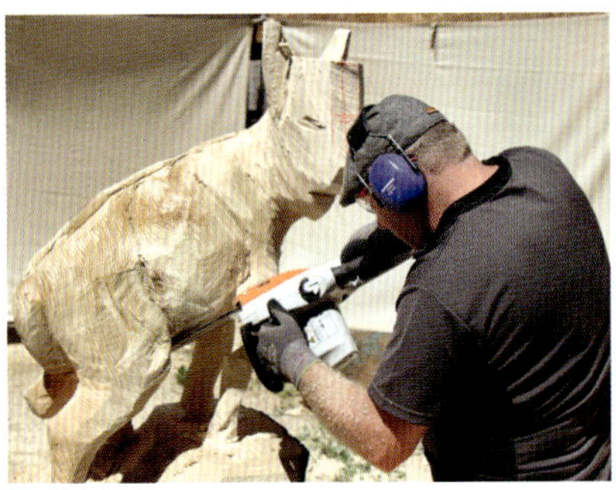

202 Achtung, das ist ein empfindlicher Körperteil.

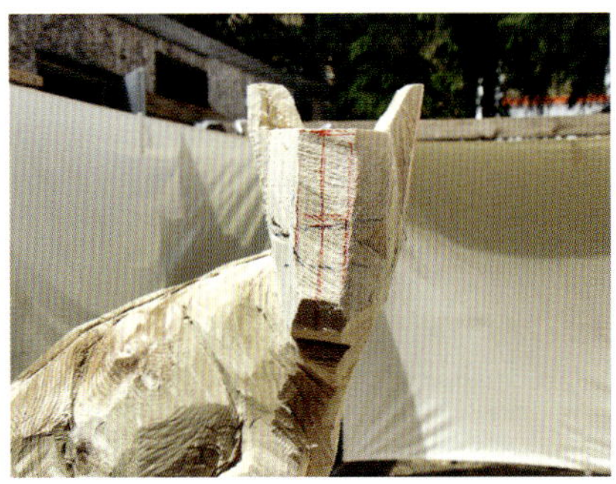

203 Der Kopf schaut noch wie ein Fremdkörper aus.

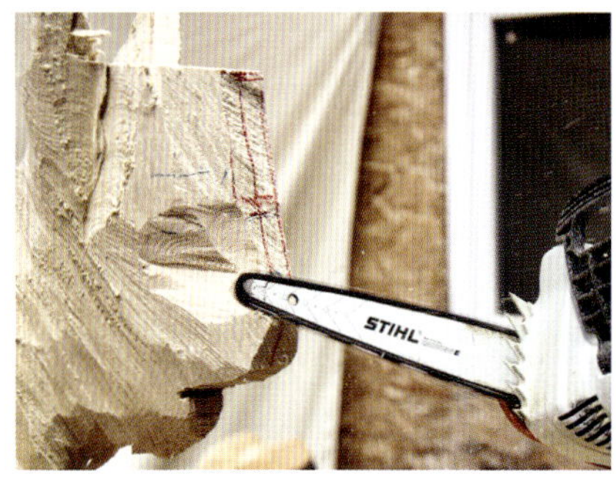

204 Die Augenpartie hat die Form einer Halbkugel und zieht sich weit unter und über das Auge. Ich markiere mir mit der Kreide die Augenmitte, um zuerst die Halbkugel zu formen.

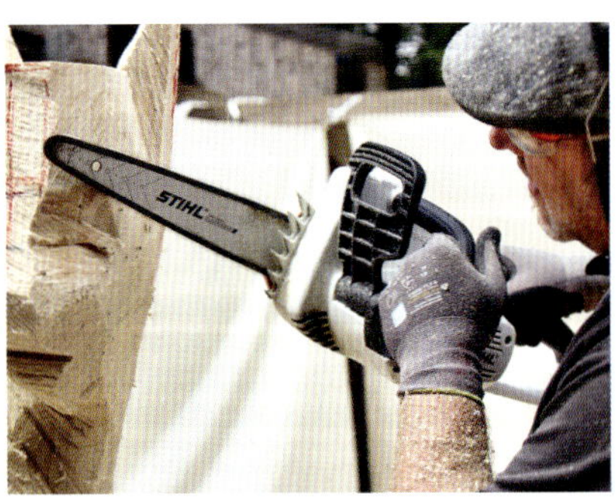

205 Auf beiden Seiten arbeiten.

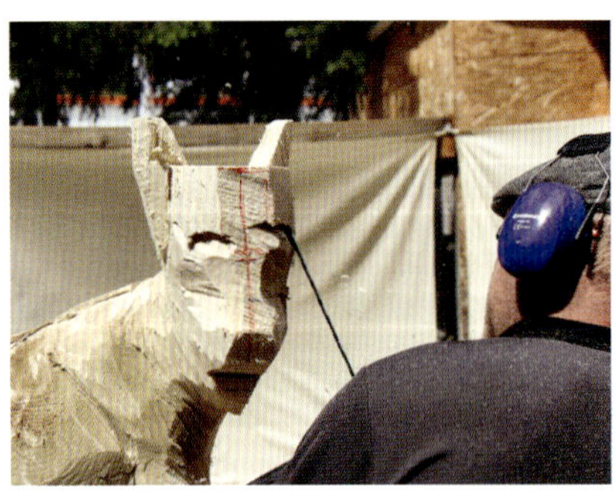

206 Auch oben zuerst anschneiden, …

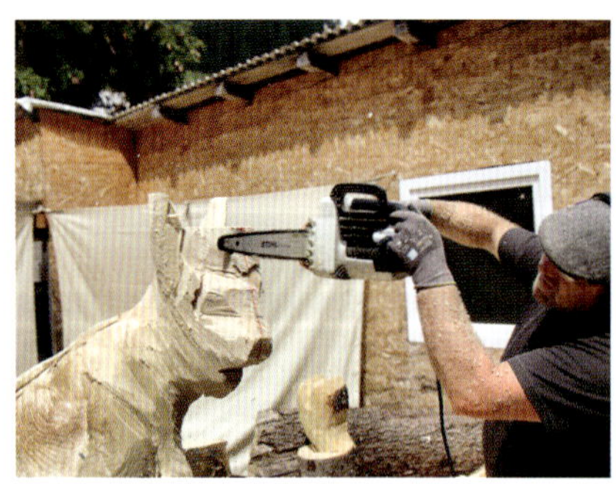

207 … dann wiederum beischneiden.

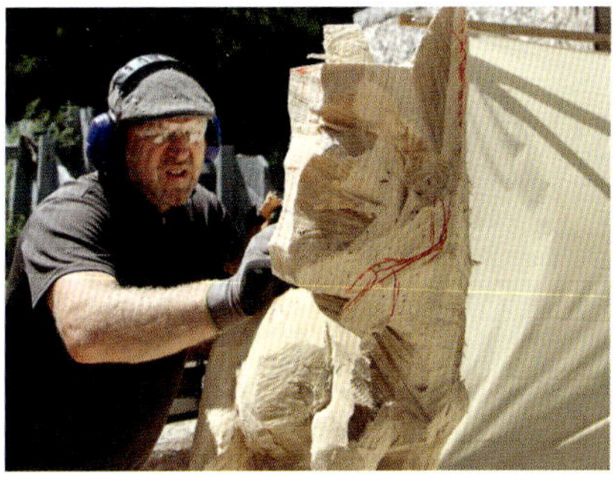

208 Damit ich mich nicht in den Details verliere und zum Schluss alles zusammenpasst, arbeite ich am ganzen Kopf und zeichne die Kieferpartie an.

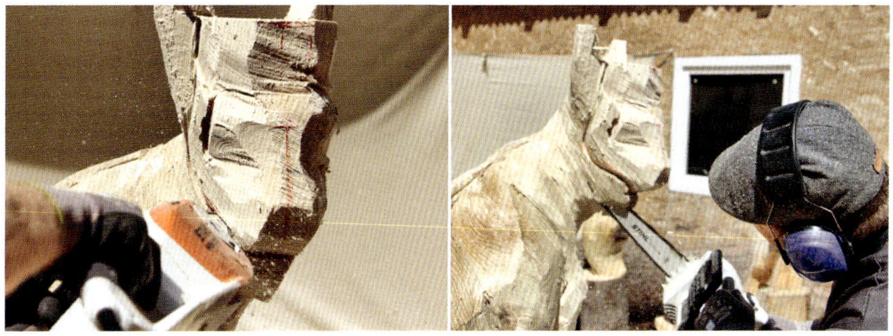

209 Ich trenne die beiden Formen von Kopf und Hals.

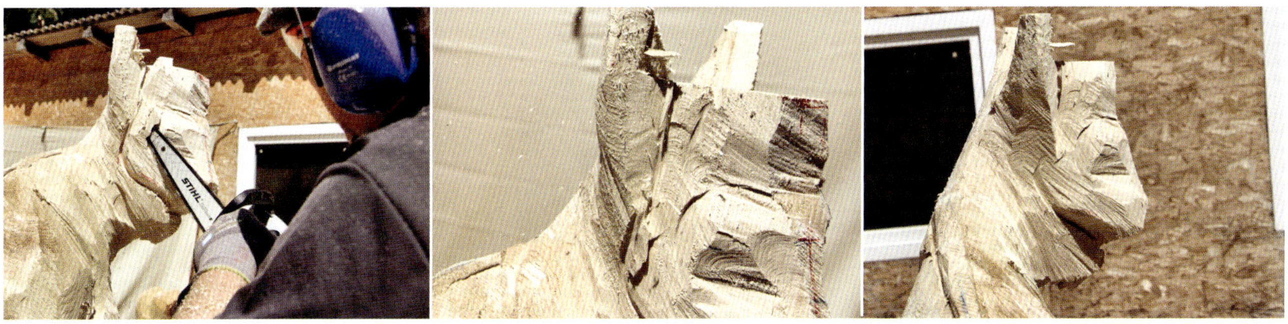

210 Hinter dem Auge schneide ich zum Ohr hin den Kopf etwas schmäler. Nach dem Beischneiden zeichnet sich schön die gesamte Augenpartie ab.

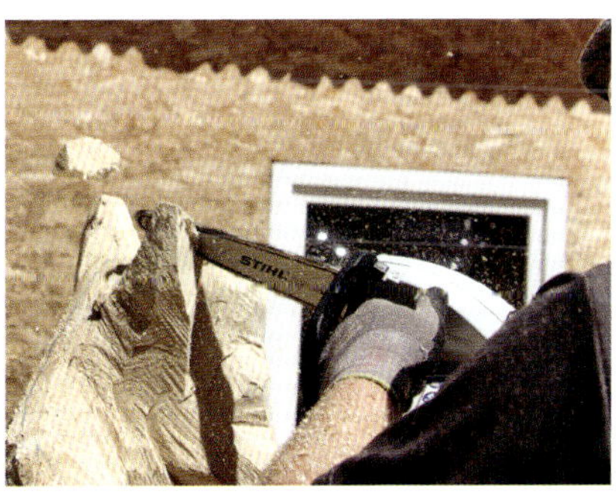

211 Die Lauscher gehören noch gestutzt.

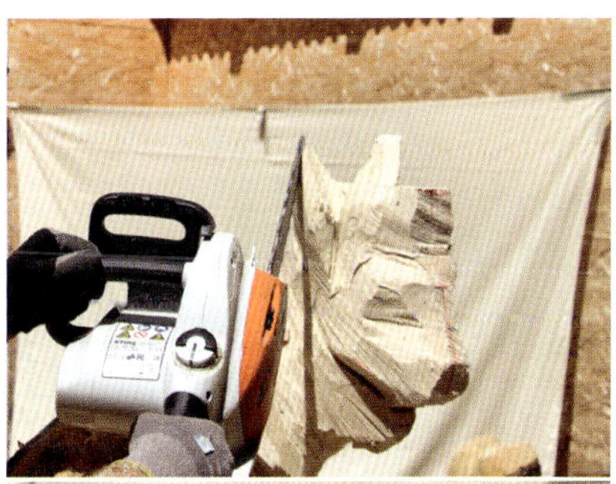

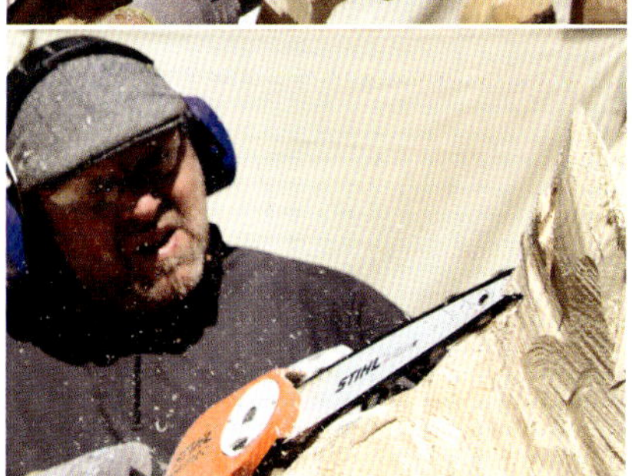

212

SCHÖN ABRUNDEN.

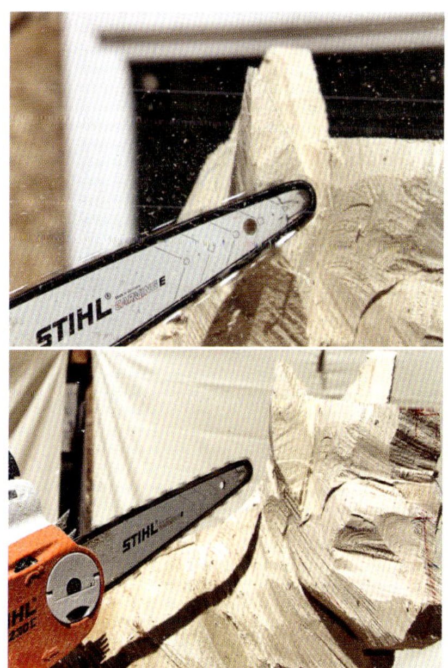

213 Um dem Ohr Richtung zu geben, eine Fläche drauf schneiden.

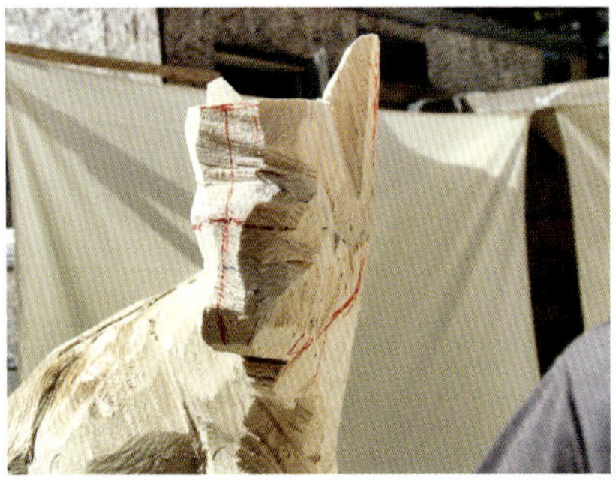

214 Wichtig ist nun wieder die Mittellinie, um mich zu orientieren, nicht dass ich später den halben Kopf wegschneide.

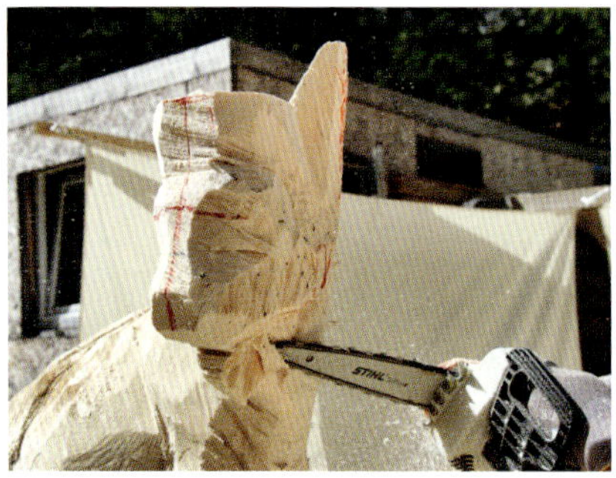

215 Zuerst auch auf dieser Seite den Kiefer vom Hals trennen.

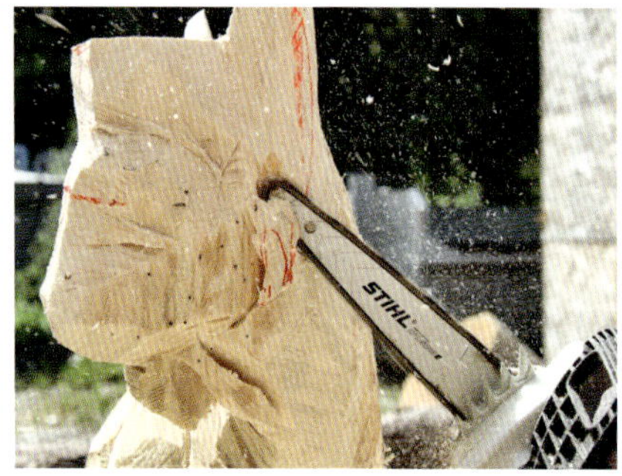

216 Der Kiefer endet vor dem Ohr.

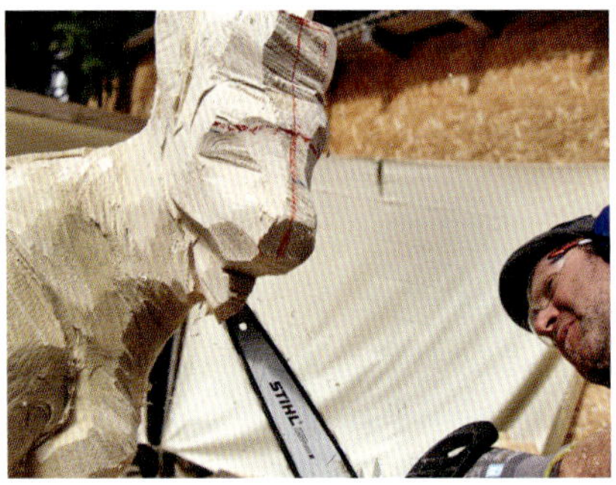

217 Den Bocksbart etwas stutzen.

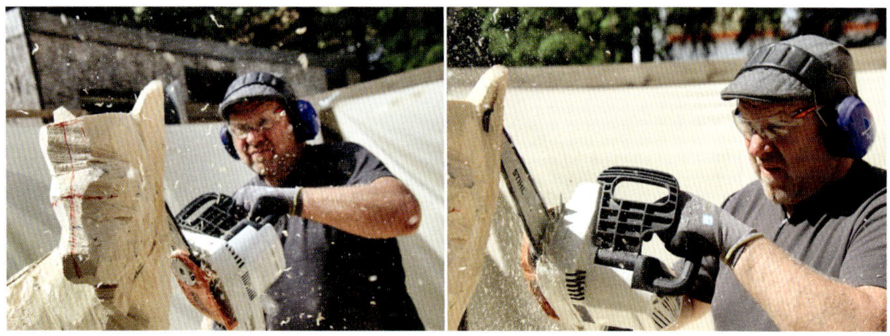

218 Das Ohr passe ich der Größe des anderen an.

DETAILS HERAUSARBEITEN

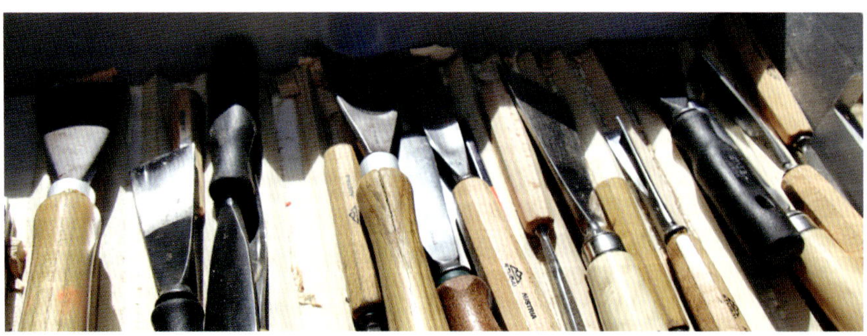

Bei den Augen möchte ich jetzt gerne demonstrieren, wie man mit Schnitzeisen die Details herausarbeitet. Dazu verwende ich ein großes 7er-, ein 5er-, ein kleines 7er-, ein kleines 5er- und ein 3er-Eisen und einen Geißfuß. Die Wölbung eines Schnitzmessers nennt man Stich, das heißt, ein 3er-Stich ist nur leicht gewölbt, wohingegen ein 11er-Stich rund ist. Der Geißfuß ist hingegen abgewinkelt.

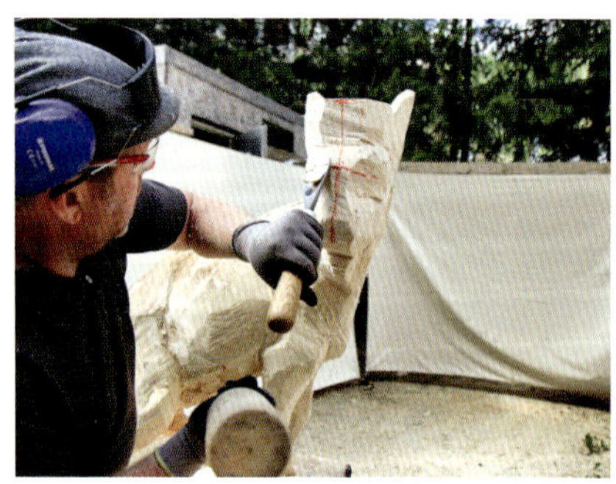

219 Mit dem großen 7er-Eisen vertiefe ich die Fläche rund um die Augenwölbung.

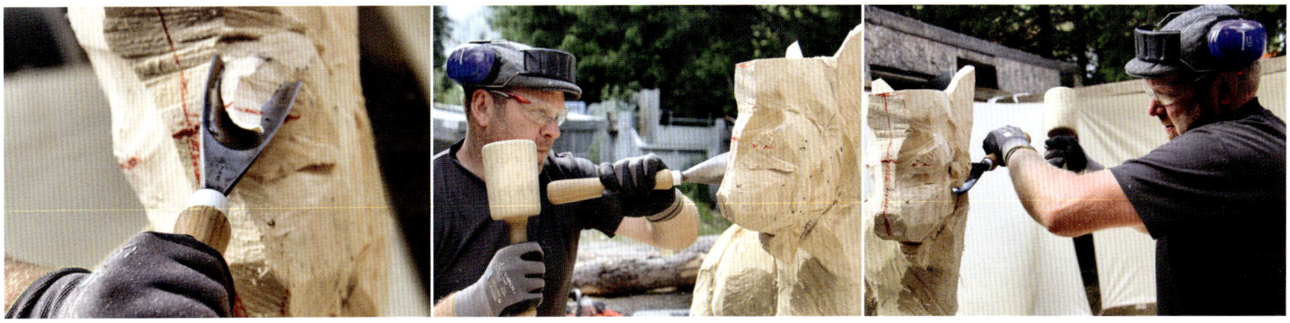

220 Synchron arbeite ich auf der anderen Seite.

221

MIT DEM 3ER ORDNE ICH DIE FLÄCHE AM ÄSER.

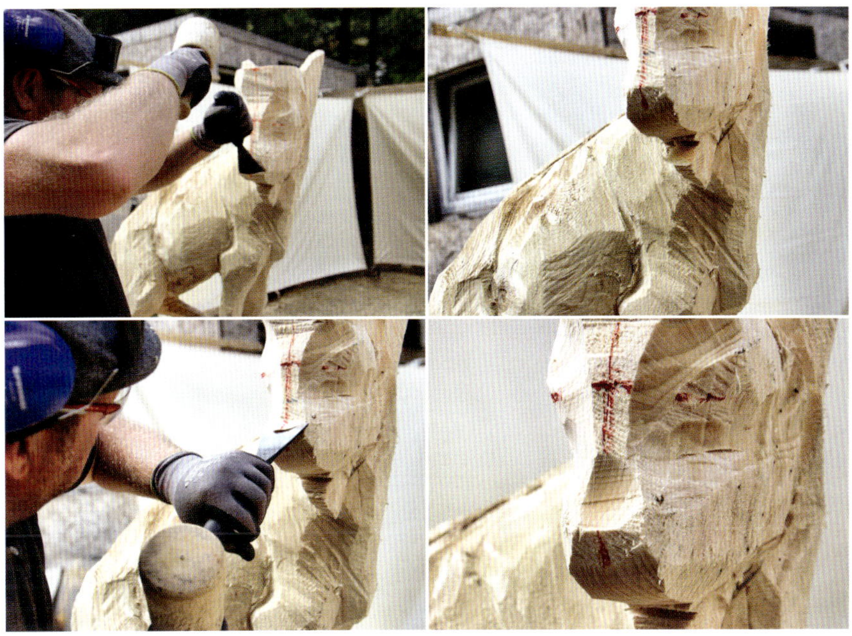

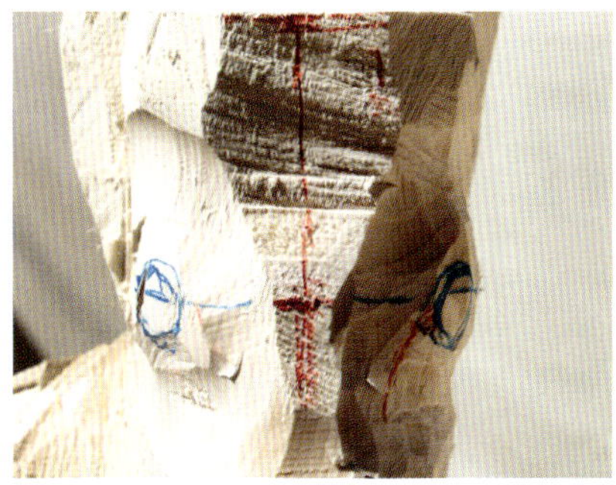

222 Die Augäpfel zeichne ich an, damit ich kontrollieren kann, ob sie sich auf der gleichen Höhe befinden.

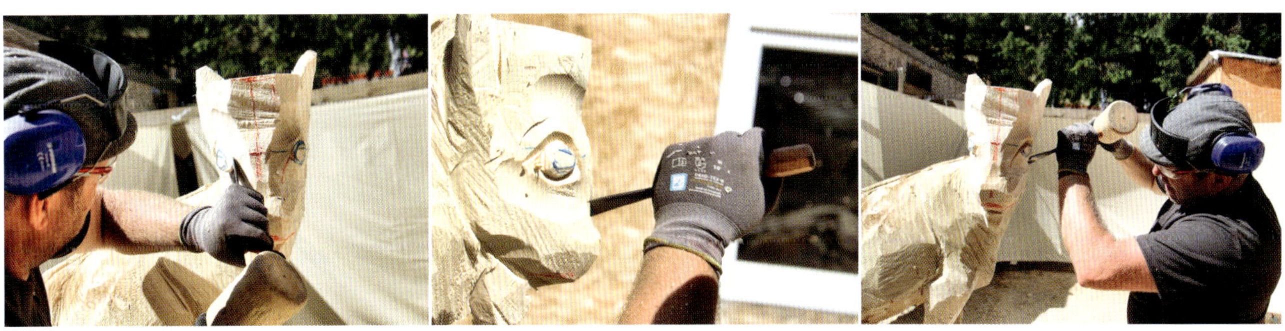

223 Mit dem Geißfuß arbeite ich jetzt die Augäpfel heraus.

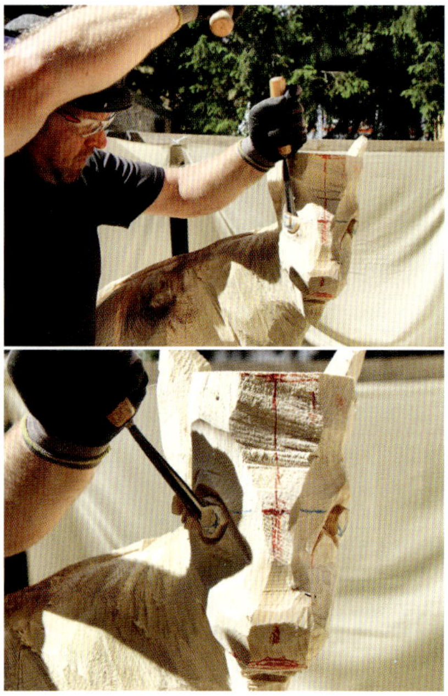

224 Der Augapfel liegt unten tiefer, deshalb schneide ich ihn zurück.

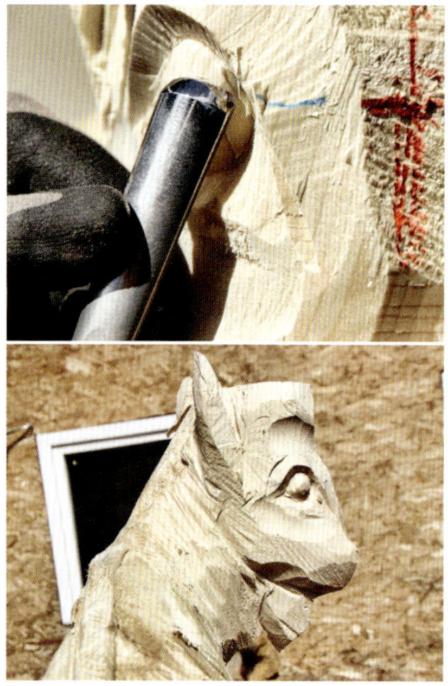

225 Abrunden.

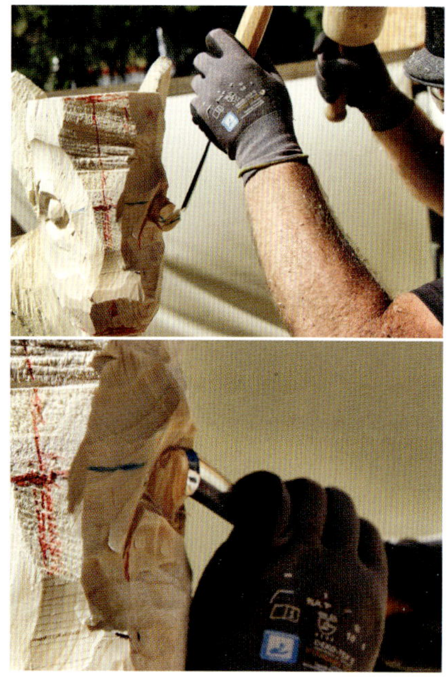

226 Auch auf der anderen Seite.

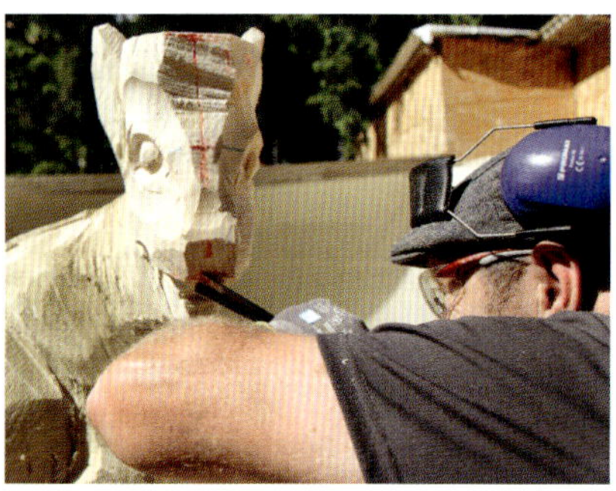

227 Ich vertiefe die Linie vom Äser.

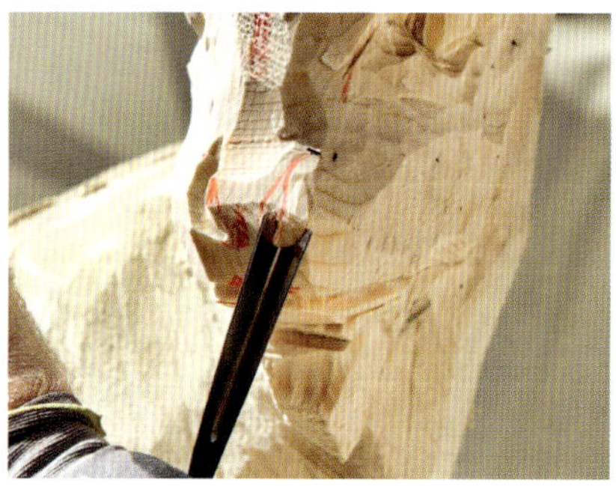

228 Die Nüstern heißen in der Jägersprache „Windfang".

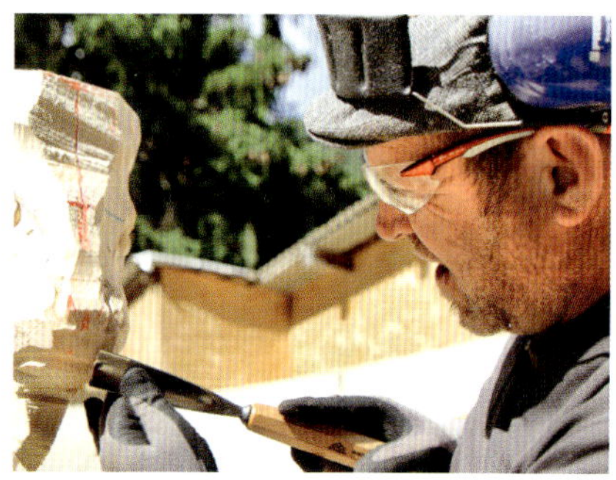

229 Wieder abrunden.

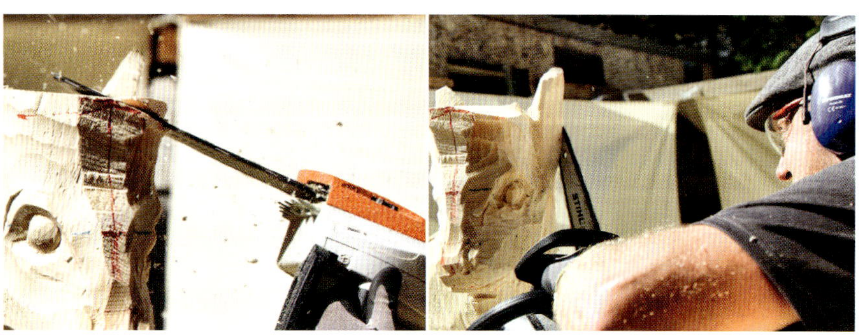

230 Die Ohren noch etwas freilegen.

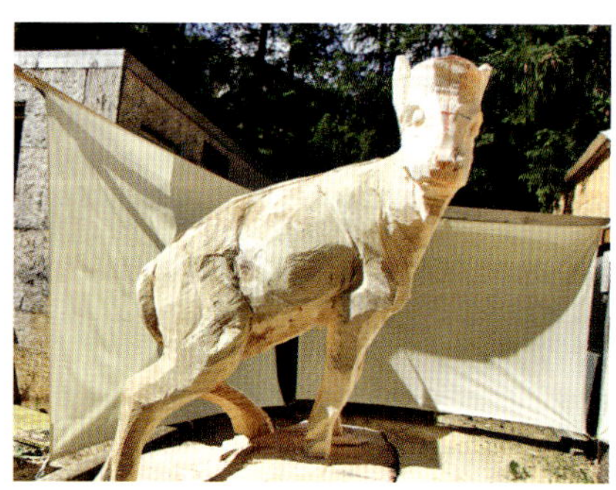

231 Ich bin fürs Erste zufrieden.

SOCKELBEREICH

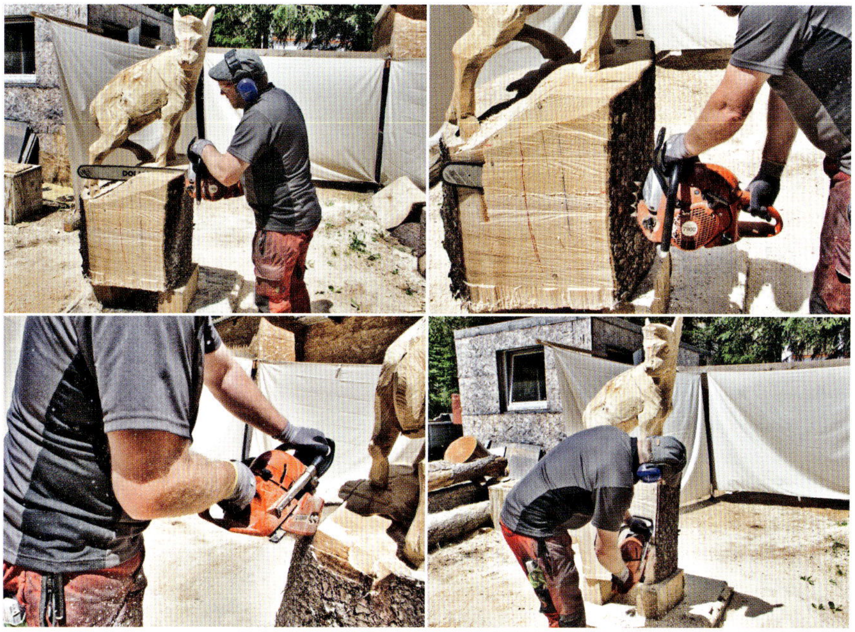

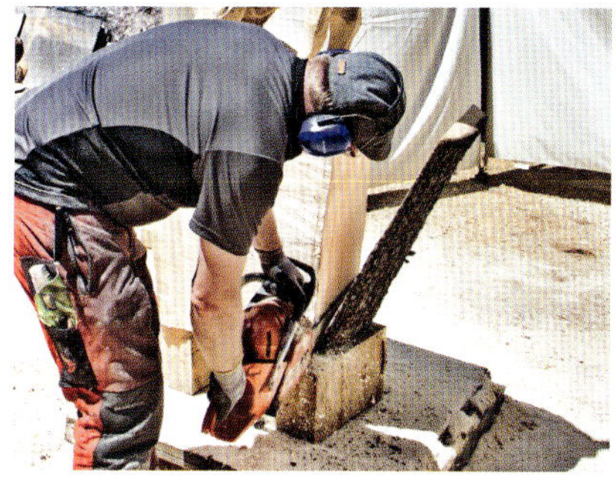

233 … ZEICHNE ICH FREIHAND EINE FORM AUF, …

232 Den Sockelbereich kann jeder gestalten, wie er möchte. Ich persönlich stelle den Bock gerne auf eine organische Form. Nachdem ich die Fläche des Unterbaus formatiert habe, …

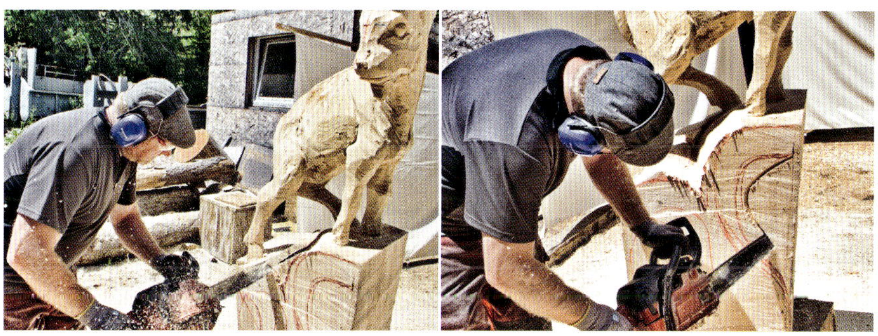

234 … und schneide die Konturen aus.

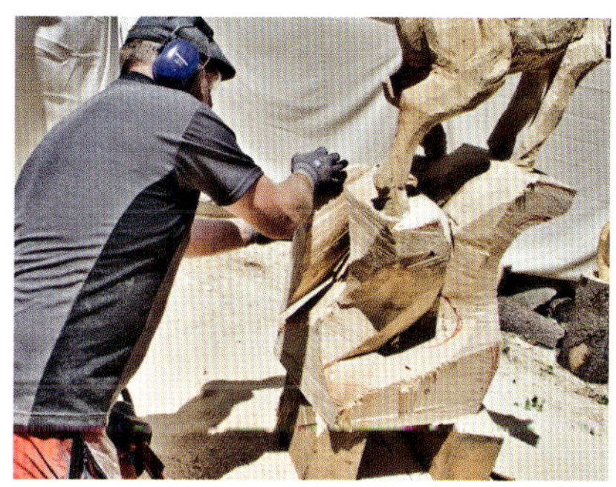

235 Dabei beachte ich, dass ich verschiedene Höhen und Tiefen herausarbeite.

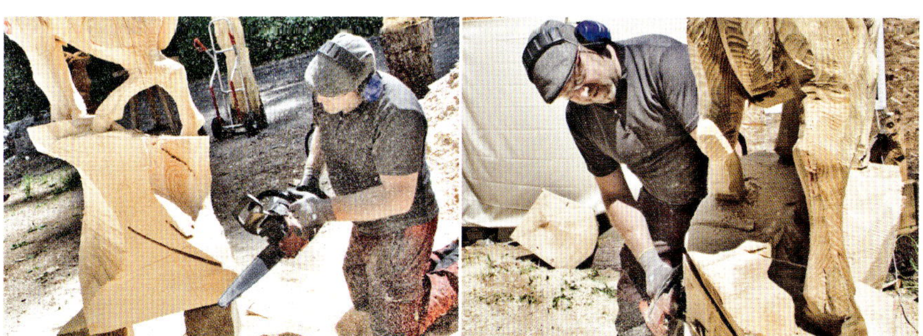

236 Ich bearbeite den Sockelbereich rundherum.

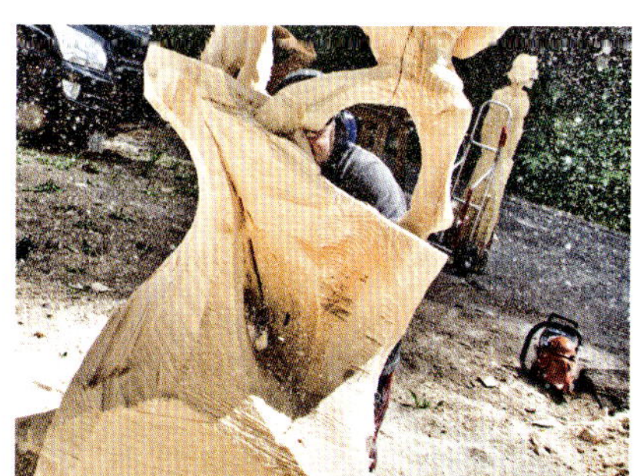

237 Ein Durchbruch lässt ihn noch etwas leichter wirken.

HÖRNER

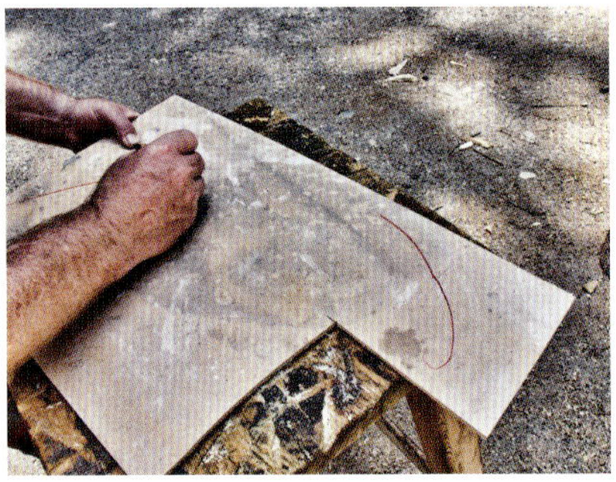

238 Was einen Steinbock natürlich ausmacht, ist sein stolzer Kopfschmuck, um den ich mich jetzt kümmern werde. Als Erstes mache ich mir eine Schablone, …

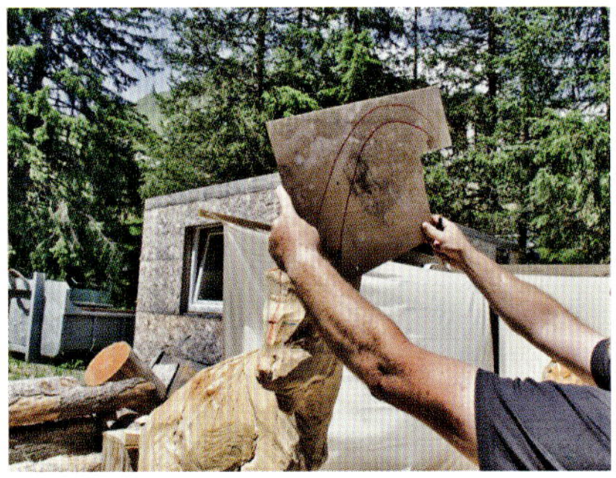

239 … anhand derer ich mich im Vorhinein schon vergewissern kann, ob die Größe stimmt.

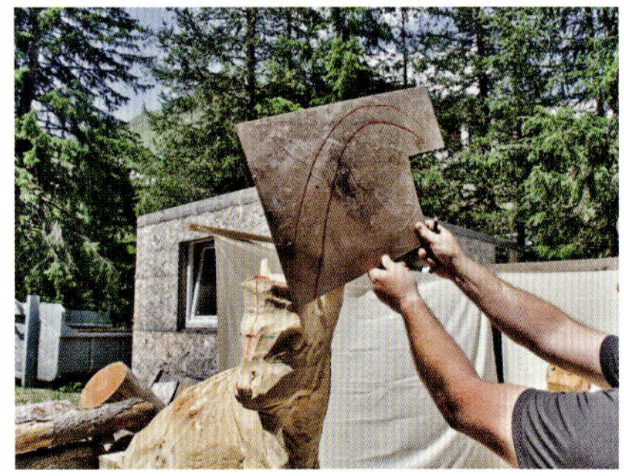

240 Schaut schon mal nicht schlecht aus.

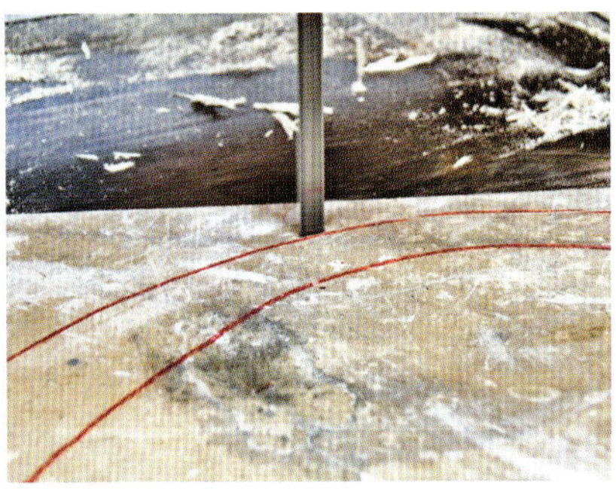

241 Ich kann sie ausschneiden …

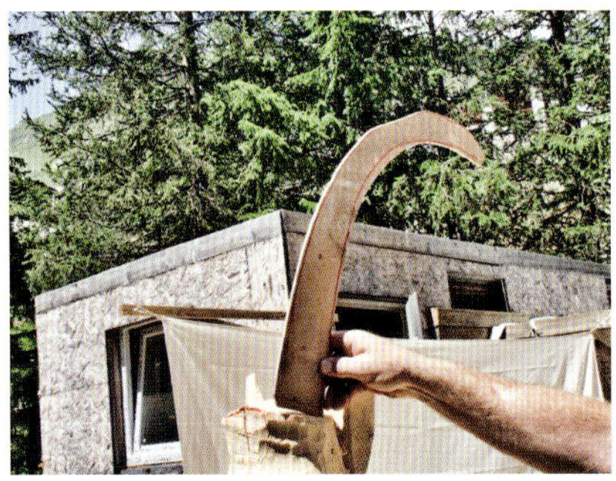

242 … und dabei nochmal nachprüfen.

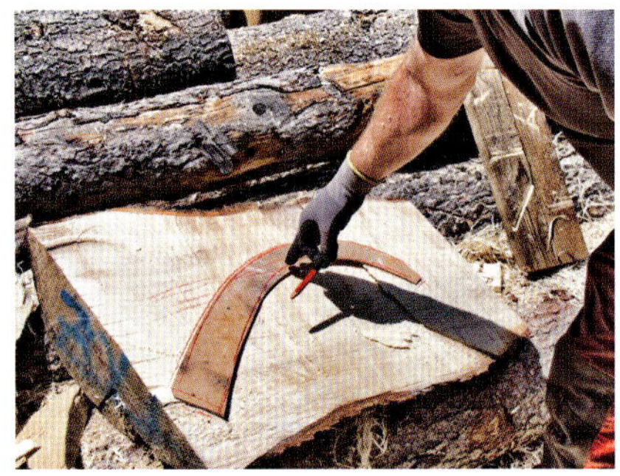

243 Als Material für die Hörner dienen mir die Abschnitte von den ersten beiden Flächen, die ich am Beginn vom Werkstück geschnitten habe. Beim Übertragen auf das Holz achte ich darauf, dass die Maserung so liegt, dass sie so lang wie möglich ist.

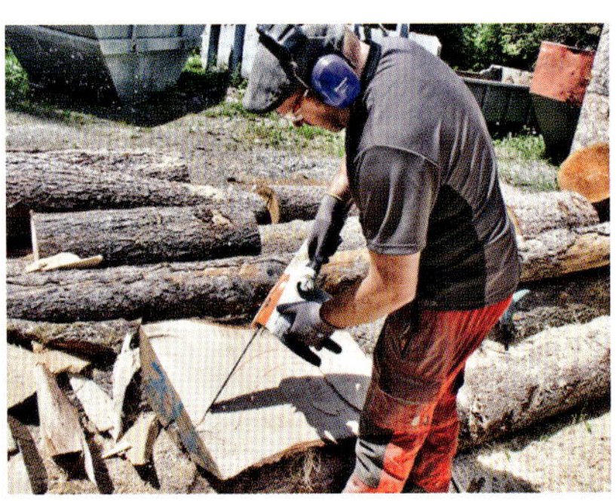

244 Ausschneiden.

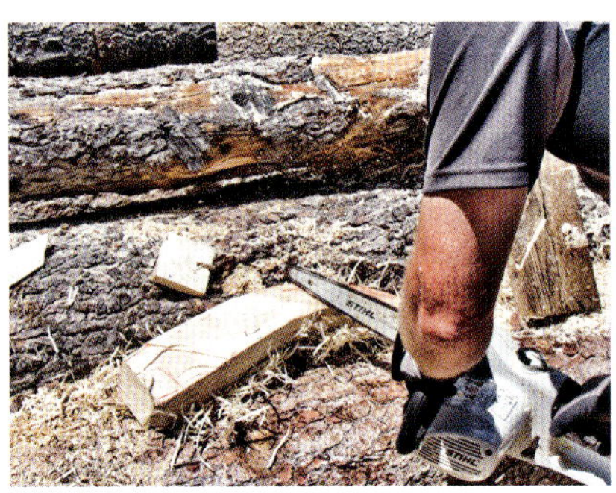

245 Die Flächen etwas korrigieren.

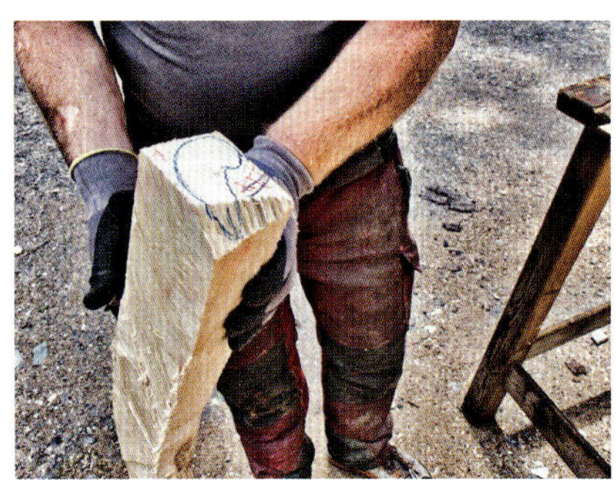

246 Die Grundform des Horns ist außen konvex und auf der Innenseite konkav.

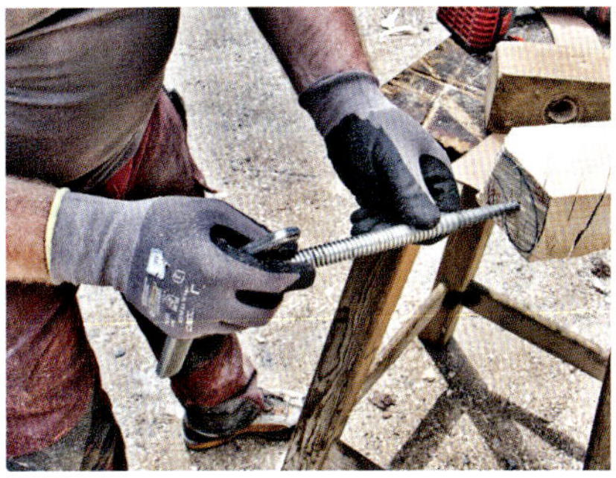

247 Mit einer Figurenschraube …

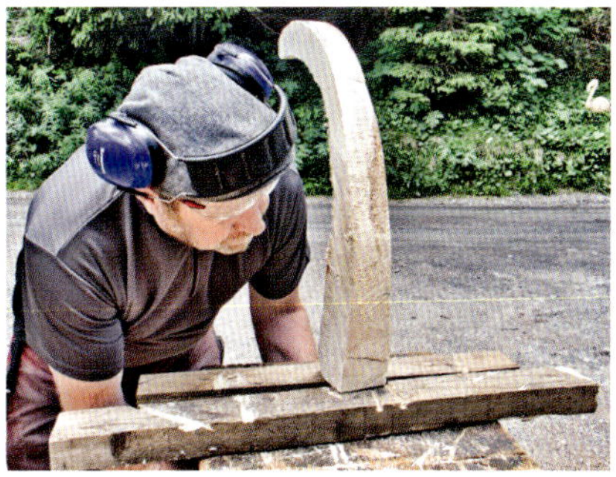

248 … fixiere ich den Rohling auf einer Arbeitsfläche.

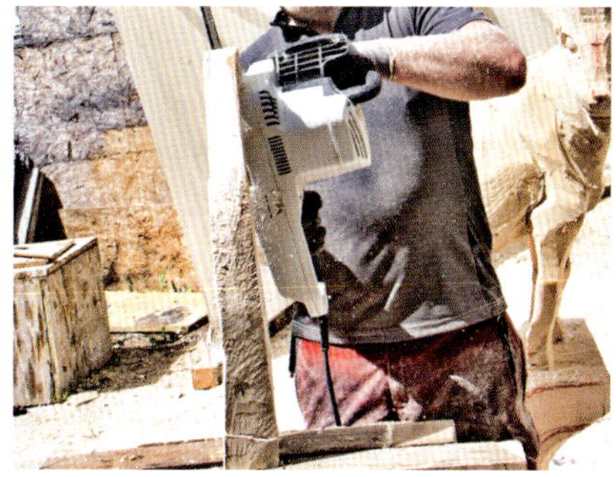

249 Indem ich von der Außenseite des Rohlings etwas Material wegschneide, dreht sich das Ende des Horns später leicht nach innen.

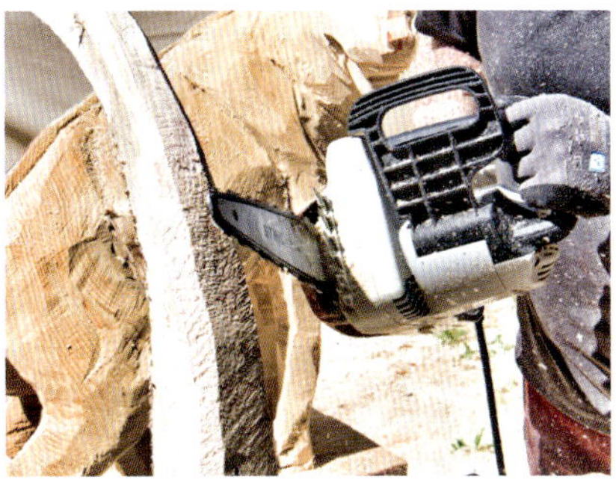

250 Als erster Schritt wird leicht abgerundet.

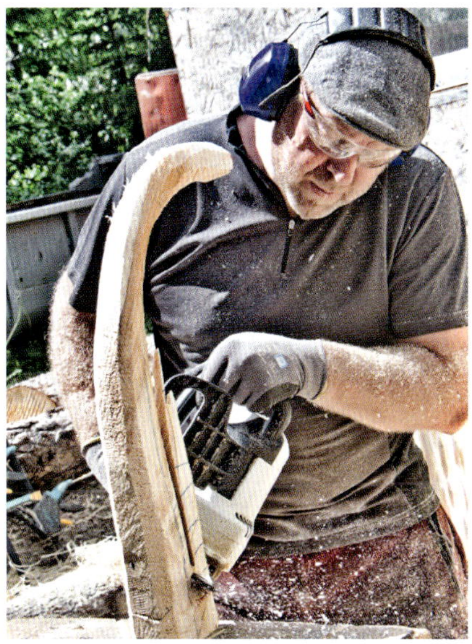

251 Auch hinten entferne ich gleich das überschüssige Material.

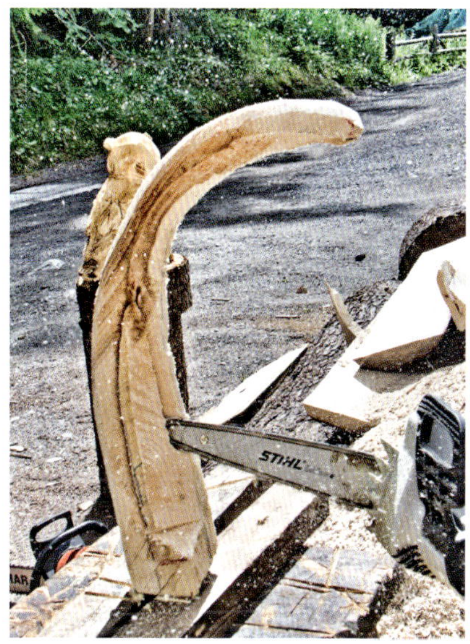

252 Dabei achte ich darauf, dass ich nicht versehentlich in die Figurenschraube schneide.

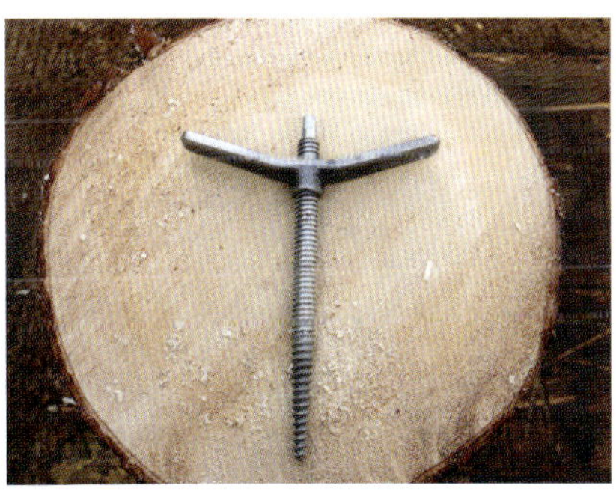

253 Die Figurenschraube ist eine Schraube mit zwei verschiedenen Gewinden. Bildhauer benutzen sie, um ihr Werkstück am Arbeitstisch zu fixieren.

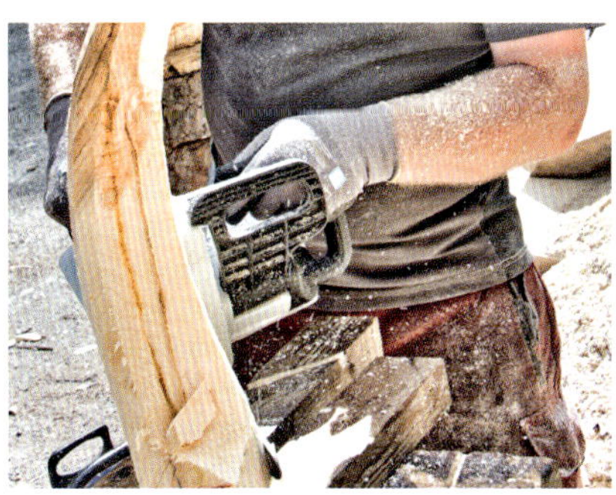

254 So kommt die Form langsam zum Vorschein.

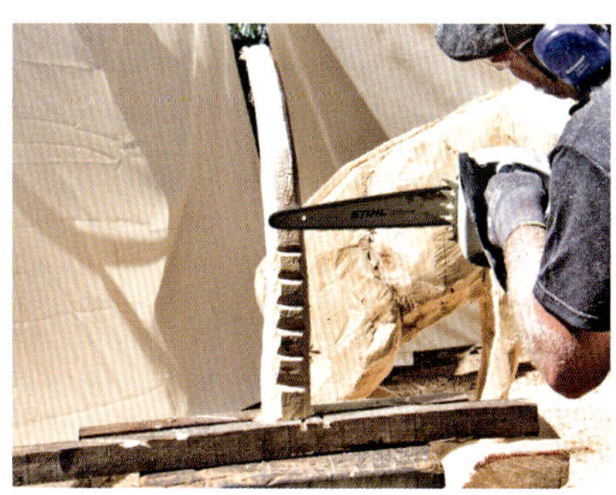

255 Um die Schmuckringe zu markieren, schneide ich Kerben, …

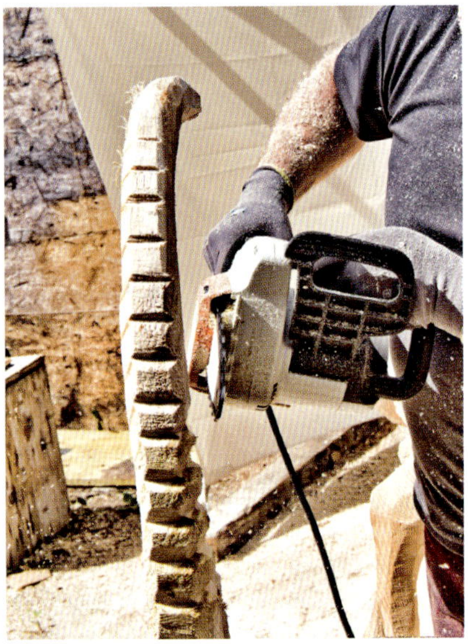

256 … die ich auf der Innenseite zu kleinen Perlen abrunde.

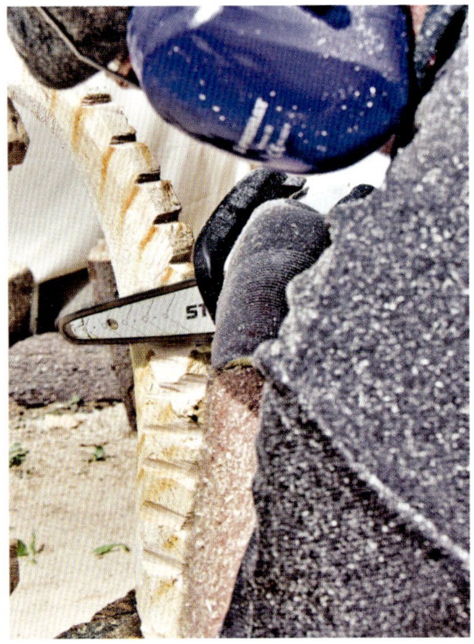

257 Auf der Außenseite verlängere ich die Kerben, damit sie sich weiter nach hinten ziehen.

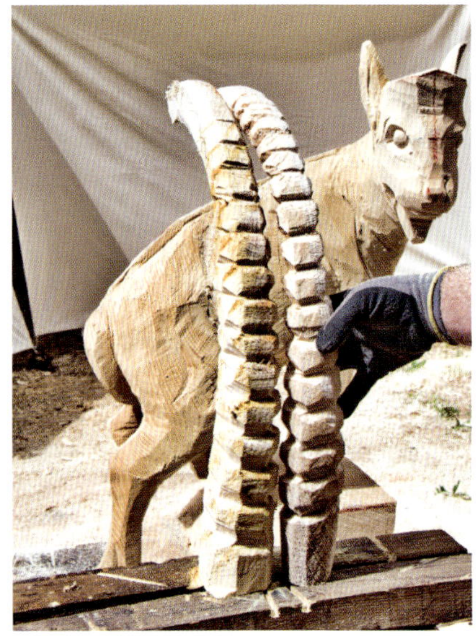

258 Soweit fertig für die Montage.

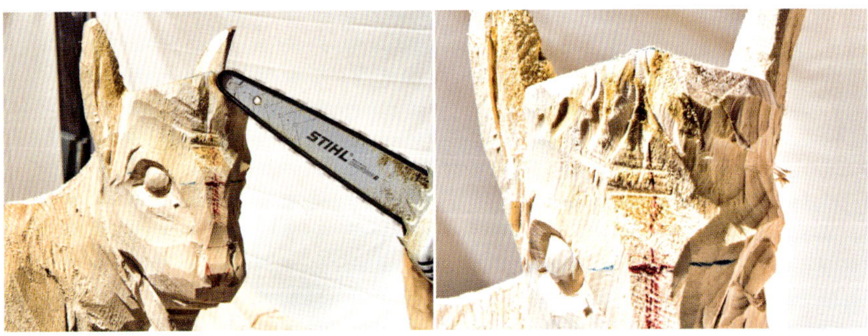

259 Zur Montage der Hörner habe ich am Kopf etwas Haaransatz stehen lassen. Um die hohe Fläche am Haupt etwas zu unterbrechen, mache ich dem Steinbock eine Frisur.

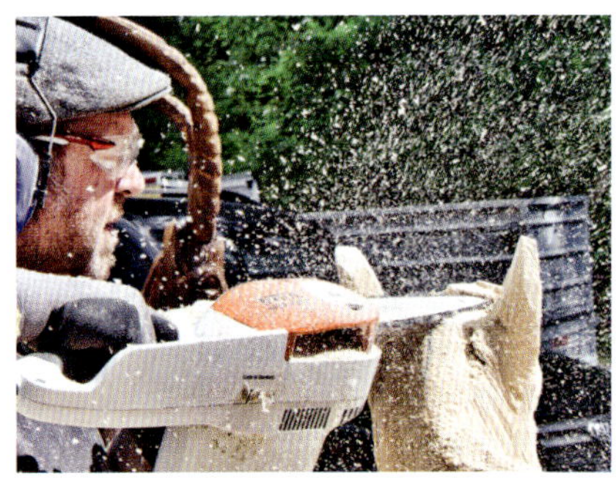

—260—

IM ANSCHLUSS SCHNEIDE ICH HINTER DER FRISUR DIE FLÄCHE, AUF DER ICH SPÄTER DIE HÖRNER MONTIERE, ETWAS TIEFER, SOMIT IST DER ÜBERGANG VOM KOPF ZU DEN HÖRNERN ETWAS KASCHIERT. ES ENTSTEHT AUCH EINE KLEINE LEIMFLÄCHE.

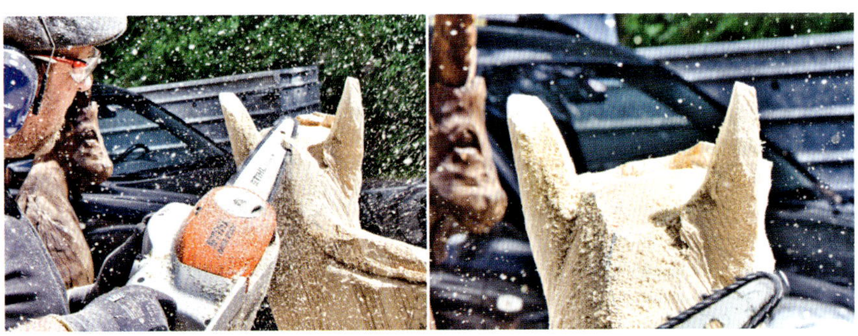

261 Schräg nach außen und leicht schräg nach hinten schneiden, damit kein Wasser stehenbleiben kann.

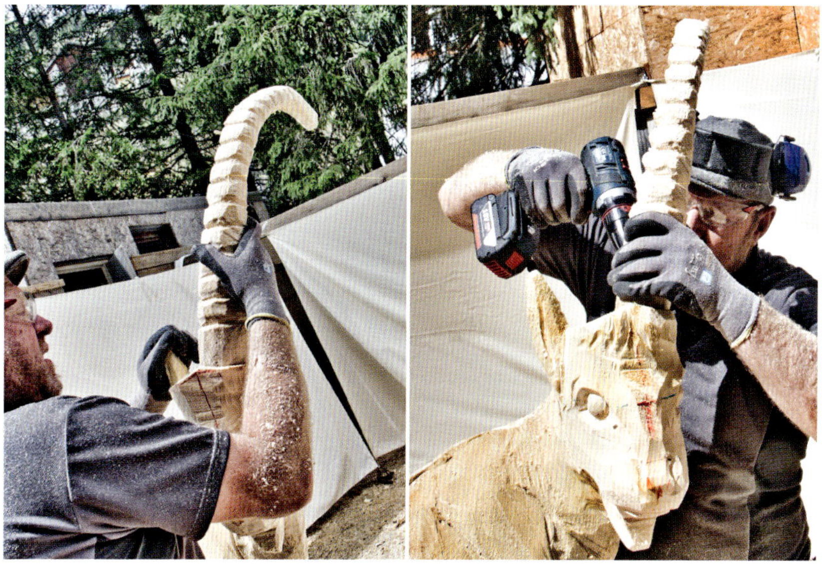

262 Erste Kontrolle, ob es passt, Umso weiter sich die Trophäen rausdrehen, umso kapitaler wirkt der Bock. Am einfachsten ist es, sie vorerst mit einer Schraube zu fixieren.

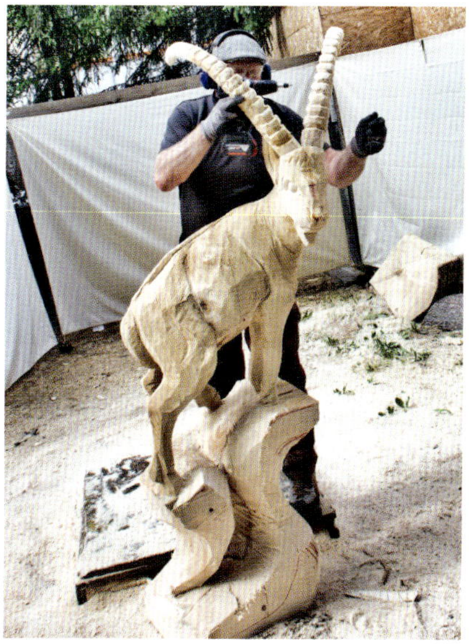

263 Ebenso den zweiten Teil.

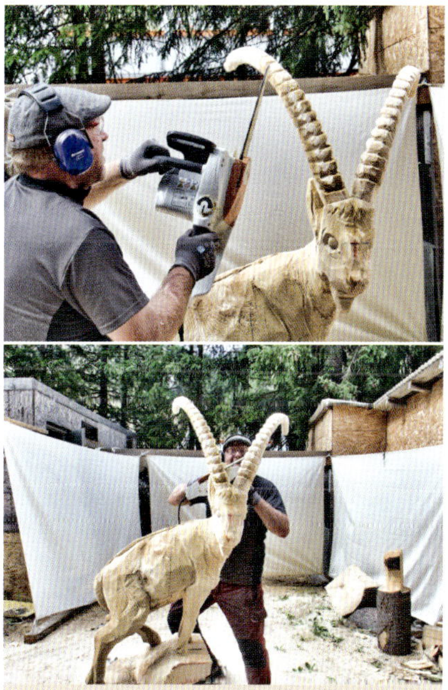

264 Noch ein wenig Feinschliff.

IRGENDWANN MUSS MAN SICH AUCH MAL ZUFRIEDENGEBEN.

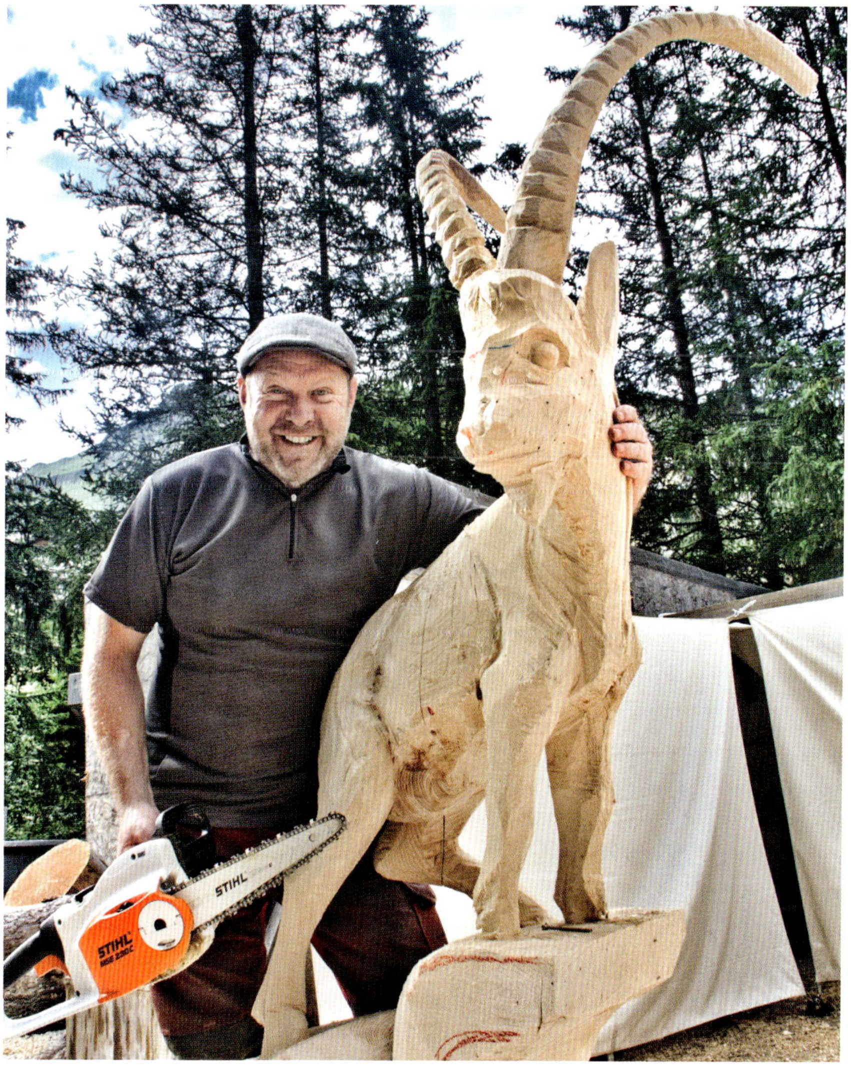

TIPPS & TRICKS

REPARIEREN VON RISSEN UND ZU TIEFEN SCHNITTEN

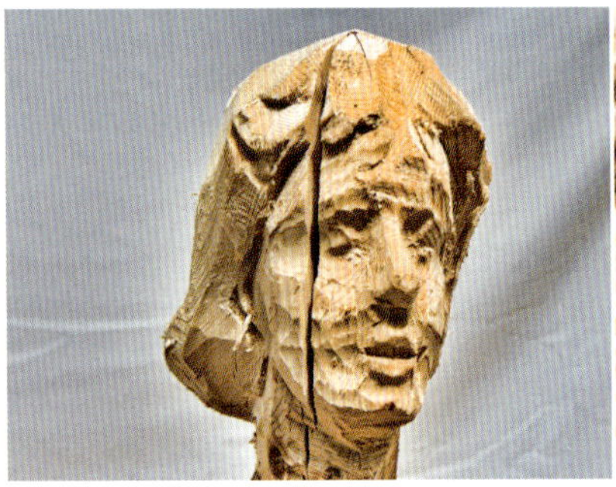

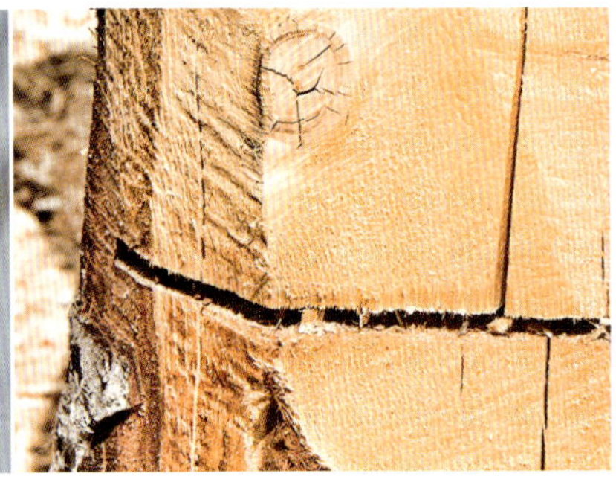

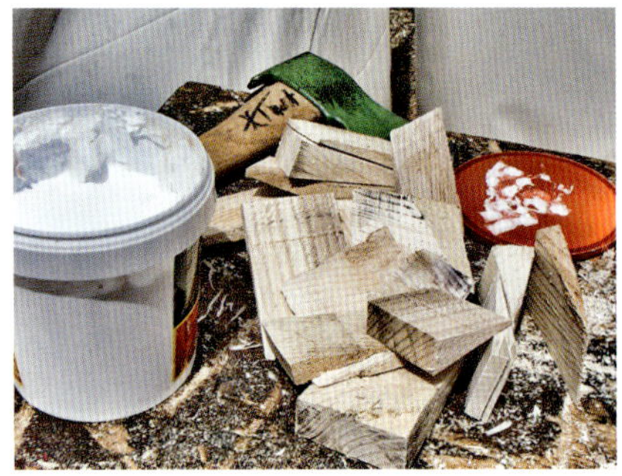

1 Da man mit der Motorsäge hauptschlich Skulpturen aus einem massiven Baumstamm anfertigt, lassen sich Trocknungsrisse nicht vermeiden. Auch ein zu tiefer Schnitt ins Holz passiert ab und zu.

2

IN DER REGEL STÖREN MICH RISSE NICHT, DA SIE ZUM CHARAKTER EINER MOTORSÄGENARBEIT GEHÖREN. NICHTSDESTOTROTZ KÖNNEN SIE MANCHMAL STÖREN, WENN SIE ZUM BEISPIEL IN EINEM WICHTIGEN DETAIL SIND. ZUR REPARATUR BENÖTIGE ICH EINIGE KEILE UND ETWAS LEIM.

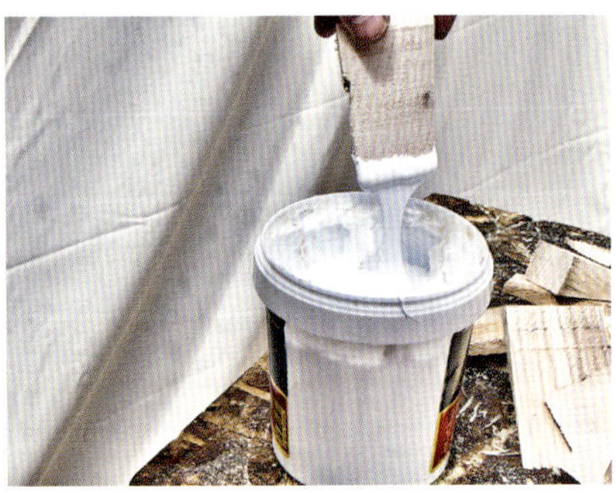

3 Ich tauche einen Keil in den Leim …

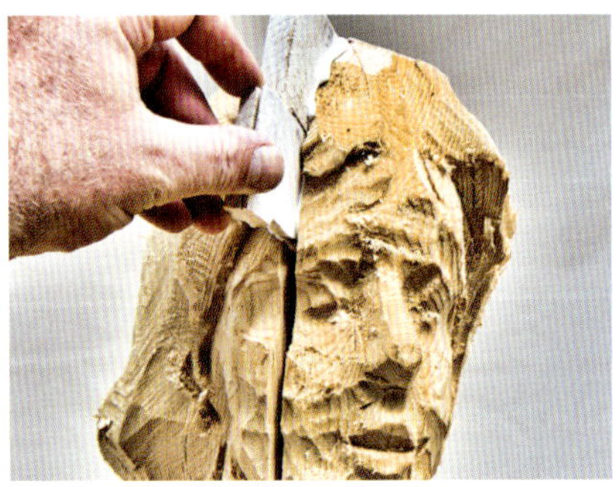

4 … und drücke ihn in den Riss – einen nach dem anderen, bis der Riss verschlossen ist.

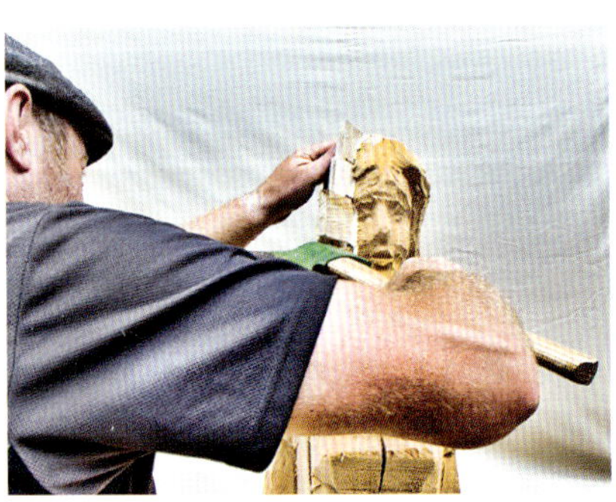

5 Mit einem Hammer oder einer Axt treibe ich die Keile etwas tiefer in die zu reparierende Stelle.

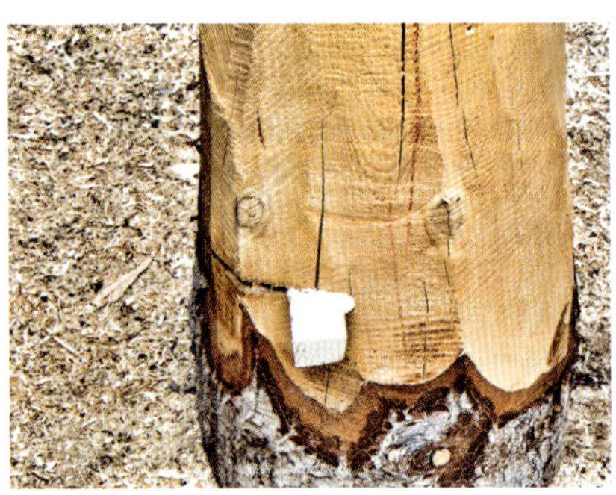

6 Bei etwas zu tief geratenen Schnitten verfahre ich ebenso.

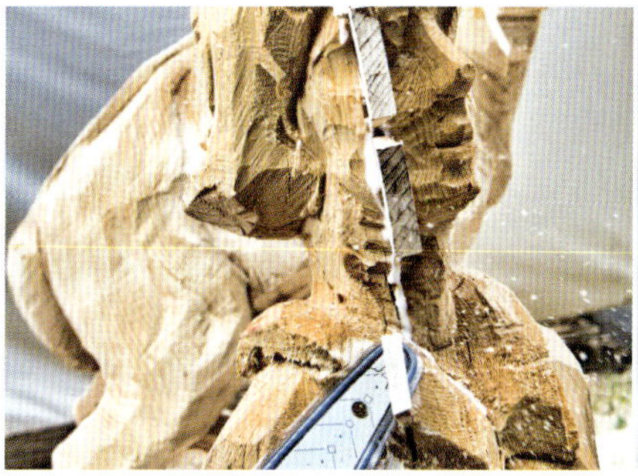

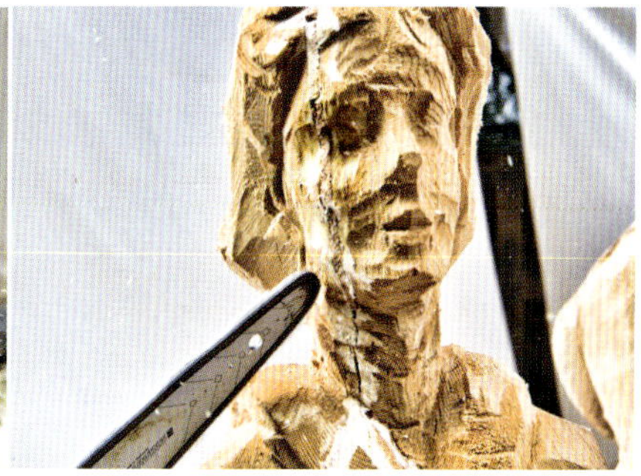

FAST NICHTS IST MEHR ZU SEHEN, NOCH ETWAS FARBE AUFTRAGEN UND DER RISS IST FAST VERSCHWUNDEN.

7 Nachdem der Leim festgeworden ist, überarbeite ich die betroffenen Stellen nochmal mit der Motorsäge und entferne die überstehenden Keile.

MASSSTAB-LEISTE

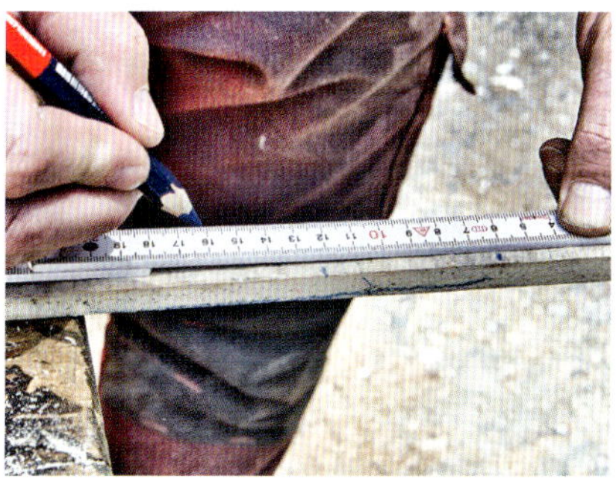

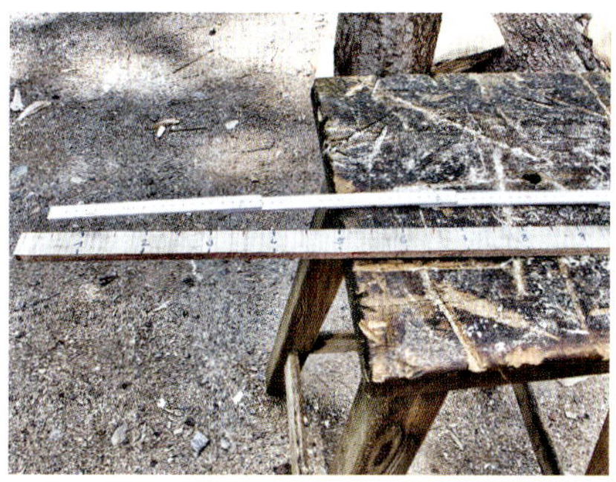

EIN ZENTIMETER AUF DEM MODELL IST EINE EINHEIT AUF DEM MASSSTAB-LINEAL, SO ERSPARE ICH MIR VIEL RECHENARBEIT.

Ein praktisches Hilfsmittel ist ein Maßstab-Lineal. Um eines selbst herzustellen, nehme ich eine Leiste, auf der ich meinen Vergrößerungsfaktor entsprechend aufzeichne, das bedeutet, wenn ich mein Modell sechsmal vergrößern möchte, mache ich auf der Leiste im Abstand von sechs Zentimetern jeweils eine Markierung und beschrifte sie laufend.

OBERFLÄCHENBEHANDLUNG

Die Oberfläche der Skulptur kann man auf verschiedene Arten veredeln. Für mich ist es wichtig, dass man bei einer Motorsägenarbeit den Charakter der Motorsäge erkennt. Wer seine Werke gerne abschleift, kann, wenn er möchte, gerne die Oberfläche mit einem Schleifgerät bearbeiten und die Sägespuren verwischen. Dagegen spricht, dass Risse danach viel mehr stören. Sonst sind der Fantasie keine Grenzen gesetzt: Vom Abbrennen mit Feuer über Bürsten und Bemalen bis zum Besprühen mit Lack habe ich alles schon gesehen. Auch Ölen ist eine Möglichkeit. Das spricht alles dafür, man sollte auf jeden Fall ein wenig umweltbewusst vorgehen und immer dran denken, ob ich mir ein solch behandeltes Werkstück selbst ins Wohnzimmer stellen würde …

JETZT BLEIBT MIR NUR NOCH ZU SAGEN: VIEL SPASS BEIM SCHNITZEN MIT DER MOTORSÄGE!!!

Aus unserem Programm

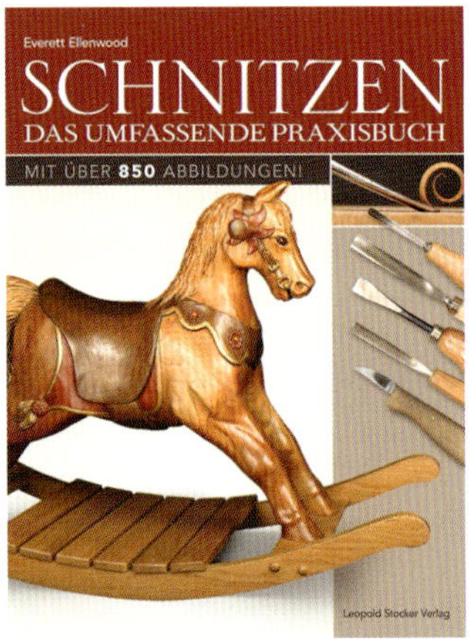

ISBN 978-3-7020-1587-9

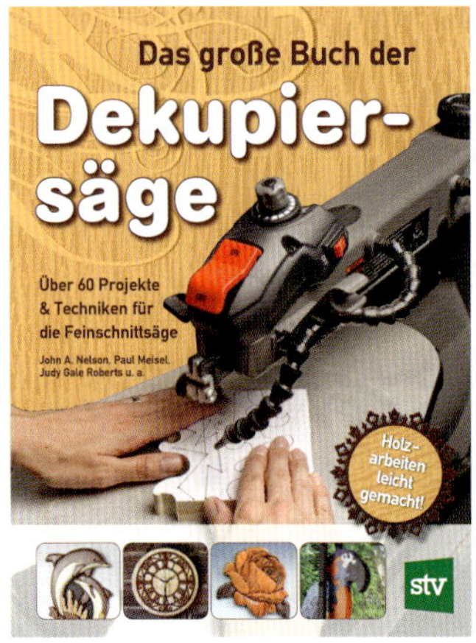

ISBN 978-3-7020-1466-7

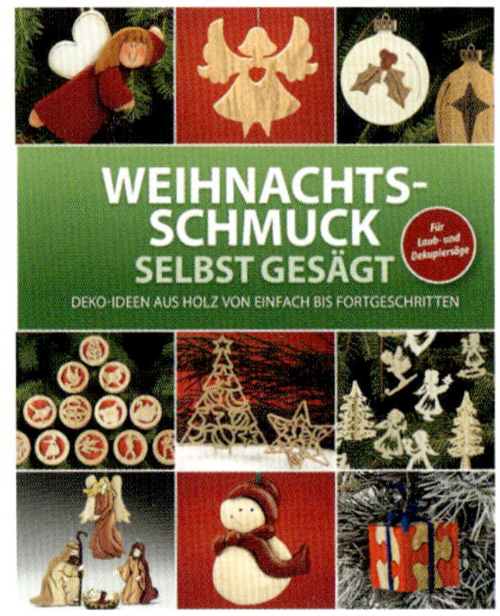

ISBN 978-3-7020-1492-6

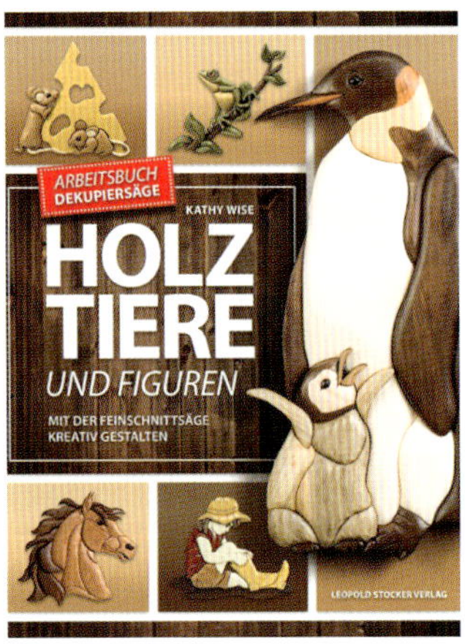

ISBN 978-3-7020-1563-3

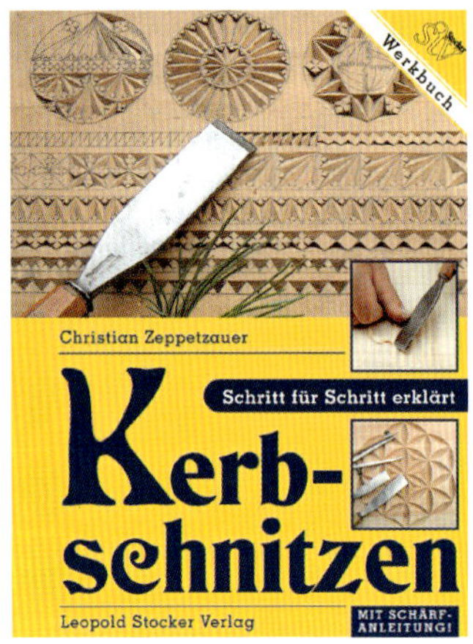

ISBN 978-3-7020-1057-7

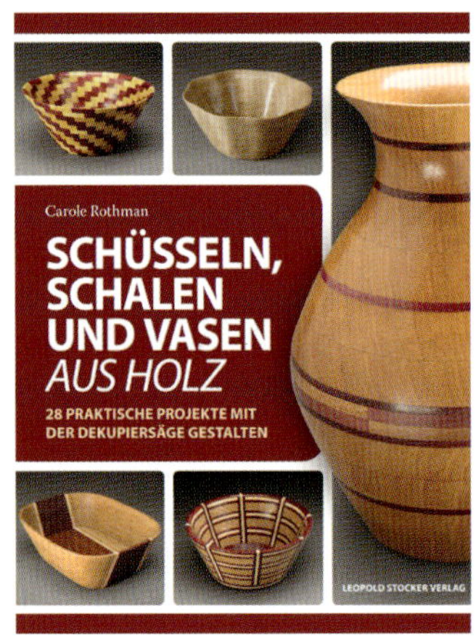

ISBN 978-3-7020-1619-7

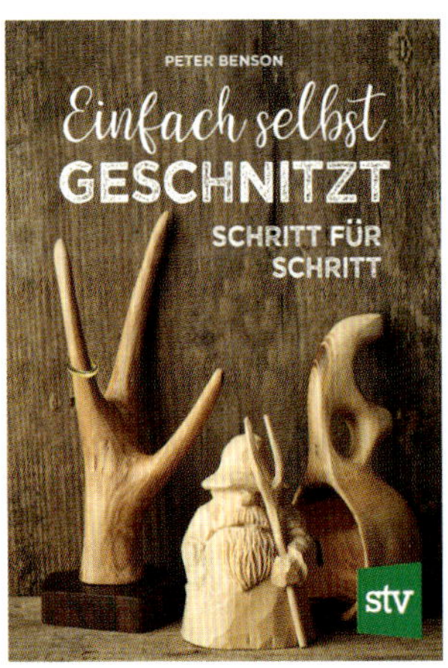

ISBN 978-3-7020-1896-2

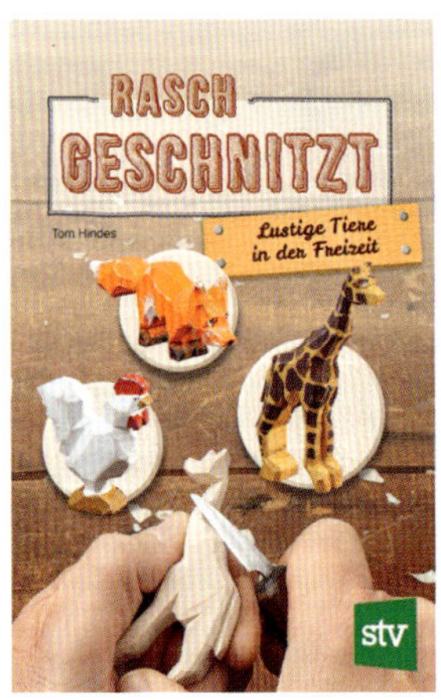

ISBN 978-3-7020-1876-4

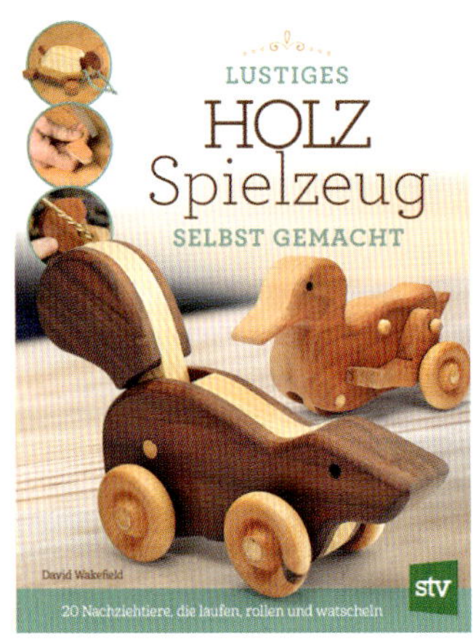

ISBN 978-3-7020-1759-0

Leopold Stocker Verlag

Graz – Stuttgart
www.stocker-verlag.com